本书为天津市问津书院问津学术奖励基金资助出版项目

津沽文化研究集刊第九种

主编 王振良

芦砂雅韵

长芦盐业与天津文化

高鹏 著

天津出版传媒集团

天津古籍出版社

图书在版编目（CIP）数据

芦砂雅韵：长芦盐业与天津文化 / 高鹏著. -- 天津：天津古籍出版社, 2017.9
（津沽文化研究集刊 / 王振良主编）
ISBN 978-7-5528-0543-7

Ⅰ.①芦… Ⅱ.①高… Ⅲ.①盐业史－研究－天津－近现代②文化史－研究－天津－近现代 Ⅳ.①F426.82 ②K292.1

中国版本图书馆 CIP 数据核字(2017)第 157099 号

芦砂雅韵：长芦盐业与天津文化
高鹏 著

出版人 / 张玮

＊

天津古籍出版社出版

（天津市西康路 35 号　邮政编码：300051）
http:// www.tjabc.net

今晚报社印刷厂印刷
全国新华书店发行

开本 880×1230 毫米　1/32　印张 12.875　字数 280 千字
2017 年 9 月第 1 版　2017 年 9 月第 1 次印刷

ISBN 978-7-5528-0543-7
定　价：58.00 元

序 言

张利民

《芦砂雅韵：长芦盐业与天津文化》是一部研究长芦盐业与天津城市文化发展关系的学术专著。作者查询了大量历史文献，以长芦盐业发展和长芦盐商家族在文化方面的贡献为切入点，力图廓清天津文化发展的脉络，寻找天津建城两三百年间城市快速发展、文化生态演变、文教昌明的原因。

从城市发展的历程来看，天津仍然是一座非常"年轻"的城市。明永乐初年，设天津三卫，当时主要强调其保护漕运中转、盐业生产和拱卫京师的军事功能。清雍正初年，天津的军事色彩开始褪去，先是改卫为州，不久改设天津府，附郭天津县。行政架构意义上的城市出现后，两三百年间内，天津城的经济繁荣，文化快速发展，迅速由"鱼盐武健之乡"一跃成为"文物声明之地"。

天津的文化发展路径与农耕城市迥然相异。天津地处海滨，土壤贫瘠，土地盐碱化程度高，本不适合人群大量聚居，农业基础亦相对薄弱。天津城的出现、天津文化的发展不能简单套用传统城市形成和农耕文明发展的一般"范式"。"擅盐、漕之利"是天津发展的优势所在。清中叶以后的漕运事务,已经弊端丛生、形同虚设,成为朝廷的负累,历史上许多漕运重镇在近代都衰落了下去。但盐业发展历千年之久,却一直是政府的"利薮"之所在,为天津城市建设和发展提供了源源不断的财力支持,吸引着各方面人才向城市汇集。

长芦盐务中心于康熙十三年(1674)移至天津,来自全国各地的商人来到天津业盐,许多家族最后选择入籍天津,留了下来。这些家族在天津文化尤其是高雅文化发展的舞台上发挥了主力军的作用。长芦盐业的繁荣、盐商群体的形成、崛起,有力推动了当时南北文化交流,并在天津科举、教育、慈善、高雅文化、通俗文化等诸多方面做出了许多贡献。但是由于传统历史上存在"讳商"的思想,志书中虽然留下了一些盐商的事迹,但多已隐去他们"盐商"的身份,将他们归入了"士绅""邑贤"等类别中。如不仔细加以辨别,非常容易忽视他们的作用与贡献。

该书的价值主要体现在三个方面:

一、将相关研究"整体化""体系化"。天津城因盐而兴,长芦盐商因盐而"贵",对盐业、盐商的研究是天津地方史学界的热点。学界对长芦盐业、长芦盐商的文化行为以及它们对城市文化发展的贡献等研究已经不少,涌现出一批研究成果。但是,当前许多研究呈现出了"碎片化"的特征,多集中在对某一位盐商、某一家族、某一文化行为或者某一事件的研究上,较少涉及对盐商群体文化特质及其与城市文化生态互动的整体研究。也就无法回答天津文化短期内"偾兴"的原因、津门"士林尚学"与"民风彪悍"并存的城市性格如何形成、天津文化的发展路径如何走向等问题。作者在对相关问题进行"整体化""体系化"研究的基础上,对有些问题作出了自己的回答。

二、研究角度更加全面。天津文化本质上是一种移民文化。现有许多研究在这个基础上挖掘出了天津的卫文化、码头文化、市民文化、消闲文化等许多草根文化特征。但是,我们不能将草根文化当作天津文化的全部,或者是将它作为天津文化的主要标签。移民不仅仅包括官军、水手、船夫、脚夫等社会底层人员,还有来自全国各地的盐商以及经他们吸引而来的士子。作者提出,可以由军卫出发,考察以卫文化、码头文化、漕运文化为主题的天津通俗文化;由盐商和士子出发,考察以诗词书画、重教兴学、科甲连第等形式的高雅文化。这就使得研究角度更加全面,研究结论也会更加客观一些。

三、将具体问题放在大的历史背景中进行研究,能够解释通一些历史问题,具有一定理论价值。研究认为,长芦盐商对各地士子"延接名流,推解不倦",是促成士子北上、促进南北文化交流的外部因素。清初的江南问题一直令统治者"侧目",由此引发了文字狱、奏销案和科场案,大大挤压了江南士子的生存和上升空间。康乾两朝开博学鸿词科,为江南士子提供了步入仕途的另外一条途径。另外,根据当时的科考制度,占籍、寄籍和冒籍天津,对江南士子来说,也是一条有利可图的"捷径"。种种因素共同作用,外部因素与内在需求相互作用,才共同促成了清中叶天津文化的繁荣局面。

《芦砂雅韵:长芦盐业与天津文化》一书脱胎于高鹏博士的毕业论文,体现了其对长芦盐业与天津文化发展关系问题的独立思考,在一些方面有其创新性。当然,该书对长芦盐商的整体研究和动态研究仍有待深入,且有的观点为一家之言,仍值得商榷,供方家采择。

是为序。

2017 年 3 月 9 日

(张利民,天津社会科学院研究员,博士生导师)

目 录

序言 / 张利民 ·· 001
引言 ··· 001

第一章 天津卫时期的地方文化生态

一、天津卫时期的地方基础条件 ··· 017
　（一）邑新而地古——建城时间晚 ······································ 018
　（二）农耕基础薄弱，官、军二籍为居民主体 ····················· 019
　（三）擅"盐、漕之利" ·· 023
二、天津卫时期的地方文化特征及其影响 ······························· 025
　（一）移民为本——土著稀少、流寓众多 ··························· 026
　（二）文学作品多为流官所作 ·· 028
　（三）诗书传统差，民风剽悍 ·· 029

（四）卫文化基因对地方产生的一些负面影响 032
三、天津的文化脉络 034
　（一）关于天津文化的一些观点 034
　（二）考察天津文化脉络的两个主要维度 037

第二章 长芦盐业、盐业机构及盐商组织概况

一、长芦盐业与盐业机构沿革 046
　（一）芦盐之盛盖自后魏始 047
　（二）唐之盐法，以长芦为先导 048
　（三）由灵活盐法走向单一"榷盐"制
　　　——宋、辽、金时期的长芦盐业 051
　（四）盐业机构逐步健全——元代的长芦盐业 054
　（五）确立御史巡盐制度——明代的长芦盐业 056
　（六）传统盐业的鼎盛与转型
　　　——清代和民国时期的长芦盐业 059
二、盐商及盐商组织 071
　（一）盐商的出现与发展 071
　（二）长芦盐商与盐商组织 077
　（三）长芦灶户与灶业组织 104
三、长芦盐商组织的社会作用 111
　（一）应付"陋规"和"报效" 111
　（二）捐资营建行宫及各项公共设施 113
　（三）捐助慈善事业 116

第三章 长芦盐商家族在天津的兴起与发展

一、盐商入籍与联姻 …………………………………… 121
　（一）商籍、灶籍与民籍 …………………………… 121
　（二）联姻——以查有圻家族为例 ………………… 124
二、传统社会中的长芦盐商家族 ……………………… 132
　（一）开天津"风雅之先"的张氏家族 …………… 133
　（二）从天津到扬州——"神秘"的安氏家族 …… 140
　（三）张霖"门下人"——查氏家族 ……………… 149
三、代有传承的长芦盐商家族 ………………………… 153
　（一）承上启下的金氏家族 ………………………… 153
　（二）从"盐商"到"大总统"——以贯之的寿岂堂徐氏家族 … 157
　（三）"双星辉映"的官宦世家——"北华"与"南华" ……… 163
四、近代化冲击下的长芦盐商家族 …………………… 167
　（一）深度参与社会事务——"经世致用"的传奇盐商张锦文 … 167
　（二）驰骋政、商两界的"李善人"家族 ………… 178
　（三）投身现代教育的严氏家族 …………………… 189

第四章 长芦盐商对南北文化交流及天津科举的推动

一、长芦盐商对江南文人的吸引 ……………………… 197
　（一）"延接名流,推解不倦"的张氏遂闲堂 …… 198
　（二）"庇人孔北海,置驿郑南阳"——查氏水西庄宾客之盛 … 202
　（三）从卫安门到安家巷——安岐对南北文化交流的贡献 … 206

二、津郡文化中的江南"基因"与文人北上的内在需求 ········ 209
　　(一)江南问题与文人的力量 ············· 210
　　(二)对江南士子的持续打压——文字狱、奏销案和科场案 ··· 214
　　(三)博学鸿词科对士子的吸引 ············ 218
　　(四)"有利可图"的占籍、寄籍与冒籍 ········· 220
三、长芦盐商对天津科举的推动与带动 ··········· 225
　　(一)盐商的科举心结 ··············· 226
　　(二)科甲鼎盛的盐商家族 ············· 232

第五章　长芦盐商对天津高雅文化的推动

一、诗词书画——长芦盐商家族文化素养的提升 ······· 249
　　(一)"首倡诗文"的遂闲堂张氏家族 ·········· 250
　　(二)米家书画陶家宾——安氏家族对天津收藏文化的贡献 ··· 253
　　(三)"风雅相继"的集大成者——查氏家族 ······· 256
　　(四)传承有序——有"郑虔三绝"之称的金氏家族 ······ 259
二、结社雅集——盐商家族对天津高雅文化的推动 ······ 275
　　(一)以张霖为首的遂闲堂诗人群体 ·········· 276
　　(二)张霔之"草堂诗社"和"近古社" ········· 276
　　(三)"砚庐诗社""梅花诗社"与"续梅花诗社" ······ 277
　　(四)天津"消寒诗社"与"九老会" ·········· 279
　　(五)城南诗社 ·················· 280

第六章　长芦盐商对天津教育的贡献

一、长芦盐商的"重教兴学"传统 ············· 287

(一)加学额 ……………………………………………… 288
(二)修书院、建学校 …………………………………… 289
(三)修学宫 ……………………………………………… 293
二、"闺阁之秀 咸工文翰"——盐商家族的女子教育 ……… 293
(一)传统才德观视域下的女子教育(或曰"女学") …… 295
(二)江南才女文化的"余波"——长芦盐商的女子教育 …… 300
(三)才女文化向近代女子教育的转型 ………………… 311
三、严修对天津近代教育的推动 …………………………… 320
(一)开明的学政 ………………………………………… 321
(二)严修的近代教育思想及其实践 …………………… 323

第七章 长芦盐商对天津通俗文化的影响

一、长芦盐商与天津戏曲艺术发展 ………………………… 337
(一)雅韵国风社——盐商票房 ………………………… 339
(二)"桐裕成张家"扶持评剧 …………………………… 341
(三)严修的戏剧改良 …………………………………… 343
二、盐业崇拜与皇会 ………………………………………… 344
(一)长芦盐业神祇 ……………………………………… 344
(二)天后崇拜与皇会 …………………………………… 352
三、盐商与天津的饮食文化 ………………………………… 356
四、陋习的制造者与移风易俗的引导者 …………………… 359
(一)以斗富为目的的种种陋习 ………………………… 359
(二)移风易俗的引导者——严修 ……………………… 362

结语 ··· 366
参考文献 ··· 372

后记 / 高鹏 ··· 389

引　言

在华夏文明的历史长河中考量,天津仍然是一座"年轻"的城市。因为"年轻",追溯期短,城市文化发展的脉络易于探寻,影响城市文化发展的各种因素及其相互之间的关系比较明确,梳理起来也相对容易。天津盐业肇始时间远远早于天津城市建立的时间。如果从石勒使王述煮盐于角飞城算起①,天津盐业发展史要早于天津建城一千余年。盐业的兴衰在天津城市的发展过程中起到至关重要的作用,留下了深深的烙印。盐商是传统盐业体系中最具主观能动性的因素。来自全国各地的长芦盐商占籍天津,为天津带来了多元的文化。从天津建城初期,长芦盐商便参与天津城市建设和文化发展各项事业之中,使这片"斥卤之地"沿着自己的轨迹前行,形成了独特的文化风俗和"城市性格"。关文斌称天津盐商"既是传统社

---

① (清)张志奇、朱奎扬总裁,吴廷华、汪沆修:《(乾隆)天津县志》卷六《古迹》,清乾隆四年(1739)刻本,第3页。

会的一分子，又是传统社会中的异己力量；既是苟苟营利之徒，又是新文明的先导"①。盐商的流动、盐商的选择、盐商的爱好等等，在天津城市文化与城市性格的形成发展过程中打下了多深的烙印，盐商与这座城市在文化层面上是如何互动的，这是本书研究的重点。

一、天津文化基因溯源

  一个城市的存在必定有人文地理与文化脉络上的理由，一个城市要发展，就要对它的文化基因，对其山水地脉、历史文脉、民风民俗等文化模式有全面的掌握。历史凝练了城市、城市风格以及城市中人的精神，从历史变迁的脉络中可以捕捉到城市表象背后的恒久的文化基因。②

  天津的文化基因有哪些？它们有什么特征？给近代天津带来什么影响？这些问题都值得深入研究，已经有很多学者在研究这些问题。多年来，加在这座"年轻"城市之上的赞语并不少，她在历史上是一座移民城市，一座海纳百川、兼容并蓄的开放城市，一座多元文化和谐共生的城市③。同时，也有人认为天津在中国的直辖市中是最没有特点的一个，既缺少北京宏伟大气的庄重气质，又少了上海闪耀夺目的繁华景象，也没有重庆山重水复的错落地势。由于各种历史原因，天津的形象常被曲解，天津方言成了"搞

---

①[美]关文斌著：《文明初曙：近代天津盐商与社会》，天津人民出版社1999年版。
②艾伯亭、刘建、田野等著：《城市文化与城市特色研究——以天津市为例》，中国建筑工业出版社2010年版，第18页。
③同上，第19页。

笑"用语,人们对天津的城市符号多有误读,甚至很多天津人也说不清楚天津的文化特点。作为一座城市,她到底海纳了哪些文化、兼容了多少传统,多元文化碰撞最终导致她形成了怎样的文化"特质"?

移民文化、卫文化、码头文化、租界文化在这座城市烙下了深深的印记。追本溯源,天津是一座移民城市,她的文化发展路径迥异于传统城市。因为天津的"年轻",追溯其文化根源、探寻其文化发展路径和特色并不十分复杂。天津发端于军卫,军卫发端于元代之海津镇,总共经历了大约七八百年的光景。天津自明朝设卫,在大部分时间里只作为军勋屯占、漕粟、估盐之地,"非有声明文物之可观"①。有关天津的记载,最早有胡文璧纂修,继任天津副使吕盛补成并付梓于明正德十四年(1519)的《天津三卫志》,后该木版毁于火灾。万历二十年(1592),副使彭国光、户部分司张常重修卫志,又名《天津三卫志》,后该志亦散失,无从寻觅。②康熙十二年(1673),天津副使薛柱斗奉诏修纂志书,康熙十四年(1675),《天津卫志》付梓刊行,这是现存天津志书中最早的一部。该志的最大问题是对天津卫诸多事项的记载均失之于"简"。乾隆二年(1737)修天津府、县志时,修志者便深感"旧志又复草草,此编摩讨论之所以不易也"。这也从一个方面反映出,天津在由卫改县之前,并非"声明文物"的沃土,虽然"五方杂处","即一大都会所莫能过也",然"以一大都会如此,而旷百年无文

---

①(清)张志奇、朱奎扬总裁,吴廷华、汪沆修:《(乾隆)天津县志》,《陈弘谋序》,清乾隆四年(1739)刻本。
②(清)薛柱斗纂修,高必大协修:《新校(康熙)天津卫志》,《序例》,成文出版社印行1969年版。

献传今也！"①

即便记载颇为"简略",天津文化传统的原点也只能从《天津卫志》入手探寻。据该书记载,天津卫"民性淳良,俗皆敦朴,以农桑为先务,以诗书为要领。贵德耻争,民纯讼简",很有些"耕读传家,小国寡民"的意境。但这些只是修志的套话,紧随其后的记载便是"五方杂处,逐末者众,讼狱繁兴,习尚奢靡"。实际上,当时的天津卫属"斥卤之地","近东海,故荒石芦荻处。永乐初始辟而居之,杂以闽、广、吴、楚、齐、梁之民,风俗不甚统一,心性少惇朴。官不读书,皆武流,且万灶沿河而居,日以戈矛弓矢为事。……既不读书,争相骄侈为高"②,作为一座军事重镇,天津的"武卫"印记非常明显。乾隆《天津府志》还提到,天津"风俗不甚纯一,心性少惇朴。天津无沃田,人皆以贾趋利"③。"无沃田",则"耕"的基础比较薄弱,且"海滨僻壤艰于购书"④,"读"的条件也受到限制,生成"耕读"文化传统的土壤并不肥沃。康熙年间,长芦巡盐御史李棠多次经过天津,"慨然于文教之不振"⑤。

二百余年后,天津的文教风气大为改观。这时的天津完成了由卫改州,由州升府,由传统城市向开埠城市的转变。不变的是,"天津为九河下游,可耕之地固少,聚处之族实繁,且为水陆通

---

① (清)李梅宾、程凤文修,吴廷华、汪沆纂:《(乾隆)天津府志》,清乾隆四年(1739)刻本。
② (明)汪来撰:《天津整饬副使毛公德政去思旧碑》,(清)薛柱斗纂修,高必大协修:《新校(康熙)天津卫志》,卷四《艺文中》,成文出版社印行1969年版,第231页。
③ (清)李梅宾、程凤文修,吴廷华、汪沆纂:《(乾隆)天津府志》,卷五《风俗物产志》,清乾隆四年(1739)刻本。
④ 同上,《程凤文序》。
⑤ (清)高尔俨撰:《重修天津卫儒学碑记》,(清)张志奇、朱奎扬总裁,吴廷华、汪沆修:《(乾隆)天津县志》卷二十一《艺文志》,清乾隆四年(1739)刻本。

衢,是以逐末者众"①,"耕"的基础愈加薄弱了。但"读"的风气已经发生了翻天覆地的变化,"士人工于应试文字,近年举人会试者计逾百数,实为天下罕见"②。最不可思议的是,阖郡士子"向学"的风气没有对"民风"造成多大的改变。据志书记载,当时津郡"民间风气强劲,以义气自雄,而械斗之风遂炽。加以通商而后,商贾辐凑,盗贼因以生心。既有淮勇练军各营环镇于外,又立保甲守望各局周巡于内,而窃劫之案不能悉泯,此由来久矣"③。大清刑律中竟然载有《天津锅匪专条》,锅伙、混星子等极具天津地方特色的流氓种类在志书中屡屡出现,这些都是"民风剽悍"的具体表现。

"士林尚学"与"民风剽悍"的风气在天津是如何共生的?在传统价值观中,地方的耕读因素无疑是产生尚学风气最重要的原因,这与传统社会中重本抑末(重农抑商)思想一脉相承。与"耕读传家"相比,天津的文化传统与商结缘,"因商兴学""因商兴文"是其特色。长芦盐业是天津经济、社会发展的重要组成部分,长芦盐商是执天津商界牛耳的一个群体,立足长芦盐业、盐商来研究天津的文化源流具有典型意义。明清以来,许多长芦盐商在天津文化史上都占有一席之地,早期的张霖、查日乾、查为仁等人,近代的李善人家族、华氏家族(华世奎)和严氏家族(严范孙)等等。作为一个整体,长芦盐商在天津文化构建的过程中起到了哪些作用?盐商们"向学"的目的是什么?是为了"修身齐家治国平天下",抑或只是其"经营文化"的一部分?长芦盐商在文化方面对于天津城市近代化

---

①②③(清)沈家本、荣铨等修,徐宗亮、蔡启盛纂:《(光绪)重修天津府志》卷二十六《风俗》,续修四库全书(史部·地理类)。

进程产生哪些影响,如他们引领的消费文化、社会风俗等等。"因商兴学"与"耕读传家"传统的主要区别以及对当地"民风"的影响程度。种种问题有待研究。

"天津作养斯文,自遂闲堂张氏鲁庵方伯(霖)之后,嗣其美者,为于斯堂查氏为著闻。当时慕效其风者,正有多族"[1]。以金平(字子昇)为首的金氏家族"与张鲁庵方伯、查天行封君(日乾),同时以风雅相高"[2]。近代以来,又有华氏、严氏等家族与他们"风雅相继"。这些盐商家族在二三百年间一直执天津文化之牛耳。张霖家族及其"遂闲堂"、查日乾家族及其"水西庄"肇建于清康熙年间,南北文人雅士唱和于斯。二百余年后的盐商家族(严修、华世奎等)仍然是天津文化舞台上的领袖和中坚力量。笔者选取几个代表家族的文化行为和成就进行研究,力图厘清天津文化传统的一个重要来源和构成,正确看待长芦盐商在天津文化史上的作用。

二、国内外研究现状

目前,关于长芦盐商与天津文化方面的研究已有许多。它们多侧重于盐商个体的文化成就,对于"长芦盐商与天津文化形成发展"方面的整体研究还不多见。

(一)国外研究

谈到对天津盐商的研究,首先应提到美籍华人关文斌先生

---

[1](清)梅成栋纂:《津门诗钞(上)》,天津风土丛书,天津古籍出版社1986年版,第214页。
[2]同上,第275页。

的著作《文明初曙：近代天津盐商与社会》。20世纪80年代，关先生在南开大学盘桓数载，为我们留下了这部长芦盐商方面的开山之作。作为研究天津盐商的第一部专著，该书详细考证、分析了清中叶以前天津声名显赫的张氏、安氏与查氏三大盐商家族的兴衰，对清后期至民初活跃在天津的张氏（张锦文）、金氏、李氏（李善人）、冯氏和严氏家族也进行了考证和分析，他希望通过天津盐商的活动来探讨晚清国家、地方社会和经济的互动，从而了解这些亦官亦商、亦公亦私、人民诟病的"怪胎"，为中国近代社会演变过程提供一个侧面。他认为，盐商既是传统社会的一分子，又是新文明的先导①。日本学者山胁悌二郎在《清代盐商对长崎贸易的垄断》一文中专门考证了长芦盐商与长崎贸易的关系，具体涉及范毓馪家族以及王世荣、钱鸣萃两位长芦盐商②。日本学者照内由纪子《关于清末长芦商人的经营活动——以市场经营活动为中心》③，从经营的角度对清末长芦盐商做了颇具深度的研究。

（二）国内研究

1. 对长芦盐商的整体研究

在明清及民国时期，长芦是仅次于两淮的产盐区，天津作为清代长芦盐业的集散地，是长芦盐政和盐运使司的驻地，也是盐商的聚集地。对长芦盐商的研究，通常都与天津有关。张毅著的《明清天

---

① [美]关文斌著，张荣明主译：《文明初曙：近代天津盐商与社会》，天津人民出版社1999年版。
② [日]山胁悌二郎：《清代盐商对长崎贸易的垄断》，《天津历史资料》第15期。
③ [日]照内由纪子：《关于清末长芦商人的经营活动——以市场经营活动为中心》，中国人民大学博士论文，1987年未刊稿。

津盐业研究(1368—1840)》是国内学者研究长芦盐业的一部专著，作者侧重于在政策制度方面对长芦盐务进行研究，并就明清时期长芦盐业对天津城市建设、经济发展、文化民俗等产生的影响进行了考证、分析，其中部分内容涉及长芦盐商及其贡献。[1]徐景星《长芦盐务与天津盐商》一文，较为系统地对长芦盐商进行了研究，对盐商种类、盐商与八大家、盐商的利润、盐商资金的出路、清政府与盐商的关系等方面进行了探讨。文章指出，长芦盐务的历史演进，对天津都市的形成、经济活动的盛衰、近代资本主义工商业的发展，以及政治、文化、思想、社会生活各方面，都有一定的影响。[2]张增元《天津盐商一窥》对天津盐商概况进行了整体介绍，考察了天津盐商的兴起，分析了天津盐商对城市发展产生的影响。[3]林永匡、王熹《清代长芦盐商与内务府》论证了清朝内务府通过借出帑银或委托他人参与盐业经营，成为操控全国盐业经营的"一只看不见的手"。该文章根据中国第一历史档案馆所藏档案和文献，对清代长芦盐商与内务府的关系进行了剖析论述。[4]郭蕴静《略论清代天津盐商》，就清代天津盐商的兴起、衰落及其与天津城市发展之间的关系进行了深入探讨。[5]芮和林《浅析乾隆时期长芦盐商走向衰落的原因》一文指出，长芦盐商在清代康、雍年间最为显赫，从乾隆朝开始走向衰落。长芦盐商由强盛走向衰败是由捐输、迎幸、盐

---

[1] 张毅著:《明清天津盐业研究 1368—1840》，天津古籍出版社 2012 年版。
[2] 徐景星:《长芦盐务与天津盐商》，《天津社会科学》，1983 第 1 期，第 52—59 页。
[3] 张增元:《天津盐商一窥》，《天津史研究》，1986 年第 2 期。
[4] 林永匡、王熹:《清代长芦盐商与内务府》，《故宫博物院院刊》，1986 第 2 期，第 33—39 页。
[5] 郭蕴静:《略论清代天津盐商》，彭泽益、王仁远编:《中国盐业史国际学术讨论会论文集》，四川人民出版社 1991 年版。

课、息银、参革五方面原因造成的。①王兆祥《天津盐商与天津园林建筑》一文指出，天津盐商致富以后，一个重要的消费或投资方向就是置办房产、构筑园林。②原祖杰《清代的天津商人与社区认同》重点论述了天津商人特别是盐商对社区形成做出的贡献，着重分析了他们推动社区意识形成的重要作用。③任云兰《天津盐商与慈善事业》认为，"盐商不仅在天津的文化教育等方面做出了重要贡献，而且在天津还兴办了一系列慈善事业"。④其《从长芦育婴堂的变迁看慈善事业中国家与社会的关系》一文认为，在近代慈善事业中，国家与商人既有合作，也有冲突，呈现出合作越来越少，冲突愈演愈烈的趋势。⑤高鹏《乾、嘉时期长芦盐商群体衰落现象分析》认为盐商的垄断地位是各种危机的根源，"银贵钱贱"一直严重侵蚀着盐商的正常利润，从经济角度分析了盐商衰落的原因。⑥胡诗雯《长芦盐商与天津右文风尚的兴起》认为，开明盐商"富而崇文"，客观上改变了明代天津文风不盛的状况。⑦张绍祖《长芦盐商对天津教育之贡献》一文，认为"长芦盐商对天津教育之贡献值得大书特书"⑧。王宏斌《报效与捐输：清代芦商的急公好义》分析了"报效"和

---

① 芮和林：《浅析乾隆时期长芦盐商走向衰落的原因》，《盐业史研究》，1994年第4期，第22—26页。
② 王兆祥：《天津盐商与天津园林建筑》，《中国房地产》，2006年第3期，第74—75页。
③ 原祖杰：《清代的天津商人与社区认同》，《四川大学学报》（哲学社会科学版），2007年第1期，第125页。
④ 任云兰：《天津盐商与慈善事业》，《盐业史研究》，2012年第3期，第74—78页。
⑤ 任云兰：《从长芦育婴堂的变迁看慈善事业中国家与社会的关系》，《理论与现代化》，2009年第5期，第123—125页。
⑥ 高鹏：《乾、嘉时期长芦盐商群体衰落现象分析》，《盐业史研究》，2012年第3期，第87—94页。
⑦ 胡诗雯：《长芦盐商与天津右文风尚的兴起》，《盐业史研究》，2012年第2期，第44—47页。
⑧ 张绍祖：《长芦盐商对天津教育之贡献》，《盐业史研究》，2012年第3期，第55—73页。

"捐输"的区别以及带给盐商的不同回报。①任吉东《近代天津盐商文化特色析论》认为,作为中国近代新型的商业文化,天津盐商文化有着自身迥异的特色,即尚侈好奢的消费文化,附宦好仕的政治文化,崇教好文的士人文化及急公好义的道德文化。而在这些文化表象背后体现的则是盐商群体的集体行为模式与心理结构特征。②

近年来,随着社会对长芦盐业和盐商关注度的提高,涌现出一批有关该专题的资料汇编。中国第一历史档案馆整理发表的史料有:《道光年间长芦参课及拨补亏欠史料》《顺治年间长芦盐政题本(上、下)》《乾隆年间查办长芦盐商王至德父子亏帑银案》等③。河北师范大学历史学院编的《中国长芦盐务档案精选》④,选取 1912—1920 年间具有代表性的长芦盐务档案影印出版。中国第一历史档案馆、天津市档案馆、天津市长芦盐业总公司编的《清代长芦盐务档案史料选编》⑤选取清代重要的长芦盐务档案进行编辑出版。天津市档案馆等编的《天津商会档案汇编》,涉及盐商及芦纲公所的部分资料⑥。天津市汉沽区档案馆编的《契约资料汇编》(滩契),对汉沽灶户的滩契资料进行了整理⑦。周利成的《蒋介石扣押长芦五纲总案史料选》,将天津市档案馆藏的长芦五纲总

---

① 王宏斌:《报效与捐输:清代芦商的急公好义》,《盐业史研究》,2012 年第 3 期,第 79—86 页。
② 任吉东:《近代天津盐商文化特色析论》,《史林》,2012 年第 6 期,第 1—10、186 页。
③ 分别发表于《历史档案》1985 年第 18 期,1988 年第 1、2 期及 2001 年第 2 期。
④ 河北师范大学历史学院编:《中国长芦盐务档案精选》,国家图书馆出版社 2011 年版。
⑤ 中国第一历史档案馆、天津市档案馆、天津市长芦盐业总公司编:《清代长芦盐务档案史料选编》,天津人民出版社 2014 年版。
⑥ 天津市档案馆等编:《天津商会档案汇编》,天津人民出版社 1989 年版。
⑦ 天津市汉沽区档案馆编:《契约资料汇编》(滩契),未公开出版,2009 年版。

案档案进行了整理①。这些档案资料对于研究长芦盐务具有很高的史料价值。

2.对长芦盐商个体的研究

部分学者着眼于盐商个体的文化成就，研究达到了一定的深度。对长芦盐商个体的研究始于对大盐商张霖的研究。关文斌在其专著中，梳理了张霖家族的发迹、败落轨迹及其与文人网络的联系，其他方面关于张霖的研究尚不多见。安氏家族是早期长芦盐商中最神秘的一个家族。学界对于出现在史料中的安三、安图、安尚义、安尚仁，究竟是一人还是数人，尚存在分歧。对于安氏家族较为准确的研究始于对其家族第二代安岐（安麓村）的研究。刘尚恒《安麓村事迹汇考》细致考证了安麓村的身世、为人及其在刻书和收藏等方面的成就②；其在《安麓村生年再证》一文中的考证成果对于安氏家族研究有重要推动作用③。李烈初《清初收藏书画"三家村"》对于安麓村的收藏成就进行了专项考证。④王翁如《安氏父子助捐重修天津城》考证了安氏父子对天津城市建设做出的贡献。⑤韦明铧《安岐与扬州——记中韩交往史上的一位扬州盐商》，考证了安岐在扬州经营盐业的事迹。⑥刘小萌《旗籍朝鲜人安氏的家世与家事》

---

① 周利成：《蒋介石扣押长芦五纲总案史料选》，《民国档案》，1997年第3期。
② 刘尚恒：《安麓村事迹汇考》，《天津师范大学学报》（社会科学版），1991年第4期，第43—51页。
③ 刘尚恒：《安麓村生年再证》，《天津师范大学学报》（社会科学版），1992年第6期，第47—48页。
④ 李烈初：《清初收藏书画"三家村"》，《收藏界》，2005年第12期，第49—50页。
⑤ 王翁如：《安氏父子助捐重修天津城》，《历史教学》，1995年第4期，第13页。
⑥ 韦明铧：《安岐与扬州——记中韩交往史上的一位扬州盐商》，《扬州大学学报》（人文社会科学版），2002年第4期，第89—92页。

从经营盐业、景德镇烧瓷、重筑天津城、安图被诛、安岐的收藏等五方面,细致考察了安氏的家世与家事①。

学界对查氏家族的研究可谓一枝独秀,成果丰硕。查氏在天津业盐不是最早的,但关于其研究却是最多的,一个重要原因是查氏水西庄在天津文化史上占有重要地位。20世纪30年代,严智怡、李琴湘等人发起并成立了水西庄遗址保管委员会,对水西庄及查氏家族进行了初步研究,这批研究成果刊发于《河北第一博物院画报》之《天津芥园水西庄专号》。如《天津芥园水西庄记》详细叙述了水西庄兴建衰废的历史过程及文人群体的各类文化活动。《莲坡先世世谱》介绍了查氏家族的起源、发展以及宛平查氏的后代繁衍情况。《查为仁传》对查为仁系狱年数进行考证,并考录了与查为仁交游甚密的吴廷华、汪沆、刘文煊、万光泰、厉鹗、杭世骏、朱岷等人的生平、履历和著述。《谈荟》一栏则介绍了查为仁娶妻经过及其妻金至元的行略、创作和家世,讨论了查日乾在百草沟的墓葬以及查氏榆垡的祖茔地址,又对查氏别业"屋南小筑"的地理位址和园林景点进行了考察。20世纪90年代,天津成立了水西庄学会,学会于1997年整理出版了《水西庄研究专辑》。其中,有论述水西庄文化价值的,如杨大辛《天津历史文化的水西庄现象》、张仲《水西庄与盐商文化》、郭凤岐《天津文人文化的辉煌代表》;有研究水西庄园林建筑的,如臧顾《天津水西庄园林胜迹考》、李建华《水西庄的园林特点及在天津园林史上的地位》;有研究水西庄书画文物的,如王振德《水西庄的翰墨因缘》、万群《水西庄藏文物掇英》;有研究水西庄饮食服饰的,如若禹《漫谈水西庄的饮食与服饰》、张树基《水西

---

① 刘小萌:《旗籍朝鲜人安氏的家世与家事》,《清史研究》,2013年第4期,第1—19页。

庄与"沧酒"》；有研究查氏家族事迹的，如曲振明《于斯堂查氏家事琐记》、杨松年《查善和的骑射与年谱》、蔫安《天津查氏主要人物事迹考录》；有研究查氏交游的，如贾国强《乾隆驻跸水西庄》、戴柏俊《名流与水西庄》；有研究水西庄与《红楼梦》之关系的，如周汝昌《水西庄查家与曹雪芹》、韩吉辰《水西庄与大观园探源》等。2008年12月，政协天津市红桥区委员会、天津市博物馆编的《水西余韵》是近年对水西庄资料的一次重新整理和开发，收录了与水西庄有关的书画作品原件、水西庄遗址保管委员会当年拍摄的书画照片、1936年城南水西庄雅集手迹以及许多重要文献，很多资料都是第一次发表，有较强的史料价值。①

关文斌在其专著中对查氏家族的来龙去脉以及水西庄文人骚客的文学成就进行了部分考证。查氏及水西庄对天津文化发展产生的重大作用，引起了许多专家学者的关注，发表了不少有影响的论著。刘尚恒著、张文琴整理的《天津查氏水西庄研究文录》是对查氏水西庄文化现象进行专题研究的一部专著，研究领域涉及水西庄的兴废、活动、主要宾客、查氏族谱、重要人物事迹编年等领域，作者在书中还考证了宛平查氏家族源流及迁徙情况，研究成果既有广度又有深度。②张文琴《天津查氏水西庄文献考述》，重点介绍了水西庄宾客的著述及二百年来有关水西庄的作品，便于人们认识水西庄在天津文化史上的重要地位③；其《天津查氏水西庄善本

---

① 陈克、岳宏主编，政协天津市红桥区委员会、天津市博物馆编：《水西余韵》，天津古籍出版社2008年版。
② 刘尚恒著，张文琴整理：《天津查氏水西庄研究文录》，天津社会科学院出版社2008年版。
③ 张文琴：《天津查氏水西庄文献考述》，《图书馆工作与研究》，2009年第9期，第81页。

古籍叙录》着重介绍了查氏家族主要人物的著作及其版本流传情况,为研究查氏家族的文化成就提供了线索①。叶修成的《英廉在津创作及其与水西庄查氏家族的交往》指出,英廉在任职期间,与天津水西庄的文人墨客宴游酬唱,创作了大量诗文,助益了天津文事活动的开展和兴盛。②杨传庆《查礼及其〈榕巢词话〉》(查礼为盐商查日乾之子,"以诗文鸣于时"),以《榕巢词话》为切入点,梳理了查礼的诗词成就。③

黎汉明、关文斌《一部中国近代长芦盐业史:天津冯氏家史零拾》对冯氏家族的源流和业盐经过进行了梳理。④至于对清末民初三大家族"李善人"家族、华氏家族、严氏家族的零星研究亦非常多,如对华世奎的书法、严修的近代教育思想和实践等等。但既有的研究多忽视了他们的盐商身份,主要从"邑贤"角度对他们的文化行为、社会行为进行考量,很少对他们身上的长芦盐商文化基因进行追溯和挖掘。

总体来看,对长芦盐商家族与天津文化发展方面的整体研究还是相对较少,研究深度和广度都有待拓展。

---

① 张文琴:《天津查氏水西庄善本古籍叙录》,《图书馆学刊》,2009年第10期,第89—91页。
② 叶修成:《英廉在津创作及其与水西庄查氏家族的交往》,《民族文学研究》,2012年第3期,第140—150页。
③ 杨传庆:《查礼及其〈榕巢词话〉》,《古典文学知识》,2012年第3期,第75—80页。
④ 黎汉明、关文斌:《一部中国近代长芦盐业史:天津冯氏家史零拾》,冯承柏教授纪念集编委会编:《春思秋怀忆故人:冯承柏教授纪念集》,南开大学出版社2008年版,第289—301页。

第一章 天津卫时期的地方文化生态

天津位于华北平原的东北部,北依燕山,东临渤海。北运河、永定河、大清河、子牙河、南运河等河流汇聚成为海河流入渤海。河道众多的天津成为华北地区交通枢纽,在历史上曾经是漕运重镇;河、海相连,使得天津滩涂广阔,兼收渔盐之利①。同时,天津地处海滨,土地盐碱化严重,土壤贫瘠,并非传统农耕文明发达的地区,天津以军卫兴,所驻多是流官和屯军,早期"向学"的风气并不浓厚。雍正三年(1725)年改卫为州之前,为天津的"军卫时期"。长芦盐商开始对天津文化产生较大影响的时期是在公元1700年前后,正值天津由军卫向府、县转型的时期。

一、天津卫时期的地方基础条件

　　作为地理、地域和军事上的概念,"天津"的历史可以向前追溯很长的时间。古代帝王多建都"三河雍豫之间",天津为古代的九河近海之地,"斯固寂寞之滨耳"②。北宋年间,其地处宋辽对峙的前

---

① 来新夏主编:《天津近代史》,南开大学出版社1987年版,第1页。
② (清)伦以训撰:《伦序》,(清)薛柱斗纂修,高必大协修:《新校(康熙)天津卫志》,成文出版社印行1969年版,第15页。

线,宋政权在此设立了许多军事据点,如泥沽、双港、小南河、沙涡、独流、钓台等寨,后来这些寨逐渐发展成为天津地区的重要村镇。金王朝迁都燕京后,将其改称为"中都",天津三岔河口一带是河南、山东、河北地区粮饷输往中都的必经之路,为了保障粮饷转运的安全,出现了直沽寨这一军事单位。①元仁宗延祐三年(1316)正月,改直沽为海津镇,由副都指挥使伯颜驻守。②泰定三年(1326)八月,在海津镇修造天妃宫。③顺帝九年(1349)四月,于海津镇设立镇抚司。④

(一)邑新而地古——建城时间晚

作为城池(或曰城市)的"天津",出现的并不早。"天津"之名据说来源于明成祖朱棣,"我文庙入靖内难,自小直沽渡跸而南,名其地曰'天津'"⑤。明永乐二年(1404)十一月,明成祖朱棣以"直沽,海运商舶往来之冲,宜设军卫,且海口田土膏腴,命调缘海诸卫军士屯守"⑥,"命工部尚书黄福、平江伯陈瑄、都指挥佥事凌云、指挥同知黄纲,筑城浚池,民有'赛淮安城'之说"。十二月,设天津左卫。⑦永乐四年(1406)十一月,改青州右卫为天津右卫⑧,时称"天津三卫"。同年,建天津卫城,城高三丈五尺,周长九里余。天津城内军

---

① 来新夏主编:《天津近代史》,南开大学出版社1987年版,第1页。
② 《元史》,卷二十五《本纪》第二十五。
③ 《元史》,卷三十《本纪》第三十。
④ 《元史》,卷四十二《本纪》第四十二。
⑤ (明)程敏政撰:《天津重修涌泉寺旧记》,(清)薛柱斗纂修,高必大协修:《新校(康熙)天津卫志》,卷四《艺文中》,成文出版社印行1969年版,第226页。
⑥ 《明实录》,太宗实录卷三十六,永乐二年十一月。
⑦ 《明实录》,太宗实录卷三十七,永乐二年十二月。
⑧ 《明实录》,太宗实录卷六十一,永乐四年十一月。

事、盐、漕方面的官署日益增多,人口不断增加,商业贸易日渐繁荣,成为北方重要的商品集散地。天津城的军事色彩不断淡化,商业城市的特点逐步形成。福建的南纸由海上运至天津,再转贩入京。江浙的丝绸、布匹,磁州彭城的五彩陶罐,闽广的蔗糖、蓝靛、茶叶、海货、木料、果品,景德镇的瓷器,江南的竹木制品都运到天津销售或者集散。发往辽东的漕船载着在天津买到的青梭布、栀黄布、深兰布、秋色布、白市布运销东北。当时天津城里设有五个集市,每月有十五天的集市交易。①明弘治六年(1493),天津城形成"五集一市"②。清顺治九年(1652),天津三卫归并合一,称"天津卫"。到清康熙年间,天津已经"名虽曰卫,实则即一大都会所莫能过也"③。雍正三年(1725),改卫为州,雍正九年(1731),改设天津府,附郭天津县,天津城的行政架构开始形成,并快速发展完善起来。

(二)农耕基础薄弱,官、军二籍为居民主体

天津建城时间晚的主要原因是农业基础相对薄弱,不适合人群大量聚居。天津城的出现并不适用农耕城市形成的一般规律。天津"北近京师,东连海岱,天下粮艘商舶鱼贯而进,殆无虚日。首建天津及左右三卫以防御之;次及城池,则滨海之险有其蔽矣;次及屯田,则军国之需有其备矣;次及学校,则作养士之所矣"④。可见天

---

① 来新夏主编:《天津近代史》,南开大学出版社1987年版,第6页。
② (清)薛柱斗纂修,高必大协修:《新校(康熙)天津卫志》,卷一《建置·集期》,成文出版社印行1969年版,第61—62页。
③ (清)薛柱斗撰:《薛序》,同上,卷首第21—22页。
④ (明)吕盛撰:《吕跋》,同上,卷首第16—18页。

津城最早被赋予的是军事功能,即保护漕运中转、盐业生产和拱卫京师。在元代,天津初步呈现出了"转粟春秋入,行舟日夜过""东吴转海输粳稻,一夕潮来集万船"的繁华。金元时期,天津的盐业生产有了很大的发展,金、元政权开始在此地设立盐务管理机构,盐业逐渐成为政府赋税的重要来源。天津作为保障京师钱、粮供应的"卫星城",干系重大,因此元政府布置了少数民族军队两千人,汉军五千人在此驻守。永乐二年至四年(1404—1406),明政府设置天津卫、天津左卫、天津右卫,驻军一万六千余人保护该地区的安全。①如此规模的驻军已非仅仅着眼于保护盐、漕事务,拱卫京师也是天津的重要功能,因为其地理位置重要,明代开始修建天津卫城。随着人口的增多,才开始屯田,兴学。这明显与传统农耕城市的兴起路径不同。

1. 农耕基础薄弱

农业基础薄弱源于天津特定的地理条件。据志书记载,该地区在明代以前,"实属海滨荒地"②,"天津卫属小直沽,荒旷斥卤之地,初无所隶焉"③,"盖天津近东海故,荒石芦荻处,永乐初,始辟而居之"④。"斥卤不毛"⑤是形容天津土地状况最常见的形容词,甚至对其有"燕俗剽悍,萑(音"环")苇弥途,豺狼易生,烟水连天,鲸

---

① 来新夏主编:《天津近代史》,南开大学出版社1987年版,第3-4页。
② (明)李东阳撰:《修造卫城旧记》,(清)薛柱斗纂修,高必大协修:《新校(康熙)天津卫志》,卷四《艺文中》,成文出版社印行1969年版,第225页。
③ (清)薛柱斗纂修,高必大协修:《新校(康熙)天津卫志》,卷一《沿革》,成文出版社印行1969年版,第19页。
④ (明)汪来撰:《天津整饬副使毛公德政去思旧碑》,(清)薛柱斗纂修,高必大协修:《新校(康熙)天津卫志》,卷四《艺文中》,成文出版社印行1969年版,第231页。
⑤ (清)李梅宾、程凤文修,吴廷华、汪沆纂:《(乾隆)天津府志》,卷四《形胜疆域志》。

鲵肆出"①的文学描绘。由于土地基础差,天津地区可耕土地少。据乾隆二年(1737)的统计,在雍正八年(1730)并入其他州县一千余顷耕地后,天津县实有土地三千七百九十三顷二十四亩九分四厘,耕地数量在天津府所属的7个州县中是最少的②,耕地数量有限。其次,耕地质量较差,人们谋生不易。志书曰"天津无沃田"③,"唯东鄙穷黎最可悯惜,水咸地卤、百谷不生,无聊之极,只有偷贩私盐。重治心所不忍,轻恕法所不应,讼狱纷烦,司牧者无可奈何"④。土地贫瘠、农耕基础薄弱,人民生活困苦,这是对当时天津生产、生活环境的真实写照。

2. 天津卫时期的居民主体——官、军二籍

天津卫属小直沽,在明代之前并无所隶属。明成祖赐名"天津"后,它开始隶属于河间府。明代的天津三卫没有行政职能和行政辖区,天津三卫的官署均设在卫城中,卫指挥只有军事指挥权和屯军管理权。天津卫管辖着一定数量的耕地,这些耕地属于军队所有,而非民有,这就是"屯田"。清康熙朝以前,天津三卫原有屯田九千二百零二顷四十亩,经过历年的圈占、拨补、投充、绝荒,到康熙十四年(1675)的时候,天津卫所属的中所还余屯田六百六十三顷二十四亩,左所还余屯田七百六十二顷五十二亩,右卫还余屯田六百八十二顷七亩,总量在两千顷左右。⑤但是,这些土地并不是集中在

---

①(明)汪来撰:《天津整饬副使毛公德政去思旧碑》,(清)薛柱斗纂修,高必大协修:《新校(康熙)天津卫志》,卷四《艺文中》,成文出版社印行1969年版,第232页。
②(清)李梅宾、程凤文修,吴廷华、汪沆纂:《(乾隆)天津府志》,卷十二《田赋志》。
③同上,卷五《风俗物产志》。
④(清)郑士藘重辑:《(同治)静海县志》,卷一《地理志·风俗》,清同治十二年(1873)版本。
⑤(清)薛柱斗纂修,高必大协修:《新校(康熙)天津卫志》,卷二《赋役·地亩钱粮》,成文出版社印行1969年版,第73—79页。

卫城周边，而是"分派民间空闲地土立屯，与民相参居住三百余里"①，散布在各州县中，三卫屯田分布情况如下：

天津三卫屯田分布情况

州　县	三卫屯田所在村庄
兴济县	范桥社、范家庄、张家庄
沧　州	忠孝乡、慈惠乡、将相乡、赞善乡、孝友乡
静海县	北长亭、子牙里、邢家庄
青　县	流河里、运坊里、夹河堤
南皮县	烟村里、莲花池、火头村、半壁店、阎溇洼、大良店、玉皇堂、王四集、马名店、五马营、三家店

根据(康熙)《天津卫志》卷二《赋役·屯田》整理而成

明后期的天津卫"虽有卫备之官而无屯田之军"，各屯户"纳粮当差，与民一体"，军事作用已名存实亡。但在清雍正朝以前，军卫的建置一直存在，这种建置对天津的影响很大。"天津所管屯庄，俱在各州各县，远有三四百里不等。津城附近，反无统属。西门、南门以外，即为静海县地方；北门、东门以外，仅隔一河，又系武清县地方。静海犹是河间府属，津道易于布置，武清则系顺天府属，兼辖于通永道员。而天津道驻扎于此，一有缓急，虽咫尺之民，呼应不灵。"②

明代的户籍大抵分为三类，即民籍、军籍和匠籍。政府对户籍的分类是根据出身和职业来确定的。民籍中又有儒户、医户、阴阳户等之分；军籍有校尉、力士、弓兵、铺兵等；匠籍有厨役、裁缝、民

---

① (清)薛柱斗纂修，高必大协修：《新校(康熙)天津卫志》，卷二《赋役·地亩钱粮》，成文出版社印行 1969 年版，第 80 页。
② (清)莽鹄立：《奏为请正疆域以便吏治事疏》，(清)吴惠元总修，蒋玉虹、俞樾编辑：《(同治)续天津县志》，卷十六《艺文·疏》，清同治九年(1870)刻本。

夫等。三大户籍之外,在滨海地区还设有盐籍和灶籍。①清承明制,除于顺治二年(1645)五月革除匠籍之外,其他未作大的改变。②与天津城的军卫特色相适应,直到清康熙年间,天津卫只有官、军二籍之分,还没有所谓的民籍、商籍等。志书中记载的官籍有名有姓者308人,"军籍繁多,不便通载,旧志亦不载姓名"③。当时参加科举考试的天津卫生员,出身也仅限此二籍,"文武考试必取据甘结,为官为军,某屯某所,则当年远调来津,立城定赋,其来历不容泯也"④。《沽河杂咏》有云:"泪后遗氓留七姓,官军二籍调来多"⑤。考察从正统元年到康熙早年的天津卫科考情况,所有的举人、进士和贡生都出身官籍和军籍,没有例外。⑥

(三)擅"盐、漕之利"

天津卫的肇设,一为拱卫京师,二为镇守漕、盐重地。天津地区农耕基础薄弱,鱼、盐二业并列为天津经济的两大支柱。乾隆时期编撰的《天津县志》中特别强调了鱼盐之利,"邑故擅鱼盐利,有饶裕名,管子所谓'海王国'。宦游人多艳称之"⑦。府志也延续了这样

---

① 《明史》,卷七十七《食货志一》。
② 许敏:《试论清代前期铺商户籍问题——兼论清代"商籍"》,《中国史研究》,2000年第3期,第140—154页。
③ (清)薛柱斗纂修,高必大协修:《新校(康熙)天津卫志》,卷二《户口·官籍》,成文出版社印行1969年版,第93—98页。
④ 同上,第93页。
⑤ (清)蒋诗:《沽河杂咏》,(清)华鼎元辑录:《梓里联珠集》(天津风土丛书),天津古籍出版社1986年版,第69页。
⑥ (清)薛柱斗纂修,高必大协修:《新校(康熙)天津卫志》,卷三《封荫科甲贡例》,成文出版社印行1969年版,第153—181页。
⑦ (清)张志奇、朱奎扬总裁,吴廷华、汪沆修:《(乾隆)天津县志》,《朱奎扬序》,清乾隆四年(1739)刻本。

的说法:"我朝圣圣相承,务农重谷,郡遂擅鱼盐利,而劝垦课耕每厪睿念,盖国计民生,实相表里也。"①四方客商来此追逐鱼盐之利者趋之如鹜。在以农耕为主体的国家中,政府首重农业生产,因为农耕能给百姓带来"温饱",能为国家提供"皇粮"和稳定的基础。鱼盐之利则代表着富庶,是政府财政收入的重要来源。鱼盐并称只是一种习惯说法,综观天津古今,鱼业在城市发展过程中做出的贡献并不大,真正对城市发展起重要推动作用的是盐业。根据康熙《天津卫志》卷二"利弊"中的记载:"海去城百里,从无入寇之患。商出百万之课,民获兴贩之利,乃鱼盐之数也。自国朝通籴辽东,内外交益,各旗有投充网户,捕鱼进上。嗣因浙省海寇未靖,奉旨严禁,片板不许入海,穷民困苦。江宁巡抚韩(世琦)、山东巡抚周(有德)、北直巡抚王(登联)、江南江西总督麻(勒吉),俱以少驰海禁具题,奉旨许令百姓徒步采捕,都察院多题请,兵部覆奏,于康熙十一年四月内奉旨,止许令木筏捕鱼,至今每月取各官甘结,民困少苏。盐船运盐,曾经题准,盐院给票出海,商课永赖。"可见,渔业可以"民困少苏",而盐业则可以使"商课永赖",是促进城市繁荣发展的支柱性产业。

金、元等北方政权,从天津盐业资源中获利不少,缓解了国课的压力。但要维持政权稳定还要解决粮的问题,漕运的兴起成为促进天津城市形成和发展的另一个重要机遇。元"至元十二年(1275),始运江南粮,而河运弗便。十九年(1282),用丞相伯颜言,初通海道漕运,抵直沽以达京城,立运粮万户三,而以璧与硃清、

---

① (清)李梅宾、程凤文修,吴廷华、汪沆纂:《(乾隆)天津府志》,卷十二《田赋志》,清乾隆四年(1739)刻本。

张瑄为之。乃首部漕舟,由海洋抵杨村,不数十日入京师"①。随着漕运和盐业的发展,天津地区与政权的钱、粮关系日益重大,已经成为重要的战略地点,政府开始在该地区部署屯军。元至大二年(1309),元政府在直沽设立"镇守海口屯储亲军都指挥司",派遣两千名康里军(西域少数民族军队)戍守直沽,五千名汉军驻防直沽口(今塘沽海口)。元延祐三年(1316),元政府改直沽为海津镇,命副都指挥伯颜驻守。先后建成服务漕运的"接运厅"(在今大直沽)及储粮的仓廒。随着航运业的日渐发达,保佑船户、船工们航海安全、平安的"天后宫"在天津地区出现了。元至正九年(1349),元政府在海津镇设立"镇抚司",二十六年(1366),元政府派枢密院知院买闾在此驻节。到明代,设天津三卫,驻军数量一万六千余人,加上管理和服务盐、漕二事的官署和机构不断增加完善,船户、船工不断聚集,天津地区"舟车攸会,聚落始繁"②。

二、天津卫时期的地方文化特征及其影响

明代的《天津三卫志》早已无从可考,康熙年间,薛柱斗奉诏修纂的《天津卫志》成为今天我们研究军卫时期天津城市情况和文化特色的最初的,也是最主要的依据。

(一)移民为本——土著稀少、流寓众多

从发展农耕文明的角度来看,天津的地理环境并不太适合人群高密度聚居,所以早期天津地区附近的聚居群落都不大。在一次

---

① 《元史》,卷一百六十六《列传》第五十三《罗璧传》。
② 来新夏主编:《天津近代史》,南开大学出版社1987年版,第4页。

又一次的移民大潮中，天津本地土著几乎被"荡涤"一尽。认识天津的"土著"和"流寓"问题，要从两个阶段来看，一是军卫时期，一是改州县后。军卫时期，天津居民的主体是流官和屯军，大量官军入驻，天津的人口结构重组，土著近于消失。时至今日，天津土著的数据已经杳无可考。泥沽、双港、小南河、沙涡、独流、钓台这些早期的军事据点发展为村镇后，人口也不会太多。据说1316年建立的海津镇最初只有7姓人家，所谓"泊后遗氓留七姓，官军二籍调来多"①。明初创建天津卫城，其人口的主要来源是永乐初年因设卫而移至天津的军户移民和一些非军户移民（包括商人、船户、匠人等）。其中军户移民的数量在所有移民中占绝大多数，构成主体移民。②可以想象，有限的土著很快就被湮没在三卫16800名驻军中。在明代，天津三卫军队人口逐渐减少，呈下降趋势。到明末，军籍人数已经降至8196名。③

清代初期，天津周围平定，一些流民逐渐迁居此地，因而有"津邑居民，自顺治年以来，由各省迁来者约十之七八"④之说。康熙朝时，天津虽然仍为军卫建制，但随着经济的发展，外来人口不断增加，"本卫土著之民凋零殆尽，其比间而居者率多流寓之人，是津门虽属商贾凑集之地，而土著者不得获其利焉"⑤。"军民商贾虽云杂

---

① (清)蒋诗：《沽河杂咏》，(清)华鼎元辑录：《梓里联珠集》(天津风土丛书)，天津古籍出版社1986年版，第69页。
②③高艳林：《明代天津人口与城市性质的变化》，《南开学报》(哲学社会科学版)，2002年第1期，第64—69页。
④(清)徐士銮辑，张守谦点校：《敬乡笔述》(天津风土丛书)，卷一《牛见垣兄弟中翰》，天津古籍出版社1986年版，第1页。
⑤(清)薛柱斗纂修，高必大协修：《新校(康熙)天津卫志》，卷二《利弊》，成文出版社印行1969年版，第72页。

遝,屈指版图,土著仅什之二犹歉。"①雍正年间,清廷改天津卫为天津州,后设天津府、县。随着天津成为正式的行政建制单位,地方官吏于雍正三年(1725)奏请"正疆域",最终将周边州县的土地和居民大量并入。这部分居民也可以算作"新土著"。在天津数百年的发展过程中,土著仅仅是支撑天津人口增长的一小部分动力,而流寓之民,即随着天津政治经济地位提升逐渐被吸引来的外来人口,是天津人口的主力军。

　　土著稀少、流寓众多的人口特征,在清康熙朝以前,为天津文化的发展带来一些负面影响。一是文教不昌。流寓分为很多种类,如流官、屯军、盐商、士子等等。清康熙朝以前,天津"流寓"的主体是"屯军",官员、盐商、士子的比例尚不高,导致地方文教不甚昌明。"乡饮礼每岁正月望日,十月朔,举宾介耆老,乃礼教之大典。今府州县仍载其公费,记其仪文,独天津俱废,使后人无由而兴,可不叹欤"。考之,皆因为天津地区杂以闽广吴楚齐梁之民,"土著者少,流寓者多,而条谕讲究,难以遍及,亦缺典也"。②二是科举版籍混乱。"天津一区,流寓错处者多,版籍不清则冒籍不明,冒籍不明则考试每多攻揭之扰。迩来法禁甚严,犯者每至劾奏褫革,是功令所当尊也"。③一直到清末,天津版籍混乱、冒籍者多的问题仍然非常突出。当然,从另一个角度看,这种状况对江南士子北上天津产生了一定的吸引力。④

---

① (清)薛柱斗纂修,高必大协修:《新校(康熙)天津卫志》,卷四《艺文中》,《奉旨依议不许派捉民夫碑》,成文出版社1969年版,第245页。
② 同上,卷二《利弊》,第72页。
③ 同上,卷二《利弊》,第93页。
④ 关于这一点,笔者在本书第四章中作详细探讨。

清代,天津的屯军制度早已名存实亡,改置州县后,大量长芦盐商和士子来到天津定居,随着时间的推移,大的盐商家族和世家大族开始出现,部分扭转了天津武卫和剽悍的风气,天津文化生态大为改观。对于这些人到底是属于流寓还是土著,在天津历史上一直存在争议。近人高凌雯之说颇有道理:"籍贯之说,用以限制应试士子,防其侵冒,不妨从严。至于桑梓仪型,义主观感,苟其人久居里党,有事可传,虽不入籍亦当以乡人视之。况天津更无所谓土著耶?"①

(二)文学作品多为流官所作

到康熙十四年(1675),天津建卫已经二百七十一年,建立官办学校也已经近二百四十年,但是天津文化方面的改观和进展并不明显。康熙年间撰的《天津卫志》记载的诗、歌、赋、记中,只有一篇为天津"土著"所作,其他全部为流官所作。在这些作者中,明祭酒宋讷为河南滑台人,礼部尚书兼大学士丘浚为海南人,户部尚书兼大学士李东阳为长沙人,户部主事汪必东为崇阳人,兵部员外申用懋为姑苏人,南京太常少卿李旻为杭州人,教授汪渊为新定人,礼部右侍郎程敏政为新安人;清代天津道加六级副使薛柱斗为陕西延长人,运同徐启霖是崇川人,清军同知高必大为襄阳人,运判沈德金为浙江人,长芦经历张可立为福建人,卫经历昃正仪为公安人,卫学署教授张国寓为宛平人,清军同知张国佐为於潜人,等等。②

---

① 高凌雯辑:《志余随笔》卷三,天津市地方志编修委员会编著:《天津通志·旧志点校卷(下)》,南开大学出版社 2001 年版,第 709 页。
② (清)薛柱斗纂修,高必大协修:《新校(康熙)天津卫志》,卷四《艺文上》,成文出版社印行 1969 年版,第 207—216 页。

庠生冯允京是天津"土著"硕果仅存的作者,留下《步前韵》两首,列于此,谨作纪念:

(一)

玲珑垣拥圣人宫,门接浮云铎振风。
花壁宵明辉皓月,芹池晓霁灿长虹。

(二)

栽培桃李媲鄞官,沐化知殊昔日风。
梦里文思花作笔,胸中武库剑如虹。[①]

(三)诗书传统差,民风剽悍

中国的诗书传统与农耕文明紧密联系在一起。与传统城市形成发展的主流路径相比,天津是一个例外。天津周边皆为海侵之地,沽水成洼,盐碱地遍布,人口很难聚集久居,饱学之士更是视为危途,缺少吸引文人墨客聚集的客观环境。据康熙《创建明伦堂旧记》中的记载,"天津三卫者,未有学",天津三卫设立之初并没有随之设立各类官办教育机构。正统元年(1436),明英宗认识到,武臣子弟将来要继承祖辈的职业,效命于国家,不可不认真加以培养,遂诏命天下,"凡武卫悉建武学而立之师,选武官与军士子弟之俊秀者充弟子员",在全国范围开设武学,以便武臣子弟继承父辈职业,"于是天津及左、右卫始有学",但是由于缺少一定的农耕基础和读书氛围,"诸生率初就学,倥猓悍厉之气固自若也"。[②]

[①] (清)薛柱斗纂修,高必大协修:《新校(康熙)天津卫志》,卷四《艺文上》,成文出版社印行1969年版,第212页。
[②] 佚名:《创建明伦堂旧记》,(清)薛柱斗纂修,高必大协修:《新校(康熙)天津卫志》,卷四《艺文中》,第222页。

如果说天津卫的武学教育主要是为了培养王朝守护者的接班人，同期开设的卫学，则是针对民间子弟的教育，主要培养官场和地方社会所需的官吏和幕僚等。但是，天津作为军事卫所的驻地，土著居民本来就稀少，聚集在天津的主要是军人与其家眷、漕运的运兵和船夫，以及渔盐产销之民，究竟有多少子弟就读卫学，最初的卫学有多大的规模，在志书中并未留下相关记载。另外，具有一定素养的地方士绅和文化名流阶层的出现，抑或地方文化的发展繁荣，并非是一朝一夕之事，人口的聚集、经济的发展以及文化环境的营造诸要素缺一不可。志书中关于天津文化生态的反映，还多是"官不读书，皆武流，且万灶沿河而居，日以戈矛弓矢为事。兵马倥偬之际，而欲其和辑小民，不亦难乎？既不读书，争相骄侈为高，日则事游猎从歌舞，俱在绮襦纨绔之间，而欲其道德揖让，不亦难乎？"[1]"以故好学能文之士，数百年卒无闻焉。"[2]这就是早期天津为世人留下的文化印象。

当然方志中也有"民性淳良，俗皆敦朴，以农桑为先务，以诗书为要领，贵德耻争，民纯讼简"的记载。这类话语，适合大部分农耕地区，但未必适用于天津。良田既少，何来"农桑为先"；"寂寞之滨"，如何"诗书为要"？"五方杂处，逐末者众，讼狱繁兴，习尚奢靡"[3]的表述才更符合当时的实际情况。天津城之外的广大乡村，诗

---

[1]（明）汪来撰：《天津整饬副使毛公德政去思旧碑》，（清）薛柱斗纂修，高必大协修：《新校（康熙）天津卫志》，卷四《艺文中》，成文出版社印行1969年版，第232页。
[2]（清）王又朴撰：《诗礼堂古文序》，金钺编：《诗礼堂杂纂》（《屏庐丛刻》第一册），天津社会科学院图书馆藏书。
[3]（清）薛柱斗纂修，高必大协修：《新校（康熙）天津卫志》，卷二《风俗》，成文出版社印行1969年版，第69页。

书传统也较差。康熙皇帝在出巡武清县时已经发现了这一问题。康熙五十四年(1715)二月二十三日,康熙皇帝给直隶巡抚赵宏燮发过一道谕旨。

> 朕每年春间,行幸水淀。近见民生虽不能家给人足,比之往时,似觉差胜,但村庄之中,诵读尚少。朕思移风易俗,莫过读书,非此无可上进。况畿辅之地,乃王化所先,宜于穷乡僻野,皆立义学,延师教读,以勉孝弟,可望成人矣。尔即遍示村庄,皆知朕崇文好学之深意。特谕。①

雍正皇帝对直隶剽悍的民风也有所耳闻,并试图严加纠正。雍正四年(1726)十月十一日,雍正皇帝谕大学士、九卿等人:

> 直隶地方,旗民杂处,往往以强凌弱,势力相加而谨朴良民常被欺压,因而相习于强悍之风,不知悛改,而风俗不能臻于淳厚。朕励精图治,欲四海之广,道德一而风俗同。况辇毂之下,首善之区,尤当整饬化导,以为万邦之式。

皇帝派出满汉军御史各两员,巡查京畿,要求他们"倘有不安本分、凌虐良民、不畏官吏、恣行暴悍者,或即行惩治,或据本参奏"②。直隶地区薄弱的耕读传统,使得康熙、雍正两位皇帝颇觉不妥,他们选择了不同的处理方式,康熙倾向"教化",雍正则更青睐"严惩",这背后体现的是他们不同的行事风格,在日后处理盐商问题上,他们的态度与此基本一致。

---

① (清)吴翀总理,张纯等协修:《(乾隆)武清县志》,卷一《谕旨》,清乾隆七年(1742)刻本。
② (清)张志奇、朱奎扬总裁,吴廷华、汪沆修:《(乾隆)天津县志》,卷一《纪恩志》,清乾隆四年(1739)刻本。

(四)卫文化基因对地方产生的一些负面影响

由于早期天津的"武卫"习气过重,官军、家眷以及从事渔盐之民等人口主体普遍文化层次较低。教化也好,严惩也好,剽悍的民风并没有得到根本的抑制,这种基因在天津文化发展的脉络中一直存在,直到近代,在记载中仍多有呈现。成书于清光绪十年(1884)的《津门杂记》中有《混星子》一篇,记当时天津混混儿百态,极为传神。

> 天津土棍之多,甲于各省。有等市井无赖游民,同居伙食,称为"锅伙",自谓"混混儿",又名"混星子",皆憨不畏死之徒,把持行市、扰害商民、结党成群、藉端肇衅。按津地斗殴,谓之"打群架",每呼朋引类,集指臂之助,人亦乐与效劳,谓之"充光棍"。甚至执持刀械火器,恣意逞凶,为害闾阎,莫此为甚。

"混星子"占天津总人口的比例虽少,但影响却极其恶劣与深远。他们不问青红皂白,闻风而起,强不畏法。混星子结为"锅伙",成为近代天津城市发展史上的一大"毒瘤"。"土棍"坐大,给地方的社会秩序和经济秩序造成极其恶劣的影响,令地方大员们异常头疼。这些人"如被拿到案,极能耐刑,数百答楚,气不少吁,口不求饶,面不更色。不如是,则谓之'摘跟头',其凶悍如此"。几乎每任天津地方长官,包括北洋大臣李鸿章、袁世凯在内,上任伊始都会严惩锅伙和混混儿,以儆效尤。曾任分巡天津、河间兵备道的裕长当年采取宽猛相济的方式,力图整治这一恶习。他一面"严订条例",一面"严厉惩处",对违法者照章禀请就地正法,先后处决了锅匪罗仲义、冯春华、魏洛,又将张庆和、丁乐然站毙立笼,短时期内杀住了锅匪的气焰。但是,"积习由来已久,正未易旦夕除根"①。

清中后期,天津在高雅文化、科举、教育等方面已经在全国占有一席之地,"混星子"的影响也一直存在。光绪大清刑律中甚至专门载有《天津锅匪》专条,"天津锅伙匪徒聚众数十人及百人以上,执持火器、军械杀伤人命,或聚众抢掠,扰害商民",清廷律法对此采取了极其严厉的处置,"审明后就地正法;如被获时持杖拒捕,照格杀律勿论"②。当时有位外国记者曾经这样描述天津人:"天津人是闻名全国最野蛮、富于掠夺性而且奸诈的人,甚至于到了这样的程度:好几个世纪以来,直到今天,省城以及临近省城的客栈门前常有这样的告示:'天津人不得入内。'"③这样的描述,明显失于客观,但不失为当时天津剽悍民风的一个侧影。

三、天津的文化脉络

军卫时期是天津城市发展的雏形时期,军卫是天津城市的根底,天津文化传承脉络中的军卫基因异常强大,以军卫文化为主的移民文化是天津文化的根基。除此之外,关于天津文化还有很多流行的观点和解读方式。

---

① (清)王锡祺辑:《小方壶斋舆地丛钞》第九帙,台湾学生书局1985年版,第83页。
② (清)沈家本、荣铨修,徐宗亮、蔡启盛纂:《(光绪)重修天津府志》,卷二十六《风俗》,续修四库全书(史部·地理类),第691册。
③ 罗澍伟:《漫话天津人口与天津文化——天津历史的一个剖面》,天津社会科学院历史研究所、天津市城市科学研究会编:《城市史研究》(第15—16辑),天津社会科学院出版社1998年版,第126页。

(一)关于天津文化的一些观点

"卫文化"是解读天津文化的重要维度。天津先建卫而后建城,军卫文化是天津文化的重要组成部分。军卫中的士兵是天津最早的居民,历代屯田士兵、漕运运兵、水手,以及李鸿章驻津的淮军和袁世凯在津训练的新军,都为天津地域文化增添着军旅气氛,造就了天津民俗尚武的豪气和坚韧不拔的性情。这些都促使形成天津人脾气暴烈,甚至"逞强好斗、滋事挑衅"的风气。方言是地域文化的载体,能够反映出不少风俗习惯,天津方言就是屯军从安徽带来的。近年来,一些学者从语言学的角度开展对天津文化的"寻根"工作。著名学者李世瑜先生考证:"天津方言的母方言就是来自以宿州为中心的广大江淮平原"①。谭汝为教授进一步证实,今天的天津话在语音上与固镇等地显示出较突出的相似性。他认为,明代安徽宿州一带有大批军士携带家眷来到天津,具有低平调的江淮方言成了天津卫的通用语。

一种观点认为,天津文化是码头文化。九河下梢、航运发达、码头众多,确实是天津的实际情况,建立卫城出于保护漕运、确保京师粮食安全的考虑。在历史上,天津是中国北方的漕运重地、物流中心、交通枢纽。除盐业外,漕运是促使天津兴盛起来的又一重要因素。随着运兵、水手以及码头装卸工群体的聚集,运河与海河沿岸附近成为人口密度和聚居规模较大的地区。人口聚集,城市建设,商业繁荣无不围绕着码头这一经济模式和地理特征而起。漕运不仅沟通了南北的粮盐,也推动了南北文化的交流与融合。码头文化催生了天津独特的饮食文化,带动了曲艺在

---

① 来新夏主编,李世瑜编著:《天津的方言俚语》,天津古籍出版社2004年版。

北方的传播,天津成为北方曲艺的大码头。①有学者认为,这种文化是一种"俗"文化,是一部分靠码头生活的人群的生活状态在文化上的反映。

　　文化本身兼具包容性和多元性,且随着时代的变化,开放的程度越来越高,地方文化越来越多地容纳各地和各国的移民文化。天津作为码头,人口五方杂处,早期天津地域文化在形成过程中,就兼容和吸纳了包括京都文化、燕赵文化、齐鲁文化、徽派文化、江浙文化和闽粤文化在内的诸多文化元素。开埠通商后,外来的"租界文化"构成天津文化的又一个亮点。租界文化是指19世纪40年代中期以来,随着上海、天津、武汉等地外国租界的相继开辟,在各租界区域逐渐形成的殖民性、商业性、现代化、都市化、市民化的中西杂糅的文化形态,是与中国传统文化既有一定联系,更有明显区别的一种文化模式。②历史上,天津是我国租界最多的城市,英、美、法、德、日、俄、意、比、奥九国曾在这里划地为界,多种西方文化交汇,城市布局、建筑、文化、生活习惯等方面,无不在这座城市有所留存。今天的五大道(天津市和平区成都道以南,马场道以北,西康路以东,马场道与南京路交口以西的地区)、意式风情区(天津市河北区兴隆街、胜利路、建国道、海河东路、博爱道和五经路围合的范围)等依然被人们津津乐道,丰富多彩、各式各样的小洋楼,成了这座城市靓丽的名片。③租界是诞生于特定

---

① 艾伯亭、刘建、田野等著:《城市文化与城市特色研究——以天津市为例》,中国建筑工业出版社2010年版,第20页。
② 李永东:《论"租界文化"概念的文学史意义》,《西南大学学报》,2007年第5期,第152—156页。
③ 艾伯亭、刘建、田野等著:《城市文化与城市特色研究——以天津市为例》,中国建筑工业出版社2010年版,第19页。

历史环境下的"特例",对天津来说,租界文化虽然不是一种传承有序、自然发展的文化,但它作为移民文化的一种变体,在近代天津城市发展过程中也留下了深深的烙印。

罗澍伟认为,"自明清以降,在天津的地域文化中,占主导地位的一直是一种消闲文化"①,世袭卫官子弟"游猎歌舞"的纨绔生活,盐商阶层广筑园林、延揽名士的高雅消闲文化以及普通百姓的下层消闲文化构成了天津文化的主流。也有学者认为,并不能把天津文化简单定位为通俗的消闲文化,天津的盐商兼文人在推动天津高雅文化发展中体现出积极的一方面。②还有学者认为,天津文化是以商人或商业文化为主的市民文化,所谓"花鸟鱼虫、三教九流无所不通"③。与之相类似的观点认为天津文化是一种市井文化。市井文化是一种生活化、自然化、无序化的自然文化,它是指产生于街区小巷,带有商业倾向,通俗浅近,充满变幻而杂乱无章的一种市民文化,它是一种"现象流",反映着市民真实的日常生活和心态,表现出浅近而表面化的喜怒哀乐。简言之,这种文化属于"草根文化",与北京的皇城文化、精英文化和上海的商业文化有明显区别。

但是,上述种种结论仍然偏重于展示天津文化中"通俗"的一方面,不能构成考察天津文化的完整维度。它们似乎只能用来解释天津的"民风""民俗"是如何形成的。剽悍的民风、粗犷的性格在天津城市发展过程中"有利也有弊",但这些并不是天津文化的全部。

---

① 罗澍伟等撰:《关于近代天津文化及其特质的对话》,天津社会科学院历史研究所、天津市城市科学研究会编:《城市史研究》(第11—12辑),天津古籍出版社,第73页。
② 同上,第75页。
③ 同上,第76页。

(二)考察天津文化脉络的两个主要维度

从本质上看,天津文化是多种异质文化交织形成的一种文化。异质文化,是指不同质的文化。①异质文化的交流,使天津形成了自己独特的"高雅文化"和"士林文化"。一直以来,我们对这一维度的重视程度不够。站在盐商以及"由商而士"的角度来看天津文化的形成发展,会有新的更大的收获。笔者在梳理盐商材料时,深刻感受到一种与"草根文化"截然不同的文化气质。我们不能将草根文化作为天津文化的全部,重商文化以及在此基础上形成的"高雅文化""士林文化"是天津传统文化的重要组成部分,甚至是更值得自豪的部分。考察天津文化脉络首先要明确以下几点:一、天津文化是多元性的,包括上面提到的卫文化、码头文化、消闲文化、市民文化等等,都是天津文化的不同侧面,而非全部,天津文化的发展也是分时期、层次和途径的;二、传统意义上的"高雅文化"与"通俗文化"在天津都是实际存在的,而且两种文化相互影响,没有高低贵贱之分,也不可能截然分开,如戏曲曲艺在天津受到了各个层次群众的追捧,很难将它定位成高雅的或者通俗的;三、天津文化的基础、本质或者核心是移民文化,根据移民主体的不同,这种文化在发展过程中沿着两条路径行进,"高雅文化"与"通俗文化"分别由不同的人群带动和支撑。

1. 由军卫出发考察以卫文化、码头文化、漕运文化为主体的天津通俗文化

抚今追昔,天津第一批移民的主体是官兵,这些来自安徽地

---

① 熊月之:《异质文化交织下的上海都市生活》,上海辞书出版社2008年版,第3页。

区的官兵不仅带来了当地的方言,还带来了当地的习俗和文化,兵营文化本身也是一种非常具有特色的文化。随着漕运的发展与兴盛,水手、船夫、脚夫等群体大量出现,他们是形成卫文化传统的另一支主力军。讲求义气、勇于任事是这一群体的优点,文化素质低是他们最大的劣势。1947年,天津市曾对21.7万工人、车夫、小贩、苦力、缝洗、清洁夫、军警、公教人员及无职业人员进行了一次文化构成的调查统计,其中只有25人具有大学文化程度,818人具有中学文化程度,两项合计仅占被统计人数的0.5%。具有小学和私塾文化程度的,也只占5.8%,文盲率高达93.9%。[①]

"混星子"的出现与城市的军卫基因脱不了干系,他们好勇斗狠,以义气自雄,这种所谓的"义气"主要是一种自以为是的英雄式的价值观,是一种自己心目中的"义"。"天津所有的下层职业如装卸(脚行)、鱼行、娼寮、渡口等等均为若辈所把持。为了抢夺营业地盘,走铁板、下油锅、自残肢体、持械斗殴亦在所不惜。"天津望海楼教案发生后,为了息事宁人,地方政府引诱"混星子"去替罪受死,据说当时并未费多大的周折。只需告诉他们,"杀人偿命,中外皆然,中国如无人偿命,外国则视中国无英雄矣。且天津为产生英雄之地,岂得因贪生怕死而失嘉名耶?""一时梨园箱中武生所用之罗帽、大氅为官中买尽",一些人便雄赳赳扮作黄天霸、贺仁杰模样赴了刑场[②]。卫文化作为重要的文化基因,它对天津的影响一直持续

[①] 罗澍伟:《漫话天津人口与天津文化——天津历史的一个剖面》,天津社会科学院历史研究所、天津市城市科学研究会编:《城市史研究》(第15—16辑),天津社会科学院出版社1998年版,第122页。

[②] 同上,第126页。

到当代。

2. 由盐商出发考察以诗词书画、重教兴学、科甲连第为形式的高雅文化

长芦盐商是天津移民的另一个主要群体,从方志中看,这一群体在天津的兴起大约在清康熙朝后期。就笔者研究所及的盐商家族来看,他们均为外地来津业盐的家族,绝大多数为江南人士,由于经营成功,留在了天津。传统社会有着较重的"讳商"思想,在方志中他们往往已经被隐去了"盐商"的身份,多以善人和名士的身份出现。这些来自江南的盐商家族在积累了一定的财富后,广筑园林,延纳南北名士,很快使天津成为一个吸引文人墨客驻足的地区,部分文人就此入籍天津,成为天津人。盐商以及经由他们吸引而来的文人群体在唱酬应和、重教兴学、科举仕进等方面有力地带动了天津高雅文化的形成、发展与繁荣。

天津"在明季时人文犹无所表著,自康雍以后,迄今二百年间,硕彦之辈起、纂述之渊懿蔚然。灿然足称大观。考之海内通都名邑,人文偾兴之速,实罕匹伦"①。与此同时,天津的科举和教育事业迅速进入到一个飞速发展的阶段。据统计,从清顺治元年(1644)到咸丰十年(1860),天津各朝中式之进士、举人和贡生人数,以乾隆朝为最多,达367人。康熙在位61年,天津城出现的进士、举人和贡生才33人,乾隆朝是它的十倍还多②。在天津高雅文化迅速兴起、突飞猛进的背后,盐商的力量不容忽视。清代

---

① 金钺撰:《屏庐丛刻序》,金钺编:《诗礼堂杂纂》(屏庐丛刻第一册),天津社会科学院图书馆藏书。
② 涂宗涛:《从历史角度看天津文化的特点》,天津社会科学院历史研究所、天津市城市科学研究会编:《城市史研究》(第13—14辑),天津古籍出版社1997年版,第179页。

天津诗人梅成栋总结,"我朝自康熙、雍正间,前辈风流,略悉梗概。大抵津门诗学,倡其风者,推遂闲堂张氏为首;继之者则于斯堂查氏也。……又颉颃于张、查间者,有子昇金氏、麓村安氏,宏奖风流,争树坛坫,人皆慕仿。故英华所萃,效亦随之"。梅成栋简要概括出了天津高雅文化发展的主要脉络,遂闲堂张氏为大盐商张霖家族,于斯堂查氏为大盐商查日乾家族,子昇金氏为大盐商金平家族,麓村安氏即长芦大盐商、后成为扬州总商的安岐。在这条脉络中,起主要传承作用的都是长芦盐商,这些家族在科举方面同样是地方上的榜样,"计张氏一门,得诗人十一,而成进士者二;查氏一门得诗人九,而成进士者三;金氏一门得诗人八,而成进士者二"①。张霖的从弟张霔和长芦盐商龙震等人被誉为"津门诗教之源"②。这不是巧合,只不地过从当时到现在,在这些地方名士身上都蒙着一层纱幕,有意无意地掩饰着他们的盐商身份。

在一座城市内,以军卫文化为主的通俗文化与以盐商文化为主的高雅文化之间肯定会互相影响。不过两种文化都是外来文化,即所谓的"异质文化",均非本地的"土著"文化,两者在天津出现的时间有先后之分,它们的发展过程相对独立,影响对象也不相同,二者之间存在割裂和断层。主要表现在,盐商和文人群体推动的天津高雅文化对于天津民风的影响微乎其微。光绪年间,"天津士人工于应试文字,近年举人会试者计逾百数,实为天下罕见"。同时,"民间风气强劲,以义气自雄,而械斗之风遂炽,加以通

---

① (清)梅成栋撰:《津门诗钞弁词》,(清)梅成栋纂:《津门诗钞(上)》(天津风土丛书),天津古籍出版社1986年版,第2页。
② (清)沈家本、荣铨修,徐宗亮、蔡启盛纂:《(光绪)重修天津府志》,卷四十三《人物·梁洪传》,续修四库全书(史部·地理类)。

商而后,盗贼因以生心……而窃劫之案不能悉泯,此由来久矣"①。这种矛盾是移民城市文化冲突的一种表现,不同移民文化存在一定的惯性,互相之间不容易磨合。笔者对两个维度的划分只是一种针对文化发展主干的划分,这是一种大致的区分,而非绝对的必然,既有不少文人雅士出身军卫,亦有不少盐商对通俗文化感兴趣。

---

① (清)沈家本、荣铨修,徐宗亮、蔡启盛纂:《(光绪)重修天津府志》,卷二十六《风俗物产》。

第二章 长芦盐业、盐业机构及盐商组织概况

研究天津的盐业与盐商,首先会遇到"长芦"的概念。何为"长芦"?时至今日,天津市长芦盐业总公司仍然沿用此名。历史上,"长芦"一词的出现要比"天津"早千余年,它原系古漳河一条支流的名称,因其两旁多芦苇,故得此名,后来逐渐演化为地名,即今天的沧州。北周大象二年(580),开始设长芦县,以水为名,治所在今天沧州市西,唐开元十六年(728)移至今沧州市。唐贞观年间,长芦县隶属沧州管辖。唐代大诗人李白曾留下"维舟至长芦,目送烟云高"①的诗句。唐以后,沧州为河北重镇。宋熙宁初年,废长芦县,改为长芦镇,并入清池县,清池县在唐代时为沧州的治所,这一建置在宋、金、元三代没有大的变化。明洪武元年(1368),明军攻克元都,改大都路为北平府,置北平河间盐运司。洪武二年(1369),迁沧州治所于长芦镇,改北平河间盐运司为河间长芦都转运使司,后定为长芦都转运盐使司,自此直隶一带的盐业遂以"长芦"为名。②

---

① (唐)李白:《送当涂赵少府赴长芦》,载(清)黄掌纶等撰,刘洪升点校:《(嘉庆)长芦盐法志》,《附编·援证九》,科学出版社2009年版,第539页。
② 盐务署印行:《中国盐政沿革史·长芦》第1、15页,1914年12月版;亦见《(嘉庆)长芦盐法志》序言。

一、长芦盐业与盐业机构沿革

盐与人们的日常生活息息相关,盐税收入一直是历代政府的主要财政收入。农耕可以为国家提供必需的物质基础,而盐业则为国家的富强和争霸提供了主要的财政来源。长芦盐区是中国最古老的产盐区之一,所谓"周有幽州之利,秦有上谷之饶"[1]。长芦盐区的永盐属禹贡[2]冀州区域,沧盐属禹贡兖州区域,在周代时属幽州之地,有"幽州,……其利鱼盐"[3]之说。管子认为,战国时代的"阴王之国"有三,即楚国、齐国和燕国,"楚有汝、汉之黄金,而齐有渠展之盐,燕有辽东之煮,此三者亦可以当武王之数"[4]。长芦盐区在战国时期属于齐、燕两国交界地区,曾分别归齐国和燕国管辖。可以说战国七雄中的齐、燕两国能够争霸天下离不开靠盐业积聚起的财富支撑。沧州本属齐国辖地,在齐桓公伐山戎胜利归国时,燕国君主送其出境,一直礼送其至齐国境内的燕留故城处(沧州长芦县东北十七里)。齐桓公为表示感谢即将此处割让予燕国。人民"恶食无盐则肿",一旦掌握了盐,就掌握了传统社会生活生产必需的战略资源。齐桓公曾经通过控制食盐生产达到了控制其他国家经济命脉的目的。管子建议,"孟春既至,农事且起。……北海之众毋得聚

---

[1] 周时长芦属幽州地域,秦时沧盐属上谷郡管辖。
[2]《尚书·禹贡》,中国第一篇区域地理著作。是战国时魏国的人士托名大禹的著作,因而以《禹贡》名篇。
[3](清)黄掌纶等撰,刘洪升点校:《(嘉庆)长芦盐法志》,《附编·援证三》,科学出版社2009年版,第460页。
[4]《管子》卷二十三《地数》。

庸而煮盐。若此,则盐必坐长百十倍","请令䕺之梁、赵、卫、濮阳。彼尽馈食之也。国无盐则肿,守圉之国,用盐独甚"。齐桓公采纳此建议后,"得成金万一千余斤"。①

(一)芦盐之盛盖自后魏始

汉代元狩四年(公元前119年),在各郡国设置盐官。②钜鹿郡堂阳,渤海郡章武,千乘郡,渔阳郡泉州、辽西、海阳等地均设有盐官。③长芦盐区内有四个地方设有盐官,一为泉州(今天津市境内),一为章武(今天津静海县、河北沧县境内),一为海阳(今河北滦县境内),一为堂阳(今河北南宫境内)④,这是长芦盐区最早设置的盐官。同一年,汉武帝以"东郭咸阳、孔仅为大农丞,领盐铁事",东郭咸阳曾经是在齐地煮盐的大盐商⑤。

西汉时期,朝廷中关于实行盐业专卖还是自由贸易的争论一直没有停息,朝廷政策也多有变化。在政府收入丰裕、开支不大的时期,朝廷往往会听取儒生"非战""让利"的意见,"让利于民",反之,则会复设盐铁官,实行盐业专卖。《中国盐政小史》的撰者欧宗祐认为:"诚然,若有方法可避免战争,则以不战为妙;然而匈奴不臣,敌军压境,恐非徒唱非战论所能应付也。若有方法可节省政费,则以节俭为妥;然节俭到不能再节俭时,恐非徒标榜节俭主义所能

---

①(清)黄掌纶等撰,刘洪升点校:《(嘉庆)长芦盐法志》,《附编·援证九》,科学出版社2009年版,第460页。
②《文献通考》卷十五《征榷考二·盐铁矾》。
③《汉书》卷二十八《地理志上》。
④盐务署印行:《中国盐政沿革史·长芦》,1914年版,第1页。
⑤《史记》卷三十《平准书第八》。

济其穷也",他认为,那些贤良文学的言论多属敷衍塞责之语,能言而不能行。①汉元帝时期,"使平当行流民幽州。举奏刺史二千石劳徕有意者,言渤海盐地可且勿禁,以救民急"②。东汉中平五年(188),刘虞拜幽州牧,"开上谷胡市之利,通渔阳盐铁之饶,民悦年登"③。

  北魏迁都邺城后,于沧、瀛、幽、青四州境内,傍海煮盐。沧州置灶一千四百八十四,瀛洲置灶四百五十二,幽州置灶一百八十,青州置灶五百四十六,又于邯郸置灶四,每年可收盐二十万九千七百二斛四升。"军国所资,得以周赡矣"④。北魏政府所属的四州煮盐之地大都属于长芦盐区,时有"芦盐之盛盖自后魏始"⑤之说。北魏孝昌二年(526),因河北丰润一带近海,可供煮盐,遂在当地设置盐监司。据《水经注·赵记》记载,后赵皇帝石勒曾遣使王述煮盐于角飞城(在天津城东,即漂榆故城),留下了"石勒称雄仅一隅,煮盐遣使到丁沽。角飞城外煎如昔,灶户犹知王述无"⑥的诗句。

(二)唐之盐法,以长芦为先导

  在唐代时,长芦盐区已经颇具规模,"自勃海至平原,其间滨海煮盐之处,土人多谓之豆子蚖"。"豆子蚖"即今天的咸水沽一

---

① 欧宗祐著:《中国盐政小史》,商务印书馆1927年版,第24页。
② 《汉书》卷七十一《隽疏于薛平彭传》。
③ 《后汉书》卷七十三《刘虞公孙瓒陶谦列传》。
④ 《魏书》卷一百一十《志》第十五《食货六》。
⑤ 盐务署印行:《中国盐政沿革史·长芦》,1914年版,第1页。
⑥ (清)蒋诗:《沽河杂咏》,(清)华鼎元辑录:《梓里联珠集》(天津风土丛书),天津古籍出版社1986年版,第68页。

带,位于天津卫东六十里处。①唐开元二十五年(737)颁布的《屯田格》规定:"幽州盐屯,每屯配丁五十人。一年收率满二千八百石以上,准营田第二等;二千四百石以上,准第三等;二千石以上,准第四等"②。唐代设置河北道,幽、平、瀛、沧等产盐州郡均隶属于河北道,当时所产之盐称为河北盐。元和年间(806—820)置榷盐院,长庆元年(821)三月撤销。唐代诗人李白曾到长芦一游,留下了"维舟至长芦,目送烟云高。摇扇对酒楼,持袂把蟹螯"③的诗句。隋代及唐初为无盐税时代,听民自由贸易,唐中叶以后又开始征收盐税。沧州一带在唐朝时为景城郡管辖地方,唐天宝末年爆发安史之乱,因讨逆军费拮据,时任河北招讨使的颜真卿收景城盐使所辖区域盐的转输运销权利,改为官收官运,用所得收益来维持军事所需。唐乾元初年,第五琦主导制定的盐法与颜真卿的思想一脉相承,有"唐之盐法,固以长芦为先导"④的说法。唐代末年,虽然安史之乱已经平定,但是河北三镇节度使割据一方,终唐之世,河北盐课收入均被各节度使截留,唐政府对该地区的盐业仅仅具有名义上的管辖权。

  五代时,河北州郡为各国交锋之地,在各族政权中屡次易手。后唐"庄宗命其大将周德威破燕军于平冈,复收芦台军。同光中,以赵德钧镇其地,十余年间,兴利除害,人共赖之。遂因芦台卤地置盐场,又舟行运盐,东去京国一百八十里,相其地高阜平阔,因置榷盐

---

① (清)顾祖禹:《读史方舆纪要》卷十三《北直四·河间府》。
② 《通典》卷十《食货·盐铁》。
③ (唐)李白:《送当涂少府赴长芦》,载(清)黄掌纶等撰,刘洪升点校:《(嘉庆)长芦盐法志》,《附编·援证九》,科学出版社2009年版,第539页。
④ 盐务署印行:《中国盐政沿革史·长芦》,1914年版,第2页。

院,谓之'新仓',以贮其盐。流衍于民间,因其盐曰'榷盐'。复开渠运漕盐,货贸于瀛、莫间,上下资其利,遂致饶衍赡于一方"①。五代时期的盐法日益严峻。后唐时期有《蚕盐》《食盐》之名。蚕盐,即授人以盐,而征其钱,因于民间育蚕时期,将食盐分发给乡村人户,并限期纳税,所以称之为《蚕盐》。各人户分得的蚕盐只准用于食用,不准用来买卖贸易,所以又称之为"食盐"。后唐时期还实行过"两税盐钱"制,政府允许民间食盐贸易,而将盐税平均到田税中一并收取,所以有"两税盐钱"之称,该盐法在宋代仍有沿用。后晋天福年间,河北诸州除了分发蚕盐、征收盐税外,每年年末各盐场也能有十七万贯有余的收入。为了打击贩卖私盐的行为,后晋实行盐税制,政府将所辖区域食盐户分为五等,将食盐收入按户分配缴纳,任人兴贩,"应有往来盐货悉税之。过税每斤七文,住税每斤十文"②。后晋石敬瑭割幽云十六州献给契丹,天福三年(938),"河间煮盐"之利为辽所有,幽、平两州盐场悉数被辽国占据,分隶燕京、平州二路,各置盐铁转运诸司,掌管盐的收纳及运出。辽会同初年,在香河县设置榷盐院③。后周广顺年间,为了限制、打击私盐,对河北盐实行严格的"榷盐"制度,行盐严格按照划定的区域进行,漳河以南地区食用颗盐,漳河以北地区食用末盐,末盐即出自长芦盐区的滨海地区④,贩运私盐者动辄处死,后"以盐课均之两税,而驰其禁"⑤。

---

① 《新仓镇改宝坻县记》,(清)黄掌纶等撰,刘洪升点校:《(嘉庆)长芦盐法志》,《附编·援证九》,科学出版社2009年版,第532页。
② 《五代会要》卷二十六《盐》。
③ (清)黄掌纶等撰,刘洪升点校:《(嘉庆)长芦盐法志》,《附编·援证六上》,科学出版社2009年版,第485页。
④ 盐务署印行:《中国盐政沿革史·长芦》,1914年版,第4页。
⑤ 《宋史》卷一百八十一《志》一百三十四《食货下三·盐上》。

(三)由灵活盐法走向单一"榷盐"制——宋、辽、金时期的长芦盐业

宋代的盐法政策比较灵活,"天下盐利皆归县官。官鬻、通商,随州郡所宜"①。但是这种政策并不是一成不变的,而是根据需要不断调整。

北宋建国初期,承袭五代之盐法,对河北盐仍旧实行禁榷制。建隆四年(963),下令允许邢、洺、磁、镇、冀、赵六州通盐商。开宝三年(970),取消河北盐禁,悉数改为通商。政府只负责收取每斤盐一文钱的盐税,"住卖者倍之"②。旧有的榷盐收入仍均到两税中征收。河北通商之地有大名、真定二府,贝、冀、相、卫、邢、洺、深、赵、沧、磁、祁、定、保、瀛、莫、雄、霸十七州,德清、通利、永静、乾宁、定远、保定、广信、安肃八军。自此,河北盐听人贸易,每年的盐税收入为十五万缗③。

宋庆历初年,有人提议禁榷河北盐,以收盐业余利,被谏官余靖以河北地区亟需休养生息为由制止。庆历六年(1046),三司使王拱辰建议"悉榷沧、滨二州盐入官,以专其利"④。张方平认为,河北盐课已经均之两税,即两税中的"盐钱"项目,不宜再行榷盐。更重要的是,当时辽国控制的盐区产盐量非常大,北宋边民、契丹族人经常盗贩辽盐运销宋国,如果改河北盐为专卖制,势必使盐价更加昂贵,辽盐侵销更加严重,非用兵不能禁止,边衅一开,所得盐利甚

---

① 《宋史》卷一百八十一《志》一百三十四《食货下三·盐上》。
② 《文献通考》卷十五《征榷考二·盐铁矾》。
③ 盐务署印行:《中国盐政沿革史·长芦》,1914年版,第4页。
④ 《宋史》卷一百八十一《志》一百三十四《食货下三·盐上》。

至不能弥补用兵之费。宋仁宗遂于庆历六年（1046）十一月，诏罢河北榷盐。①

自由贸易法施行八十余年后，逐渐弊端丛生，税收日减，宋皇祐年间的盐税收入与旧额相比几乎减少了一半。监沧州盐山务王伯瑜建议规范盐的贮、运装具。当时盐商用囊来贮、运盐。按照新的规定，每只囊为盐一袋，每袋盐不得超过三石又三斗，每斗为盐六斤，每袋共合盐一百九十八斤，其中三斗算作损耗。每袋合正盐一百八十斤，准许带卤耗十八斤，"盐斤加耗"的制度便始于此时。每袋所储的盐斤数量不得过限。盐商领盐之时，缴纳一半的盐税，领取凭单。所过州县验单放行，运至住卖之地时再将剩余的盐税全部补齐。如果盐商所用的囊装盐过限，放盐人和领盐人都要受到惩罚，商人如有挟带私盐的情况，还要没收他的经营资本。王伯瑜计划实施的第二年，北宋政府盐税收入增加了三万余缗，遂以此为定制，河北盐法日渐详密。

元丰三年（1080），北宋政府对河北盐实行"榷盐"制，"自大名府、澶、恩、信、安、雄、霸、瀛、莫、冀等州，尽榷卖以增其利"②。该法实行官卖制，禁止私商买卖食盐，政府每年可获盐利十六万七千余缗。该盐法在夺取商人利益的同时，也引起了盐价的上涨，出现"贫家至以盐比药"的情况。为了维护作为天下根本的河朔地区的稳定，元祐元年（1086）正月二十八日，"诏河北盐复用旧法通商"③。元祐六年（1091），"提举河北盐税司请令商贾贩盐，于场务输税，以及等户保任，给小引，量道里为限，即非官监镇店，听以便鬻之，盐税

---

① 《玉海》卷一百八十一《食货·盐铁》。
② 《文献通考》卷十六《征榷考三·盐铁矾》。
③ 《玉海》卷一百八十一《食货·盐铁》。

旧额五分者,增为七分。则盐税已行焉。绍圣中,河北官复卖盐,继诏如京东法"①,仍然施行榷盐法。宣和三年(1121),诏河北、京东路推行新法钞盐。②宋景德年间,宋辽订澶渊之盟,以白沟河为界,河南为宋境,食用沧州盐;河北为辽境,食用幽、平二州盐,这些地方均属于今天的长芦盐区。③北宋辖区的盐政属盐铁司管辖,下置河北道转运使。皇祐年间,沧州置盐监,监察不法销盐者。④辽国将幽、平、营三州的土地划为南京道,后在燕京、平州两地设立盐铁转运司负责管理盐务。宋宣和末年,北宋与金合兵攻辽,仅收回了燕京路,而平、滦等地被金国占领。不久,金军自平州一带南下攻宋,宋政府南迁,河北盐利皆归金国所有。⑤

金灭辽后,为解决畿辅地区生齿日繁,食盐需求量大的问题,对河北盐业管理非常重视。当时,长芦盐区南部属河北东路,北部属中都路。金海陵王正隆三年(1158),设河间转运使,管理沧州盐业,后改为沧州盐使司。⑥最早,榷盐坚守之官,虽然品秩相当于三品,但几乎都是以不入流人员充任。金大定年间,"改榷盐院署置使司,升为五品,设副使之官,傔从俸秩,视诸刺郡,以重其事"⑦。大定元年(1161),于河北东路置沧州盐使司。大定十三年(1173)二月,永济务(今丰润县城)榷盐院与新仓榷盐院合并,于中都路合置宝

---

① 《宋史》卷一百八十二《志》一百三十五《食货下四·盐中》。
② 《文献通考》卷六十一《职官考十五·提举》。
③ 曾仰丰著:《中国盐政史》,商务印书馆1937年版,第69页。
④ 河北省地方志编纂委员会:《河北省志·盐业志》,中国书籍出版社1996年版,第155页。
⑤ 盐务署印行:《中国盐政沿革史·长芦》,1914年版,第9页。
⑥ 河北省地方志编纂委员会:《河北省志·盐业志》,中国书籍出版社1996年版,第155页。
⑦ 《历代职官考》,(清)黄掌纶等撰,刘洪升点校:《(嘉庆)长芦盐法志》,《附编·援证六上》,科学出版社2009年版,第483页。

坻盐使司。大定二十一年（1181），沧州、山东两盐使司合并为海丰盐使司。大定二十五年（1185），复置沧州盐使司。盐使司设盐使、副使、判官等职，掌理督制及收纳盐斤诸事。①当时共设置了山东、沧、宝坻、莒、解、北京、西京七盐司②，其中山东、沧州、宝坻三盐司所辖盐区的范围大致相当于后来长芦盐区的整个范围，占据了金王朝盐业生产的半壁江山。沧州盐使司隶属河北路，宝坻盐使司隶属中都路。沧州盐行销山东，河北大名，河南南京（今开封）、归德诸府、路及许、亳、陈、蔡、颍、宿、泗、曹、睢、钧、单、寿诸州，行销范围涉及今天的河北、河南、山东、安徽四省。宝坻盐行销中都路大兴府及通、蓟、涿、易、保、顺、雄、霸诸州。平、滦之盐，行销本州，并在马城县设立副使，置局征课，隶属于宝坻盐司。当时金政府沿袭北宋钞引法。盐三百斤为一袋，每二十五袋称之为"大套钞"，小套钞或十袋或五袋或一袋。每套钞为一引。盐的制造由政府把持，食盐州郡需要缴纳"干办盐钱"，所谓"干办"，即令百姓缴纳盐税而不给盐斤。至金泰和年间，盐价日增，盐税亏欠日积月累，交钞之数多于现钱，钱法日坏，盐务大受影响。③

（四）盐业机构逐步健全——元代的长芦盐业

元朝统治者对长芦盐区更加重视，长芦盐区各盐政机构在元代更加成熟和稳定，建置趋于完善。当时河北盐区属于河间、大都两路管辖。太宗二年（1230），元太宗窝阔台颁行盐法，定制每引盐

---

①河北省地方志编纂委员会编：《河北省志·盐业志》，中国书籍出版社1996年版，第155页。
②《金史》卷四十九《志》第三十《食货四·盐》。
③盐务署印行：《中国盐政沿革史·长芦》，1914年版，第8—11页。

重400斤，价银10两。①同年，设立河间税课所，置盐场。太宗六年（1234），元灭金入主中原，同年设立盐运司。太宗八年（1236），元太宗于白陵港、三汊沽、大直沽等处置司，设熬煎办。太宗十二年（1240），改河间盐运司为提举榷盐所，十五年（1243，即乃马真后二年），改设提举沧清盐课使所。②元定宗四年（1246），改真定、河间等路课程所为提举盐榷沧清盐使所。宪宗二年（1252），又改河间课程所为提举沧清深盐使所。元世祖中统元年（1260），改立宣抚司提举沧清深盐使所，三年（1262），改置都提领拘榷沧清课盐所，四年（1263），改称转运司。至元二年（1265），改立河间都转运使司，在今天的天津葛沽一带设立丰财场，在三汊沽、大直沽一带设灶煮盐③，同年增设宝坻三盐场，灶户工本，每引为中统钞三两④。中统钞三两当钱一贯五百，按照每引盐四百斤计算，每斤工本钱约三文半。当时的盐价为一斤十文。至元八年（1271）正月，改山东、河间、陕西三路盐课都转运司为都转运盐使司⑤，并设立清沧课盐司。因大都民户多食私盐，于国课有亏，于是实行验口供给食盐制度，也称计口授盐之法。至元十二年（1275），改立都转运盐使司，十六年（1279）设大都路都转运盐使司，十九年（1282），于河间改立清、沧盐使司，十月于大都改立芦台越支三汊沽盐使司，以及河间沧清、山东滨、乐安、胶莱及莒密盐使司。⑥十二月，罢大都及河间、山东三盐运使

---

① ②《元史》卷九十四《志》第四十三《食货二·盐法》。
③ 唐仁粤主编，中国盐业总公司编：《中国盐业史（地方编）》，人民出版社1997年版，第34页。
④《元史》卷九十四《志》第四十三《食货二·盐法》。
⑤《元史》卷七《本纪》第七《世祖四》。
⑥《元史》卷十二《本纪》第十二《世祖九》。

司,设户部尚书、员外郎各一员,分别给予印信,命他们在大都设局卖引,盐商买到盐引后,赴各盐场取盐发卖。每年灶户的工本,由省台遣官按季分给。二十二年(1285)复立河间、大都等路都转运司。二十三年(1286)十月,改立河间都转运司,通办盐酒税课。二十五年(1288)五月,复立三汊沽、芦台、越支三盐使司。①元成宗元贞元年(1295),各盐场改设司令、令丞②,成宗大德元年(1297),罢大都盐运司,并入河间③,五年(1299)二月,罢清深沧三盐司④。大德十年(1306)正月,诏令各道禁止阻挠盐法,五月,增加河间、山东、两浙、两淮、福建、广海盐运司,每年可煮盐二十五万引。⑤泰定二年(1325)五月,改河间盐运司为大都河间等路都转运使司⑥,直属中书省的户部。司署设运盐使、副使、运判、经历、知事、照磨等官职。此外还设有批验所,每所有提领1员,大使、副使各1员,主掌批引掣验之事。当时盐区南北共设立二十二座盐场,每场设司令、司丞、管勾各1员。⑦

(五)确立御史巡盐制度——明代的长芦盐业

明太祖朱元璋在与元争夺天下的过程中,非常重视盐业这一利薮。"太祖初起,即立盐法。置局设官,令商人贩鬻,二十取一,以资军饷"。洪武初年,朱元璋在全国各主要产盐地次第设立了两淮、

---

①《元史》卷十五《本纪》第十五《世祖十二》。
②《元史》卷十八《本纪》第十八《成宗一》。
③《元史》卷九十四《志》第四十三《食货二·盐法》。
④《元史》卷二十《本纪》第二十《成宗三》。
⑤《元史》卷二十一《本纪》第二十一《成宗四》。
⑥《元史》卷二十九《本纪》第二十九《泰定帝一》。
⑦河北省地方志编纂委员会编:《河北省志·盐业志》,中国书籍出版社1996年版,第156页。

两浙、长芦、山东、福建、河东六都转运盐使司①。河间长芦都转运盐使司设立于洪武二年（1369）正月②，原称北平河间盐运司，后改称河间长芦，下辖沧州、青州二分司，长芦、小直沽两批验所以及二十四座盐场③。洪武三年（1370），明政府实行"开中法"，商人向边塞运粮，供给军需，政府给以盐引，名曰"开中"，米每一石八斗给盐引一道。长芦盐区的盐商负责向宣府、大同、蓟州三镇输送粮食，其中宣府粮仓五十一座，大同粮仓十八座，蓟州粮仓十一座。长芦盐商将米粮输送到该三镇之后，经核实无误，仓场出具仓钞和场钞，该镇的管粮郎中将盐商报到的仓钞和场钞进行比对，无误后配领盐引，听商支运盐斤销卖，谓之"报中"。盐商运盐出场时，经批验所依数掣验。长芦盐区有批验所两座，一曰长芦批验所，掌验南场之盐，一曰小直沽批验所，掌验北场之盐。盐商转卖要严格按照指定行盐区进行，盐、引不符，盐、引分离，越境销盐等，均以私盐治罪。洪武十七年（1384），设司于沧州，置场于近海，迁内地州县民为灶户，划滨海土地给灶户为恒产，谓之"灶地"。

成祖永乐元年（1403），改河间长芦都转运盐使司为长芦都转运盐使司。自此以后，直隶（河北）盐遂以长芦为名。④明成祖定都北京后，因为长芦盐区距京师最近，遂定其进贡白盐之例，即每年须于正课内进五十三万四千六百十九斤二两⑤，用于皇上祭祀郊庙百神、内府馔膳及配给百官有司等。永乐初年，因盐场附近之民多食

---

① 《明史》卷八十《志》第五十六《食货四·盐法》。
② 《明实录》，太祖实录卷三十八，洪武二年正月。
③ 《明史》卷八十《志》第五十六《食货四·盐法》。
④ 河北省地方志编纂委员会编：《河北省志·盐业志》，中国书籍出版社1996年版。
⑤ 《重修天津府志》卷三十二《政经六·盐法》。

私盐。明政府开始实行户口食盐纳钞之法,厘定天下大小口每年食盐数量,根据洪武元年定制,每斤纳钞一贯,该法后来仅在产盐区附近实行。永乐二年(1404),长芦盐区开始实行户口食盐纳钞法。

永乐十三年(1415),因渤海地区贩卖私盐的盐贩时有抗法情形,朝廷特派御史一名,巡视河间私盐。①永乐十四年(1416),明政府正式派遣御史巡盐,此为长芦巡盐御史设立之始。②明代名臣于谦,曾于宣德初年任长芦巡盐御史一职,当时长芦盐政废弛,于谦不避权势,率领锦衣卫官校搜捕长芦一带用马船夹带私盐者,将他们尽数绳之于法,长芦盐政为之一清。正统元年(1436),明政府派遣侍郎及监察御史巡视长芦等处的私盐③,正统三年(1439),明政府派遣侍郎与御史一年两次巡视长芦私盐,后每年均派遣御史巡视长芦盐法,遂成为定制④。正统十一年(1446),明政府将山东各盐场划归长芦巡盐御史管辖。⑤景泰三年(1452),明政府曾短暂取消巡盐御史一职,命抚按官兼理巡盐事务,不久又恢复。

长芦盐区的生产方法最早为煎制法,明嘉靖元年(1522),福建盐区的晒盐技术传到长芦盐区,海丰场首先改煎为晒,并逐步推广,大大提高了盐产量。⑥隆庆三年(1567),将长芦二十四座盐场合并为二十座,并划为三部,上十场有,南:海丰、深州海盈、海润;北:严镇、丰财、芦台、越支、富国、惠民、归化。中七场有,南:利民、利

---

① 雍正《畿辅通志》卷三十六《盐政》。
② 《明史》卷七十五《志》第五十一《职官四》。
③ 《大明会典》卷三十四《课程》三《盐法三·盐法通例》。
④ (清)黄掌纶等撰,刘洪升点校:《(嘉庆)长芦盐法志》,《附编·援证六上》,科学出版社2009年版,第487页。
⑤ 《明史》卷八十《志》第五十六《食货四·盐法》。
⑥ 唐仁粤主编,中国盐业总公司编:《中国盐业史·地方编·河北盐业》,人民出版社1990年版,第35页。

国、富民、阜民；北：兴国、厚财、石碑。下三场有，南：阜财、海盈；北：济民。南司（青州）管辖九场，北司（沧州）管辖十一场。①万历十七年（1573），河南开封府二十三州县开始食用长芦盐。②万历二十一年（1577），御史姚思仁巡盐长芦，发现青州产盐数量多，事务繁杂，同知为四品官，官阶较高，管理起来较为方便；而沧州产盐量少且事务较简单，判官一职足以应对，遂将南北两分司管辖地方及印务交相更调，改同知为青州分司，管辖北场事务，改判官为沧州分司，管辖南场事务，并在直沽口设船索拦江，委派官员验放引盐。③万历三十八年（1610），沧州分司由羊儿庄移驻唐官屯④，万历四十年（1612），青州分司移驻天津，并监管放关⑤。

（六）传统盐业的鼎盛与转型——清代和民国时期的长芦盐业

清入关后即着手整顿盐务，长芦盐区首当其冲。顺治元年（1644），清廷颁布诏书，因明代天启崇祯年间加派的盐课名目繁多，导致商疲民累，"今着尽行蠲免，止按万历年间旧额，按引征课"⑥。清代恢复了长芦巡盐御史制度，派长芦巡盐御史一员，以及巡视盐政长芦一员，均给予敕书，以一年为期进行更替。⑦同年，整

---

① 《重修天津府志》卷三十二《政经六·盐法》。
② （清）黄掌纶等撰，刘洪升点校：《（嘉庆）长芦盐法志》，《援证四·历代转运》，科学出版社2009年版，第466页。
③ （清）黄掌纶等撰，刘洪升点校：《（嘉庆）长芦盐法志》，《援证六下·历代职官传》，科学出版社2009年版，第505页。
④ 河北省地方志编纂委员会编：《河北省志·盐业志》，中国书籍出版社1996年版，第156页。
⑤ （清）黄掌纶等撰，刘洪升点校：《（嘉庆）长芦盐法志》，《援证六上·历代职官考》，科学出版社2009年版，第489页。
⑥ 嘉庆《长芦盐法志》卷一《谕旨一》。
⑦ 嘉庆《长芦盐法志》卷十三《职官上·官制》。

理长芦盐法詹事府通事舍人王国佐上奏《长芦盐法十四事》,提出整顿长芦盐法的十四条对策:

一复额引以疏壅滞;一改引部以速利引;一便引价以壮京圉;一革防销以省商费;一除滥赎以伸商冤;一除变价以止奸欺;一清焚溺以杜虚冒;一止改告以一引盐;一疏关禁以通引楫;一杜扰害以清私贩;一核场灶以清窝屯;一复两坨以备讥察;一免徭助以济孤商;一设赏例以鼓富商①。

同年,长芦盐商在天津组织"芦纲公所",主事称纲首,后改称纲总。②顺治二年(1645),定巡盐御史制度,派监察御史巡视长芦、两淮、两浙、河东盐政,任期一年,山东盐务由长芦巡盐御史兼管。顺治十年(1653),停巡盐御史制度,盐务事宜统归运使管辖,后因运司权轻,仍命御史巡察盐政。③顺治十三年(1656)规定,盐政衙门不许盐商充任,十七年(1660),又规定灶丁不许充当衙役。④顺治十五年(1658),废除明代边布制度,豁免边布银两⑤,顺治十六年(1659),长芦仿照淮浙例,先发引目,后征课银⑥。

长芦巡盐御史衙门原设在京城城关内,各任盐政到任后大部分时间都在巡视直隶、山东、河南等处盐务,回京后有公务才会到衙办差,平时居住在自己家中。为防止舞弊,时任长芦盐政的孟戈尔提出,"天津系行盐之所,且有衙门,御史自应驻扎天津料理盐

---

① 《文献通考》卷二十八《征榷考三·盐》。
② 河北省地方志编纂委员会编:《河北省志·盐业志》,中国书籍出版社1996年版,第282页。
③ 《清史稿》卷一百二十三《志》九十八《食货四·盐法》。
④ 嘉庆《长芦盐法志》卷十三《职官上·官制》。
⑤ 嘉庆《长芦盐法志》卷八《场灶》。
⑥ 嘉庆《长芦盐法志》卷九《转运上·引目》。

务。至于在京盐院衙门，交与工部"①。康熙七年（1668），长芦巡盐御史衙门从北京移至天津。康熙十一年（1672）十月，裁撤长芦、两淮、两浙、河东巡盐御史，盐法事务归各省巡抚管理。②在康熙十二年（1673）七月举行的九卿会议上，直隶巡抚金世德上

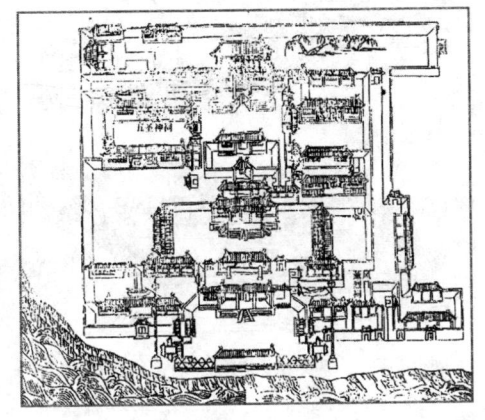

长芦巡盐御史署内部图

疏，因巡抚事务繁忙，长芦盐政事务势难兼顾，奏请仍差御史专理。长芦、两淮、两浙、河东仍照旧例，派御史巡视。③

除巡盐御史以外，在盐务官员方面，清立国初期，定有长芦盐运使一人，同知一人，副使一人，判官一人，经历一人，知事一人。盐运使司所属各场盐课司、批验盐引所、库大使各一人。康熙十六年（1677），裁撤各盐运同知和副使，十七年（1678），复设长芦盐运同知一职。④长芦盐运使司衙门，设在沧州城内西南角，紧临南薰门。康熙十六年（1677），"因商人告运居北所者众，督催引课道远非便，遂移至天津，赁民房以居"⑤。关于长芦盐运使司衙门迁往天津的日期，还有一种说法，即康熙二十四年（1685）⑥，尚有待学者做进一步

---

① 雍正《畿辅通志》卷三十六《盐政》。
② 《清实录》，康熙朝实录卷四十，康熙十一年十月。
③ 同上，卷四十二，康熙十二年七月。
④ 嘉庆《长芦盐法志》卷十三《职官上·官制》。
⑤ 雍正《新修长芦盐法志》卷五《公署》。
⑥ 《钦定大清会典则例》卷四十五《户部·盐法》。

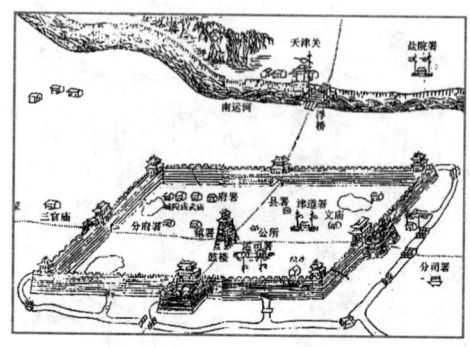

长芦巡盐御史署(盐院署)、长芦盐运使司署(运司署)及芦纲公所(公所)在天津城的位置图

考证。虽然盐务机关已经迁往天津,但"长芦"的古称保留了下来,因为"长芦在旧沧州西北四十里,据二十四盐场之中,讥察指挥,呼吸可遍,故古名不可易也"①。

康熙十七年(1678)八月,裁撤长芦运判缺,其所管事务,俱归青州分司兼理。②康熙十八年(1679),长芦盐区盐场裁减为十六座③,青州分司辖兴国、富国、丰财、济民、芦台、越支、石碑、归化八场,沧州分司辖利民、利国、海丰、富民、阜民、海盈、阜财、严镇八场④。康熙二十六年(1687),准许河南陈州、项城、舞阳等地改食长芦盐。⑤雍正十年(1732),因滩坨久费,从不煎晒,裁撤沧州分司所辖利民、阜民、利国、富民、海盈、阜财六场,留其严镇、海丰二场,遣散的灶户归各该州县管辖⑥,长芦盐区减为十座盐场。同年,因青州分司所辖"济民、芦台、越支、石碑、归化五场辽远",改天津盐捕通判为蓟永掣挚通判,驻越支场,专门管辖该五场。⑦

---

①雍正《畿辅通志》卷三十六《盐政》。
②《清实录》,康熙朝实录卷七十六,康熙十七年八月。
③嘉庆《长芦盐法志》卷十三《职官上·官制》。
④《重修天津府志》卷三十二《政经六·盐法》。
⑤清《通典》卷十二《食货十二·盐法》。
⑥嘉庆《长芦盐法志》卷八《场灶》。
⑦光绪《重修天津府志》卷三十二《政经六·盐法》。

芦盐加价自雍正十年（1732）开始，在整个清代愈演愈烈。乾隆朝屡次加价，六十年内，先后五次共加价制钱八文。①乾隆四十三年（1778），改蓟永掣通判为蓟永分司通判，辖越支、济民、石碑、归化四场。不过当时芦台场引盐，仍有属蓟永

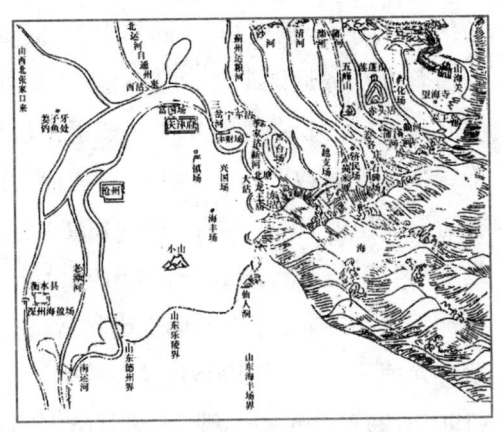

雍正十年长芦盐区十座盐场总图

分司称掣者。乾隆四十六年（1781），巡盐御史伊龄阿上疏："青州分司驻扎天津，而名为青州，无所取义，且山东本有青州，易于含混，查该分司管辖四场，俱在天津境内，应否即改为天津分司，以昭信守。"②同年八月，改青州分司为天津分司。③

因长芦悬岸日多，积弊日深，道光元年（1821）开始试办"减引并包"，并著为定例。将十引改为九包，减引一成。道光十二年（1832）八月，裁撤长芦沧州运判、兴国场大使、山东胶莱运判、登宁场大使、信阳场大使等五缺，将天津运同移驻天津。④道光二十年（1840），再减引一成。两次减引，共减两成，减引十八万三千五百九十四道。⑤咸丰十年（1860），恭亲王奕䜣奏称，"长芦盐务，改直隶总

---

①盐务署印行：《中国盐政沿革史·长芦》，1914年版，第39页。
②嘉庆《长芦盐法志》卷十三《职官上·官制》。
③《清实录》，乾隆朝实录卷一一三九，乾隆四十六年八月。
④《清实录》，道光朝实录卷二百一十七，道光十二年八月。
⑤盐务署印行：《中国盐政沿革史·长芦》，1914年版，第45页。

督统辖,可期全纲整饬"。同年十二月,清政府裁撤长芦盐政一缺,所有督办盐务运课事宜,统归直隶总督管理。自此,始设于永乐十三年(1415)的长芦巡盐御史一职退出历史舞台。原盐政衙门及养廉银两,"并著改归新设办理三口通商大臣,以资办公。天津关税,并著该大臣兼管"①。同治五年(1866),永平府所属七县盐务试行官运。②为打击私盐,光绪三十年(1904),长芦运使陆嘉谷开始派营官招募练勇500名,分布各场查缉私盐,这是建立长芦缉私队伍的开始。光绪三十一年(1905),设长芦缉私总、分各局。光绪三十三年(1907),购置小轮船1艘,游巡海岸,名为"长芦海巡",这是长芦海上缉私的开始。③光绪三十二年(1906)改革官制,九月改户部为度支司,光绪三十三年(1907)制定度支部章程,废除山东清吏司,改设管権司,负责掌管各省盐法,稽核引票、课厘、租税、规羡、杂税、加价、折价、场课、灶课、井课、畦税等各项考成,奏销春秋拨册各款。④

光绪三十二年(1906),盐商李宝诚等筹资设立殖业银行,经营盐商银钱出入。直隶、河南两省设立官硝局收受硝斤。当年,袁世凯为编练北洋新军及开支行政费用,向日本横滨正金银行借款300万两,用长芦盐税和河北省其他税款作为担保。光绪三十三年(1907),直隶津武口岸改归官办。宣统元年(1909),因官办无效,由通纲盐商共同认办。⑤

---

① 《清实录》,咸丰朝实录卷三百三十八,咸丰十年十二月。
②③ 河北省地方志编纂委员会编:《河北省志·盐业志》,中国书籍出版社1996年版,第282页。
④ 丁长清、唐仁粤主编,中国盐业总公司编:《中国盐业史·近代编当代编》,人民出版社1997年版。
⑤ 河北省地方志编纂委员会编:《河北省志·盐业志》,中国书籍出版社1996年版,第282页。

宣统元年（1909），为整顿盐务，统一事权，清政府派镇国公载泽为督办盐务大臣，一切盐务事宜，统归该大臣管理。各产盐省份的总督、巡抚均兼会办盐政大臣之职。①十一月，载泽接受任命后，设立了盐政处，按各区分为八厅。宣统二年（1910）正月，盐政处拟定《督办盐政暂行章程》三十五条，规定盐务关系款项者，归盐政处负责，关系地方事务者，归督抚负责，运司、盐道等盐务官员的考核由盐政处进行。②宣统三年（1911）六月，裁撤缉私局，其缉私队改为缉私营，长芦缉私营设在天津邓沽。同年，清政府将各项课税、厘金、加价及一切杂捐经费等名目归一，统称盐税，这是我国统一盐税的开始。当时，由于部分芦商亏欠外债，经运司向大清银行借款700万两，向直隶银行借款60万两代为偿还债款，政府遂将这些商人所属引岸63厅、州、县俱改归官办，设官运总局，并将新河、平乡及永平府所属7县，统由官运总局办理。③八月，改盐政处为盐政院，颁布盐政院官制，全国盐务均归其管理，度支大臣载泽兼任盐政院盐政大臣。④

进入民国后，1912年6月，裁撤天津、蓟永二分司，各场由盐运使司直辖。1913年，北洋政府设盐务署于财政部，长芦盐运使由盐务署直辖。同年，北洋政府与五国银行团签订了善后借款合同，规定以盐税作为抵押，并须在外人襄助下对中国盐税征收办法实行整顿改良，在北京设立了盐务稽核总所，在产盐各地设立

---

①《清实录》，宣统政纪卷二十六，宣统元年十一月。
②同上，卷三十，宣统二年正月。
③河北省地方志编纂委员会编：《河北省志·盐业志》，中国书籍出版社1996年版，第283页。
④《清实录》，宣统朝政纪卷六十，宣统三年八月。

盐务稽核分所,皆由外国人任会办。[1]1913年4月,长芦稽核分所在天津成立[2],为全国13所之一,首任华人经理是严璩,洋人协理为日本人郑永昌。随着长芦盐务稽核分所的建立,长芦盐区进入了二元制管理时期,由长芦盐运使司与盐务稽核分所分别管理行政与盐务税收稽核事务。[3]1913年8月24日,盐务稽核总所会办丁恩拟制了《整顿各地盐务的意见书》,力主推行自由贸易,并试图以长芦盐区作为试点。他对整顿长芦盐务提出六点意见,明确了在长芦施行统一税则、就场征税、自由贸易的主张。建议自1914年1月1日起,"实行征收统一税,每担洋二元,无论何人均可向场运盐,于长芦境内贩卖"[4],该政策最终未能落实。1913年11月,设立丰(财)芦(台)稽核支所。[5]1914年3月,先后设塘沽、邓沽、汉沽监秤处,裁撤天津新车站及挂甲寺两盐坨。改设丰财、芦台、石碑三场务所为场务局,各设局长一人,并裁撤五场大使,将严镇、海丰、越支、团林四处改为滩坨局,各设滩务兼坨务员一员。以严镇、海丰两滩归丰财场务局管辖,以越支归芦台场务局管辖,而济民滩则归济民鱼盐局,团林滩归团林坨务局监管,均由石碑场务局节制,设石碑稽核支所。同年,取消直豫两岸各官运局,

---

[1] 丁长清、唐仁粤主编,中国盐业总公司编:《中国盐业史·近代编当代编》,人民出版社1997年版。
[2] 河北省地方志编纂委员会编:《河北省志·盐业志》,中国书籍出版社1996年版,第283页。
[3] 同上,第157页。
[4] 南开大学经济研究所经济研究室编:《中国近代盐务史资料选辑》第1卷,南开大学出版社1987年版。
[5] 河北省地方志编纂委员会编:《河北省志·盐业志》,中国书籍出版社1996年版,第283页。

开放六十一县,特许九百三十五名新商领运;开放口北十三县,特许新商二十名领运;改永平七县官运局为永七榷运局;改用部颁运盐执照,取消引票及水程验单;改用司码秤,取消库平秤。次年,又将开放各州县取消,改归芦商承办,名为"芦纲公运"①。1914年7月,久大精盐公司被批准成立,次年12月,久大精盐公司开始制盐。1915年3月,裁撤丰台、芦台两掣验局,废止济民、团林两滩。1915年9月,裁撤沧州掣验局、坨务局及沧州盐坨。12月,取消永七榷运局,归永丰厚商人承运,年底取消永丰厚商人,归自由贩卖商人接办。

  1916年1月,取消大清河渔盐分局,规定售卖渔盐一概用现钱,取消赊欠。2月,取消皮硝专卖。6月,准许各鱼盐局先盐后税,并发给临时准单。同月,邓沽新盐坨竣工,各滩产盐入新坨存储。因石碑场存盐过多,开始减工限制产盐。7月份,石碑场开始试用轮驳运盐。②1917年,石碑灶业事务所成立,次年7月取消。③7月,塘沽盐坨竣工,次年7月,芦台场汉沽盐坨竣工。8月,石碑洋河口渔盐局成立。同月,开放山西太原附近的平定、乐平、孟县等9县,允许自由贩运芦盐。1918年,裁撤海丰、严镇两处滩坨。④1920年2月,久大精盐公司自置盐滩晒制粗盐,并建成新厂。1921年3月,商人王燕泉呈准设立通达精盐公司,在丰润县唐坊建设工厂,从1926年起开始制作精盐。⑤1922年4月20日至6月16日,直奉战事爆发,铁路交通断绝,石碑场在战线之内,汉沽、邓沽、新河等处驻满军队,盐务受到很大影响。1924年9月,受直奉战争以及洪灾的影

---

①河北省地方志编纂委员会编:《河北省志·盐业志》,中国书籍出版社1996年版,第283页。
②③④⑤同上,第284页。

响,长芦盐业损失惨重。1925年7月,裁废石碑场署及稽核支所,12月,原石碑场各分局中除大清河、大庄河、黑沿河三处移归丰财场渔盐总局管辖外,其余概行裁撤。1926年,经直隶督办批准,康济恒商号承揽芦纲公运61县盐斤运销。①

随着北伐战争的逐步胜利,北伐军占领地区的盐务稽核机关都被关闭,改由国民政府委派的运使、副使或榷运局长办理盐税事项。1927年6月28日,国民党中央执行委员会政治会议议决,"将各盐务稽核分所一律停止职权",国民政府财政部也发出停止稽核分所活动的命令。②1928年1月30日,南京国民政府财政部长宋子文发布命令,恢复盐务稽核机关。③7月,国民军占领京津,直鲁联军残部仍然盘踞在芦台及以西地方,7月9日至9月4日,汉沽盐坨被强行运走盐八十余万担。1929年盐务稽核总所在南京成立。1月,国民政府颁布了新定的稽核总分所章程。8月,长芦稽核分所恢复税收职权。1931年,长芦稽核分所与长芦盐运使司共同组织缉私管理委员会,管理盐区缉私事项,长芦盐务管理机构正式划分为行政、稽核、缉私三部分。为整顿芦纲积弊,财政部于1933年开始在长芦实行验票制,制定了验票办法12条,规定长芦盐商应缴纳验费,每担1元,业商有盐票者发给验票凭证。④长芦验票从1933年3月份开始,分六个月完成,各商合计缴纳验票费

---

① 河北省地方志编纂委员会编:《河北省志·盐业志》,中国书籍出版社1996年版,第285页。
② 丁长清主编,刘佛丁编写:《民国盐务史稿》,人民出版社1990年版,第156页。
③ 同上,第159页。
④ 《1933年8月查验长芦盐票的情况》,南开大学经济研究所经济研究室编:《中国近代盐务史资料选辑》第二卷,南开大学出版社1987年版,第113页。

224万元。①1933年11月,长芦盐务稽核分所经理开始兼任长芦盐运使,12月,长芦缉务改归长芦盐务稽核分所,辑私部分改设为税警课。1934年,改组长芦盐运使司,盐务行政亦归稽核分所人员兼办。长芦税收、行政、缉私三方面职权,统归长芦盐务稽核分所掌握,盐务机构走向统一。同年,撤销长芦稽核支所,改设丰财、芦台两滩坨处。②

1937年6月9日,长芦盐运使署与长芦稽核分所合并改组为长芦盐务管理局,隶属南京国民政府财政部盐务总局。七七事变后,天津沦陷,日本帝国主义对天津的盐业资源进行疯狂掠夺。1937年8月6日,长芦盐务管理局被日伪政权接管。1938年,日本兴中公司在汉沽、塘沽、大沽设立盐田事务所。③1939年8月,以"兴中公司"为基础,组建伪华北盐业股份有限公司,隶属日本兴亚院华北联络部,下辖大沽、汉沽、大清河三处盐田事务所,掠夺了大量的长芦盐业资源。1942年1月1日,国民政府财政部出台了《盐专卖条例》,规定盐专卖于当年1月1日实施,所有原有专商引岸及其他关于私人独占盐业之特殊待遇及权益,自专卖实行之日起,一律废除。由于当时国民政府所辖区域局促于西南一隅,该政令并未对长芦盐区产生影响。

抗战胜利后,南京国民政府于1945年10月29日派员接收伪长芦盐务管理局,改称为河北盐务管理局。1946年1月,河北盐务

---

① 丁长清主编,刘佛丁编写:《民国盐务史稿》,人民出版社1990年版,186页。
② 河北省地方志编纂委员会:《河北省志·盐业志》,中国书籍出版社1996年版,第157页。
③ 唐仁粤主编,中国盐业总公司编:《中国盐业史》(地方编),人民出版社1997年版,第38页。

管理局遵总局令宣告:"自三十五年一月一日起将本区专商引岸制一律宣告废除,此后任何商民均可照章缴税,持凭单照赴场运盐,在冀省境内各地自由行销。"①2月9日,河北盐务管理局改称财政部长芦盐务管理局。同月,长芦盐务管理局修正发布了《长芦盐区废除专商引岸后应办事项及行盐手续》,公布改制,同时专商即行废除,所有各该专商已税未筑、已筑未运、已运在途及到岸未售各项盐斤,应视同商民领运盐斤办法办理;所有以前专商团体,应饬即日结束。②2月19日,国民政府行政院通过《盐政纲领》,取消盐专卖制,盐的运销以"民制民运民销"为基本原则,由政府管理,调节供求,并规定包括长芦在内,原沦陷区保留下来的专商引岸制必须废除。③自此,在长芦盐区实行了三百余年的专商引岸制度和芦纲公所正式退出历史舞台。

元代于宝坻、清、沧、平、滦等州县设置盐场二十二座。经过明、清、民国时期多次的增、减、合并,至民国十四年,仅存丰财、芦台两场。裁抑盐场之举多出于因地、因时和优胜劣汰的考虑,虽然盐场的数量不断减少,但长芦盐区的产盐量却在不断上升。明清时期,长芦是全国仅次于两淮、两浙的盐产区,不仅是政府重要的财政收入来源,还关系直豫两省一百八十余州县的民食。进入民国后,长芦盐区发展成为全国最大的海盐产区,每年平均产量约六百万担,占全国产量的12%,其中芦台场产量较多,丰财场稍逊一筹。当时每年都对长芦盐区进行限产,如果充分调动其生产能力,产量"固

---

① 《1946年1月8日河北盐务管理局为专商引岸废除商民均可缴税自由给天津市政府的函》,1946年天津市政府档案,卷0415。
② 河北省档案馆馆藏长芦盐务管理局档案,卷号:680-1-174。
③ 李涵等:《缪秋杰与民国盐务》,中国科学技术出版社1990年版,152页。

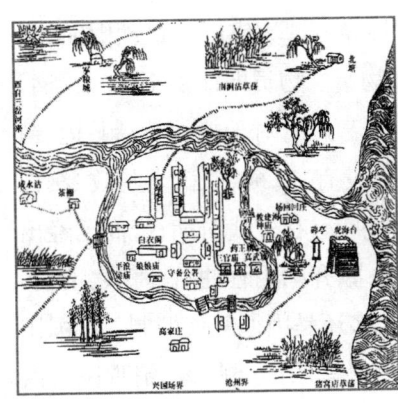 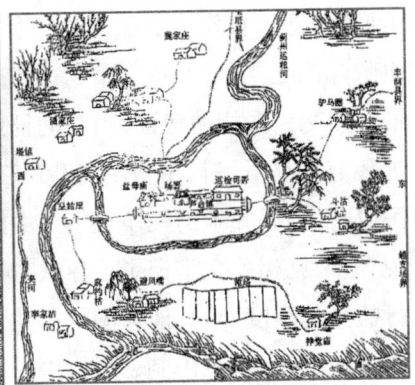

丰财场图　　　　　　　　芦台场图

不止此数也"。

二、盐商及盐商组织

理论上,随着盐作为一种商品出现,盐商群体也随之出现。但由于盐属于特殊商品,是传统社会中关系国家命脉的战略商品,在传统社会各个时期,盐商的兴衰程度与国家的盐业管理制度和盐税制度都密不可分。

(一)盐商的出现与发展

在我国,盐税首先经历了实物税时期,即作为贡品出现。夏、商、周时期,我国的盐业和盐税制度开始"约略可考"。夏代"有贡而无税,贡即税也"。《禹贡》曰"青州厥贡盐絺"[①]。其后,商沿夏制,周

---

① 盐即食盐,絺为一种细葛布。

沿商制,盐一直作为贡品出现。《周礼》云:"太宰以九赋敛财贿,九贡致邦国之用。"九贡之中,其九曰物贡。物贡即征税于鱼、盐、橘、柚等杂物。据相关考证,当时的征敛"甚轻",对于盐的产、制、运、销等环节都是听民自由贸易,仅在产地设有"虞衡之官,掌其政令,许民以时采制,并不与民争利"。①由此推断,在三代时期,盐商已经出现,但未见相关文字记录。春秋时期,除齐国用管仲"官海"之策,实行盐专卖制度外,其他各国的盐法大多还是因循三代旧制。秦国用商鞅变法,废除井田制,开放山泽之利,盐的产、制、运、销听民自由贸易,"惟征税过重,盐价昂贵"。据记载,当时盐利收入二十倍于古时,"盐商且富累巨万"而小民贫困不堪。齐国开启了传统社会盐专卖制度的先河,自此以后,专卖成为国家管理盐业最重要的手段。

　　盐的自由贸易促成了盐商群体的出现,盐专卖制出现后,盐商大受影响,但该群体仍然是传统社会盐业贸易的主体。因为,大多数政权实行的盐专卖制是部分专卖制而非完全专卖制,在盐的产、制、运、销诸环节中往往会为盐商留下一个或多个生存空间。只有在完全专卖制的环境下,盐商才会丧失全部生存空间,如汉武帝时期。汉承秦制,汉初"盐税之重不减于秦",盐价负担都被转移到百姓身上,利益则尽入盐商口袋。《汉书·货殖列传》中记载的豪强巨富,很多都发家于盐铁贸易,他们"兼并齐民,以成富业"。汉武帝时,因连年对匈奴用兵,财政枯竭。元狩年间,张汤上书,请笼天下盐铁,改行专卖制。这次施行的专卖制就是完全专卖制。汉武帝任命大盐商出身的东郭咸阳为大农丞,总管全国盐务。大农丞下属官吏也多是盐铁商人出身。东郭咸阳禁止百姓煮盐,将制盐环节收

---

①曾仰丰著:《中国盐政史》,商务印书馆1937年版,第4页。

归官办。由官府制备煮盐器具,雇工煮盐。所制之盐,概由官售。盐官坐在市场中售盐,盐官之间互相竞争,导致盐价腾贵,人民淡食。元封初年,桑弘羊任大农丞,兴利除弊,于各县设置盐官,统一盐政。盐的完全专卖制度,极大挤压了盐商的生存空间,这一时期的盐商群体归于沉寂,少数大盐商被政府"收编"为朝廷官员,帮助政府处理盐务①。东汉光武中兴后,才废除盐专卖制,任民煮盐,听其自由贩运。

传统社会中,各王朝实行的大都是部分专卖制,盐商在盐业贸易环节中占有非常重要的地位,在有些时期甚至占据至关重要的地位。部分专卖制有以下几种形式:一是民制官销制,如齐国管仲盐法,其法以民制为主,官制为辅,凡民制之盐概由政府尽数收买,由官运销。这种制度下,盐的运、销环节被政府控制,民力只能参与到制盐环节中。一是就场官专卖或曰就场征税制,盐的产、制归民,由政府收买,转卖与商人,由商人运销。如唐代刘晏盐法、宋中叶盐法、金元及明万历以前的盐法。一是官商并卖或曰混合专卖制,该法将行盐地区一分为二,一部分由官销,一部分归商运销,有一定的界限,不许越界侵销。如五代、宋初及辽、金、元时期的盐法。一是盐商专卖制,政府将收买、运销盐的权利授予专商,政府居间课税,如明末、清代和民国初年的盐法。②考察上述四种专卖制度,盐商权利最多、利润空间最大的就是盐商专卖制。清政府是盐商专卖制的忠实拥趸者,虽然也曾几次试图对盐制进行改革,但最终都未触及专商的利益。清代成为盐商家族、盐商群体以

---

① 欧宗祐著:《中国盐政小史》,商务印书馆 1927 年版,第 14—26 页。
② 曾仰丰著:《中国盐政史》,商务印书馆 1937 年版,第 2 页。

及盐商组织大发展、大繁荣的一个历史时期,盐商对经济、社会、文化等方面的影响无处不在。民国时期则可被视为盐商专卖制的尾声。

  为解决正盐日壅、私盐泛滥和积引日多的问题,明万历四十五年(1617),明政府用两淮盐法疏理道袁世振的建议,效法唐代刘晏盐法,创行"纲法"。将商人所领盐引编设"纲册",共分为十纲,将积压盐引分年派销。每年以一纲行销积压盐引,九纲行销现行盐引。政府严格按照纲册上的记载按引派销,凡纲册有名者,据为窝本,凡纲册无名者,不得加入。政府并不参与收购盐斤,只是卖给盐商盐引,并不实际交付盐斤。政府令盐户将应纳的盐税按引缴纳银两,称之为"仓盐折价",商人给付此项折价,支领盐斤,自行赴场购运。政府将收买、运销之权一概授予专商,商人得专引岸之利,引岸专商制即发源于此。①

  清代沿袭明制,各省行盐仍用纲法,招商认窝领引办课。各省盐运使司具文从部领取盐引,由商人按引缴纳盐税,然后到指定的盐场买盐。各省沿海地方及有盐池、盐井之地,均允许百姓开辟盐场制盐,与商交易,这种方式为民制、商收、商运。有司根据盐场产盐量的多少和盐斤运行的远近配以盐引,行盐于各引岸。负责行盐的盐商谓之"运商",负责收盐的盐商谓之"场商"。其实,负责制盐的"灶户"也不仅仅是产业工人,他们和一般盐商的主要区别在于,一般盐商基于商业资本进行经营,灶首则运用产业资本进行经营。灶首与场商、运商的关系一如今天上下游企业间的关系,大的灶户能够通过调节盐斤供求关系与盐商相抗衡,当然他们之

---

①曾仰丰著:《中国盐政史》,商务印书馆1937年版,第21页。

间主要还是分工合作的关系。一般来说,"盐业之利,专擅于商",引窝是盐商家族的私有财产,世袭罔替。盐商所认额引(即窝数),都要照额运、销,按年及时缴纳盐课。如果额引未运完,盐课未缴足,政府就会革退该引商,另外募集殷实商人接收该引岸,接充引商。原则上禁止专商将引岸转租他人,实际上盐务官吏对盐商转租引岸的行为基本上不予干涉。那些专擅引岸之利,子孙相承,世袭其业的商人称为"业商";租引行盐者称为"租商";代租商办运的商人称为"代商"。①

清后期,为清理盐务积弊,两江总督陶澍在淮北实行"废引改票"。票盐制取消了引岸的专商世袭制,于场区中设局收税,无论何人,只要按章缴纳盐税,即可领取盐票,运盐贩卖,对于革除引岸专商之弊起到了一定作用。咸丰初年,户部曾经上疏请将各省盐务仿照两淮,统统改为票盐。当时,河东、两浙及福建等地相继改行票盐。②后因筹备粮饷,镇压太平天国起义,两江总督曾国藩改定票章,实行"聚散为整"的政策,凡行盐鄂、湘、赣三省者,须以五百引起票,名为大票,行皖省者须以一百二十引起票,名为小票。这使得当时承办票运的权力重新集中到大盐商手中,小本商贩无力领盐运销。同治五年(1866),李鸿章任两江总督时,为筹集粮饷,又将票法掺以纲法,原有票商包销捐款后,准其继续运销,作为世业,不再招纳新盐商。此后,马新贻将该政策行之于淮北,杨昌濬行之于浙江③,票盐制名存实亡,引岸专商制死灰复燃。

"票盐制"自始至终未对长芦盐务产生太大的影响。但是,长芦

---

① 曾仰丰著:《中国盐政史》,商务印书馆1937年版,第23页。
②③ 欧宗祐著:《中国盐政小史》,商务印书馆1927年版,第43页。

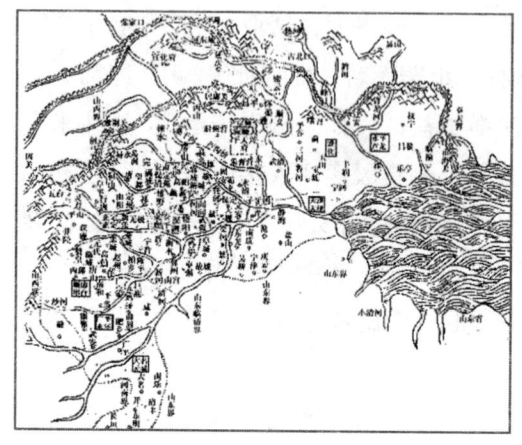

芦盐顺天直隶引地图

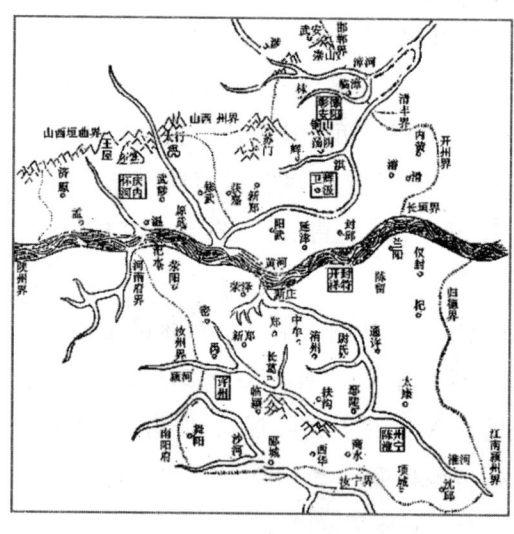

芦盐河南引地图

盐商的辉煌时期已经过去。清末,国家面临内忧外患,清政府视盐税和盐课为"利薮",动辄加价,赔款、练兵、海防、兴筑铁路等事项,都要从盐课中分一杯羹。导致盐价越来越高,私盐充斥,官不敌私。很多引岸无利可图、赔累甚重,盐商们纷纷放弃。长芦盐区的永七岸、津武口岸、直豫六十一县悬岸、大兴县之采育营、东安县之旧州营等等,都不得不被政府收归官办。终清代二百六十余年,在盐制方面,引岸专商制始终占据主流地位。[1]清末民初,虽然专商的势力有所衰弱,但仍根深蒂固。从1913年到1946年,长芦

---

[1] 曾仰丰著:《中国盐政史》,商务印书馆1937年版,第25—29页。

盐区经历了自上而下发起的四次废除专商引岸风潮,直到最后一次才被真正废除,期间经历了颇为曲折复杂的过程。①

(二)长芦盐商与盐商组织

正史、实录、档案类材料中的盐商内容非常少,且事项单一,主要涉及盐商的报效、政府的优恤、奖赏、惩罚和抄没家财等事项。即使在盐法志中,盐商内容所占的比例也不高,主要集中在科举和善行方面。地方志中的盐商事迹则多隐去了他们"商贾"的身份。

1. 长芦盐商

长芦盐商群体繁荣于明万历四十五年(1617)"纲法"施行之后,当时日暮途穷的明政府已经无暇顾及修纂《长芦盐法志》。清雍正初年至清末,《长芦盐法志》先后纂修三次,三志中以嘉庆《长芦盐法志》最善,为清代各省盐志中的名作。②对照清代天津地方志与长芦盐法志中的记载,可以看出长芦盐商在天津各方面发挥了重大作用。

勠力杀贼、以"忠节"传世的王显谟、周天命、刘若鼐、查礼、周大纶、章源等人都是盐、灶两籍出身。另外还有以"孝行"闻名的缪文璧、韩大珮、孙明新、刘铎、张琯等人。乐善好施、热心桑梓的武廷豫、康从征、侯天顺、周达仁、安尚义、查日乾、魏君舜、刘子厚、牛钟瑞、赵瑛、周霖等人。长于文学的徐兆庆、张霆、沈支炳、龙震、张坦、

---

① 吉朋辉:《民国政府废除长芦专商引岸制述论》,《盐业史研究》2012 年 3 期,第 42 页。
② (清)黄掌纶等撰,刘洪升点校:《(嘉庆)长芦盐法志》,《附编·援证六上》,科学出版社 2009 年版。

查为仁、查礼、周人龙、曹云升、金玉冈、查昌业、张虎拜、徐都、金铨、陈普等人在天津文化史上留下了不可磨灭的印记。在科举方面，长芦盐、灶两籍也是人才辈出，出现了李道昌等64名进士，灶籍出身的周人骥曾官贵州巡抚，官翰林院编修、侍读者也很多；李如桂等232名举人；牛奂等97名贡生；刘士琳等23名武进士；张震等53名武举人。这些数据的统计下限均截至嘉庆九年（1805），长芦盐商的辉煌还要延续相当长的时间。

据清嘉庆九年（1805）黄掌纶纂修的《长芦盐法志》记载，当时的长芦盐区有京商99人，名号如下：

查庆余	义和泰	陈永达	查奕茂	晋公义	江同源	江聚源
江公源	江公和	常裕丰	陈源盛	杨和盛	杨濬淳	晋濬
何容洲	赵振兴	宁远	田肇兴	熊永盛	查裕兴	李永盛
符裕兴	王直志	盛瑞兴	李培基	李振基	肇端	卢兆兴
王珙	江广大	金式谷	王继德	王宸章	连枝	吴奕饶
王晋丰	陆景祺	王观文	丰裕	章潮	公裕	徐光烈
沈裕兴	魏宸	王永裕	晋永泰	徐寿岂	韩锦	杨开泰
杨复泰	杨天佑	长泰	德立	吉恒豫	吉宁升	晋本源
徐义兴	丁永茂	周培因	衡兴	汤镕钧	徐进	时成
徐鼎裕	曹懋源	任振初	瑞肇基	黄晋康	张天德	郑怡亭
吉永发	郑时泰	董佳琦	许士林	徐永裕	鲁鉴臣	吴兴隆
景世昌	云坪	任振宗	孟元淳	景元益	晋汇川	晋利川
刘汉川	晋裕昆	元恒	元泰	靳永亿	肇永丰	永廷文
晋廷升	晋瑞兴	李维新	裕和	王复茂	王绍祖	普义
赵合兴						

外商130人，名号如下：

江公源	查奕茂	王克大	查庆余	查世兴	范永盛	王 瑛
义和泰	章振芳	杨复泰	卫体元	卫素昌	晋永绅	范沐民
晋庆成	晋玉成	王恒泰	永 懋	晋肇丰	晋六吉	晋泰成
晋吉成	晋曰盛	郭霖普	晋原泉	晋大成	晋德昌	金 恒
德 兴	李永裕	广顺兴	高裕润	李公正	李常裕	益同升
景在兹	苏遐昌	金培源	元德丰	晋协和	孟德裕	阎燕春
晋启昆	冯集生	周应荣	吉恒豫	瑞 丰	郭利和	郭晋章
晋懋源	朱恒裕	张玉纶	文玉成	解永锡	洪百顺	赵中正
春 晖	全裕成	晋和源	安振基	金留余	杨开泰	金虞益
李式泰	金永兴	杨昆裕	杨岘亭	侯日升	侯增升	田 申
晋合泰	宋悠基	宋魏成	寿 丰	蔚同声	徐陈义	徐顺成
柳景福	柳三阳	晋德亨	徐 泰	郭奕昌	黄德隆	永 裕
晋义兴	晋顺兴	晋炳元	林 懋	胥培初	晋裕宁	宗世玉
刘天荷	孟彝仲	晋祖泽	刘宗清	王世瑞	李永盛	张 锦
晋玉全	全 顺	徐义兴	晋泉达	王继业	陆尧年	杨天泽
吕宗楚	珠骐光	晋德裕	马宗如	任振宗	王致和	程裕久
田怀广	李承宗	朱 铉	江应长	徐恩来	郭 祺	宋恒茂
虞昌宗	丰 泰	高致和	张永年	杨永诚	王渊淳	张永兴
王 益	王永泰	曹永升	许承恩[①]			

这份名单共有商号218户(其中查庆余等11户既是京商又是外商),足见当时长芦盐商群体的规模。但是我们仍然无法从中得知每一商号的真实所有人、引岸数量、缴税金额等重要信息。

---

① (清)黄掌纶等撰,刘洪升点校:《(嘉庆)长芦盐法志》,卷十七《卷九·转运上》,科学出版社2009年版,第155页。

嘉庆五年(1804),长芦盐区每年共行盐九十六万六千零四十六引,每引行盐三百斤。①因为盐课日多、盐价日昂,正盐壅滞、私盐充斥,长芦盐区行销的盐引数呈不断下降趋势。道光元年(1821),清廷提缴一成盐引,计九万六千六百零五道;道光二十一年(1841)减一成盐引,计八万六千九百四十四道;道光二十四年(1844)减停京引十万道;同治九年(1870)又减停京引二万道。到同治朝时期,长芦盐区的销盐总额减至六十六万二千四百九十七道。②天津市社科院图书馆馆藏的《长芦额引册》对当时各盐商的商号、本名及引岸情况进行了详细记载。

长芦盐商名录及情况表

序号	商号	本名	引岸	额引(道)	实销(道)
一、东告商人					
1	元昌号	严家瑞	三河县	5908	4174
2	和同泰	何福恒	遵化州、蓟州、宁河县、宝坻县、丰润县、玉田县	43478	31249
3	晋丰恒	张锡卿	密云县	4268	3015
4	合泰	许受之	怀柔县、顺义县	6194	4376
5	怡昌	王广业	平谷县	2270	1604
二、南告商人					
6	永成	黄信菴	献县	2414	1895
7	万福同	王玉骥	青县、静海县、沧州、盐山县、庆云县	2575	2021
8	德升	宋辅恒	南皮县	664	522
9	万庆余	李殿图	河间县	5695	4470
10	恒茂	宋杏南	交河县、阜城县	3181	2497
11	德亨	李振之	宁津县、吴桥县	4516	3545
12	诒德	姚植庭	东光县	2017	1583
13	义德公	刘永需	景州	2454	1927

①《皇朝政典类纂·盐法》卷 70,第 21 页。
②天津社会科学院图书馆馆藏《长芦额引册》。

续表

三、北告商人					
序号	商号	本名	引岸	额引(道)	实销(道)
14	晋有孚	刘如蘭	井陉县、获鹿县	14724	10978
15	永裕	刘如蘭	栾城县	4289	3030
16	晋源永	张寀	赞皇县、元氏县	6253	8757
17	中兴善	冯守诚	涿州	8964	6122
18	绍复昌	李健	东安县、旧州营、大兴县、宛平县	6775	4972
19	和顺昌	赵世昌	平山县	4184	3285
20	长裕	华桢	通州、新城县	19679	13578
21	豫泰亨	李吉甫	博野县、蠡县	9519	6724
22	义聚公	周郁文	磁州	6391	5017
23	晋炳元	牛绍庭	定州	4863	3245
24	孟彝仲	孟德全	无极县	1308	1026
25	孟彝仲	孟俨敬 孟德兴	无极县	2610	2049
26	阜昌	陆肇鸿	行唐县、望都县	4900	3626
27	立生	王辅仁	行唐县	1404	993
28	义源	丁慎德	永清县	1072	715
29	德昌	王榕	永清县	6928	4623
30	复昌德	刘永裕	任丘县	1169	918
31	复昌裕	刘永裕	任丘县	1169	918
32	苏遐昌	刘昀	任丘县	1169	917
33	华集成	华长祥	安州、容城县	4811	3433
34	王作朋	王亚卿	新安县(归并安州)	767	542
35	王禹闻	王诏卿	新安县(归并安州)	767	542
36	王德裕	王恕	新安县(归并安州)	767	542
37	吉恒丰	张吉人	大名县、南乐县、清丰县	10528	15326
38	诒德	姚植庭	元城县	6276	4236
39	王福成	王蘭	魏县(归并大名、元城县)	6600	4456
40	晋德亨	杨景俨 杨景梅	武邑县	1110	872
41	晋长泰	孙云鸿	武邑县(曹荣轩代办)	2221	1743
42	义泰公	方肃堂	邢台县	784	615
43	绍德恒	金光第	冀州	4746	3279
44	庆祥厚	张诚信	赵州(黄宝贤代办)	5020	3448

续表

序号	商号	本名	引岸	额引(道)	实销(道)
45	德基	罗秩三	高邑县	2249	1589
46	平全义	刘湘图	雄县	5230	3490
47	义和泰	朱德谦	高阳县	2510	1970
48	谦恒益	王桂岩	枣强县(马腾骧代办)	3786	2972
49	复兴成	张信臣	安平县(苗润代办)	3538	2777
50	义顺成	张徽典	深州	6587	4654
51	晋恒吉	张镛	固安县	5002	3416
52	立成	徐警之	新河县	2344	1592
53	富有元	李光绪	武强县	1633	1282
54	豫亨	李鉴波	采育营	3138	2093
55	福源豫	邹祝三	藁城县	5643	3880
56	恒复泰	陈馨吾	临城县	2352	1846
57	义永昌	赵恩镛	昌平州、延庆州	8473	5861
58	信昌	李连城	永年县	13000	8674
59	成裕	金欣农	南宫县(郭泰代商)	2510	1970
60	复亨	张晋恒	新乐县	3243	2291
61	春晖	张照松	清河县(郭晴岚代办)	753	591
62	福成裕	时景山	肃宁县	2092	1642
63	恒九公	李志恒	故城县	828	650
64	谦萃丰	沈浚	大城县	1554	1220
65	庆德丰	张作霖	文安县、保定县	1474	1157
66	德源	刘承先	饶阳县、灵寿县、正定县、束鹿县	28454	19963
67	德佑	杨宝丰	曲阳县、阜平县、清苑县	19722	13680
68	永利昌	崔岱云	易州、安肃县	17017	11814
69	德庆	周同文	满城县、完县	10617	7275
70	德兴裕	王守善	开州、天津县、武清县、霸州、唐县	19949	15372
71	阜元长	华学溥	香河县	4024	3159
72	益德裕	高树棠	晋州、宁晋县、沙河县	17516	11942
73	日昌	李积山	祁州	4184	3285
74	瑞昌	李春城	内丘县、滑县、定兴县、涞水县、许州、临颍县	37913	26823
75	振德	黄世奇	威县、舞阳县、西华县、广宗县	17109	12432
76	全德	黄铠	扶沟县、荥阳县、荥泽县、汜水县、新乡县	18820	13279

续表

序号	商号	本名	引岸	额引(道)	实销(道)
77	杨成源	杨俊元	武安县、涉县、邯郸县	19702	13919
78	诚利生	李际春	获嘉县、辉县(郭长泰代办)	6695	4901
79	祥生	王文宗	濬县、兰仪县	16364	10151
80	李亨裕	李士斌	临漳县	7322	4972
81	绍庆泰	李南宫	济源县	4353	3417
82	庆丰茂	张如松	封丘县	1752	1375
83	桐和庆	郑维新	汲县	5230	3552
84	桐兴文	郑良弼	孟县	8436	5629
85	中和成	张育	尉氏县	4184	2956
86	祥顺昌	高增祥	通许县	2370	1675
87	豫德诚	孙志善	长葛县	2194	1498
88	全兴泰	杜锡恩	中牟县(郭澍滋督办)	2301	1626
89	万盛新	郭继业	禹州	4830	3791
90	同德	沈松筠	沈丘县、项城县	5164	4513
91	永全	黄敷廷	内黄县(李士琛代办)	3243	2546
92	豫泰顺	王恩荣	商水县、淮宁县	10795	8475
93	治兴永	刘敬伯	修武县	1501	1178
94	德心成	沈恩锡	郑州(郭润田代办)	3138	2217
95	豫晋泰	傅煜	阳武县	2312	1542
96	益庆丰	马东镛	原武县、武陟县	6700	4733
97	源泰	王复泰	密县	2148	1686
98	公泰成	高紫垣	陈留县、太康县	7078	5310
99	益照临	张锡赓	安阳县、汤阴县、林县、淇县、房山县、良乡县	31414	23642
100	兴泰豫	张嘉林	温县	5070	3383
101	润代兴	蔡国桢	河内县	13950	9308
102	和丰	邹衍祥	新郑县(后更名为同吉祥)	2092	1642
103	豫丰	虞兆年	洧川县(后更名同吉成)	2735	1867
			四、北告京引(大兴县、宛平县)各商		
104	恩裕泰	姚学源		1838	1838
105	王复茂 王绍祖 普仪	姚学源		82	82
106	义泰隆	姚福铨		9040	9040

续表

序号	商号	本名	引岸	额引(道)	实销(道)
107	瑞兴裕泰	娄观澜		3905	3905
108	承德	黄寓翰		1526	1526
109	锦源瑞	王泽润		6659	6659
110	永积善 增 裕	徐竹士		1178	1178
111	通聚泰	刘文溇		2695	2695
112	王德新	王炘		3601	3601
113	德裕	华荫圃		1432	1432
114	王宸章 晋友于 晋裕霖 晋承志	王敬熙		3648	3648
115	鼎源	曹锡爵		1210	1210
116	森茂	沈佳森		2977	2977
117	沈复安	沈兆淇		1603	1603
118	同茂	王怀善		1661	1661
119	溥泉	王者香		1156	1156
120	永吉利	黄俊		954	954
121	庆复昌	李正阶		1573	1573
122	集义	徐埠		1690	1690
123	恒源	金鹤桥		1038	1038
五、认运北告商人					
124	振德	黄世奇	郾城县(净认运10000引)	22758	16078
125	和丰	邹衍祥	延津县(净认运450引)	1381	1084
126	晋益恒	杨元第	祥符县、鄢陵县、定州(认13409引)	26934	18588
127	义泰成	高紫垣	杞县(净认运600引)	4762	3738
128	义泰公	方肃堂	邢台县、隆平县、唐山县、钜鹿县、南和县、任县、柏乡县(认8800引)	30552	21337
129	日昌	李积山	深泽县(净认运600引)	4845	3348
130	信昌	李连城	平乡县、曲周县、鸡泽县(认1500引)	16707	16707
131	诒德	姚植庭	肥乡县、广平县(净认运1100引)	6673	4598
132	杨成源	杨俊元	成安县(净认运1600引)	3700	2527
133	德兴裕	王守善	东明县、长垣县(共认运3200引)	12134	8677

续表

序号	商号	本名	引岸	额引(道)	实销(道)
134	万聚魁	齐登魁	衡水县(净认运2000引)	4337	3012
六、官办引岸					
1			卢龙县	1834	1296
2			抚宁县	1865	1317
3			昌黎县	2343	1655
4			临榆县	1176	831
5			滦州	6178	4364
6			迁安县	5958	5958
7			乐亭县	5005	3547

根据同治末年《长芦额引册》整理编制①

这份名单是迄今为止对长芦盐商最完善的记载，不仅记录了盐商字号背后的真实持有人，还记录了各个盐商的引岸和销售盐引情况，原记录中还有盐商缴纳各项正杂盐课情况和支付帑利的情况，表格中无法全部列出。通过这份表格，我们可以看出，同治朝末年出现了引岸向大盐商手中集中的现象，此时共有长芦盐商商号134家，数量比嘉庆九年（1805）下降了39%。这一时期出现了一批大盐商，引岸最多的是义泰公号的方肃堂，拥有7县的引地；其次是何同泰号的何福恒，瑞昌号的李春城和益照临号的张锡赓，分别拥有6县的引岸。拥有5县引岸的分别有万福同号的王玉骥、德兴裕号的王守善、振德号的黄士奇和全德号的黄铠，拥有4县引岸的分别有绍复昌号的李健、德源号的刘承先和杨成源号的杨俊元，拥有3县引岸的有晋有孚和永裕号的刘如蘭、吉恒丰号的张吉人、德佑号的杨宝丰、益德裕号的高树棠、晋益恒号的杨元第和信昌号的李连城。由于各州县的人口基数和销售情况不同，引岸多未必销

---

①天津社会科学院图书馆馆藏《长芦额引册》。

售的盐就多。这一时期,何同泰号的何福恒以额引43478道,销额居长芦盐商首位,其次是振德号的黄士奇(39867引)、瑞昌号的李春城(37913引)、德兴裕号的王守善(共32083引)、益照临号的张锡赓(31414引)、义泰公号的方肃堂(30552引)。销盐10000引以上的还有信昌号的李连城(共29707引)、德源号的刘承先(28454引)、晋益恒号的杨元第(26934引)、杨成源号的杨俊元(23402引)、晋有孚和永裕号的刘如蕳(共19013引)、全德号的黄铠(18820引)、益德裕号的高树棠(17516引)、永利昌号的崔岱云(17017引)、祥生号的王文宗(16364引)、润代兴号的蔡国桢(13950引)、豫泰顺号的王恩荣(10795引)、德庆号的周同文(10617引)和吉恒丰号的张吉人(10528引)。

长芦盐商的东告、南告、北告之分与长芦盐区的运路有关。清光绪以前,长芦盐区通过水、陆联运的方式向各引岸运盐,而船运较为便利,芦盐水运一向分为五路。北告的范围最大,包括其中三条运路,一条为北河运道,即从天津盐坨起运,通过北运河运至沿河引岸,沿途经过大兴、宛平、顺义、通州、昌平、东安、武清、延庆、香河及旧州、采育二营,沿河州县就近落盐,剩余盐均运至张湾卸载,再转陆运至有关引岸;一条为淀河运道,从天津盐坨起运沿上西河运经房山、良乡、固安、永清、涿州、霸州、文安、保定、清苑、满城、安肃、定兴、新城、唐县、容城、博野、蠡县、完县、望都、

《长芦额引》书影

雄县、祁州、安州、高阳、新安、涞水、易州、献县、任丘、行唐、新乐、定州、曲阳，除就近卸盐的区县外，其余盐运至保定、张青口和清苑县卸载后再通过陆路转运至相关引岸；还有一路为西河运道，从天津、沧州两盐坨起运，沿子牙河运经大城、束鹿、河间、肃宁、正定、获鹿、井陉、乐城、灵寿、元氏、赞皇、平山、晋州、无极、藁城、冀州、新河、武邑、衡水、赵州、柏乡、隆平、高邑、临城、宁晋、深州、武强、饶阳、安平、深泽、邢台、沙河、南河、平乡、钜鹿、唐山、内丘、任县、永平、曲周、肥乡、邯郸、成安、磁州等州县，在沿河州县就近卸盐后，余盐在衡水之小范庄、任县之邢家湾、宁晋县之丁曹及邯郸等地卸载后再转陆运。凡是引地在这三路运道之内的长芦盐商，均为北告商人。

东告为东河运道，即自芦台场起运，沿蓟运河运经三河、平谷、密云、怀柔、蓟州、遵化、玉田、宝坻、宁河各州县，沿河州县就近卸盐，余盐运至玉田县之新安镇、洛沽镇及宝坻县之马营卸载后再转陆路运抵相关引岸。

还有一条御河运道同时属于南北两告，自天津、沧州两盐坨（也有自海丰、严镇两场起运者）起运后沿南运河运经景州、吴桥、宁津、故城、交河、阜城、东光、南宫、枣强、广宗、广平、威县、清河、大名、元城、南乐、清丰、东明、开州、长垣等州县，沿河州县就近卸盐，余盐运至大名之龙王庙、白水潭二处再转陆运。其中，从天津、沧州二坨起运后运至景州等处的运道仍然属于北告；从海丰、严镇两场起运后运经交河、阜城、宁津、吴桥、枣强、东光各处的运道即所谓南告。①

---

① 盐务署印行：《中国盐政沿革史·长芦》，1914年版，第57—58页。

档案材料中还有一些民国时期的盐商名册和名单,这些记录有详有略,与同治末年的《长芦额引册》相比,均显简略。但对于研究商号的沿革以及在盐商家族内部的流转等方面仍然极具价值,兹列于后,供研究者采择。

1918年长芦盐商商号与本名对照表

长芦盐商			
序号	商号	本名	年龄
1	晋有孚	刘铭三	32
2	永裕	刘知新	33
3	平全义	刘静泉、刘峻龄	49、49
4	恒义昌	刘静泉、刘崴龄	49、48
5	晋用舒	王俨如	44
6	永利昌	侯子秋	46
7	万庆余	李从周	40
8	富有元	李少舫	44
9	苏遐昌	刘寿夫	45
10	洪福昌	同上	同上
11	复昌德	同上	同上
12	复昌裕	同上	同上
13	复成裕	胡焕卿	38
14	华集成	华璧臣	54
15	福泰	华继志	50
16	谦吉	朱其泗	20
17	长裕	华松泉	36
18	晋全义	侯佩璜	41
19	松长泰	卞会昌	36
20	德基	赵士岱	58
21	侯恭如	侯佩璜	41
22	益德裕	高乃鼎	19
23	晋德茂	穆楚帆	63
24	福德	萧云章	46
25	晋益恒	杨承诏	39
26	晋源永	郑文选	41
27	豫顺	杨承业	39

续表

序号	商号	本名	年龄
28	庆祥厚	杨承汉	32
29	通惠	杨承训	41
30	贞祥	杨承馨	31
31	春晖	郭少岚	51
32	长泰	郭幼岚	49
33	刘裕源	刘渐逵	45
34	兴泰恒	姚金铸	40
35	杨成源	杨宝恒	45
36	义聚公	周瑞章	41
37	吉恒丰	张少佺	25
38	孟彝仲	孟俊三	64
39	益照临	张伯箴	不详
40	庆德丰	张仲箴	不详
41	义德公	刘漱莹	29
42	桐兴义	邓振宇	64
43	合泰	许叔屏	48
44	瑞复兴	刘梓桥	26
45	德隆	田冠英	42
46	万福同	王霞村	76
47	公义	陆颂南	58
48	德庆	周辑五	45
49	崇义祥	陈震之	58
50	裕隆	田益琨	43
51	怡昌	王荫孙	29
52	立生	王继馨	29
53	祥生	王吟舫	53
54	福承	陆寿恒	58
55	元昌	严范孙	58
56	益兴涌	田少农	48
57	金嘉豫	查牧洲	62
58	日昌	陈右铭	47
59	同德	严子均	46
60	全德	严祝三	22
61	振德	黄绍祖	69

续表

序号	商号	本名	年龄
62	长德	黄嘉霖	68
63	晋和源	窦砚峰	61
64	谦益亨	窦小峰	32
65	桐兴文	黄克明	52
66	源泰	王伯五	24
67	裕泰	张芷庵	49
68	宝善	郭捷三	48
69	郑裕源	郑献廷	60
70	庆复昌	李尚勖	31
71	庆复源	李康侯	26
72	启泰	郑万青	41
73	宏德	赵子奇	51
74	查庆余	查忠辅	31
75	锦源瑞	王春霖	50
76	德裕厚	姚琴舫	71
77	协兴	姚绍琴	46
78	恒源	金介甫	79
79	王德新	王键	20
80	王复茂	王翔林	30
81	瑞昌	李颂臣	44
82	恩裕泰	姚若卿	35
83	王宸章	王君直	51
84	元泰兴	华学琪	60
85	孚恒	邹学清	65
86	孚昌	邹学新	61
87	福源豫	邹学勤	67
88	恒茂	不详	不详
89	德茂	不详	不详
90	锦德成	姜宝昌	28
91	集义	姜锦波	28
92	公裕茂	姚彤绶	35
芦纲公运			
93	不详	窦荣光	61
94	不详	邹廷廉	67

续表

序号	商号	本名	年龄
95	不详	郭春霖	51
96	不详	邓崇光	64
97	晋懋源	朱子卿	不详
98	晋丰恒	张绍洲	不详
99	沈复安	沈绍棠	不详
100	集义三	徐伯华	不详
101	森茂	沈延年	不详
102	德昌	王筱恒	不详
103	同茂	王志青	不详
104	中泰恒	王小轩	不详

根据天津市档案馆馆藏档案整理①

1920年芦纲公所及襄八公所清单

芦纲公所

锦源瑞	德裕厚	恒义	协兴	宏德	谦吉	恒义昌	
永兴恒	晋有于	晋裕霖	启泰	郑裕源	宝善	兴泰恒	
合泰	华吉公	晋源昌	查庆余	恩裕泰	王宸章	王复茂	
王德新	元昌	永兴	德隆	义德公	金嘉豫	庆复源	
锦德成	普义	晋承志	晋用舒	怡昌	永泰	恒裕成	
隆泰号	常裕丰	公裕茂	恒源	庆复昌	益照临	刘裕源	
长裕	苏遐昌	复昌德	庆德丰	万福同	永亨和	日昌	
晋源永	瑞昌	崇义祥	信昌	义聚公	嘉懋	同德	
通惠	义胜祥	恒丰源	孚昌	晋益恒	吉恒丰	豫顺	
福德祥	生全	德成	恒永	同和	孟彝仲		

① 天津市档案馆馆藏档案,档号:J0128-2-002402-007。

富有元	元泰兴	杨成源	长 泰	晋和源	豫和兴	晋有孚
复 康	永 裕	厚 德	永 泰	贞 祥	隆 义	庆祥厚
谦 益	桐兴文	福 泰	平全义	立 生	永利昌	松长泰
振 德	春 晖	益德裕	永 全	长 德	谦益亨	李亨裕

襄八公所

永和益	信昌号	增福盛	义丰源	中成号	福成号	东泰号
豫源长	公孚号	豫兴昌	公益号	复兴号	震丰泰	永孚号
同德厚	豫立成					

1926 年长芦盐商名单

序号	商号	本名
1	晋有孚	刘铭三
2	永裕	刘知新
3	平全义	刘峻龄、刘静泉
4	恒义昌	刘崴龄、刘静泉
5	晋用舒	王伊如
6	永利昌	侯于秋
7	万庆余	李从周
8	富有元	李少舫
9	苏遐昌	刘寿夫
10	洪福昌	刘寿夫
11	复成裕	胡焕卿
12	复昌裕	刘寿夫
13	复昌德	刘寿夫
14	华集成	华璧臣
15	福泰	华继志
16	谦吉	朱其泗
17	长裕	华松泉
18	晋全义	侯佩璜
19	松长泰	卞会昌
20	德基	赵丕岱
21	侯恭如	侯佩璜
22	益德裕	高乃鼎
23	晋德茂	穆楚帆

续表

序号	商号	本名
24	福德	肖云章
25	晋益恒	杨承诏
26	晋源永	郑文选
27	豫顺	杨承业
28	庆祥厚	杨承谟
29	通惠	杨承训
30	贞祥	杨承馨
31	春晖	郭少岚
32	长泰	郭幼岚
33	恒茂	不详
34	德茂	不详
35	刘裕源	刘渐逵
36	兴泰恒	姚金铸
37	杨成源	杨宝恒
38	义聚公	周瑞章
39	吉恒丰	张少佺
40	孟彝仲	孟仲三
41	益照临	张伯箴
42	庆德丰	张仲箴
43	义德公	刘潄莹
44	桐兴义	邓振宇
45	合泰	许叔屏
46	瑞复兴	刘梓桥
47	德隆	田保元
48	万福同	王霞村
49	公义	陆颂南
50	德庆	周辑五
51	崇义祥	陈震之
52	裕隆	田益琨
53	怡昌	王荫孙
54	立生	王继馨
55	祥生	王吟舫
56	福承	陆寿恒
57	元昌	严范孙
58	益兴涌	田少农

续表

序号	商号	本名
59	金嘉豫	查牧洲
60	日昌	陈右铭
61	同德	严子均
62	全德	严祝三
63	振德	黄绍祖
64	长德	黄嘉霖
65	晋和源	窦小峰
66	谦亨益	窦小峰
67	桐兴文	黄晋孙、李少舫
68	源泰	王伯五
69	裕德	张芷庵
70	宝善	郭捷三
71	郑裕源	郑献廷
72	庆复昌	李尚勋
73	庆复源	李康侯
74	启泰	郑万青
75	宏德	赵子奇
76	查庆余	查忠辅
77	锦源瑞	王春霖
78	德裕厚	姚琴舫
79	协兴	姚少琴
80	恒源	金介甫
81	锦德成	姜宝昌
82	集义	姜锦波
83	公裕茂	姚彤绶
84	王德新	王健
85	王复茂	王翔林
86	瑞昌	李颂臣
87	孚恒	邹学清
88	福裕源	邹学勤
89	恩裕泰	姚若卿
90	王宸章	王君直
91	元泰兴	华训平
92	芦纲公运	窦荣光、邹廷廉、郭春霖、邓崇光
93	永全	曹秉铨

续表

序号	商号	本名
94	同丰	王硕甫
95	恒丰源	张铎
96	裕丰恒	徐岩孙
97	德诚	王吉甫
98	乾义和	刘岐山
99	晋懋源	朱子卿
100	森茂	沈延年
101	晋丰恒	张绍洲
102	德昌	王筱恒
103	沈复安	沈绍棠
104	同茂	王志青
105	孚昌	邹学新
106	震大号	杨霖川
107	隆庆号	王景杭
108	晋承章	王君直
109	信昌号	周受殷
110	同极生	阮昆林
111	宝兴昌	王钺
112	长泰号	郭馨吾
113	启泰号	郑趣盦
114	恒裕合	李少舫
115	通久号	邓继声
116	三义号	张朗轩
117	恒丰裕	吴树英
118	同和号	李玉霖
119	福泰成	王福新
120	德成号	孟俊三
121	仁泰号	李蓉轩
122	福昌号	李宝诗
123	协丰号	严义彬
124	延丰号	窦小峰

根据天津市档案馆馆藏档案整理①

①天津市档案馆馆藏档案,档号 J0128-2-000062-022。

2. 长芦盐商组织

在天津地面各种职业中,盐商无疑是最让人羡慕的。杨一昆在《天津论》中写道:"第一是走盐商,走久接地方,一派纲总更气象。水晶顶、海龙裳,大轿玻璃窗儿亮,跑如飞蝗,把运司衙门上。店役八九个,围随在轿旁,黑羔马褂是家常,他的来头可想"①。

《津门小令》中也有类似记载:

津门好,纲总势扬扬。额引畅销输国课,头衔新议学官场,公所日奔忙。

津门好,纲总例称台。手板日忙三署递,肉屏时唤一声来,伙友荐条开。②

津门好,善事出芦纲。千领共捐施袄厂,百间新建育婴堂,丸药舍端阳。③

(1)传统盐商组织——芦纲公所

《津门小令》中提到的"纲总",即芦商组织——芦纲公所的当家人。芦纲公所原在运使署街北。旧长芦盐务在沧州,自康熙十三年(1674)运使于津城赁居民房,众商即于此购买公所,以备通纲商人办公、憩集之用。公所大门一间,门房一间,二门一座,正厅五间,东西厢房各三间,照厅三间,厅后账房三间,下房二间,厨房二间,灰棚二间。乾隆五年(1740),因为芦纲公所的门垣柱壁颓圮,长芦盐商捐资重修,并呈请盐运使倪象恺为之作记。

---

① (清)张焘撰,丁绵孙、王黎雅点校:《津门杂记》,天津古籍出版社1986年版,第102页。
② (清)樊彬:《津门小令》,(清)华鼎元辑录:《梓里联珠集》(天津风土丛书),天津古籍出版社1986年版,第113页。
③ 同上,第115页。

乾隆四十八年（1783），芦纲公所复催剥凋敝，长芦众商重新修葺，并请运同孟溢为之作记。自此，长芦盐商每年都会对公所进行修整。① 当时芦纲公所被当做长芦盐商的脸面，"商力衰而人心涣，即公所而大略可睹矣"。所以，遇到修

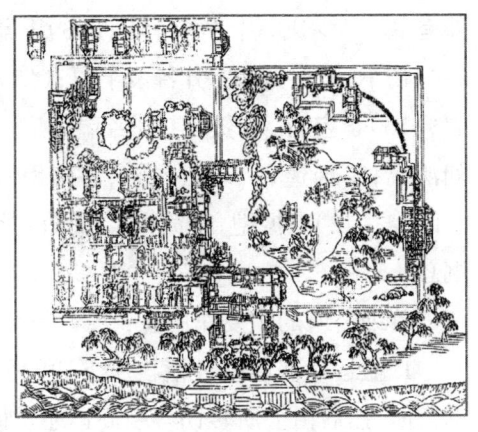

芦纲公所内部示意图

葺公所之事，芦商踊跃捐资，"济济公庭，井然焕新"，"诸商谋于斯，议于斯，栖风雨于斯"②。

　　芦纲公所的纲总由盐商推举殷实商户担任，代表各盐商办理有关事宜，如向官署报盐纳税，以及为其相互之间的租贷作证等事项。芦纲纲总每届四人，四年为一期，任期内办事如无瑕疵可连任，不另改选。历任纲总姓名，没有正式记载可考。据当年人士回忆，清同光朝以后以下盐商担任过纲总：(1)杨俊元，字春农，引名杨成源；(2)黄星桥，引名振德店；(3)王奎章，字文郁，引名益德号；(4)姚学源，字斛泉，引名恩裕泰；(5)何仪臣，引名六吉店；(6)李士钰，字幼香，引名瑞昌店；(7)王贤宾，字竹林；(8)李宝恒，字子赫；(9)邹廷廉，字学勤；(10)邓振宇；(11)窦荣光，字砚峰；(12)

---

① (清)黄掌纶等撰，刘洪升点校：《长芦盐法志》，《序言》，科学出版社2009年版第408页。
② 同上，第378页。

郭春麟，字少岚，引名春晖店；(13)王益保，字君直，引名宸章店；(14)杨承诏，字丹忱，引名聚丰恒；(15)李玉麟，字少舫，引名谦吉店；(16)李宝诗，字赞臣，引名瑞昌店；(17)刘景泉，字漱莹；(18)刘鸿矞，字渐逵；(19)王春熙，字辅臣；(20)陈右铭；(21)杨懋官，字问谭；(22)王振铠，字简勋。①另外，严修之父严克宽也曾出任过纲总。

芦纲公所的主要作用有：

1. 盐运使署或盐务稽核所下达的公文指示，都要首先通知芦纲公所，然后由公所转饬各引商遵照贯彻执行。各盐商有呈报请示事项的，亦由公所代转。

2. 督促检查引岸专商按期报运纳税，以保证国家税收及时完成，引区居民食盐不致贻误。

3. 租商、代商承租业商引岸，须经公所审核，公所认为租商、代商的信用条件合格后，方能呈报长芦盐运使署或稽核所备案批准。

4. 调解引商之间和租、代商之间业务纠纷事项。

5. 对外代表长芦盐商集体，应酬官府，联系灶户，决定兴革大计，以及摊派款项等重大事项。

6. 办理对灶户放款及摊还等事宜。②

1900年庚子之乱后，长芦运署与天津县署均被八国联军焚毁，后在天津县署旧址改建新盐运使公署（鼓楼北大街）。芦纲公所也

---

①岳仲嘉：《我所知道的芦纲公所》，载《近代长芦盐务》，中国文史出版社2001年版，第115页。
②同上，第112—113页。

迁至南斜街自建的新址,后因地方不靖迁入法租界内。①

(2)芦纲公所式微时期——京引公柜与襄八公所出现

长芦盐主要行销直、豫两省境内,持有"盐引"(清代称"龙票")的盐商称为"引商",他们各有指定的销盐区域,有一商专销一县者,有兼销数县者,也有数商合销一县者。这些行盐区域称为"引岸",在直隶境内的统称"直岸",在河南境内的统称"豫岸"。

在长芦盐区的"直岸"中,有两处特殊区域,一为"京引",一为"津武口岸"。京城及大兴、宛平两县称之为"京引",区域虽然不大,但是人口众多,经济繁荣,对食盐的需求量大,这一区域也就成为纲商聚集的地方,计有盐商数十家。在清光绪以前,"京引"全区划分为内四铺、外八铺,分别设有盐店,各有专销范围。但时间一长,盐商们多不遵守,互相越界倾销,导致局面混乱。于是京引商人集议共同整理,在1900年前后设立了"京引公厂",为京引各商在北京卸盐的总厂,地址在永定门外,铺有专用铁路。后又在东柳树井设有"京引公柜",负责分配监督内四、外八盐店的销额。芦商李宝恒、姚学源、王观保等人先后主持"京引公柜",长芦盐运使派吴凤樵协同整理,查庆余号的查慕周也曾加入。经过厉行整饬,京引成为优越的引地。查、王、姚三家成为京引中的主要盐商。②"津武口岸"包括天津、武清两地,其辖区虽小,但因为地接产盐区,运脚颇省且人口众多,需求量大,成为长

---

①李鹏图等:《长芦盐务五十年回顾》,载《近代长芦盐务》,中国文史出版社2001年版,第60页。
②同上,第64—65页。

芦区内销额最大、利润最厚的引岸[1]，聚集了一批大盐商。

清光绪末年，芦纲下属的河南省襄城、方城等8县与汝南、光山等14县，由专商改为自由贸易区，组建了襄汝公所。之后，由于该地区长芦盐与山西盐、淮盐并销，且因军阀割据，交通经常被阻断，营业难保正常。其中汝光等县路途遥远，运输不便，脚费较高。一些长芦盐商便放弃了这部分引岸，不去经营。在这种情况下，"襄汝公所"改组为"襄八公所"，内部实行理事制，由各商推选后，经盐运使署批准。这部分盐商大概有四五十户，他们除了在津有襄八公所的组织，并在河南许昌设立了"盐商公柜"，代表各商对外营业。[2]在形式上，襄八公所的商人也列在芦商之内，实际上他们具有较大的独立性。并且，芦纲、襄八二公所在因公行文列名时是并列的。

（3）传统与现代并存时期——"三公司"的出现

三公司并非确指，是指民元以后，采用现代企业制经营"旧官运六十一岸""永七引岸"和"津武口岸"三个地方的公司的总称，三公司是德兴、裕蓟、利津（或合丰）公司。

"旧官运六十一岸"与"德兴公司"

清光绪末年，王贤宾、李宝恒、何福恒等十大盐商因向国外银行借款到期不能归还本息，祖传的61县引地被清政府没收。这61县引岸在河北者有蓟七、安次、昌延、京引、冀四、新行、邢八、高博蠡等35县，在河南者有汲五、禹六、新七、柏隆临、陈杞太、商淮等

---

[1] 李鹏图等：《长芦盐务五十年回顾》，载《近代长芦盐务》，中国文史出版社2001年版，第66页。
[2] 同上，第64—65页。

26县。①引岸收归官办后，先是成立了长芦官运总局，黄凤墀为提调，下设四个分局，各设局长。由于官僚机构臃肿，官运赔累甚重。后经批准恢复官督商办，准许长芦商人共同承运，遂成立芦纲公运。②当任的纲总为郭少岚、邹学勤、窦砚峰和邓振宇，此外还有许多长芦盐商参与其中。在盐商的经营下，虽然引岸盐务有了起色，但芦纲各商争权夺利的情况时有发生。

  1923年，李廷玉以公运为纲总把持，积弊太深，妨害民食为由，要求改组公运，率一部分盐商强行接管公运，更名为康济恒商运事务所。李廷玉主持事务，股东有盐商王俨如、王景侯、刘仲强、殷菊生等，军政界的有许兰洲、王永泉、潘复等，当地商家有纪英伯和王小洲。③1930年，晋军入主平津，李廷玉被拘禁。7月，奉阎锡山令，61岸收归官办，成立芦盐官运经理处，长芦盐运使陆近礼兼任处长。④后于1931年复改为商办。⑤1932年奉系军阀统治平津，因拖欠报效、报运不力、影响税收，长芦盐运使洪维国呈请张学良将61引岸收回改为官运。1932年9月，曾任张作霖时期国务总理的潘复在得到张学良的支持后，设立了德兴公司，接收了61县引岸。该公司由潘复任董事长，刘寿彭、董右岑为场务董事，吴季玉、王树翰、王承斌为董事，程海鸥为经理。公司内部设稽核、文牍、会计等科，办公

---

①程海鸥：《长芦德兴盐务总公司始末纪》，载《近代长芦盐务》，中国文史出版社2001年版，第153页。
②华克格：《长芦盐务风潮中的"十大累商案"》，同上，第130页。
③岳仲嘉：《我所知道的芦纲公所》，同上，第112—113页。
④天津市档案馆馆藏档案：J0128-2-002402。
⑤李鹏图等：《长芦盐务五十年回顾》，载《近代长芦盐务》，中国文史出版社2001年版，第64—65页。

地点在意租界六马路八号。①1940年春,伪天津市政府秘书张梅荪、伪天津市新民会会长王慕沂把持了德兴公司,张任董事长,王任协理。②

"永七引岸"与"裕蓟公司"

永平七县引岸,原属官销。1915年,北京盐务署裁撤永七榷运局后,改归商办,后由曹锟家族的"万聚成"号承办。1924年起,由裕蓟公司承办,该公司最初主办人为苏锡麟、李景明、刘寿彭、张调辰。随着时局的变化,鲍贵卿、董士恩、高纪毅、胡若愚、郭宗道、王芳庭、冯基道,以及何成浚、陈调元、刘彭翊等人,先后成为公司负责人或参与人。七七事变后,日伪势力多次染指永七引岸,裕蓟公司从中尽力协调斡旋,在租期届满后得以展期续办,一直到抗战胜利后取消引岸专商制度,该公司停止运营。③

"津武口岸"与利津、合丰公司

津武口岸因为利益大,经常成为盐商们争夺的焦点。一度曾收归官办,后改为由芦纲轮流租办。公义号、协和号曾为承租事宜争讼不休。④1924年协和号租期届满后,由许兰洲主办的福昌号承办,1929年协和号再度承办。1930年收归官办一年,又由利津公司承办,主办人为吴季玉、吴毓麟、董士恩等。后来又归李廷玉主办的合丰公司承办。日伪时期,津武口岸被夏运生主办的义生公司接办。

---

①②程海鸥:《长芦德兴盐务总公司始末纪》,载《近代长芦盐务》,中国文史出版社2001年版,第154页。
③李鹏图等:《长芦盐务五十年回顾》,同上,第64—65页。
④注:协和号的主持人为李廷玉。

三公司大都有下野政客、军阀主持，各主要人物多有交叉。随着时局的变动，各派实力人物不断在三公司中更替。其中有不少人做过盐务官员，德兴公司的潘复、张英华均曾做过盐务署督办，张廷谔曾任长芦盐运使，裕蓟公司的张调辰也做过长芦盐运使，董士恩做过吉黑榷运局长，刘彭翊曾任两淮盐运副使。他们的权势、资本以及活动能力，都要比一般盐商更高一等。①由于"三公司"的大本营设在当时天津市河东意租界，社会上将这个新的盐商集团称为"河东派"②，又称"权势派"，而芦纲、襄八两公所则被称为"守旧派"③。三公司虽然以官僚资本为主，但毕竟作为一种新的生产方式撼动了传统盐务引岸专商制度，对长芦盐业运营由传统到现代的转型起到了一定的推动作用。此后，芦纲公所、襄八公所及三公司在对外行文时共同列名，形成了三足鼎立的局面。

(4)天津市盐商业同业公会

抗日战争胜利后，国民政府废除了引岸专商制度，芦纲公所也随之退出了历史舞台。1946年，李廷玉联合一些盐商发起组织了天津市盐商业同业公会。该公会存在时间短，留下的资料少，目前仅见其发起人名册一份。

---

①③李鹏图等：《长芦盐务五十年回顾》，载《近代长芦盐务》，中国文史出版社2001年版，第67页。
②《长芦盐务史话》，天津市政协秘书处编印：《天津文史参考资料》第2辑，内部资料，1976年3月，第9页。

1946年天津市盐商业同业公会发起人名册

序号	名称	经理	资本	组织	地址
1	合丰盐店	李廷玉	2000万元	合资	第七区东门外水阁大街16号
2	瑞生德	房梦蟾	1000万元	合资	第二区三民道77号
3	裕通号	张育华	1000万元	独资	第二区平安街89号
4	众城号	刘莘之	200万元	合资	第一区黑龙江路洪业大楼三楼
5	永祥号	高鸣岐	200万元	合资	第一区长春道西首150号
6	玉华祥	翟西园	100万元	独资	第七区南门东220号
7	泰昌号	陈雪峰	100万元	独资	第八区北营门东街大通货栈
8	德源津店	尹星元	1000万元	独资	第一区罗斯福路渤海大楼227号
9	正昌号	刘季康	100万元	独资	第一区大沽路2号
10	振丰号	孙振乾	1000万元	独资	第二区大昌兴胡同6号
11	大生号	李桐	500万元	独资	第八区河北大街
12	达口公司	贺连珍	100万元	合资	第一区民主路26号
13	厚生商行	安威廉	80万元	合资	第二区三民道福寿里6号

根据天津市档案馆馆藏档案整理①

(三)长芦灶户与灶业组织

在传统社会中,商、灶两籍分立,其实灶户在本质上属于广义的盐商范畴。首先,虽然小灶户还不时参加生产活动,大灶户则早已经脱离了生产一线。"它与小农经济所不同的是需要资金雇工才能生产,因而有'官督、商资、灶晒'之说"②,使用雇工是大小灶户的共同特点。其次,虽然官方对灶户的生产有诸多限制,他们煎晒所得的盐最终仍要拿到官办市场中去出售,"凡灶户煎盐俱令堆贮垣中,与商交易。……商人领引赴场,亦在场中买筑"③。灶户与其他盐

---

①天津市档案馆馆藏档案,档号J0025-2-002610。
②王彩轩等:《长芦汉沽盐区灶户组织发展沿革》,载《近代长芦盐务》,中国文史出版社2001年版,第86页。
③(清)黄掌纶等撰,刘洪升点校:《(嘉庆)长芦盐法志》,卷八《场灶》,科学出版社2009年版,第132页。

商的主要区别在于,其他盐商基于商业资本进行经营,靠买入卖出牟取利润;灶户则运用产业资本进行经营,靠生产牟利,他们为同一产业的上下游。灶丁则为纯粹的产业工人。

1. 灶户

历来场灶不分,灶户的历史与盐场的历史一样久远,从"煮海为盐"之日起,灶户就诞生了。战国时齐国的"北海之众"即为灶户的前身①。宋代鬻海为盐,鬻盐的地方称之为亭场,煮盐的人谓之亭户,也称为灶户,灶户之下有盐丁。

灶户在先年煮盐时代,全家老幼自力熬盐,的确是劳动人民的本色。但是制盐自改煮为晒以后,滩地扩大,乃雇用工人。向来煎盐所需柴、地,为官府分拨给各灶户使用,并非灶户私产,经过一段时间的经营、兼并,灶户内部出现了贫富分化。宋末,"各场富上灶户,往往多余冒占",贫穷的灶户则需要自己花钱买柴、租地煎盐。元代恢复了公拨柴、地的制度,"务要贫富有柴煎盐"②。长芦盐场到雍正年间减少为十座,据嘉庆年间的统计,十座盐场共有灶丁130995人。③长芦盐区最后裁并为丰财、芦台两场,管辖塘沽、邓沽、新沽、汉沽四沽。"截至1937年,共有滩户259户,大小盐滩316付"④,"大小滩平均每滩须用制盐工人15名,四沽合计需工4000名以上"⑤。据20世纪

---

① ②(清)黄掌纶等撰,刘洪升点校:《(嘉庆)长芦盐法志》,卷八《场灶》,科学出版社2009年版,第461页。
③ 同上,第135页。
④ 李鹏图等:《长芦盐务五十年回顾》,载《近代长芦盐务》,中国文史出版社2001年版,第73页。
⑤ 同上,第74页。

20年代中后期的统计,灶户在丰财、芦台两场制办一副中等盐滩,需要耗资12600余元,这样一副盐滩每年的晒盐成本在6000元以上,加上灶户每年需要借贷晒盐,产生的利息亦有2000余元,总算下来,每副中等滩的运营成本最低也在20000元以上。①由此可见,灶户并非无产者。

灶户虽然都是雇工生产,但由于在资本、经营、与官商的沟通等方面存在差异,内部贫富分化明显。有的灶户拥有数十副盐滩,在雇工、备料、生产工具、运输及与官府、盐商的关系等方面,占据优越条件,开晒及时,雇工得力,产盐量多;有的灶户不事生产、经营无方或不能钻营,债台高筑,滩业荒废,流于破产。数量最多的还是普通灶户,他们亲自参加生产劳动,多方联系售卖,自身家产可作借贷的担保,不致捉襟见肘、耽误生产,每年除还贷和全家生活需用之外,尚能有所盈余。

1919年,灶户出身的秀才肖欣山曾作《十等灶户》歌谣,描述灶户阶层分化情形。

一等灶户当灶首,甘为盐商当走狗,全为自己有。
二等灶户富家翁,不等盐款就上工,常年乐融融。
三等灶户卖"久大",不到年终就发价,新老盐剩不下。
四等灶户当军师,见了盐款任意支,帮喝又帮吃。
五等灶户跳了槽,自晒自卖自逍遥,盐商管不着。
六等灶户逞英豪,找着灶首就不饶,好似老鼠见狸猫。
七等灶户真松蛋,找灶首不见面,趟趟白蹲店。

---

① 丰芦两场灶业同心印赠:《长芦灶业最近状况纪要》,天津社会科学院图书馆藏书。

八等灶户怕惹祸,守着盐坨干挨饿,脚步不敢错。

九等灶户晚驳盐,天寒水浅难雇船,充公在眼前。

十等灶户卖盐滩,有几付一盘端,新老债还不完。①

　　作为一等灶户的灶首,其前身为发海人,或称发盐人,类似于盐商与灶户之间的经纪人,具有灶户和经纪人双重身份。清嘉庆年间(1796—1820),汉沽盐场开始出现"发海人",为灶户批售盐斤,至清末年,仅汉沽盐区的发海人即多达数十个,商、灶交易秩序和交易价格混乱。官府为加强对盐务的控制,决定取消发海人,从中选出少数有办事能力之人,"光绪三十二年(1906),改称'灶首',为官、商、灶之中介,代表灶(滩)户售盐、筑盐、稽核账目诸事宜"②。以汉沽为例,发海人张廷惠和吴玉堂当上了灶首,其他发海人均被淘汰。张、吴二人的势力划分以寨上庄石桥为界,桥北灶户36户由吴灶首批卖盐斤,桥南灶户42户由张灶首批卖盐斤,住在芦台和海下一带的灶户,加入哪一方卖盐,听凭自愿。③像张廷惠这样的灶首,积累了很大的产业。他在汉沽开有面铺、木作铺(专做盐田风车和滩田用具),还在芦台与别人合资经营桐德合粮栈。张家有31副滩田,在天津市内置有11所楼房,其中马场道2所,成都道1所,鹏寿里5所,世界里2所,南海路1所,在寿安里建有平房1所。另外,张廷惠个人或合股在北京、天津开设银号、金

---

①王彩轩等:《我所知道的十等灶户》,载《近代长芦盐务》,中国文史出版社2001年版,第93页。

②天津市汉沽区地方志编修委员会编著:《汉沽区志》,天津社会科学出版社1995年版,第604页。

③张秀珊:《长芦汉沽区滩户桐裕成张家发家史》,载《近代长芦盐务》,中国文史出版社2001年版,第93页。

店、典当行等七八处。①

2. 灶业组织

商、灶之间的矛盾由来已久。盐商压低收盐数量,造成盐坨上积有大量的存盐,灶户又只能卖给专商,再无其他出路,所以盐商经常随意压低售盐价格,借以挟制灶户,灶户无从扩充营业。②汉沽灶首张廷惠因盐商支持而发家,但由于利益关系,仍不免与盐商发生激烈矛盾。盐商要垄断销售、压低盐价,灶户要及时售盐、回笼资金。1916年,张廷惠之子张文洲代表灶户向芦纲公所借款,以驳运新盐入坨,遭到拒绝。张一气之下与塘沽永利、久大两公司订立售盐合同,所产原盐全部供给久大和永利,虽然价格较销售给盐商稍低,但销量大,产多少销多少,从此无销售之虞。③同时,张文洲请求盐运使张调辰批准与河南境内芦纲襄八公所联系,将自己控制下的42户灶户所产之盐,售与该公所所属八县运销。④此举也激怒了盐商,他们不再买张文洲等42户的盐。

灶盐公所

为了联合同业,调剂生产,维护灶户合法权益,与盐商的芦纲公所相抗衡,各类灶业组织在光绪年间开始出现。有研究表明,"滩

---

① 政协天津市汉沽区委员会编:《汉沽文史资料》第7辑《汉沽——中国海盐文化摇篮》,2008年版,第157页。
② 天津市政协秘书处编印:《天津文史参考资料》第2辑《长芦盐务史话》(内部资料),1976年3月,第22页。
③ 天津市汉沽区地方志编修委员会编著:《汉沽区志》,天津社会科学出版社1995年版,第181页。
④ 王彩轩等:《长芦汉沽盐区灶户组织发展沿革》,载《近代长芦盐务》,中国文史出版社2001年版,第89页。

盐公所"成立于1906年,附属在芦纲公所之内。①当时,丰财、芦台两盐场下辖塘、邓、新、汉四沽,各沽都曾设有灶业组织。最早建立的灶业组织出现在邓沽。清光绪二十八年(1902)二月,邓沽灶户苏玉麟等十五人联名向丰财场公署申请成立灶业组织,经各灶户公议于二月初八日成立"灶盐公司",公司设在今塘沽邓善沽乡南开村,并在天津市内赁房设立灶盐公所,以便与盐商洽谈业务。清光绪三十二年(1906),塘沽灶户设立"卖盐公所",推李恩普为灶首。②1913年,官府为进一步控制商灶,令各场均须成立"灶盐公所"。汉沽灶盐公所设在寨上福顺街,后迁至牌坊街老李家庙附近。灶盐公所只设会计一名为专职人员,一切事务仍由灶首左右。③新河盐滩规模较小,其灶盐公所成立时间不详。④

四沽灶盐联合公所

针对各沽纷纷成立"公所",不断冲破纲商垄断的情况,芦纲公所进一步向灶户施加压力,以停止批购新盐和不予贷款相要挟。为了联合各沽灶户向长芦纲商施压,在汉沽灶首张文洲带动之下,塘沽灶首张殿英、邓沽灶首高月波、新河灶首米树勋一致同意成立四沽灶盐联合公所。⑤1922年2月,塘、邓、新、汉四沽灶盐公所在津成

---

① 李鹏图等:《长芦盐务五十年回顾》,载《近代长芦盐务》,中国文史出版社2001年版,第60页。
② 张增群:《滩业公会始末》,载政协天津市塘沽区委员会编:《塘沽文史资料辑》第4辑,1992年版,第67页。
③ 马立刚:《汉沽滩业公会》,载天津市汉沽区政协文史委、地方志编辑室编:《汉沽文史参考资料选编》第1辑,1987年版,第40页。
④ 张增群:《滩业公会始末》,载政协天津市塘沽区委员会编:《塘沽文史资料辑》第4辑,1992年版,第68页。
⑤ 王彩轩等:《长芦汉沽盐区灶户组织发展沿革》,载《近代长芦盐务》,中国文史出版社2001年版,第89页。

立,推举张文洲为灶首,设理事4人,即塘沽井福臣(井印增)、邓沽肖凤洲、新河许志清、汉沽张文洲。①公所设会计四人,由各沽灶首指定,分别为塘沽赵某、邓沽王者香、新河赵镜泉、汉沽张学岩。为防止卖盐发生弊端,各沽互派监筑员。每年年终由官方召集商、灶监督议价、批盐、预付价款诸事。四沽灶盐公所负责各沽滩户卖盐、分款、指码、放盐等。②

滩业公会与四沽滩业联合公会

1927年冬,奉长芦盐运使指令,灶户统统改为滩户,各沽灶盐公所改为各沽滩业公会,四沽灶盐联合公所改为四沽滩业联合公会。灶首、理事改称会长和董事,原各灶盐公所内部组织不变。从此,灶户组织便以滩业公会名义对外接洽事宜。③1928年,国民革命军北伐,占领京、津一带,国民党宁河县党部将滩业公会的"公"字改为"工",三个月后,奉盐运使令,将"工"字又改回"公"字,仍称滩业公会。1932年,长芦盐运使署命令四沽滩户重新组织四沽滩业联合公会和各沽公会。经过这次整顿,该组织一直存在到1954年盐业生产全面纳入公私合营时才行撤销。④

---

① 张增群:《滩业公会始末》,载政协天津市塘沽区委员会编:《塘沽文史资料辑》第4辑,1992年版,第68页。
② 马立刚:《汉沽滩业公会》,载天津市汉沽区政协文史委、地方志编辑室编:《汉沽文史参考资料选编》第1辑,1987年版,第40页。
③ 王彩轩等:《长芦汉沽盐区灶户组织发展沿革》,载《近代长芦盐务》,中国文史出版社2001年版,第90页。
④ 同上,第90—91页。

三、长芦盐商组织的社会作用

长芦盐商家族除各自参与天津政治、经济和文化建设之外,在许多场合,还以"芦纲"的名义共同应对一些问题,参与一些事务,如报效、捐输、"官厅学舍、庙宇梵居、普济育婴、义茔火会,何莫非芦鹾之善举",而这些事务,大多由"芦纲"出面组织施行。

(一)应付"陋规"和"报效"

陋规是影响盐务健康发展的痼疾,虽然统治者明白这个道理,但是这一现象却一直存在,未能得到有效根治。雍正皇帝早就看出:"贵卖夹带,弊之在商者尤小,加派陋规,弊之在官者更大。若不彻底澄清,势必致商人失业,国帑常亏。夫以一引之课渐添至数倍有余,官无论大小,职无论文武,皆视为利薮,照引分肥,商家安得而不重困? 赔累日深则配引日少,配引日少则官盐不得不贵,而私盐得以横行。"[1]但是,陋规现象并没有因为雍正的"清醒"而发生改变,反而愈演愈烈,"自设立长商以来,各省官绅士庶皆视盐务为利薮。或借口办公巧为侵蚀,或受人请托曲为通融,他若陋规黑费之类不可枚举。且课项则有时展缓,而陋规则无处减轻"[2]。"每引规费烦重,竟需成本五两有奇。所卖岸价,不过制钱八九千文,以钱易银,约每引亏银七八钱不等,商何以堪?"[3]清中叶以后,

---

[1](清)黄掌纶等撰《长芦盐法志》卷一,《谕旨一》,《雍正二年二月初二日上谕》。
[2](清)席裕福 沈师徐辑:《皇朝政典类纂·盐法》,沈云龙主编:《近代中国史料丛刊续编》,文海出版社 1969 年版,第 9 页。
[3]同上,第 39 页。

陋规现象公开化,各级官吏更加肆无忌惮。据王守基在《长芦盐法议略》中的记载:"杂课多系相沿陋规,盐政运使衙门动辄数万,故膺盐差者回京以后,例有呈献,谓之'当差'。振古如兹,不以为非。"①据关文斌的统计,乾隆五十八年(1793)接受长芦盐商养廉银和其他津贴的政府官员包括盐政、运使与副使、直隶总督、奉天将军、天津道、天津镇、天津知府、天津知县,以及内阁、都察院、翰林院等部门的官员,还有书吏、笔帖式和护军校等等。其中,数目最大的为盐政养廉银,每年20000两,最低的为天津县养廉银,每年400两。大多数盐商的引地并不在天津附近,他们还需要满足引岸所在地官吏的需索。据关先生的统计,这部分规费包括给盐引地知县、捕厅和都司的规费、节礼、寿礼,还有给衙门各署的规费。这些数据都是来自《长芦盐运使司档》《大清会典》《清盐法志》等官方正式记载,可见清乾隆时期陋规公开化已经非常明显。②当然,非盐区的官吏也可以从长芦盐业中"利益均沾",奉天、宁古塔、黑龙江三将军的养廉银两也从长芦盐商项下支出。③

其实最大的"陋规"还是盐商们向皇上的"报效"。"津门跨沧海之胜,逼近京邑。巡幸所至,首先驻跸。行宫、船坞岁资经费动辄钜万。若夫翠华泜止,情殷瞻就,供亿丰备,尤为前所未有。至过大庆典、大军需,淮商捐输或数百万,芦东(长芦和山东)亦以百万为率,

---

① (清)席裕福、沈师徐辑:《皇朝政典类纂·盐法》,沈云龙主编:《近代中国史料丛刊续编》,文海出版社1969年版,第35页。
② 详情参见关文斌著《文明初曙:近代天津盐商与社会》,天津人民出版社1999年版,第247—248页。
③ (清)黄掌纶等撰《长芦盐法志》卷一,《谕旨一》,《雍正五年正月二十日上谕》。

其余寻常捐输，难以枚举。"①商人们即使拿出真金白银，也要揣摩"上意"，顾及皇上的脸面。乾隆十九年（1754），芦东盐商情愿捐银三十万两，以助政府用兵金川，但遭到了乾隆的申斥，并被拒绝。之后，皇上再也没有拒绝过盐商的"报效"。乾隆二十四年（1759），长芦、山东盐商"报效"白银三十万两，资助朝廷"屯田塞上"，乾隆皇帝悉数收下。②乾隆三十八年（1773），长芦商众捐银六十万两，山东商众捐银三十万两助饷清军剿灭大小金川叛乱，乾隆也一概笑纳。③乾隆五十二年（1787），长芦盐商又捐银三十万两备造拨船。④

这些"报效"表面上都是自愿的，有时候还可能被皇帝"驳回"，其实如果不"自愿"报效，皇上很生气，后果很严重。嘉庆五年（1800），长芦盐政观豫奏请芦东盐斤加价，嘉庆皇帝以"昨两淮、浙江、广东各商俱吁恳报效，而长芦商人并未呈请出资助饷，更无可借口"⑤为由，拒绝了芦东盐斤加价的请求。其实，就在不到一年前，长芦商人刚刚捐银三十九万六千两助饷剿灭川楚教匪。⑥

（二）捐资营建行宫及各项公共设施

出于维护商人利益的考虑，"芦纲"捐资营建主要是为了迎合皇上、巡盐御史和盐运使司的需要，"芦商久沾乐利，历奉时巡之典"。乾隆皇帝八次巡幸驻跸的柳墅行宫，就是由长芦通纲商人修建的。

---

① （清）王守基撰《长芦盐法议略》，收录于（清）席裕福、沈师徐辑：《皇朝政典类纂·盐法》，沈云龙主编：《近代中国史料丛刊续编》，文海出版社1969年版，第35页。
② （清）黄掌纶等撰《长芦盐法志》卷二，《谕旨二》，《乾隆二十四年三月初八日上谕》。
③ 同上，《乾隆三十八年三月十六日上谕》。
④ 同上，《乾隆五十二年二月二十四日上谕》。
⑤ 同上，《嘉庆五年三月初六日上谕》。
⑥ 同上，《嘉庆四年三月十九日上谕》。

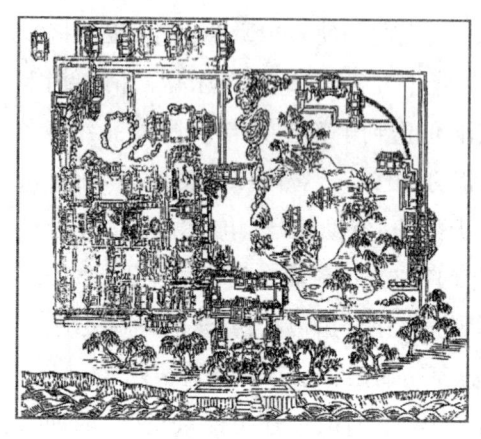

柳墅行宫图

乾隆三十年(1765),芦纲商人呈请为乾隆皇帝在天津"恭建"行宫,巡盐御史高诚上奏获得批准,由芦纲"公捐公办"。行宫在天津城南门外海河东,外宫门西向,内宫殿南向。建成后,乾隆皇帝御题"柳墅瀛津"匾额,并于乾隆三十二年(1767)首次巡幸柳墅行宫,他表扬长芦盐商"趋事办公颇称踊跃"。与柳墅行宫配套的设施还有海河楼和皇船坞。海河楼在天津三岔河口北岸,坐北向南。该建筑是长芦盐商为乾隆皇帝巡幸天津各处时准备的休息场所,所谓"圣驾拈香,于此备恭进茶膳之所"。该楼于乾隆三十八年(1773)由通纲商人捐资建造。皇船坞是存放皇帝巡幸时所乘龙舟的处所,在天津城南门外海河闸口三里处,坐南向北。皇船坞于康熙五十二年(1704)奉康熙皇帝的谕旨建造。到乾隆年间,船坞已经年久失修。乾隆二十六年(1761),时任巡盐御史金辉率人进行改建。乾隆五十五年(1790),承修皇船坞的盐商为避免用席片包裹的船桅和船柁日久糟烂,捐造房屋专门贮藏。嘉庆五年(1800),巡盐御史那苏图率通纲商人对皇船坞进行查勘修理。嘉庆六年(1801),天津遭受水灾,皇船坞房屋、堤岸俱被淹浸,长芦通纲商人逐一查勘,重加修整。

除迎合皇上巡幸、驻跸所需,长芦商人还以芦纲的名义捐建了许多地方公共设施。天津位于九河交汇之地,出行离不开浮桥和渡船。很多浮桥都是由长芦盐商共同捐造的。盐关浮桥在天津城东门外盐关口,最初只是一处小舟渡,因海河水势较急,小舟往往倾覆。青州分司孟周衍率先捐俸,众长芦盐商纷纷响应,捐造盐关浮桥一座,外加大渡船一只。另外,位于巡盐御史署与海河楼之间的浮桥为乾隆五十四年(1789)由长芦众商捐建,同样备有大渡船一只。除这两座浮桥以外,天津城外还有两座浮桥,一在西沽,在天津城北三里处,为入京通衢之地,河面宽阔,康熙五十四年(1715)由直隶巡抚赵宏燮、天津道朱纲及运使宋师曾捐造浮桥及大渡船一只;一在钞关口,运粮船只上下行时,该浮桥随时启闭,为钞关之锁钥,康熙五十五年(1716)由天津道朱纲、运使宋师曾捐造浮桥及大渡船一只。这两处浮桥虽不是长芦盐商出首倡建,但均由长芦盐商负责修整①,每五年一次。嘉庆九年(1804),长芦盐商呈请排造新船更换旧船,又因为浮桥横亘中流,车马重载,络绎不绝,每经冬令冰凌积斥,经常有所损伤,长芦盐商议定每三年修造一次。所有每年桥夫工食及应行添换绳缆锚锁均由长芦盐商公费发给。②

长芦盐商还在天津捐建了为数众多的学校和庙宇。学校有问津书院、三取书院、天津城东门内蒙童义学、北门内蒙童义学、东门内成童课文义学、城西南蒙童义学、北关外成童课文义学等。沧州文庙、天津府学文庙和天津县学文庙在修建和重修时,长芦盐商也都纷纷捐资。另外,长芦行京引的盐商还捐有京师义学一所,每年资助膏火银一百二十两,按季拨款。③长芦盐商捐资修建或重修的庙宇有海光寺、海神庙、宏仁庙、崇禧观、望海寺、恬佑祠、观海台、天后宫、薰风

---

① (清)黄掌纶等撰,刘洪升点校:《长芦盐法志》,《序言》,科学出版社 2009 年版,第 435 页。
② 同上,第 403 页。
③ 同上,第 408 页。

烈日祠等①。

(三)捐助慈善事业

清初,长芦盐商武廷豫出资创立同善救火会,后因津埠人烟日渐稠密,火灾渐多,不敷应用,津城商民续立救火会四五十所。斥卤之区,地瘠民贫,天津贫民无力抚养者,往往将婴儿遗弃。长芦盐商周自邰捐资雇佣乳妇收养弃婴,收养渐多,用资渐巨。乾隆五十九年(1794),长芦众盐商呈请共同捐造育婴堂一处,共建有房屋一百二十间,规模宏大。至嘉庆九年(1804),堂中婴儿、乳妇已达三百余人,每年需用工食薪米、单棉衣、天棚、煤炭等各项经费达7000两白银之巨,这些费用均由长芦众盐商共同捐给。芦纲公所中的总商数人轮流分班查看育婴堂运营情况。民国时期,长芦盐商成立了天津长芦育婴堂董事会,会址设在天津东门外磨盘街津武口岸总盐店合丰公司内,董事会制定了一系列的组织规程和规章制度。②乾隆五十年(1785),长芦盐运使张栋、经历钱荫南率幕僚、属官捐资置地一百二十亩,建屋三间,备齐掩埋工具,派人专门管理,遇有贫困不能葬及倒毙无主尸首负责收埋。每年雇工、饭食、施舍席片等费用均由长芦盐商在公费内拨给。长芦盐商还曾出资成立过施棺会,诸如此类的善行非常多。

---

①(清)黄掌纶等撰,刘洪升点校:《长芦盐法志》,《序言》,科学出版社2009年版,第409页。
②天津市档案馆馆藏档案,档号:J00100-001-000117-0014。

第三章 长芦盐商家族在天津的兴起与发展

明末清初，天津从一座军事据点发展为繁华的漕、盐重镇，成为京杭大运河上南北物资交流的重要集散地，"沽上人家千万户，繁华风景小扬州"①是对当时天津繁华景象的描述。天津的积聚效应逐渐显现，越来越多的人口向天津靠拢。旧长芦盐务的管理中心一直在沧州，自康熙十三年(1674)开始，长芦运使开始在天津城内赁居民房办公，长芦盐务的中心转移至天津，天津成为长芦盐业的"大本营"，长芦盐商家族也随之在天津兴盛起来，越来越多的长芦盐商向天津城及其周边地区集中。据《津门保甲图说》截至道光二十六年(1846)的统计，天津共有盐商372户，其中天津县城内159户、东门外110户、西门外4户、北门外52户、东北城角13户、西北城角34户。②他们之中能够在方志中留名的只是一小部分。一方面，历史上的修志存在"讳商"思想，虽然留下了盐商的许多事迹，但是隐去了他们"盐商"的身份。另外，只有对天津城市发展的某一方面如文化、善举、建设等等做出了突出贡献的人，才可能在志书中"流芳"。

---

① (清)樊彬：《津门小令》,(清)华鼎元辑录：《梓里联珠集》(天津风土丛书)，天津古籍出版社1986年版，第136页。
② 据《(道光)津门保甲图说》统计，道光丙午年(1846)刻本，哈佛大学汉和图书馆藏书。

以天津地方志中记载的"大善人"武廷豫为例。武廷豫,字建侯,祖籍山西大同。父亲武中岳,明末任指挥佥书,"管天津城守营事"。当时天津三卫发水灾,武中岳牵头修葺卫城女墙,出资设水门,建水闸于卫城的东南部,不时开闭,以防洪水,上官以其能干,擢升其为辽阳都司。武中岳晚年居住在天津,子孙遂为天津人。武廷豫由岁贡生候补主事,生平"推解无倦色,每岁腊以钱一提,穷民有无告者给之,存活不下万计。雪夜人苦饥寒,更余,率仆从携钱按坊散给,钱尽乃返回,而人不知所赐也"。天津人口聚集,容易发生火灾,武廷豫创立"同善会",出资制备火具,从此救火会成为天津慈善事业的一个亮点。[①]志书对武廷豫大加赞美,但丝毫未提及其盐商的身份。与地方志的"隐晦"相比,《长芦盐法志》"光明正大"了许多,对盐商的记载更加清晰和明确。武廷豫的父亲武中岳"晚年家天津,业芦鹾",武廷豫"承父志,推解无倦色"[②]。比较天津地方志与《长芦盐法志》,我们就会发现,地方志中的很多人物都是业盐出身,如死于"忠节"的王显谟、周天命,有"孝行"的缪文璧、韩大珮,以"友义"著称的康从征、侯天顺,在"文学"方面取得成就的徐兆庆、沈支炳等人,他们都出身于长芦盐商。为使长芦盐商中的杰出人物流芳后世,《长芦盐法志》将盐商中的著名人物单列一卷,以志纪念,"不独为籍是者争光也,而长芦有以存惇史"[③]。与默默无闻的土著相比,这些"移民"在天津文化(尤其是高雅文化)发展的舞台上发挥了主力军的作用。他们的家族兴起、财富来

---

① (清)张志奇、朱奎扬总裁,吴廷华、汪沆修:《(乾隆)天津县志》,卷十八《人物志(附流寓仙释)》,亦见于《(民国)天津县新志》卷二十一《人物》。
②③ (清)黄掌纶等撰,刘洪升点校:《(嘉庆)长芦盐法志》,卷十七《人物·友义》,科学出版社2009年版,第336页。

源以及与士族、官府的关系等等,都是他们在天津提倡高雅文化的基础和前提。

一、盐商入籍与联姻

明清时期,为照顾奔波各地业盐的商人,政府专为他们设立了商籍和灶籍。来自全国各地的长芦盐商藉此来到天津"生根发芽",许多家族最终入籍天津,成为天津人。

(一)商籍、灶籍与民籍

所谓"籍长芦者"有两种情况,即商籍和灶籍。商、灶籍最早出现于明朝,一直延续到清代中叶。"明万历中定商、灶籍",清中期以前一直沿袭明制,直到乾隆四十四年(1779),清政府裁撤商、灶两籍,尽归民籍。[①]根据明代的科举制度,士子从参加童子试时开始有"籍"。明代的"籍"分很多种,有儒籍、官籍、民籍、军籍、医籍、匠籍之分,分别代表了社会中的各个主要阶层,各籍的士子只能在本地区应试,不得跨地区应试。另外,明政府在一些边远的军事驻地还设有旗籍、校籍;在比较大的都会城市设有富户籍、盐籍(也称为"商籍"),在山海产盐区域则设有灶籍。出身商籍的士子往往随父、兄外出经商,要求他们回籍贯地应试有诸多不便,所以政府允许他们在父、兄经商、业盐的地方就地参加考试。[②]据考证,"商籍是盐业

[①] (清)佶山等修纂:《(嘉庆)两淮盐法志》,卷四十七《人物六·科第表上》,嘉庆十一年(1806)本。
[②] 许承尧撰,李明回等校点:《歙事闲谭》(安徽古籍丛书),黄山书社2001年版,第1041页。

与科举'联姻'的产物,是政府与盐商之间利益交换的产物"①。"万历年间,为照顾长期在两淮、两浙经营盐业,并已在当地居住附籍的盐商及其子弟在科举方面的需要,朝廷在行盐府、州、县学为他们特设官学学额,并准其参加当地科举考试,能取得这种学额和考试资格的凭藉叫商籍。"②清朝沿袭明朝的做法,于顺治十一年(1654)将商籍列为清代四大户籍之一。灶籍则是专为制盐的灶户所设。乾隆年间的《天津县志》记述了长芦商、灶两籍的来历和参加科举考试的要求。

> 商灶两籍,原以商人久客他乡,籍不隶于有司,而灶户办课急公,尤需优恤,特另编商灶籍,俾商灶子弟得与考试,盖作养人才之意也。但查各省,惟河东设立运学,而他处未设。明万历二十年,长芦御史黄卷据运司俞嘉言详议,题请长芦与河东一体另设运学,业经覆准,已选教职二员。随后中止,遂改学署为观,今沧州永保观,其遗迹也。长芦商灶童生科、岁二考,经运司考取,汇送学臣,附入河间考试,取拨河间府庠(改府以后,拨归天津府学)……天津府学就近管辖督率,其现在河间府学商灶二籍生员,悉行改归商学,其廪、增缺各该二十名。商灶子弟膏火有资,应照旧例,毋容给予,廪饩仍照县学之例,二年一贡,以示鼓舞。③

---

① 刘希伟编:《清代科举冒籍研究》,华中师范大学出版社2012年版,第160页;亦见:刘希伟:《清代科举考试中的"商籍"考论———一种制度史的视野》,载《清史研究》,2010年第3期,第83—89页。
② 许敏:《试论清代前期铺商户籍问题——兼论清代"商籍"》,《中国史研究》,2000年第3期。
③ (清)张志奇、朱奎扬总裁,吴廷华、汪沆修:《(乾隆)天津县志》,卷八《学校志》,清乾隆四年(1739)刻本。

以商、灶籍身份应试,最大的优势是进学率高。早期,直隶商、灶两籍以十名取进一名①,这与民籍几十比一的进学率相比,要高很多。因此,虽然社会上有"讳商"传统,"商人出身"也是毁誉参半,但这一优势仍然吸引着许多士子以冒籍的形式铤而走险。

"商籍为盐商子弟侨居者而设,日久遂开冒籍之门。凡客游兹地者,因其亲族,缘引入场,甚或易姓投考,至中式后有改归原籍之例,因以复姓,后以冒烂裁革";灶籍也是如此,本来"灶籍为沿海州县灶户而设,弊在一人而备二名,于此试之,未售者再于彼试之,谓之跨考。商灶俱由盐道考送学政试,其录取者入河间府学,迨天津设府,始改隶焉"。②到了乾隆后期,清廷为杜绝商籍科考的种种弊端,裁撤了商籍。清政府先是规定"凡商籍本省商人子弟概不准以商籍应试",凡非远赴他省业盐的盐商如天津的"土著"盐商即不准以"商籍"的身份应试。乾隆四十三年(1778)十二月,又规定,"直省商籍生员,每科应试不过五十余名,应遵大学士等原议,照从前卤字号五十名中取中一名,此后人数虽多总不得过二名之额。如不满五十名不准取中,亦不必排入民卷"③。商籍进学的比例开始与民籍持平,以商籍身份应试已经无利可图,在这种情况下,士子们纷纷抛弃"商籍",转投"身家清白"的"民籍"。清乾隆后期,商籍"以人数不能足额,皆各归本籍应试,每年岁科两试,长芦商人无人应考,其

---

① (清)黄掌纶等撰,刘洪升点校:《(嘉庆)长芦盐法志》,卷十七《人物·附商灶籍学额》,科学出版社2009年版,第353页。
② 高凌雯辑:《志余随笔》,卷三,天津市地方志编修委员会编著:《天津通志·旧志点校卷(下)》,南开大学出版社2001年版,第730页。
③ (清)黄掌纶等撰,刘洪升点校:《(嘉庆)长芦盐法志》,卷十七《人物·附商灶籍学额》,科学出版社2009年版,第353页。

灶籍则照例考试取进"①，长芦商籍随后被裁撤。明、清政府为盐商子弟制定的灵活应试政策，使得盐商们可以在全国各产盐区自由流动而无后顾之忧。这些优惠政策在其实施的二百余年间，客观上促成了盐商及士子们向天津这块并不肥沃的文化土壤上流淌，并在这里生根发芽，形成了天津独特的文化特色和路径走向，一直影响着天津文化的发展，直到近代。

（二）联姻——以查有圻家族为例

在传统社会中，不同家族之间的联姻是一种扩大家族影响和社会交往的重要手段。盐商与士族、盐商与盐商之间的联姻非常常见，有些联姻关系可以在关键时刻为盐商筑起一道保护网，如查有圻家族。

1. 士、商之间的联姻

2006年，一只在皇家配殿使用过，带有"查小山制"四字款的粉彩碗，引起央视专家和观众们的巨大兴趣。据专家分析，查小山是"京城的大官"，但他"没有什么资格在皇帝面前，把给皇帝使用的器物，印上自己的名号"。所以，最终认定落款的查小山应该"是个很有名的制瓷工匠"。这里面存在误读，查小山即查有圻，他确实是清政府的官员，不过他还有另外一个身份——富甲一方的长芦盐商。嘉庆十七年（1813）时，曾经爆出一件长芦盐商勾结官吏，贿买工部工匠私铸加重擎盐砝码的大案，引起朝野震惊。案件的主角就是查有圻。盐商舞弊向来通过夹带、短秤的方式小打小闹，

---

① （清）黄掌纶等撰，刘洪升点校：《（嘉庆）长芦盐法志》，卷十七《人物·附商灶籍学额》，科学出版社2009年版，第353页。

清政府往往听之任之。通过加重户部掣盐砝码实现利益最大化，可以一劳永逸，但需要打通很多关节，难度和风险都很大。案件处理出人意料的"虎头蛇尾"，查有圻毫发未伤，携巨资做富家翁去了。在"大事化小、小事化了"的过程中，长芦盐商的联姻网络发挥了巨大作用。

出身世家的纨绔子弟

查有圻，是"南查"家族的代表人物，字止千，号小山，生于乾隆乙未年（1775）六月二十一日，道光丁亥年（1827）四月二十日殁于天津。①作为官员，查有圻一直在有意掩饰自己盐商的身份。在嘉庆十四年（1809）呈给皇上的奏折中，查有圻仅仅报告了自己浙江杭州府海宁州监生、原任刑部郎中、刑部湖广司郎中等身份和官职，对自己盐商家族出身只字未提。②康熙年间，长芦盐商张霖虽官至布政使，仍被史科给事中慕琛以"出身盐商，官方有玷，舆论不孚"为由参劾，不久又被李光地以"出身商贩，居家不检，网利殃民，纵子为非"之由严参，差一点就被"秋后处决"。所以，"盐商出身"未必是好事，"世家子弟"才是一个不错的身份。这个身份为查有圻日后打开社会网络、化解风险打下了很好的基础。

海宁查家是书香门第，名门望族。查有圻的高祖父查昇（字仲韦，号声山），康熙戊辰科进士，选庶吉士，授编修，长期任职内廷，深得康熙宠信，是康熙朝的名臣。甲申年（1704）正月，康熙特地为查昇赐第西华门，后得知查昇病后，认为"西华赐宅虑犯阴阳所忌，更之厚载门"，并派御医诊视。查昇去世时，康熙遣人"以茶酒奠公

---

① （清）查克敏重编《海宁查氏族谱》，光绪六年（1880）刻本，卷四《世次三集之十七》。
② 秦国经主编，中国第一历史档案馆藏：《清代官员履历档案全编》24，华东师范大学出版社1997年版，第436页。

枢","不啻家人父子"①。查昇与皇家的良好关系,为他的后代查有圻多次化险为夷打下了良好的基础。与查昇的显赫相比,他的后代们"平淡"了许多,"平淡"得连世系脉络都不太清楚了。关于查有圻的身世,《海宁查氏家族文化研究》和《文明初曙:近代天津盐商与社会》两书都曾简单涉及,但均存在一些不准确的地方。据《海宁查氏家族文化研究》附录的《海宁查氏世系表》记载,查昇生有查昌洄和查昌源两子。查昌源子查揆,查揆子查世燮,查世燮子查有圻②。在《文明初曙:近代天津盐商和社会》中,查昌洄被认为是查昇唯一

海宁查氏宗谱原序

的儿子,他在卸任广东长宁县知县后,到长芦做了盐商,这是查有圻家族业盐的开始。查昌洄之子查莹,作为监察御史,仕途平平,查有圻是查莹的独子,在财富和声望上都达到了巅峰③。

实际情况是,查昇有查广和查昌洄两个儿子,查有圻属于查昌洄一支的后人。查昌洄是查有圻的曾祖父,他字恒侯,号且邨,贡生出身,曾做过广东长宁县知县。查有圻的父亲查莹

---

① (清)陈元龙撰:《查宫詹墓表》,(清)查克敏重编《海宁查氏族谱》,光绪六年(1880)刻本,卷十《志状》。
② 洪永铿、贾文胜、赖燕波著:《海宁查氏家族文化研究》,《海宁查氏世系表》,浙江大学出版社2006年版,第233页。
③ [美]关文斌著:《文明初曙:近代天津盐商与社会》,天津人民出版社1999年版,第118页。

并不是查昌洄的儿子,而是他的孙子。①查氏这一族开始业盐并非从查昌洄开始,而是从他的儿子查懋(即查莹的父亲)开始的。查懋十四岁时丧父,母子拮据度日,"为近支所迫,计无所出"。查懋不得已将自己的田亩书券"授迫者,解其纷",孑然一身来到京师,谋求生路。这时,宛平查氏查日乾、查为仁父子在天津业盐已经取得了巨大成功,"构水西庄,招四方名士",查懋的长兄查奕楠"馆其家"。查懋前往会见兄长时,与查为仁一见如故。在查日乾父子的大力帮助下,查懋开始在长芦业盐,并取得了长芦盐运使的信任。是为"北查"与"南查"共同业盐长芦的开始。因为查懋急公好义,竭力济贫,名声上达于朝廷,"特旨褒叙,以知县即用,谢不就职"②。查懋长子查莹,字韫辉,号映山,以山东运学增贡生出身,乾隆己酉科举人,丙戌科进士。

关于查有圻是查莹独子的表述亦不准确。查莹作为本支的长房并没有子嗣,查有圻是查莹之弟查世荣的独子。为了使两房都不致绝嗣,查有圻一人兼祧两房。查有圻的本生父亲查世荣,字慎敷,号松亭,据称"生有至性,少禀异姿,人伦著称"。查有圻的叔父查世俶以沧州籍应院试中举人,后"屡荐不售",遂放弃科举,专心与父亲查懋一起业盐③。当时,兄弟三人在家族内部有不同的分工,查莹"供职词馆",一直忙于举业和仕途;查世俶陪着父亲查懋往来于海丰和天津之间佐理盐业;查世荣负责管理家务,在二十六岁的时候

---

① (清)查克敏重编《海宁查氏族谱》,光绪六年(1880)刻本,卷四《世次三集之十七》。
② (清)王杰撰:《晋赠中宪大夫候选知县查公墓志铭》,(清)查克敏重编《海宁查氏族谱》,光绪六年(1880)刻本,卷十《志状》。
③ (清)查克敏重编《海宁查氏族谱》,光绪六年(1880)刻本,卷四《世次三集之十七·查世荣》。

先于查懋去世,查有圻是其遗腹子。①1803 年,查莹卒于京师,无子嗣。查世倓以"一子两祧"例,立查有圻为查莹的嗣子。当时三房虽已分家析财,查世倓仍然尽心为查有圻经营其家。两年后,查世倓将伯仲两房的家业交付查有圻,离开天津南归浙江。查有圻"官宦世家"的衣钵主要承继于查莹,财富则来自于祖父查懋和叔父查世倓的苦心经营,其本生父亲查世荣去世很早,对家族的贡献比较有限。这套"官宦世家"的衣钵正是查有圻打通各方面社会关系的招牌。

世家与姻亲——查有圻的两道护身符

"张扬"的个性,很快使查有圻成为御史们重点关注的对象。查有圻与户部尚书戴衢亨为儿女亲家。嘉庆十一年(1806),查有圻按例应选户部郎中,本来"京官例不回避",但是戴衢亨为避嫌仍然请求在京官回避条内增加儿女亲家一条。嘉庆皇帝经过考虑认为戴衢亨的奏疏有道理,决定增入此项,"若在同衙门分系堂司,令官小者回避,如系同官免其回避"②。查有圻未就任户部郎中一职,改任刑部郎中。戴衢亨的举动,既是为自己避嫌,也是对查有圻的保护。盐务向来由户部兼管,查有圻以长芦大盐商的身份就任户部郎中,确实容易引人猜疑。不久,御史还是找上了他们。嘉庆十四年(1809)七月,给事中花杰参奏户部尚书戴衢亨因与查有圻为儿女姻亲,在催缴盐商积欠和窝价的过程中对长芦盐商有所偏袒和包庇,奏称"芦商惟查有圻是望,查有圻惟戴衢亨是倚",以致长芦盐务废弛。

---

①(清)吴锡麒撰:《中宪大夫刑部郎中查公(世荣)墓志铭》,载(清)吴锡麒著,王广业笺:《有正味斋骈体文》,卷二十三;又见(清)杜堮撰:《诰赠中宪大夫刑部福建司郎中查公(世倓)墓志》,(清)查克敏重编《海宁查氏族谱》,光绪六年(1880)刻本,卷十《志状》。
②《清实录》,嘉庆朝实录卷一百七十二,嘉庆十一年十二月。

从事态的后续发展来看,花杰的奏折并非"空穴来风"。但嘉庆皇帝以"查无实据"给予答复①,并且颁布数道谕旨替戴衢亨开脱。

> 至于戴衢亨与查有圻联姻之处。查有圻本系宦家,与戴衢亨向有世谊,并非门户卑微、不可为婚之人,安得谓之有心援系。至于姻戚往来、岁时馈送,本属情事之常,人孰能免。如果因有公事嘱托,纳贿行私,确有证据,则亦无论其为姻戚与否,皆当绳之以法。今戴衢亨于议覆长芦积欠,毫无护庇。且先于议驳加价以二文入官一文归商一节,于查有圻大无利益,公事公办。又何能禁其亲戚之不相往来。至于此外如戴衢亨因盖造房屋,查有圻帮助木料、借用桌几,以及在南城外置买房屋数处,尤为琐细,不足置问。②

谕旨字里行间充满了对戴、查二人的回护及对御史的反诘,甚至出现了"朕岂肯任其甘受虚诬"的字句,最终花杰被交部"严加议处"。戴衢亨官至尚书、协办大学士,担任过军机大臣,是嘉庆朝的重臣,嘉庆皇帝对戴衢亨的倚重,客观上也保护了查有圻。虽然给事中花杰被降三级严惩,或许嘉庆皇帝也并非完全相信戴衢亨和查有圻是清白的。不久,戴衢亨以协办大学士调补工部尚书,户部尚书一缺由曹振镛调补。③

就在曹振镛任户部尚书期间,户部掣盐砝码加重案被举发。嘉庆十七年(1813)八月,御史李仲昭出奏"奸商贿增砝码、侵欺国课",揭发"总商江公源即查有圻,为通商造谋之首"④。不久,"查有

---

① 《清实录》,嘉庆朝实录卷二百一十五,嘉庆十四年七月。
② 《满汉名臣传》,黑龙江人民出版社1991年版,第3781页。
③ 《丁卯谕旨》,《清实录》,嘉庆朝实录,嘉庆十七年八月。
④ 《清实录》,嘉庆朝实录卷二百六十,嘉庆十七年八月。

圻、冯昶、樊宗鉴、任秉衡等八纲总均著解案严审"①。嘉庆皇帝此时仍然生怕冤枉了查有圻。

> 若利银悉归樊宗清、冯昶等,而查有圻竟毫无所得,则罪有所归,亦当据实奏明,按律办理。查有圻商贾市侩,如情真罪当,国有常刑,若罪状未明,据御史一人悬揣之词,即将伊籍没,转似因伊家产富饶,故入其罪,其何以昭情法之平。②

经过审理,最终认定盐砣舞弊案的罪首就是以查有圻为首的长芦盐商。行贿银两"系出自通纲,查有圻引地最多,摊出之银亦必较多"③,同时他获利也多。随后,长芦盐政祥绍查封了位于天津北门外的查有圻总盐店及源隆当等处产业④,其在北京、苏州等地的产业亦被查没。但是案件的处理结果却出人意料,仅仅以长芦盐商集体认罚了事。在赔罚之外,查有圻的母亲额外缴纳了三万两银子为其赎罪,嘉庆帝下旨,"查有圻著加恩,免其发遣"⑤。如果说查有圻上次毫发无损是因为嘉庆皇帝给了戴衢亨一个人情,那么他这次全身而退主要靠曹振镛的保护。曹氏家族是徽州的世家大族,同时也是大盐商。曹振镛的父亲曹文埴曾官户部尚书,曹文埴的大儿子曹琪(字六畲)是扬州大盐商,"淮北人多赖之",曹振镛是曹文埴的次子,此时官户部尚书。⑥查有圻的大儿子查纶娶了曹振镛的女

---

①《清实录》,嘉庆朝实录卷二百六十,嘉庆十七年八月。
②《戊辰谕旨》,《清实录》,嘉庆朝实录卷二百六十,嘉庆十七年八月。
③《成亲王永瑆为连日审讯长芦盐砣加重案犯大概情形事奏折》,载中国第一历史档案馆、天津市档案馆、天津市长芦盐业总公司编:《清代长芦盐务档案史料选编》,天津人民出版社 2014 年版,第 281 页。
④《长芦盐政祥绍为遵旨查封芦商查有圻天津产业事奏折》,同上,第 283 页。
⑤《谕内阁著芦商查有圻应交罚赔银两全数完纳免其发遣》,同上,第 306 页。
⑥(清)李斗撰,汪北平、涂雨公点校:《扬州画舫录》,卷十,中华书局 1960 年版,第 248 页。

儿,次子查彦娶了戴衢亨的女儿,曹、戴两相国都是查的儿女亲家。①查有圻的世家出身,使得他可以与"世家大族"门当户对的联姻,不管他是否怀有这样的目的,这些联姻关系给他谋求利益最大化提供了保护伞,并在关键时刻保全了他的生命和财产。

2. 盐商家族之间的联姻

对长芦盐商来说,不同家族之间的联姻很常见。盐商们之间的交往本来就多,有些盐商甚至是"患难之交""生死之交"。许多盐商家族同时也具有士族的身份,这些结合更多地是出于政治上、经济上"门当户对"的考虑。

在康熙四十三年(1704)的张霖"借帑案"中,除张氏家族之外,长芦大盐商查氏与金氏也罹陷其中,查日乾因此遭逢了牢狱之灾,金大中是否被投入牢中无从得知。但从此事可看出,查日乾与金大中不仅是生意上的亲密伙伴,二人称得上是"患难之交",两家很早就缔结了婚约。金大中在独女金至元幼年时便将其许配给了查日乾的长子查为仁,由于科场舞弊案发,查为仁被系于诏狱,九年后二人"始成婚礼"。嫁入查家后,金至元与查为仁"琴瑟綦谐",唱和成帙,人称"双璧"。实际上,金氏家族与闻名当时的"南查"同样有姻亲关系。《天津县新志》将"南查"后人查昌业的传记附入"金玉冈传"中。查昌业,字立功,号次斋,别号松亭,是查慎行(原名查嗣琏,字夏重)的孙子,查昌业与查有圻的曾祖查昌洵同一辈分,为金玉冈之甥。

在近现代,长芦盐商家族的通婚现象同样常见。严克宽之严

---

① (清)查克敏重编《海宁查氏族谱》,光绪六年(1880)刻本,卷四《世次三集之十七》;亦见于徐雁平编著:《清代文学世家姻亲谱系》,凤凰出版社 2011 年版,第 254 页。

氏家族与天津八大家之一的"高台阶华家"为两代姻亲。严克宽之女严淑琳嫁给华长祥长孙华世珍后，更名为华严淑琳。①严修在提倡和实践天津近代教育的过程中，得到了妹妹华严淑琳的大力帮助。华严淑琳通晓日语，曾与严修一起访问日本，在严氏女学中任监学，负责学校的具体事务。严修的次女严智舒也嫁入华家，嫁给了华世奎的长子华泽宣。华泽宣，字秩昭，荫生出身，做过邮传部七品小京官。②华泽宣曾任北京某天主堂的司铎，夫妇二人都是虔诚的天主教徒，不蓄私产，每天粗茶淡饭，布衣芒鞋，把所有的财产都捐给了教会，二人生有一女，小名"妙儿"。③严修的长女严智蠋嫁给了新天津"八大家"之一的"乡祠卞家"卞肇新(字俶成)。④

二、传统社会中的长芦盐商家族

在清中叶以前，天津完成了由卫改州，由州升府的过程。作为一座漕、盐重镇，天津变得越来越繁华，"沽上人家千万户，繁华风景小扬州"⑤，"人才蔚起，声明文物之盛，迥殊前代"⑥。当时，长芦盐

---

① 注：据《严修年谱》"严氏迁津一支世系表"中，严淑琳字华世瑄，疑有误。据《华氏晴云派天津支宗谱》，华世珍，字聘臣，娶严氏；华世瑄(世珍之弟)，原名世琛，字献臣，娶查氏。
② 华长卿纂修：《华氏晴云派天津支宗谱》，宣统元年(1909)己酉续辑，第58页。
③ 罗澍伟编著：《天津的名门世家》，天津古籍出版社2004年版，第108页。
④ 严修自订，高凌雯补，严仁曾增编：《严修年谱》，《严氏迁津一支世系表》，齐鲁书社1990年版。
⑤ (清)崔旭撰：《津门百咏》，(清)华鼎元辑录：《梓里联珠集》(天津风土丛书)，天津古籍出版社1986年版，第136页。
⑥ (清)汪沆撰：《津门杂事诗》，同上，第7页。

政和盐运使驻跸天津,芦纲公所也设在天津,天津城居住着众多盐商,长芦盐商开始登上天津文化舞台。在天津文化兴起、发展和繁荣进程中作用最大的盐商非张、安、查三大家族莫属。也许是机缘巧合,三大家族在正史中的集体"亮相"不太"光彩",清政府查讯张霖盐案的时候,对安、查两家族也多有涉及,三大家族都与内务府和权臣、官宦有着剪不断理还乱的关系,他们在促进南北文化交流方面做出了各自突出的贡献。

(一)开天津"风雅之先"的张氏家族

张氏家族的代表人物是张霖,张氏家族的兴盛源于张霖之父张希稳的努力。张希稳,字明宇,抚宁人,清顺治年间行盐于长芦,遂迁家于天津,成为津门富豪。自 1661 年开始,张希稳加入长芦盐商行列,认办了冀州、遵化、丰润、玉田、三河、香河、宝坻和平谷等引地。两年以后,张希稳去世,留下了年仅 7 岁的儿子张霖,引地由弟弟张希思继续经营。[①]在志书中,张氏家族被描绘为一个凭自身努力不断向上的家族,张霖也是一个"优秀"的人。张霖,字汝作,号汝庵,晚自号卧松老衲,在学习上,他"岐嶷嗜学,读书十行俱下,弱冠游庠",在品行上,他事母至孝,"母老告归,颜其堂曰爱日,色养曲至,居丧哀毁尽礼"。张霖并非是通过科考正途走上仕途的,他是在康熙二十年(1681)时由生员援例捐纳成贡,即"例贡"[②],入国子监,然后走上仕途的。

[①] [美]关文斌著:《文明初曙:近代天津盐商与社会》,天津人民出版社 1999 年版,第 108 页。

[②] (清)高锡畴等纂,高凌霨等重修:《临榆县志》,卷十九《事实编·乡型》,成文出版社印行 1968 年版,第 907 页,亦见天津府、县志。

1. "成也明珠 败也明珠"的张霖

早期,张霖在仕途上是一帆风顺的。康熙三十四年(1695)六月,张霖在陕西驿传道的位置上升任安徽按察使。①康熙三十七年(1698)九月,张霖升任福建布政使。②就在离封疆大吏还有一步之遥的时候,张霖的仕途出现了转折。康熙三十九年(1700),陕西"散给籽粒案"发,身在福建的张霖受原陕西同僚的连累,被降一级,并罚俸一年。其实该案件自始至终与张霖没有多大干系。张霖任陕西驿传道的时候,当地发生饥荒,政府不得已拿出粮食种子发给灾民度荒,度过饥荒以后,百姓们要将籽粒折合成银两归还。在这个过程中,陕西同州知州蔺佳选、蒲城县知县关琇、韩城县知县王宗旦、朝邑县知县姚士塾(已身故)、华州知州王建中(已身故)等人侵扣了部分银两,被御史告发,几人被定为斩监候。该案件在陕西官场引发了一场"地震",川陕总督吴赫、陕西巡抚党爱,均因"不将属员侵扣情弊确查题参"革职议罪;原任川陕总督佛伦降四级调用。原任西安知府彭腾翅、卞永宁、陇州知州王鹤,降三级;凤翔知府许嗣国,降二级,俱调用;原任西安知府升神木道李杰降一级留任、罚俸一年;原任布政使戴吞、禅布,因俱已身故,被免予追究③。张霖被捎带进这件案子,有些冤枉。从此之后,他的仕途开始走下坡路。七月,原任福建布政使的张霖,被任命为云南布政使。福建调云南,是典型的"由繁调简",已经带有"惩罚"的意味。④

---

①《清实录》,康熙朝实录卷一百六十七,康熙三十四年六月。
②《清实录》,康熙朝实录卷一百九十,康熙三十七年九月。
③《清实录》,康熙朝实录卷一百九十八,康熙三十九年三月。
④《清实录》,康熙朝实录卷二百,康熙三十九年七月。

张霖的"噩运"才刚刚开始。同年十二月,工科给事中慕琛题参时任云南布政使张霖"出身盐商、官方有玷、舆论不孚",认为应将张霖革职。吏部议覆"从之"①。仔细分析,慕琛题参的三个理由都站不住脚。从明代开始,政府为了照顾南北流动的盐商子弟参加科举考试,专门设立了"商籍",对商籍士子录取的比例还要高于一般的"民籍",体现了朝廷对盐商的优待和重视,清代也是如此。据《长芦盐法志》记载,清代仅长芦"商籍"和"灶籍"生员考中进士的就有64人,举人、贡生和武科还有数百人,他们在全国各地为官。②所以,"出身盐商"没有任何问题。所谓"官方有玷"指的就是与张霖并没有多大干系的陕西"散给籽粒案"。所谓"舆论不孚"更是没有什么实质内容。从志书中的记载来看,盐商出身的张霖,政绩还是不错的,他凭借智慧和手中的"金钱"解决了许多棘手的问题。在陕西,"饥民多流亡,霖设法捐赈,全活甚众";在福建,"旧钱粮解藩库有羡耗陋规,悉除之";在安徽,因为会商要裁撤皖江兵丁,"军士汹汹,哗当事门,霖推诚谕慰";家资丰厚,使乐善好施成为可能,在其任职期间,"待以举火者不下千家"③。一条"三无"题参就结束了张霖的仕途,至今读来仍觉蹊跷。难怪近人高凌雯在修志时提出疑问,"张鲁庵被劾,其罪为出身盐商,官方有玷。然长芦设有商籍,许商人子弟应试。且盐法志载商人报效,无不奖予官职,由此出仕者亦不乏人,是又不禁止盐商作

---

① 《清实录》,康熙朝实录卷二百零二,康熙三十九年十二月。
② (清)黄掌纶等撰,刘洪升点校:《(嘉庆)长芦盐法志》,卷十七《人物·选举》,科学出版社2009年版,第339—353页。
③ (清)高锡畴等纂,高凌霨等重修:《临榆县志》,卷十九《事实编·乡型》,成文出版社印行1968年版,第907页。

宦也"①。

仕进已属无望,张霖便调整心态,专心唱酬应和和文学创作。但是,总有那么一双眼睛在盯着张家,不肯放过他们。康熙四十四年(1705)六月,闲居天津的张霖被自己的父母官——吏部尚书管理直隶巡抚事李光地参劾,理由是"出身商贩、居家不检、网利殃民、纵子为非"②。李光地最初参劾的这四条罪名与慕琛的题参一样,并没有实质证据。皇上命令李光地"严审具奏",经过四个月的严审,审出了"要命"的问题。据查,张霖"假称诏旨,贩卖私盐,得银一百六十一万七千八百两有奇",又因为纵容其子张埙、张坦,骄淫不法,肆行无忌,李光地建议将张霖拟斩立决,家产入官,其子张埙、张坦,杖责折赎。最后皇上开恩将张霖改为斩监候,留待秋后处决,并最终留了张霖一条性命。③

官员贩卖私盐是重罪,煊赫一时的张氏家族就此败落。张霖的四个儿子④中,大儿子张增为光禄寺典簿,四儿子张墀为候补主事,"骄淫不法、肆行无忌"的张坦和张埙是他的二儿子和三儿子,他们在方志中分别有传。⑤张坦,字逸峰,号眉洲,又号青雨。与弟埙同中康熙三十二年(1693)乡试,同官内阁中书,"性嗜学,博览强识,叩之立应"。赵执信主张家时,张坦从之学书,后来又跟随新城王士禛学

---

① 高凌雯辑:《志余随笔》,天津市地方志编修委员会编著:《天津通志·旧志点校卷(下)》,南开大学出版社 2001 年版,第 710 页。
② 《清实录》,康熙朝实录卷二百二十一,康熙四十四年六月。
③ 同上,康熙四十四年十月。
④ 注:一说为七个儿子,"鲁庵子增、坦、埙、垣、墀、堃、尧",见高凌雯《志余随笔》,此说不知出于何处。
⑤ (清)高锡畴等纂,高凌霨等重修:《临榆县志》,卷十九《事实编·乡型》,成文出版社印行 1968 年版,第 909 页。

诗，著有《履阁诗集》《唤鱼亭诗文集》等。张埙字声百，善草书，亦工诗，著有《秦游诗草》，与其兄同著有《二张子合稿文集》①。据志书和史料笔记记载，张埙和张坦都是文人，二人有一定的文学造诣。但据当时的密折记载，"原任布政使革职张霖，本系商人，居家豪纵。伊子举人，曾以奸情事，伤害多命，革去举人，今已捐复"②。高凌雯认为，"张氏居家豪纵，声势广大，殆是定评，……但道路传闻，容有过甚，不然以伤害多命，仅予以褫革，仍许捐复，虽有贿托，当不如是轻纵也"③。事实到底如何，已不可考。

"其兴也勃焉，其亡也忽焉"，"贩卖私盐"的罪名给了张氏家族致命一击。实际情况并非表面上如此简单，从慕琛的"三无"题参开始，康熙皇帝就盯上了张霖，几乎对每次弹劾都"从之"。档案资料显示，张氏家族的兴衰与康熙朝权臣明珠的得势与失势有着千丝万缕的关系。据记载，张氏行盐的本金是权臣明珠借予张希思的。④也就是说，张氏发家的"第一桶金"是明珠提供的。关于明珠为什么要借给张家本金，资料中未见记载。康熙四十五年（1706），在追比张霖家产的时候，查到康熙四十三年（1704）张霖等盐商八人共借帑银七十万两，其中张行、张希思、迟茂相、常天卓、郑维屏五人均系张霖一人行盐引名，共领银四十一万九千两，张起凤系张霖之弟，领银四万一千两，张氏家族的地亩、盐店、器皿、首饰等家产都

---

① 高凌雯纂：《（民国）天津县新志》，卷二十一之一《人物（一）·张霖传》，上海书店出版社编：《中国地方志集成·天津府县志辑 3 民国天津县新志》，上海书店出版社2004年版。
②③ 高凌雯辑：《志余随笔》，卷三《附录密奏小折二则》，天津市地方志编修委员会编著：《天津通志·旧志点校卷（下）》，南开大学出版社2001年版，第710页。
④（清）蒋良骐撰：《东华录》，康熙二十八年十月癸未，《副都御使许三奏札》。

被"入官"。另外,长芦盐商查日乾领银十二万两,金大中领银十二万两,所欠银两也被追清。①

明珠在康熙朝前期是炙手可热的权臣,而且做过总管内务府大臣,康熙朝后期因"朋党"获罪,不再受皇上恩宠,但晚年官复原品,算是善始善终。张氏家族业盐的成功,张霖仕途上的一帆风顺、张家能够借到巨额内务府帑银行盐,背后都有明珠的影子。"在通过明珠或自己的网络追逐权势和财富的过程中,张霖所结下的仇敌或许比他自己意识到的多"②。张霖所面对的那些参劾,它们的矛头最终指向是明珠。当然,明珠的"善始善终"也救了张霖一命。

2. 张氏家族的"门祚复兴"

张氏家族在天津的复兴已经是三代以后的事情。张霖当时虽然未被斩立决,但所欠赃银无法缴清,朝廷"令于张霖名下著追。嗣因张霖监毙,于伊子张坦名下著追。张坦故后又在张霖之孙张瑄名下著追",长芦盐政三保念其"祖孙父子相仍三十余年,身无立锥,形同乞丐,甚至男不能婚,女不能嫁,实系家产尽绝,无可追著",向雍正皇帝奏请免予追补,去除了套在张氏家族身上的沉重枷锁。③张坦之子张瑄,字元白,曾官候选州同,"值家业顿落,至贫不能归先人葬",但是瑄有至性,事亲至孝,不使家人

---

① 上海书店出版社编:《清代档案史料选编 1》,《赵弘燮奏报张霖盐案折一》,上海书店出版社 2010 年版,第 761 页。
② [美]关文斌著:《文明初曙:近代天津盐商与社会》,天津人民出版社 1999 年版,第 110 页。
③ 《长芦巡盐御史三保为查明盐商张霖应追侵摊利息数目请旨宽免奏折》,载中国第一历史档案馆、天津市档案馆、天津市长芦盐业总公司编:《清代长芦盐务档案史料选编》,天津人民出版社 2014 年版,第 26 页。

知道家庭的困难。张瑄育有映斗、映辰两个儿子。张映斗,字南构,岁贡生,能够继承父亲的遗志,他多方筹措,"百计屏当",维持家庭,曾经徒步回到原籍临榆县(划入原抚宁县一部分),将祖母的灵柩迁回天津与祖父合葬,了却了父亲的心愿。张映辰,字拱之,曾官候选通判,为了光复门楣,十九岁的张映辰徒步来到南方寻求帮助。当时,曾做客张氏遂闲堂的方苞等人仍健在,张映辰带着方苞的推荐信遍访"吴楚故旧",信中只有"方伯遂闲公之孙也"一句话。那些曾经得到张霖资助和款待的人,纷纷解囊相助。张映辰"备尝艰阻",得以回到北方。到家的时候,夜半叩门,他的母亲竟以为是魂魄归来,映辰"泣以衣襟投门隙,其母牵之始信"。张映辰用得来的资助"理旧业、立宗祠、赡族党,至是张氏门祚复兴"①。

再下一代的张家人虽然也为官,但更以诗文见长。张映斗之子张虎拜,字锡山,号啸崖,又号召臣,乾隆三十三年(1768)举人,第二年连捷进士,授内阁中书。三十八年(1773)召试二等,四十四年(1779)充江西乡试副考官,翌年加翰林院编修衔督学河南,后两充顺天乡试同考官,迁宗人府主事,卒年五十三岁。他生平事母至孝,在督学河南任上母亲去世,虎拜"庐墓三年"。据记载,张虎拜为官"操履廉谨",担任廷试考官时,耻于疏通关节,作为考官能识拔真才;官宗人府宗正时,遇到属吏有过错,按例应当连坐上官,张虎拜杜门避嫌,案件有定论后才出家门,决不去阿谀奉承,疏通关节。当时的大学士阿桂"雅重其品",凡是先人的碑刻必令虎拜书写。张虎拜著有《妙香阁诗集》。

---

①高凌雯纂:《(民国)天津县新志》,卷二十一之一《人物(一)·张霖传》。

张映辰之子张虎士,字环极,号卫臣,诸生,官奉天承德县典史,为侍养母亲告官归里①。张虎士居家期间,致力于整理家族文献,"手集其先人五代诗,汇为一集","钞录……凡数十万字,长夏不倦"。抄录完家族文献后,正值其母亲患病,张虎士昼夜在母亲的床榻前服侍,不胜其劳,"遂以哭母死"②。张虎拜之子张凤翔,字飞卿,有学行,不坠家风,曾官至贵州铜仁知府。"自鲁庵公陈藩闽海,归老津门,开问津一亩之园,纳游学四方之士。逸峰公(张坦)、元白公(张琯)、南杓公(张映斗),世守诗书,家传孝友,宜大贤之后,必有达人也。"③志书中将张氏家族的"复兴"归结为"食霖交友之报也",诚不谬。

表面看来,张氏家族的复兴直接得益于张霖旧交的"慷慨资助"。实际上,张氏家族复兴的深层次原因在于他们与文人交流、学习过程中学到的优良文化基因和品质,这些在他们后代身上流淌、显现,孝事其亲、百计屏当、坚忍不拔、立宗祠、赡族党等等。正所谓"无论贫富,总宜拜其师而授之书,不必冀幸于科名也。敛其犷顽之性,长其畏惧之心,使之知礼节,慎言行,但能培成佳子弟,何愁家门不昌哉"④。张氏家族这次凤凰涅槃不是财富意义上的"中兴",而是标志着一个"诗书世家"的诞生。

(二)从天津到扬州——"神秘"的安氏家族

在张霖盐案中,安氏父子曾"友情出镜"。康熙四十八年

---

①高凌雯纂:《(民国)天津县新志》,卷二十一之一《人物(一)·张霖传》。
②(清)徐士銮辑,张守谦点校:《敬乡笔述》(天津风土丛书),卷三《张啸崖主政逸传》,天津古籍出版社1986年版,第43—45页。
③高凌雯纂:《(民国)天津县新志》,卷二十一之一《人物(一)·张霖传》。
④(清)郑士蕙重辑:《(同治)静海县志》,卷一《地理志·风俗》。

(1709),长芦盐商安尚仁同子安岐以金义、钱仁的引名在津行盐,与盐商孟恒争夺定兴引地,引起了一桩风波。据孟恒揭发,旗人安尚仁与子安岐并仆何英(即何体仁)假捏引名,与张霖同伙暗分盐引,隐匿不报。经直隶巡抚赵弘燮查明,张霖与安氏等人的交接手续、退顺年分、更改引名都是盐法道衙门办理的,手续有案可查,在形式上无懈可击。但是赵弘燮也发现了一条线索,陈州等处原食淮盐,康熙二十六年(1687)改归长芦,召商认引,原是官物,张霖每引作价四两算给明珠,安尚仁亦即收受,有"私相授受"之嫌疑。在奏折中,赵弘燮强调"安尚仁即安三,并子安岐均系原任内大臣明珠家人"。赵弘燮一直在等待皇帝的定夺,但康熙仅朱批"知道了"三字。不得已,赵弘燮又上一道奏折,再次强调"旗人行盐,历来盐院、盐法道等官均有失察之咎,牵连人众,臣仰体皇上浩荡之仁,不敢冒昧具疏",建议"向安尚仁名下追出引价银一十六万九千零四十八两入官充饷,以结此案","谨具折奏请圣裁批示遵行"。康熙皇帝仅仅朱批了一个"是"字,未做任何表态。赵弘燮不敢私自做主,再拟一道奏折,将事情的前因后果和建议重复一遍,"伏乞皇上恩赐作主",康熙朱批"知道了",就此结案①。

在清前期长芦盐商三大家族中,来自朝鲜的安氏家族算得上一个"神秘"的家族,正史中对安氏的记载寥寥无几,来源不清,结局也不明,正是"不知所由亦不知所终"。史料中的安氏家族有着许多张不同的面孔。

---

① 上海书店出版社编:《清代档案史料选编1》,《赵弘燮奏报张霖盐案折三、四》,上海书店出版社2010年版,第764—766页。

1. 急公好义的长芦盐商

《长芦盐法志》对安氏父子的记载非常简短,"安尚义,奉天人,业鹾于芦。康熙五十年饥,尚义设厂于南门外,为粥以食饿者,继十年不替,全活无算。子歧捐资修筑天津城池"①。《天津县志》中的记载稍详细一些,"安尚义,字易之。奉天人,原籍朝鲜,侨居天津。赋性仁厚,施于无倦色。康熙五十年灾,饥民载道,尚义创建粥厂南门外,赈之,继此十余年不替,全活人无算。天津城池岁久倾圮,尚义与子歧,愿捐赀修筑,盐院莽鹄立代为请题,奉旨俞允,畿南保障遂成金汤云"②。

其实,安氏父子的急公好义里面包含着许多无奈的成分,至少捐资修筑天津城池并非完全出于自愿。据雍正《长芦志》记载,雍正三年(1725)修天津城垣时,长芦商人安岐认为是邦家要务,其父"安尚义闻此美举,情愿一力捐修",盐政莽鹄立认为"安尚义父子担承修筑,可谓好义急公"③。单独看这条奏疏,安氏父子的"好义急公"没什么问题。问题在于,在此之前,雍正皇帝与长芦盐政莽鹄立之间已经就修筑天津城池之事私下商议了许久。雍正三年(1725)九月,围困天津城的洪水刚刚退去,在赈灾、修筑堤岸等防洪事务中,天津的士绅、盐商已经捐助了很多银两。莽鹄立提出,"今请修天津城池,工费浩大,居津士民现在米珠薪桂,而于修筑堤岸已各捐输,天津商人既设粥厂,赈济穷黎,修堤工程亦各愿

---

① (清)黄掌纶等撰,刘洪升点校:《(嘉庆)长芦盐法志》,卷十七《人物·友义》,科学出版社2009年版,第336页。
② (清)张志奇、朱奎扬总裁,吴廷华、汪沆修:《(乾隆)天津县志》,卷十八《人物志·安尚义传》。
③ 河北省地方志办公室整理点校:《(民国)河北通志稿(1—3)》,燕山出版社1993年版,第1968页。

输,现今被水州县引盐难销,正杂带征宋案(原文如此)各项钱粮尚在竭蹷,措办修城之费实无办法"。他建议"将长芦山东送交笔帖式护军校银壹万陆千捌百贰十肆两捌钱三分留此充用"。雍正皇帝批复"此亦解运之粮也",意即不宜留用。莽鹄立还提出了由他带头,天津文武官员捐出养廉银修筑城池的建议,雍正皇帝批复道:"此事暂缓,可问问安尚义之子,他等可愿捐此力否"①。得到最高指示的安氏父子,立即表示,"修筑城池乃邦家要务,上有益于国家,下有益于黎民,歧父安尚义闻此美举,踊跃鼓舞,喜不自胜,情愿一力捐修,襄成盛事"②。雍正皇帝在第一时间想到安氏父子,是因为有些事情他还没有忘记,有些事情他还没有原谅。对安氏家族来说,如果能够靠掏银子修城墙博得雍正皇帝的原谅,也是值得的。

2. 命运"多舛"的权臣家奴

雍正皇帝有让安氏花钱买平安的把握,这要从安氏的背景谈起。安氏祖籍朝鲜,至于如何来到中国,又是如何起家的,史料笔记中有不少传说,但可信度较差。一种说法是,安岐跟随朝鲜贡使入都,在书肆中购得一部奇书,其中暗含着藏宝线索,宝藏就埋在当朝权臣明珠官邸的地下。安岐向明珠透露了这些线索,并挖掘出十万两白银。经明珠同意,他用这些银两做本钱,在天津业盐,得利三倍。他又用后续挖出的一百万两白银做本钱在扬州业盐,利润翻番。在赚的盆满钵满的时候,安岐谢绝了明珠的挽留,"尽以书画归

---

① (清)莽鹄立:《留用捐银以资天津修城折(雍正三年九月十二日)》,转引自:王伟凯:《论雍正三年天津修城及其法律意义》,刘海岩主编:《城市史研究》(第23辑),天津社会科学院出版社2005年版,第21页。
② (清)莽鹄立:《奏请修整天津城垣折(雍正三年九月二十八日)》,转引自上文第24页。

国,子孙留者为安氏"①。陆以湉在《冷庐杂识》中将这个传说作为一则"奇事"进行了"转载"。在这个传说中,能够得到印证的细节只有两个,一、安岐祖籍朝鲜;二、安岐效力于明珠。在明珠"善终"十几年后,安岐还在天津忙着修城墙,归国之说纯属无稽之谈。

从目前的记载中看,安尚义与安岐的父子关系是明确的,这一点屡屡见诸志书和奏疏。数百年来,人们一直在纠缠于安图、安三、安尚仁等人与安尚义、安岐父子之间的关系,志书、奏疏、史料笔记中均存在矛盾之处。在这些人中,安岐留下的线索最多。有学者根据安岐在《墨缘汇观》(1742)中的"自序","忽忽年及六十",认为他生于康熙二十一年(1682)至二十三年(1683)间。天津学者刘尚恒通过对比钱陈群所撰的《麓村五十寿序》、诗人符曾的《祝古香六十寿》七言诗和《云山竞秀图》(为安岐祝寿所作)的题款,经过缜密考证,得出安麓村生于清康熙二十四年(1685)九月的确证。②这些论证可以帮助我们在诸多谜团中树立一把较为明确的标尺。

康熙四十八年(1709),直隶巡抚赵弘燮在审理张霖盐案的时候,因私分盐引、隐匿不报等事由,牵涉出安岐父子。长芦盐商孟恒揭发,"安尚仁即安三,系明府家人,正黄旗人",赵弘燮查明"安尚仁即安三,并子安岐均系原任内大臣

安岐画像

---

① (清)周凯辑:《内自颂斋文集》,安仪周道光二十年(1840)刻本。
② 刘尚恒:《安麓村生年再证》,《天津师范大学学报》(社会科学版),1992年第6期,第47页。

明珠家人"。十月初十日,安尚仁到案后,并没有就相关问题予以否认。与盐法志、方志中的记载两相对照,可知,安三、安尚仁、安尚义俱为一人,为安岐之父。该信息载诸奏折档案之中,且为审讯所得,真实度较高。还有一个关键问题需要解决,安图是谁?雍正皇帝一直不肯放过的便是这个人。安岐从自己的父辈或祖辈开始便在明珠家为仆。据关文斌考证,实际上安图、安三、安尚仁、安尚义是同一个人,就是安岐的父亲。除了《文明初曙》一书所列的几条理由外,还有一点可供佐证。据《啸亭杂录》卷三"安三"条,"明太傅擅权时,其巨仆名安图,最为豪横,士大夫与之交接,有楚滨萼山之风。其子孙居津门,世为鹾商,家乃巨富,后竟登入仕版,有外典州牧者。不肖宗室,至有与其连姻眷者,亦数典忘其祖矣"①。礼亲王昭梿为皇室宗亲,而明珠、揆叙及安图等人与康熙及其九贝子有着密切的关系,礼亲王的记载并非空穴来风。可见,安三即安图,亦即安尚仁。

  明珠与安尚仁之间并非主仆关系那么简单,明珠对安尚仁的宠信非同一般。康熙四十七年(1708)初夏,明珠重病不起,"属其总管安尚仁曰:吾藏魄之所,应在祖茔之穆位,千载松楸,吾其永游于斯矣。惟左近三祠宇,吾久欲重加营葺而忽忽未就,他时毕吾窀穸,尔其为吾成此志,勿忘吾言。尚仁泣而受教"②。善后事宜似乎更应该由自己的子女去完成,受此重托,足见安尚仁在明珠家族中的地位。康熙五十六年(1717)正月,明珠次子揆叙去世,"尚仁于是竭资尽力重加修葺三祠宇,筑基址,储良材皆取朴茂坚固,凡既具矣,乃

---

① (清)昭梿撰:《啸亭续录》,卷三《安三》,中华书局1980版,第456页。
② (清)安尚仁:《重修榆河乡东岳行宫碑记》,转引自:刘小萌:《旗籍朝鲜人安氏的家世与家事》,《清史研究》,2013年第4期,第2页。

大集工师,土木并举。三载以来,劳费备至,而所葺东岳庙、真武庙、龙母宫,皆先后落成。涂茨丹雘,美哉轮奂……"①。安尚仁"以传相国之遗意,著尚仁之美意",报答了明珠家族对其的宠信。明珠家族两代主人去世不久,雍正皇帝即位,将"清算"的矛头指向了安氏父子。

《永宪录》中有一条记录,信息量很大,来龙去脉清晰,颇足参考。"罪臣"揆叙的家人安图夤缘隆科多,自康熙五十二年至雍正二年(1713—1724),共计献银三十余万两。又因娶红带之女为妾,并逼其自缢,事发后被拿交刑部,籍没其家。当初,明珠命安图在扬州业盐,安图挟巨资行江西吉安等四府三十万引盐。明珠被问罪革职后,经安图出面向康熙皇帝求情,才得已回到京师。明珠的儿子揆叙(字恺功),担任翰林掌院学士兼工部尚书十余年,为康熙皇帝最宠信的大臣之一。揆叙没有子嗣,以所有家财八百万两献于宫府,由九贝子允禟掌管。他给予安三银一百万两用于经营、谋生,赡养揆叙的母亲和妻子。揆叙去世后,有传说康熙帝曾欲将某皇孙立为揆叙的嗣子,或许指的就是九贝子允禟的儿子。安图的弟弟安尃,隶属允禟门下,仍在扬州行盐。雍正帝登基后,命安尃回京,担任亲王府供采买的职务,也没有发现什么过错②。与昭梿的《啸亭杂录》相比,萧奭《永宪录》的史料价值更胜一筹。该书成书于乾隆十七年(1752),与雍正年间相距不远,且该书仅录康熙六十一年(1722)到雍正六年(1728)七年间发生的事,当时的安岐尚值壮年。该史料详

---

① (清)安尚仁:《重修榆河乡东岳行宫碑记》,转引自:刘小萌:《旗籍朝鲜人安氏的家世与家事》,《清史研究》,2013年第4期,第2页。
② (清)萧奭:《永宪录》,卷四,中华书局1959年版,第259—260页。

细记载了安氏家族惧怕雍正皇帝的真正原因。在康熙朝,权臣明珠因"朋党罪"失宠,康熙皇帝宅心仁厚,不忍加害功臣,明珠得以"善终",罪臣家仆也得以"苟延"时日。不久,明珠之子揆叙重新获得了康熙皇帝的恩宠,"圣祖最亲信"。但是他与皇九子允禟过于亲密的关系,使雍正皇帝耿耿于怀,甚至磨掉其碑文,重新刻上"不忠不孝、柔奸阴险揆叙之墓"①。残酷的政治斗争使安氏家族处于极度危险之中,安氏家族负责为明珠业盐理财,雍正皇帝有理由相信这些财富被皇九子用来与他争夺皇位,允禟后被雍正皇帝改名为"塞思黑"(意为"讨厌的东西")。

其实,作为旗籍包衣,安氏的这些行为只是替主人"分忧",并非本人有什么政治企图,但这不能缓解雍正皇帝的"怨念"。他一直在盯着安氏父子。江西布政使德寿进京觐见时,雍正皇帝亲自面谕:"着访查安尚义在景德镇烧磁有无招摇。"德寿回到江西后,秘密委派官员至景德镇地方细查,又调附近的知县吴邦基到省细加面询。雍正三年(1725)四月,德寿在给雍正的奏折上写道:"安姓家人,在镇烧磁,……三年以来,并无招摇生事克扣窑户,亦无片纸到官,甚属安静"。雍正朱批:"知道了。"②或许是看在安氏家族"甚属安静"的份上,当年九月,皇上给了安氏父子捐修天津城池的"机会",安氏父子当然"踊跃鼓舞,喜不自胜"。但是不久后,雍正皇帝查出安氏"夤缘隆科多"的罪行。雍正皇帝既恨隆科多,也恨安图,最终用一条罪名消灭了两个"罪人"。在罗列隆科多的诸多罪名中,

---

① 赵尔巽等撰:《清史稿》,卷287,中华书局1977年版,第10224页。
② (清)德寿:《查讯安尚义烧造磁器折(雍正三年四月初三日)》,转引自:熊寥、熊微编注:《中国陶瓷古籍集成》,上海文化出版社2006年版,第96页。

"索诈安图"是其中一条。"隆科多挟势婪赃。差家人王五、牛伦,陆续索取揆叙家人安图名下骡马、缎疋、古玩等物并银十四万两。"①最终,隆科多被定大不敬、欺罔等重罪。②从这些记载看,安图是受害者,但在雍正眼中他也是罪人。

正是因为安图再次卷入雍正四年(1726)的隆科多案中,直接影响了天津城池修建工程的进度,雍正皇帝等得有些不耐烦,期间多次催促。③雍正六年(1728)七月,对隆科多的最终审判结束了。隆科多罪大恶极,"拟斩立决,财产入官。妻子入辛者库,上皆宽免"④。令人不解的是,隆科多最后被雍正皇帝加恩,仅被"严行圈禁",其他人都被"宽免","而夤缘隆科多之安图伏诛"。也就是说,轰动一时的隆科多案,以诛杀安图了事,仅凭"夤缘"二字远远不能令人信服。安图被诛在雍正六年(1728)七月期间。据史料记载,此时的安岐"恰巧"因其父安尚义病故,告假回京。根据正黄旗副都统永福的奏折,安岐回到北京后,当即被拿入内务府"质审",并且当时患病在身,在案件审明、疾病痊愈后,安岐立刻被催赴天津。安岐于八月六日返回天津,购办砖、灰、木料等项,八月二十日动工继续修筑城池。⑤拥有多个名字的安尚义"急公好义",多次登诸奏章,一朝被诛,安岐也不敢立即承认安图即安尚义,遂托"父病故"回京料理后事,并被要求去内务府解释情

---

① ②《清实录》,雍正朝实录卷四十,雍正四年正月。
③ 王伟凯:《论雍正三年天津修城及其法律意义》,刘海岩主编:《城市史研究》(第23辑),天津社会科学院出版社2005年版,第24页。
④(清)萧奭:《永宪录》,中华书局1959年版,第418页。
⑤(清)张三让:《督催商人安岐上紧修筑天津城垣折》(雍正六年九月初六日),转引自:王伟凯:《论雍正三年天津修城及其法律意义》,刘海岩主编:《城市史研究》(第23辑),天津社会科学院出版社2005年版,第24页。

况,雍正皇帝也没有捅破这层窗纸。为了规避风险,安图不断变换名字,但是"狡兔三窟"的妙计最终因"分身乏术"落败。在对几次案件的审讯之后,雍正皇帝对安氏父子的真实身份早就"洞若观火"了。安图被诛,有督修天津城池不力的原因,有揆叙和皇九子允禟的连累,"夤缘"隆科多反倒不是最主要的。安岐回到天津后,便接到雍正严令"此工程安岐再不得迟误"。工程告竣后,雍正皇帝再也没有找过安岐的麻烦。随后,安岐离开天津,远离政治斗争中心,到扬州继续业盐,并一度成为扬州总商。

(三)张霖"门下人"——查氏家族

宛平查氏算得上"海内巨族",财富积累之多,令人艳羡,在清代各种史料笔记中,经常能够看到有关查氏家族的记录。"宛平查氏、盛氏其富丽亦相仿"。前人介绍京师富室时亦称"乾、嘉间海内富室,推宛平祝氏、查氏、盛氏,怀柔郝氏",其中,除个别为米商或经营土地者外,"余皆业鹾典"[1]。查氏家族在正史中的出场也不光彩。作为家族第一代盐商,查日乾曾经是张霖"门下人",在张霖借帑案中,他也牵连其中,遭受了牢狱之灾。"风雅相继"的查氏父子首先品尝到的是"囹圄相继"的滋味。

查日乾字天行,号惕人,又号慕园[2],为查氏家族在长芦业盐的第一人。《天津县新志》中提到查日乾"本顺天宛平人",参与修志的高凌雯则认为"查氏海宁人"。这两种说法都不太准确,宛平查氏"祖系出自安徽休宁,后分两支,一迁浙江海宁,一迁江西临川"[1]。

---

[1] 邓之诚著:《骨董琐记全编(上)》,卷三《富室》,中华书局 2008 年版,第 107 页。
[2] 查禄百纂修:《宛平查氏支谱》,卷一,民国三十年(1941)铅印本,第 10 页。

查氏66世祖查绍(字克初)在宋徽宗崇宁癸未年间(1103),为"避党祸"举家搬迁到江西抚州临川县紫石村,查绍的弟弟查大海则迁居至铅州。查大海一支传至73世查朴(字茂言),即宛平查氏的高高祖。查朴生三子,长子查钟(字聿钟),次子查秀(字聿秀),三子查锡(字聿俊)。其中,查钟与查秀北迁至宛平,查钟无传,查秀是宛平查氏的高祖,即宛平查氏始迁祖。查秀生二子,长子查忠为查日乾的曾祖父,是万历己酉科(1609)顺天副榜生。查忠生两子,长子查国英(字振寰)为查日乾的祖父。查国英生两子,长子为查日乾的父亲查如鉴(字允哲)。查如鉴"年四十无子",在江都少尹任上生查日乾。查日乾字天行,三岁时父亲去世。②查日乾"有姊婿马章玉为仪征知县,天行随母依之"。年长后,查日乾"奉母北迁至天津止焉,遂久居之而亦往来京师"③。早年家境贫寒的查日乾通过业盐,为查氏家族积累了大量财富。查日乾常年生活在天津,主要社会活动也在这里。在长芦盐法志和天津方志中,关于查日乾的记载比比皆是。

雍正元年(1723),盐使莽鹄立巡视长芦,力图厘剔诸弊。当时查日乾在天津业盐已经取得了很大成功,"查天行"的名号被莽鹄立熟知,时常召见其咨询盐务利弊,查日乾"口陈指画,尽摅所见,凡匝月,厘然悉定,商民称便"④。作为津城名士,查日乾主要有两方

---

① 刘尚恒著,张文琴整理:《天津查氏水西庄研究文录》,天津社会科学院出版社2008年版,第2页。
② 查禄百纂修:《宛平查氏支谱》,民国三十年(1941)铅印本。
③ 高凌雯辑:《志余随笔》,卷三,天津市地方志编修委员会编著:《天津通志·旧志点校卷(下)》,南开大学出版社2001年版,第711页。
④ (清)黄掌纶等撰,刘洪升点校:《(嘉庆)长芦盐法志》,卷十七《人物·友义》,科学出版社2009年版,第336—337页。

面的事迹流传,一是行善不遗余力,二有开创、传承天津高雅文化之功。天津水火灾害较多。雍正三年(1725),天津城发大水,"饥民栖止无所",查日乾"振抚流亡,全活无算"。当时瞿黄口、单街、老君堂、教场等环城堤岸,随时都有被冲决的危险,查日乾请求巡盐御史进行修筑,得到许可后,查日乾"亲督畚臿,增高蕴厚,居民安堵"。天津城"火患频仍",武廷豫所设的同善会不足以救济,查日乾设立上善会以资补充。天津城西每年除夕时节总有不少贫困居民生活难以为继,查日乾暗地里对他们进行帮助。津城西郊的育黎堂,本是收养乏食穷民及异籍流落者的地方。因日久生弊,逐渐废弛,查日乾对育黎堂多方资助。城东的望海寺河为西南北诸水汇流入海之处,汹涌湍急,经常有浮尸顺流而下,查日乾出资招募捞尸人,棺敛浮尸,葬于义冢,岁以为常。天津的冬天异常寒冷,"土冻而日促,工少而费多,士民工作,无不停歇,一切夫匠皆苦坐食",凡是查日乾主持的工程都留到这时候施工,"按日给值,夫匠仍得操作,以资日食,有不啻解衣衣之,推食食之者"。查日乾"见义必为,乐善不倦",海滨斥卤之区,"啼饥号寒,赖先生(查日乾)存活者甚众"。①另外,"查氏园林、宾客,沽上著闻,风雅绵历数十年,实自日乾启之"②。查日乾还有两个优点,一是事朋友至诚,"生平广交游,生死不相负,山阴王揆、长洲谈龙、会稽陶良玉客死京师,皆数千里归其丧;胡捷、俞启文没,无以为敛,为经济其后事"③。一是事母亲至孝,"母刘病殁,时日乾方以事系狱都门,痛毁几绝,后得归营葬,筑室

---

① 高凌雯辑:《志余随笔》,卷三,天津市地方志编修委员会编著:《天津通志·旧志点校卷(下)》,南开大学出版社 2001 年版,第 711—712 页。
②③ 高凌雯纂:《(民国)天津县新志》,卷二十一之一《人物(一)·查日乾传》。

墓旁,颜曰'慕园',三年不忍去,有永慕之意焉,故亦以慕园自号"①。

站在政府的角度考察,以查日乾为首的查氏家族并不全是"光彩"的一面。因为这个家族在业盐和科考的过程中都存在"舞弊"行为,查日乾及其长子查为仁因此身陷"囹圄"很多年。查日乾奉母来到天津后,先是在天津关任书办之职,任职年限届满之后,他便投在张霖门下,开始行盐。张霖欠帑案,也有查日乾的份儿。"张霖曾托庄头出名,借帑银七十万两,借此霸占诸人生意……其门下人有查日乾号天行者,分领十万两,霸占长芦馆之利。"此外,张霖夹卖私盐的案件,查日乾也曾参与其中,借机牟利。"张霖与查日乾以一万官引带卖私盐,约行十万引之盐,每年得余利一二十万不止。通州虽有挂号之例,然伊等声势广大,恃有官引为名,遂乌有稽查之者。"②当时张霖背后有权臣明珠撑腰,查日乾背后也有很大的势力,"仓场总督洪尼额,顺天府尹刘元惠,皆其先人生死交"③。

查日乾之母刘太夫人的画像,上有查日乾、查嗣瑮、金大中等人的题跋

因为帑案,"天行尝系狱四年,康熙

---

①高凌雯纂:《(民国)天津县新志》,卷二十一之一,《人物(一)·查日乾传》。
②高凌雯辑:《志余随笔》,卷三《附录密奏小折二则》,天津市地方志编修委员会编著:《天津通志·旧志点校卷(下)》,南开大学出版社2001年版,第710页。
③同上,第711页。

己丑(1709)方释出"。查日乾能够被释放离不开母亲刘氏的奔波。刘氏以家中只有一个儿子,自己年老待养的理由向康熙皇帝求情①,在缴纳了巨额罚款后,查日乾得以全身出狱,无怪乎查日乾认为"我母生我八十余年之后,乃更生我于狱底"②。不久,康熙壬辰年(1712),查为仁科场案发,查日乾"又以科场事重入西曹"。这件事令查日乾抱憾终生,刘氏卒于康熙癸巳年(1713)夏天,"亲见子若孙之入于狱,而不及见其出,虽在九原岂能瞑目?"查日乾认为这是永远无法弥补的"终天之恨"③。

三、代有传承的长芦盐商家族

在天津的众多长芦盐商中,有些家族从清初到民国自始至终活跃在天津的文化舞台上,在天津文化的形成和传承方面发挥了重要作用,例如金氏、徐氏和华氏家族。

(一)承上启下的金氏家族

金氏家族祖籍浙江金华。天津金氏家族追奉的始祖为伯宗公,伯宗公带领金氏家族的一支由浙江金华的兰溪迁往会稽之藕川。会稽金氏经六世传至金平(字子昇)。金平带领会稽金氏的一支"始迁直隶天津卫",是为金氏北迁之始迁祖④。在金平的带动下,金平之兄子宓公和堂兄竹阴公的后代中有很多人来到天津,经营盐务、

---

① (清)查嗣瑮:《刘太君遗照诗》,查禄百纂修,《宛平查氏支谱》,卷八,第6页。
② (清)查日乾:《刘太君遗照志》,查禄百纂修,《宛平查氏支谱》,卷七,第4页。
③ (清)查日乾:《重修于斯堂记》,查禄百纂修,《宛平查氏支谱》,卷六,第8页。
④ (清)金恭寿撰:《金氏家集》,《序》,致远堂镌,哥伦比亚大学图书馆藏书。

延接名俊、酬唱优游、宏奖风流,金氏家族成为天津巨族,为天津留下了丰富的文化成果。

1. 始迁祖金平

金平,字子昇,号惺园,作为金氏家族迁居天津的始祖。在金平的经营下,天津的金氏家族不久便"起家盐筴"。金平礼贤右士,"与张鲁庵方伯(张霖)、查天行封君(查日乾),同时以风雅相高"①。与其他盐商家族一样,金氏家族在天津也筑有园林,先后建成岭南轩、拓园亭等园林景观,用来款接南北名士。"背井离乡"不久,金氏家族便发展成为天津巨族,"同时与遂闲堂张氏、于斯堂查氏并称海内名彦。客津者率多馆于三氏之园亭,相与覃研学术,津邑人文之盛二百年于兹者,盖自此启焉"②。除了为家族留下丰厚的资产外,金平为金氏家族奠定了"尚风雅但不慕荣显"的发展方向,对金氏后代影响深远。为确保金氏一脉绵延流长,金平专门为家族拟订了《金氏家训》。

> 善则降祥,恶则致殃,咸系自取,戒惧须防。
> 天地祖宗,恩德难量,敬孝诚笃,祀祭馨香。
> 先圣先贤,效法维详,心存九思,行敦五常。
> 修正齐家,克柔克刚,雍和九族,扶掖匡襄。
> 由迩及远,宏度包荒,舌为祸本,宜缄宜臧。
> 信以践言,勿诳勿猖,虚怀谦损,卑必有光。
> 持盈安逆,屈而始康,尊师敬长,无耻问商。

---

① (清)梅成栋纂:《津门诗钞(上)》(天津风土丛书),卷九,天津古籍出版社1986年版,第275页。
② 金钺撰:《跋》,(清)金平著,金钺编校:《致远堂集》三卷(屏庐丛刻),天津社会科学院图书馆藏书。

择交友益，罔比狡狂，萃履宵小，和平端庄。
遭逢患难，忍耐韬藏，慈惠卑下，拯济穷凉。
有德必酬，有怨必忘，己善不伐，人丑不扬。
勉执阙中，慎彼微铓，稼穑来艰，餐休过望。
帛财取义，俭乃久长，纵欲酗饮，性戕命丧。
勤身息虑，筋壮体良，维持寒暑，宽裕胃肠。
后天培植，精气汪洋，弗听邪说，紊乱纪纲。
读书躬行，人之表章，遵莫怠逸，寿福无疆。①

家训涉及善恶自取、敬天法祖等伦理纲常，还涉及修正持家、诚信做人、忍耐韬藏的优良品质，甚至提出了强健体魄的要求，体现了对金氏家族长远的谋划和世家风范。金氏家族能够"绵延流长"与此不无关系。金平生于明崇祯十六年（1643），卒于雍正四年（1726），享年八十四岁，死后按照他自己的意愿归葬会稽，满足了他"归雁"的心愿。不过，随着天津金氏家族的不断扩大，会稽金氏家族的不少子弟相继投奔天津，金平之兄和堂兄的很多子弟都来到天津，或业盐、或读书、或入仕，形成天津文化史乃至政治史上不容忽视的一股力量。

2. 游历大江南北的金玉冈

金平育有五子，大儿子金大中，字驭东，二儿子字介藩，三儿子字蛟门，四儿子字揆一，五儿子字愚若。金大中，又号名山，河间府学生。据方志记载，其"少工制艺，数奇不遇。性豪迈忼爽，能急人难，远近称之。尤工诗古文，有《可亭集》四卷为世所传"②。金平之

---

① (清)金平著，金钺编校：《金氏家训》，天津社会科学院图书馆藏书。
② (清)李梅宾、程凤文修，吴廷华、汪沆纂：《(乾隆)天津府志》，卷二十八《人物志(中)·金大中传》。

后，金氏家族的盐业生意主要由金大中来打理，他曾与张霖、查日乾一起身陷"欠帑案"。金大中所著的《可亭集》已不可见，《金氏家集》（金恭寿版）和《津门诗钞》中均只见其诗一首，名为《直沽罡师歌》。

  丁字沽边春水生，桃花渡口暮烟平。年年嫁娶渔船里，不用前溪打桨①迎。

  金大中的文化成就远不及其父金平和其独女金至元。金氏后代中，能够继承金平遗志和衣钵的，首推金玉冈。金玉冈字西昆，号芥舟，晚号黄竹老人，他是金平五子愚若公的长子。生于盐商家族，衣食无忧的金玉冈"性高淡，沉渊于学"，"履蹈高旷，不喜治生"②，他将家庭事务统统委之于弟弟金玉珽（号芳舟），携"一杖一笠一仆"，恣情流连于名山幽谷之间，两次登苏州上房山，七次游田盘。因为金氏祖先的坟茔在浙江会稽，金玉冈经常前去祭扫。南北奔波之余，金玉冈四次往来于齐鲁吴越之间。据记载，金玉冈遍访大江南北名胜，游历了黄山、九华山、天台山、雁荡山等名山大川，南到普陀瞻仰观音大士，西出嘉峪关眺望祁连积雪，绕道青海、西藏而回，"躯险探幽，尽窥其奥"③。金玉冈所作的《述怀》诗很能描述自己的心境。

  仰对青天笑不休，青驴席帽自风流。未随野鹤千年别，且伴孤云万里游。今古浮沉皆付酒，江山清旷独登楼。他时更欲蓬瀛去，拟向珊瑚系钓舟④。

---

① 《金氏家集》中为"桨"，《津门诗钞》中为"浆"。
② 高凌雯纂：《(民国)天津县新志》，卷二十一之一《人物（一）·金玉冈传》。
③ （清）梅成栋纂：《津门诗钞（上）》（天津风土丛书），卷九，天津古籍出版社1986年版，第276页。
④ 同上，第290页。

他"信义自许",乾隆三十二年(1767),玉冈族兄弟金文淳受直隶南皮县知县程如震短发地价案牵连,被革职,发往军台效力赎罪。①金文淳孑身无依,"玉冈慨然同行,东渡鸭绿,越长白,得览塞外山川,开拓胸臆"②。回到京城后,金玉冈在骡马市闲吟:"雪岭界空天际白,无人回首望西山",大学士英廉徐步于后,拍其肩呼之为仙人。③如果说祖父金平的南北奔波更多出于无奈,金玉冈的游历则是其主动的选择。

(二)从"盐商"到"大总统"——一以贯之的寿岂堂徐氏家族

在津城绅商中,著名的徐氏家族不止一家。如清初的徐兆举、徐兆庆兄弟,原籍大兴。徐兆举,字羽青,顺治三年(1646)中举,次年中进士,官户部主事,卒于广州知府任上;兆庆,字章芸,号易斋,顺治五年(1648)中举,著有《纪游集》《拙庵文稿》。④此外,徐永鉴家族以业盐起家。徐永鉴,字北山,子徐澜,字东川,乾隆三十五年(1770)中举,乾隆四十五年(1880)成进士,任职刑部,有政声。徐澜弟徐汉和徐汉之孙徐文焜都是举人,孙徐文燿为进士;徐文焜的儿子徐维域为举人,该家族一度被天津人称为"文武进士徐家"⑤。由于家族科第不断,子孙显贵,徐永鉴于乾隆五十年(1885)得与千叟宴。⑥参加这

---

① 《清实录》,乾隆朝实录卷七八七,乾隆三十二年六月。
② 高凌雯纂:《(民国)天津县新志》,卷二十一之一《人物(一)·金玉冈传》。
③ (清)梅成栋纂:《津门诗钞(上)》(天津风土丛书),卷九,天津古籍出版社1986年版,第276页。
④ 高凌雯纂:《(民国)天津县新志》,卷二十一之一《人物(一)·徐兆庆传》。
⑤ (清)徐士銮辑,张守谦点校:《敬乡笔述》(天津风土丛书),卷一,《徐北山封翁义举》,天津古籍出版社1986年版,第7页。
⑥ 高凌雯纂:《(民国)天津县新志》,卷二十一之二《人物(二)·徐永鉴传》。

次千叟宴的还有天津另外一徐氏家族的家长,即徐观孙。徐观孙,字用宾,号雪厓,该家族由浙江北迁入籍顺天,实际寓居天津。徐观孙中雍正十三年(1735)举人,历官知县、盐课大使、知府等职,子徐如源,字昆来,历官知县、同知等职务,弟如澜,进士,官同知。①徐永鉴留有咏千叟宴诗一首,有"四时佳兴偕耆旧,千叟更逢协圣朝。每以丹诚孚戚党,非关黄发寄渔樵"②之句。徐观孙也留有咏千叟宴诗一首,有"列座以齿不以爵,杖朝杖国杖于乡。翘首熙朝千叟宴,咸歌圣德乐无疆"③之句。这些徐氏家族在天津文化史上都有一定的地位,但影响最大的还要数寿岂堂徐氏。

1. 寿岂堂徐氏北迁经过

寿岂堂徐氏祖籍浙江宁波府鄞县,在绕湖桥畔聚族繁衍,子孙众多。④明末,徐氏北迁始祖徐钟麟年未及冠,只身北迁,入籍大兴。⑤据族谱记载,徐钟麟双亲早故,幼时失怙,他年纪虽小,在族中的辈分较长,但是族人对他不甚尊重,遂独身北迁。⑥徐钟麟之子徐孙森,字亭玉,大兴监生出身,康熙十九年(1680)任山东长山县知县,后改南河同知⑦,著有《摇鞭草》一卷。

徐孙森生两子,一为徐学洙,字膚功,一为徐学渊,字源长。徐学洙膂力过人,善骑射,通经义。清初,四方战事不断,学洙遂入福

---

① 高凌雯纂:《(民国)天津县新志》,卷二十一之二《人物(二)·徐观孙传》。
② (清)徐士銮辑,张守谦点校:《敬乡笔述》(天津风土丛书),卷二《徐鉴三封翁诗》,天津古籍出版社1986年版,第24页。
③ (清)徐士銮辑,张守谦点校:《敬乡笔述》(天津风土丛书),卷二《徐雪崖太守诗》,天津古籍出版社1986年版,第25页。
④ 徐士銮纂:《续修天津徐氏家谱》上册,《姚文田序》,1918年寿岂堂刻本。
⑤ 徐士銮纂:《续修天津徐氏家谱》上册,《徐炘序》,1918年寿岂堂刻本。
⑥ 徐士銮纂:《续修天津徐氏家谱》下册,《事实》,1918年寿岂堂刻本。
⑦ 徐士銮纂:《续修天津徐氏家谱》中册,《天津徐氏世系表》,1918年寿岂堂刻本。

建军营,立功甚多,官至署台湾协副将,晋授左都督。徐孙森去世时,徐学渊年纪尚幼,当时家中一贫如洗,欲回浙江原籍,与旧族早已不通音讯,欲回北京则房产已经荡然无存。不得已,徐学渊携一老仆投亲天津金氏,后入赘于天津张氏。徐学渊是为天津寿岂堂徐氏始迁祖。徐学渊在天津站稳脚跟后,于乾隆年间派人扶柩至津,葬于天津葛沽南。徐学渊本人去世后葬于天津葛沽荆条洼。徐学洙致仕后,来到天津访亲,并卒于天津,葬于天津西门外姜家井。至此,寿岂堂徐氏开始在天津开枝散叶。

2. 业盐情况

徐氏家族业盐始于徐学渊,徐学渊入赘天津张氏后,即开始自立门户,替别人办理盐务,最初收入仅能糊口。[1]徐学渊生六子,徐金楷、徐之柄、徐国松、徐汝槐、徐廷枫和徐龄春。徐金楷,字端叔,天资聪颖,好读书,十四岁时由商籍中秀才,远近闻名,居青县县署幕中,后得中乾隆戊午科(1738)副榜贡生,惜以二十七岁早殇,留有《步青堂诗古时文》传后,寿岂堂徐氏"书香流传,实端叔伯(徐金楷)创之也"。徐之柄,字德谦,幼时应童试不中,改习武。不久即专心经营盐务,"代人谋划尽善,一时争相倚托",后为芦纲京师总理运课,经营数载,国帑充裕,各商称便。徐氏家族盐业生意的壮大自徐之柄始,但他不蓄私财,出资延请名师教育子侄,周济亲友。[2]徐国松,字云茂,早殇。徐汝槐,字面堂,乾隆壬申科(1752)举人,大挑知县一等分发云南,因父母年老,就近署理山西潞城县知县,后就教职,任磁州训导,有善政。徐廷枫,字树宸,太学生出身,成年

---

[1] 徐士銮纂:《续修天津徐氏家谱》下册,《事实》,1918 年寿岂堂刻本。
[2] 同上,第 3 页。

后,佐助二哥徐之柄经理家务,经营盐务,"昆季赖之"。徐龄春,字永安,捐职布政使经历。①徐金楷兄弟六人中,徐之柄和徐廷枫二人负责家族的盐业经营。据清嘉庆九年(1805)黄掌纶纂修的《长芦盐法志》记载,当时的长芦盐区有京商99人,其中有"徐寿岂"的字号②,为徐氏业盐之名号。

3. 徐氏名人

寿岂堂徐氏自徐学渊来到天津后,很快发展成为一个大家族。在迁津第二代,徐金楷兄弟六人便开始在科场和盐务方面崭露头角,使得寿岂堂徐氏逐渐成为津郡名门望族。徐金楷开寿岂堂"书香流传"之先河,他本人虽然早殇,但这一房的子弟继承金楷的衣钵,将寿岂堂徐氏的科进之途发扬广大。从徐金楷的嗣子徐𪻐开始,徐𪻐、徐城、徐廉锷、徐寿彝四代或进士、或举人、或贡生,历任知县、知州,堪称"官宦世家"。徐寿彝弟徐思穆,国学生,历任通判、同知、候补直隶州知州等职。徐寿彝子徐嘉禾举人出身,官至南昌府知府署江西全省盐法道;徐嘉霖亦累任知县之职。徐思穆子徐嘉贤,国学生,年二十五早殇③,著有《治藕书屋诗草》。徐嘉贤的两个儿子徐世昌和徐世光,光绪壬午科

徐世昌肖像

---

①徐士銮纂:《续修天津徐氏家谱》下册,"事实",第3页,1918年寿岂堂刻本。
②(清)黄掌纶等撰,刘洪升点校:《(嘉庆)长芦盐法志》,卷十七《卷九·转运上》,科学出版社2009年版,第155页。
③高凌雯纂:《(民国)天津县新志》,卷二十一之三《人物(三)·徐城传》。

(1882)同科中举人,徐世昌中丙戌科(1886)进士,官至东三省总督,民国后,曾任大总统之职。徐世光官至道台。嘉贤弟嘉猷,历任知县、知州。

二房徐支柄一支在文化方面取得了很大的成就。徐支柄之子徐炘,字仲晦,号朗斋,邑庠生,乾隆癸巳科(1773)副榜贡生。①徐炘明敏好学,长于诗歌古文,志称"博览群籍,评骘精确,学者翕服",与沈峄、沈峻同时齐名,著有《朗斋诗文集》②,从兄徐炘评价其"诗词旨风雅"③。徐炘生三子,长子徐坛,字杏庄,邑庠生;次子徐荣封,字祝三,号蓉舟,国学生出身,曾任候选布政使理问;三子徐墂字㩆笏,号竹士,国学生出身,在道光壬午年(1822)举行的恩科考试中考列二等,以州吏目选用,后加捐候选州判,因军功议叙五品衔,徐墂著有《竹墅诗存》一卷,其诗亦被选入《续津门诗钞》④。作为徐支柄的直系后裔,徐墂一直经营着家族盐务的生意,据同治年间的《长芦额引册》记载,徐墂当时以"永积善"和"增裕"的引名经营着京引(大兴县、宛平县)盐务。徐荣封之子徐士銮,字苑卿,号沅青,郡庠生,咸丰戊午科(1858)举人,次年考取宗学教习,历官内阁中书加五品衔、推升典籍加四品衔、文渊阁检阅升任侍读、候选知府、记名御史、浙江台州府知府加盐运使衔、候补道等职,辑有《医方丛话》八卷,志称"盖其功足以济人,固不仅资谈助也"⑤;《宋艳》十二卷,"仿《世说新语》",著有《敬乡笔述》八卷、《蝶访居诗钞》五卷、《蝶访

---

① 徐士銮纂:《续修天津徐氏家谱》中册,《天津徐氏世系表》,第 37 页,1918 年寿岂堂刻本。
② 高凌雯纂:《(民国)天津县新志》,卷二十一之三《人物(三)·徐炘传》。
③ 高凌雯纂:《(民国)天津县新志》,卷二十三之二《艺文(二)·〈朗斋诗文集〉》。
④ 徐士銮纂:《续修天津徐氏家谱》中册,《天津徐氏世系表》,第 37 页,1918 年寿岂堂刻本。
⑤ 高凌雯纂:《(民国)天津县新志》,卷二十三之一《艺文(一)·〈医方丛话〉》。

居文钞》一卷等。①徐墀之子徐士銮,字翰臣,号汉澄,郡增生出身,光绪丙子科(1876)副榜贡生,任内阁中书,光绪乙酉科(1885)挑取誊录,历任候选主事、浙江候补知县、桐乡县知县加同知衔、同知直隶州在任候补知府等职②,《续修天津徐氏家谱》即由徐士銮组织完成。

三房徐国松字云茂,乾隆辛酉科(1741)举人。徐国松英年早殇,以四房徐汝槐之子徐煌为嗣子。

四房徐汝槐,字面堂,乾隆壬申恩科(1752)举人,大挑知县一等,分发云南,双亲年老,告近分发山西署理潞城县知县,后经请求任教职,改任磁州训导。③徐汝槐的才华在郡中小有名气,常常与津邑文人金玉冈、金玉斑、周自邰、余杰及浙人刘文煊等人往来酬答④。徐汝槐的曾孙徐士锌,字子峰,号心筠,曾任河南鄢陵县知县⑤。

五房徐廷枫,字树宸,太学生。徐廷枫长子徐然,字蕴斋,廪膳生,曾任江西万安县县丞、德化县知县;三子徐煊,字春崖,乾隆戊申科(1788)举人,候选知县⑥。

六房徐龄春一支到徐炘一代在仕进和文化成就方面达到了一定的高度。徐龄春,字永安,捐职布政司经历。徐龄春长子徐炘,字吟香,号晴圃,监生出身,乾隆壬子科(1792)举人,后考充正红旗觉罗

---

① 徐士銮纂:《续修天津徐氏家谱》中册,《天津徐氏世系表》,第48页,1918年寿岂堂刻本。
② 同上,第49页。
③ 同上,第53页。
④ 高凌雯纂:《(民国)天津县新志》,卷二十三之二《艺文(二)·〈梦里吟诗钞〉》。
⑤ 徐士銮纂:《续修天津徐氏家谱》中册,《天津徐氏世系表》,第56页,1918年寿岂堂刻本。
⑥ 同上,第60—61页。

官学教习。①乾隆乙卯恩科(1795)会试,皇上命人从落卷中选出文理优秀者三人,徐炘为其一。授内阁中书,考充军机章京,历任内阁侍读、方略馆收掌提调、福建道监察御史、江南河库道、署理江宁布政使、江西按察使、湖南按察使、署理湖南布政使、山西布政使、山东布政使、福建布政使、西安镇总兵、山西巡抚、光禄寺正卿等军政职务,军事、民政皆有政声,诰授资政大夫,振威将军,国史有传,著有《奏疏》八卷,《吟香书室诗文集》。②徐龄春次子徐灼,字晋斋,布政司经历。徐灼之子徐埴,字育藩,号芳田,邑庠生出身,考中道光壬午科(1822)举人,历任内阁中书、广西梧州府同知、太平府知府等职。

(三)"双星辉映"的官宦世家——"北华"与"南华"

"高台阶,华家门",据说当时华家大门口的青石台阶有九级,一直延伸至街心,天津人称其"高台阶华家",为"天津八大家"之一。华氏为江苏无锡望族,居住于太湖鼋头渚附近。实际上,根据迁津时间的不同,天津华氏一族有南、北之分,方志中未作细致区分,学者也多未做详细考证。关于北华和南华的关系,《文明初曙》一书中有过论述,过于简略,《天津的名门世家》中有过相对详细的论述,唯在世系方面不甚明了。据《志余随笔》记载,"华氏有由嘉靖间迁来者,曰北华,其发科自华典始;一支由康熙初迁来,曰南华,其发科自华兰始。两系同宗,原籍无锡,惟西南华家庄,别为一族,与城华不相涉也"③,天津城存在两个华家。

---

①徐士銮纂:《续修天津徐氏家谱》中册,《天津徐氏世系表》,第65页,1918年寿岂堂刻本。
②高凌雯纂:《(民国)天津县新志》,卷二十一之三《人物》(三)·徐炘传》。
③高凌雯辑:《志余随笔》,天津市地方志编修委员会编著:《天津通志·旧志点校卷(下)》,南开大学出版社2001年版,第708页。

明代中后期,无锡华氏传至十六世时,华金来天津做官,全家到天津落户,这一支被称为"北华"①。华金,字嵩峰,明正德庚午科(1510)举人,辛巳科(1521)进士,先后任户部主事、天津兵备道和山东按察副使②。华维援(字万廉)是华金的孙子,附监生,明嘉靖年间随祖父生活于天津兵备道官署,后华金转任山东按察副使,华维援一支留在天津,"遂家焉",是为怡翼派天津支始迁之祖③。"南华"一支则在明末清初迁来天津,"清顺治初年,明福王建国南京,清豫王带兵南下,作战于大江南北一带",江浙等地战火不断,盗贼丛起,"地方紊乱,不堪居处"。顺治三年(1646),无锡华氏第十九世的一支华文炳(字益先)奉母避难北迁,先是侨居于京南东安县。康熙二年(1663),地方平定,华文炳奉母迁居天津城西的姜家井村,是为晴云派天津支。④这一支被称为"南华"⑤,是"高台阶华氏"的祖先。"北华"和"南华"同族同宗,同根同源,又同为天津大盐商,同时有代表人物在朝为官,虽然两支的后代辈分字序不统一,但两支经常共襄善举,关系非常密切,"北华"后代华学澜对"南华"后代华世奎执子侄礼。⑥

"北华"家族拥有"长裕""阜元长""裕德"等引名,"长裕"(本名华桢)名下拥有通州和新城县引地,"阜元长"(本名华学溥)名下拥有香河引地,"德裕"(本名华荫圃,华树字荫圃)名下拥有大

---

① 罗澍伟编著:《天津的名门世家》,天津古籍出版社2004年版,第110页。
② 华长卿纂修:《华氏晴云派天津支宗谱》,宣统元年(1909)己酉续辑,第6页。
③ 同上,第8页。
④ 华泽濡辑:《我华氏晴云派迁津源起》,华泽濡撰:《华氏家族遗事纪闻》,光绪二十八年(1902)版。
⑤ 注:关文斌在《文明初曙:近代天津盐商与社会》一书中称之为"东华"。
⑥ 华世奎述,严修书:《先考屏周府君行述》,1918年。

兴、宛平两县的部分盐引。①虽然引地不算太多,但是通州引岸是最赚钱的引岸之一。②"南华"家族的引名为"华集成"(本名华长祥),拥有安州和容城县引岸③,后来还认办了天津、武清引岸④。拥有巨额财富的"南""北"华氏家族非常热心地方公益事业,做了不少善事。

为了济助贫困,邑人寇兰皋创立延生社,后因经费不敷,延生社濒临倒闭。"南华"后裔华长祥呈请盐运使杨霈,在盐商捐款项内每年拨银千缗进行资助。

华光炜,字义堂,"北华"后人,候选治中,"家素丰,孳孳为善"。天津城北门石路倾仄难行,光炜独力兴修,"督工于炎风烈日中,越两月而蒇事,行人便之"。京城施种牛痘的技术传自粤东,救人无数。华光炜在长芦运署后面,置买土地,设立牛痘局,延请技艺精湛者来津试种。每年春夏之交,便派人去京城取痘浆,到期不至,则"忧形于色",保全婴儿甚众。天津考棚"地仄人稠",每逢考试唱名的时候,士子们总是把大门堵得水泄不通,后至者不得入。华光炜与县人王镛一起设计了镫牌制度,每牌五十人,先后引导进入考棚,从此无拥挤之患。⑤另外,修学宫、修考棚、刊方制药,凡是有益于地方之事,华光炜均"知无不为"⑥。

---

①《长芦额引册》,"长裕""阜元长""德裕",天津社会科学院图书馆藏书。
②[美]关文斌著:《文明初曙:近代天津盐商与社会》,天津人民出版社1999年版,第68页。
③《长芦额引册》,"华集成",天津社会科学院图书馆藏书。
④[美]关文斌著:《文明初曙:近代天津盐商与社会》,天津人民出版社1999年版,第73页。
⑤高凌雯纂:《(民国)天津县新志》,卷二十一之四《人物(四)·华光炜传》。
⑥(清)吴惠元总修,蒋玉虹、俞樾编辑:《(同治)续天津县志》,卷十三《人物·华光炜传》。

在京城修建"津邑试馆"是"北华"和"南华"联手共襄的善举。天津县士子向学者众多,每年春、秋两闱,士子赴京城应试者,以天津县为最多。天津府所属的六州县均在京城建有试馆,供本地士子休息,唯独天津县没有自己的试馆。华长祥年少时攻举业,嗣后业盐,每往来京师,见到家乡士子没有栖息之地,遂于正阳门外东珠市口购买土地,开工建设天津试馆。当时华光炜在都谒选,尊华长祥为族叔。华长祥请华光炜督工修葺,不出数月,建成"津邑试馆"。凡是赴京师考试的士子,都乐于聚集在试馆内休息。[1]试馆建成后,华长祥和华光炜共同呈请长芦盐运使,在长芦盐商名下,每年拨银二百四十两,作为试馆经费,以垂永久,津邑试馆一跃而居各州县之首。[2]同治二年(1863),"北华"后人华树(字荫圃,引名"德裕")联合杨成钰、张凤墀、黄昭融、徐墀、王敬熙、姚承丰等长芦盐商联合重修了天津府、县学宫。[3]

在长芦盐商群体中,像"北华"和"南华"这样的"双子家族"还有很多,如"南查"之于"北查",严信厚之于严克宽,除了"五百年前是一家"的宗族纽带以外,还有所谓"穷在闹市无人问,富在深山有远亲"的现实考量。这些早先定居天津、行盐长芦的商人,对江南的远亲们起到吸引、聚集和提携的作用,他们在生意上也互相引为奥援。这些"双子家族"内部往往通过联谱、通谱来加强互相间的联系。

---

[1](清)沈兆沄撰:《新建津邑试馆碑记》,(清)吴惠元总修,蒋玉虹、俞樾编辑:《(同治)续天津县志》,卷十七《艺文(二)》。
[2](清)吴惠元总修,蒋玉虹、俞樾编辑:《(同治)续天津县志》,卷十三《人物·华光炜传》。
[3]同上,卷四《学校》。

四、近代化冲击下的长芦盐商家族

清中后期,天津屡遭外敌入侵,成为抗击侵略者的前沿阵地。清政府也将天津作为推行"北洋新政"的试验区。实业救国、地方自治、君主立宪等思想在天津蓬勃发展起来,外来文化与本土文化、传统经营方式与近代工商业形式、传统教育与近代教育的碰撞在天津表现得尤为激烈。在城市近代化的过程中,长芦盐商家族采取了不同的应对措施。

(一)深度参与社会事务——"经世致用"的传奇盐商张锦文

近代天津有"八大家"的说法(相传始于咸丰初年),版本不一。一为"韩、高、石、刘、穆、黄、杨、益照临",一为"高、韩、石、刘、穆、长源、振德、益照临"[①]。20世纪20年代前后,天津流传着一本名为《天津地理买卖杂字》的小册子,录有关于天津富户的歌谣:

> 天津卫,有富家,估衣街上好繁华,
> 财势大,数卞家,东韩西穆也数他;
> 振德黄,益德王,益照临家长源杨;
> 高台阶,华家门,冰窖胡同李善人。[②]

"天津八大家"有许多版本,主要由盐商组成。如益德裕高家、振德黄家、长源杨家、李善人家、益德王家、高台阶华家以及

---

①辛成章:《天津"八大家"》,丁长清编:《近代长芦盐务》,中国文史出版社2001年版,第257页。
②翟潞:《"新八大家"之一说》,中国人民政治协商会议天津市委员会文史资料研究委员会编:《天津文史资料选辑》(第20辑),天津人民出版社1982年版,第74页。

益照临张家,八大家中的七家都是经营盐务起家。不管是哪一个版本,"'八大家'中声势最为煊赫的是益照临张家"①。作为盐商,张锦文的传奇程度丝毫不亚于安岐。张锦文不仅是天津近代史上,也是中国近代史上一位有名的人物。可以说"益照临张家"的煊赫,财富的因素倒在其次,张锦文对于"经世致用"文化精髓的领悟,使其在天津的危急关头屡屡挺身而出,留下了浓重的一笔。

1. 出身寒微的"经济"之才

张锦文(1795—1875),字绣岩,世居直隶天津县,民籍②,另有一说其原籍静海县③。张锦文先世寒微,幼孤无业,每日在市里间游荡,但是他非常懂得孝道,"极知有母"。一日从外边回来,张母"不怿,讽之发奋",锦文"乃思树立,徒步走沈阳,依乡人以存",走上了外出谋生的道路。④张锦文日后能够一帆风顺,与这段经历不无关系。据记载,张锦文至少跟三个人做过仆役。一是传其跟随盛京将军海某(有海仁、海瑛、海龄等说法)谋生,且通过聪明才智救过海某的命,海某出于感激收其为义子。⑤经查,历任盛京将军,并无上述人等。但是,张锦文确实跟随过海姓旗官,他的绰号"海张五"即来源于此⑥。另外,据薛福成在《谢忠愍公保卫天津》一文的记载:

---

① 辛成章:《天津"八大家"》,丁长清编:《近代长芦盐务》,中国文史出版社 2001 年版,第 259 页。
② 李士钤署签:《张公建祠志》,天津社会科学院图书馆藏书,第 8 页。
③ 注:恐不确,此说见辛成章《天津"八大家"》,亦见金大扬、刘旭东《"海张五"发家始末》。
④ 高凌雯纂:《(民国)天津县新志》,卷二十一之三《人物(三)·张锦文传》。
⑤ [美]关文斌著:《文明初曙:近代天津盐商与社会》,天津人民出版社 1999 年版,第 153 页;亦见金大扬、刘旭东:《"海张五"发家始末》。
⑥ (清)郝福森《东园纪实》,《津门闻见录》总目卷二,天津市图书馆藏书。

"张锦文者,前为麟见亭河帅家丁,为司庖,续以盐筴致富"①。麟庆,字伯余,号见亭,完颜氏,满洲镶黄旗人。嘉庆十四年(1808)进士,授内阁中书,后迁兵部主事,改中允。他先后在安徽、河南、贵州等地任知府、按察使、护理巡抚。道光十三年(1833)任湖北巡抚,后授江南河道总督(管理河运,驻清江浦),次年署理两江总督。道光二十七年(1842),英军逼近南京时,麟庆负责淮、扬防务,以保护漕粮运道。第三便是在有"查三镖子"之称的盐商查有圻宅中为仆役。据说,张锦文利用自己的聪明才智,曾帮助主人要回了一笔欠款,并保全了已经"入不敷出、捉襟见肘"的主人的脸面。查有圻笑曰:"他日,汝必高出我也。"并将索回欠款的一半即一万两白银馈赠给张锦文,"张由是始富而自立"。②

当时长芦悬岸日久,允许他人认领承运。河南的安(阳)、林(县)、汤(阴)、淇(县)四县引岸因为运输困难、脚银消耗太大,一般盐商视为畏途,无人认领。③"锦文以多财故,长驱直驭,大展操奇计赢之术,囊橐日丰,雄视乡里"④。关于张锦文的发家史,志书中语焉不详,其实不外乎两个原因,一是个人确有"经济"之才,二是旗人朋友的帮忙。张锦文虽然一直从事仆役的差事,"然其为人,善口给,有决断,目中无难事"。他经常对同侪讲,"某惜贱耳,果读书者,

---

① (清)薛福成著,丁凤麟、张道贵点校:《庸庵笔记》,江苏人民出版社 1983 年版,第 31 页。
② (清)戴愚庵著:《沽水旧闻》,《海张五与查三镖子索欠》,天津古籍出版社 1986 年版,第 18 页。
③ 金大扬、刘旭东:《"海张五"发家始末》,中国人民政治协商会议天津市委员会、南开区委员会文史资料委员会编:《天津文史资料选辑》(第 76 辑),天津人民出版社 1997 年版,第 443 页。
④ 高凌雯纂:《(民国)天津县新志》,卷二十一之三《人物(三)·张锦文传》。

出将入相,等闲事耳"①。久而久之,"人知其干济,拔诸庸贱之中,使之有所经纪,无不愉快胜任者,以是乃渐信任"。在旗人家做家仆的背景不仅为张锦文带来了一个"绰号",更为其日后的经商带来了诸多特权和便利。因为张锦文出身微贱,在其领引岸之后,部分长芦盐商不屑与之为伍,极力反对其入纲。直到海姓旗官的儿子(按年代推算,当时长芦盐政当为崇纶)任长芦盐政(1848—1852)时,张锦文才得以入纲。当时部分盐商借口他三代不清,不能入纲。崇纶道:"难道本官三代还不清吗?"在崇纶的支持下,张锦文顺利入纲,引名"益照临",其财富和威望也在不断增加。

崇纶离职后,文谦继任长芦盐政(1852—1857),文谦是麟庆的女婿。文谦离职后不久,1859年,麟庆之子崇厚就任长芦盐运使。崇厚后来还担任过三口通商大臣和代理直隶总督的职务,长期驻节天津。这些都为张锦文业盐提供了便利条件。"锦文机警有谋,未尝读书而案牍之文入耳辄悟,事过终身不忘",崇纶、文谦、崇厚这些"亲旧"人等长期管理长芦盐务,为张锦文保驾护航,他的生意肯定"一帆风顺"。另外,张锦文利用自己的聪明才智为"亲旧"们出谋划策,解决难题,起到了"左

益照临总店图章

膀右臂"的作用,"画一策、决一疑往往出人意表,故凡锦文所服事之人,虽方面大吏莫不以为能"②。

---

① (清)戴愚庵著:《沽水旧闻》,《海张五与查三镖子索欠》,天津古籍出版社1986年版,第17页。
② 高凌雯纂:《(民国)天津县新志》,卷二十一之三《人物(三)·张锦文传》。

2. 被倚作"畿郡长城"的盐商

1842年英军进逼南京时,麟庆参与过淮、扬防务的筹划,张锦文曾随麟庆为仆,这些经验都在张锦文日后的活动中派上了用场。张锦文在长芦业盐的巅峰时期,正值天津的多事之秋,太平军、捻军和英法联军相继兵犯天津,天津城数次被置于"岌岌可危"的境地,张锦文的军事才华和组织才能发挥的"淋漓尽致"。

撰《平贼裕国便民策》十二条

道光二十八年(1848)秋,广西爆发农民起义,随后演变成声势浩大的太平天国运动,战火很快波及湖北、安徽、江苏、河南、山东等省。清政府一时难以收拾局面。咸丰三年(1853)秋,太平天国北伐军由山西省攻入直隶省广平府,临洺关失守后,直隶全省为之震动。天津为京师门户,又素有富庶的名声,为防备太平军"侵犯",张锦文前去拜谒长芦盐政文谦,"请速筹防剿",并带去了《平贼裕国便民策》十二条和炮台、炮架、脚齿等图。《平贼裕国便民策》十二条涵盖的内容非常广泛,突出显现了张锦文"务实""致用"的素质,有用兵之时行钞法以便军需、恤商恤贫、化莠为良瓦解"贼匪"、认真团练以靖地方、启用本地致仕丁忧在籍人员以其熟悉地理筹办剿贼的对策,也有在防堵之地筑土城藉护兵藏炮、置炮架安设机纽以利四面轰击、兵丁鞋下加铁齿以便进退得力等技术改进方面的具体建议。①张锦文具有一定的战略谋划能力。其提出的对策既有国课税收等物质保障方面的,也有制度保障方面的;既有战略战役思考,也有恤民恤商思考,对策后面还附有建筑或制造图样,颇具实

---

① 丁运枢、陈世勋编:《张公(锦文)襄理军务纪略》,卷一《平贼裕国十二则》,沈云龙主编:《近代中国史料丛刊续编》(第95辑),文海出版社1969年版,第85页。

用性,既治标也治本。十二条对策切中时弊,措置得当,深得天津最高军政长官文谦的嘉许(因直隶总督驻节保定城,天津城内当时的最高长官为长芦盐政)。文谦特颁给张锦文令箭一支,命他照此办理。①

盐商的力量——稍直口之战

如果说《平贼裕国便民策》还处于纸上谈兵的阶段,不久,张锦文的理论谋划和军事才能得到了发挥的机会。自咸丰三年(1853)春开始,太平天国北伐军攻城克地的消息就不断传到天津,天津驻军不断调兵赴外地征剿起义军,此时的天津城守备空虚,已经成为一座空城。张锦文"悉心布置,独力捐办铺勇三千余名",日夜操练。为得到太平军的确切消息,他派铺勇刘开第出城侦查,侦得太平天国北伐军已经攻入沧州境内的确切消息。天津城内谣言四起,人心惶惶,张锦文马上夜访县衙,找知县谢子澄商议战守大计。得知困难情况后,张锦文当场拿出"票钱四千串交公为募勇费",他认为太平军兵锋北上,连战皆捷,"贼势鸱张","非有以遏其锐气不可",建议在城西稍直口一带设置第一道防线。②次日凌晨,张锦文自募万余民夫于小稍直口挑挖长壕,文谦认为张锦文自雇民夫耗银太多,不忍其独力承担,建议除公费雇佣的民夫外,其余解散。张锦文谓:"但期平贼,赀财在所不惜",并拿出银二万四千两,备营造各项之用。③他督率民夫用竹席裹土做成盐包式样,堆垒成炮台,又将预先铸造好的炮盘六座安置在炮台上。这些炮台是按照张锦文的图纸

---

①② 李士钤署签:《张公建祠志》,天津社会科学院图书馆藏书。
③ 丁运枢、陈世勋编:《张公(锦文)襄理军务纪略》,沈云龙主编:《近代中国史料丛刊续编》(第95辑),文海出版社1969年版,第115页。

设计的,可以盘旋施放,大大提高了火炮的灵活度,增加了火炮射击的覆盖面,提高了战斗效率。①

工程竣工后,张锦文返回天津城,得知监牢中的犯人喧哗闹事,建议"责其罪不应死者出之,激令杀贼赎罪",并为他们作保,将犯人放出监狱赴军营效力。第二日,天津守军与太平天国北伐军在稍直口一带接仗。虽然天津城的正规军人数不多,但军事实力仍不容小觑。盐商们捐练的铺勇发挥了主要作用,盐商张锦文练铺勇三千,捐银三万九千缗;盐商倪虎榜"募勇三千",捐银两万缗,邑人助战者数万人。另外,火器的大量运用,给太平军造成了很大伤亡和心理压力。张锦文和知县谢子澄在战场上亲自操作大炮,左右轰击。长芦盐运使杨霈捐资操练的"芦团"虽然人数不多,但装备是清一色火枪,战斗力非常强。张锦文接受邑人贾庆堂的建议,出资将宜兴埠雁户抵押在当铺中的排枪尽数赎出。这些雁户"善于水中用佛郎机,技艺精熟,百发百中"。团练、铺勇中还有一些人是久经战阵的老兵,操作枪械熟练,军事经验丰富。战斗开始后不久,太平军前锋大将"开山王"便被火枪击毙于阵前。北伐军前锋落入由炮台、芦团和雁户交织构成的火力网中。"运使杨公霈督率芦团抬枪一齐轰击","枪排轰发,贼纷纷倒地,惊以为水雷,遂大溃"②。一战过后,太平军伤亡惨重,芦团竟一人未折。前锋受挫的太平军先是撤往杨柳青,不久又撤往静海县的独流镇。《津门杂记》曰:"自逆匪犯顺以来,纵横数省,至此而凶锋始大挫焉"。

---

① 李士钤署签:《张公建祠志》,天津社会科学院图书馆藏书。
② (清)吴惠元:《天津剿寇纪略》,(清)张焘著:《津门杂记》,沈云龙主编:《近代中国史料丛刊续编》(第57辑),文海出版社1969年版,第57—83页。

天津保卫战直接解除了太平军对清政府统治中心的军事威胁,是导致北伐军由盛转衰的关键一战。在战役中,张锦文给予前线军事行动源源不断的物质支持,除捐钱外,还向僧格林沁的部队捐助了大宗的米、铜炮架、藤牌、单刀和火药。他共捐制钱十余万缗,从未稍存吝惜。①对于张锦文在战役中发挥的作用,吴惠元在《天津剿寇纪略》中如是记载,"是役也,锦文捐资数万,运以智谋,乃克其奏膚功","军兴以来,阖邑倚为长城,丰功伟烈,虽妇孺亦乐道之,其人杰矣哉"。

襄办海疆　斡旋外事

天津有句歇后语叫做"海张五修炮台——小事一段"。张锦文修炮台的经验有可能来自于其在第一次鸦片战争期间随麟庆防守淮、扬时的积累。张锦文创制的炮盘,可四面旋转施放。在与太平军交战期间,张锦文大量修建了土炮台,"创筑于西沽并稍直口。其法,以席实土,捆裹成包,择地堆累,不日成。炮台宽广,高下可以意为,费省而工捷,统兵大臣胜公(保)深奖之。及贼败窜,锦文复于独流前后河筑炮台五座,令邑人武生张德文随同督办,三日而工竣。我军剿匪获胜,炮台之力也"。直隶总督谭廷襄闻知张锦文修炮台的技术后,檄调张锦文赴大沽商办军务,协助改造大沽炮台。张锦文在周历炮台后说:"无沟无垒,兵无藏身之地,一旦临敌,设有不利,溃矣!"在得到谭廷襄的同意后,张锦文出资雇佣民夫,自大沽至草头沽,"环台挑濠,即以濠土筑垣"。虽然修筑的炮台未能抵挡住英法联军的进攻,但"兵勇赖以保全者无算,是知炮台无沟垒护之,不

---

① 丁运枢、陈世勋编:《张公(锦文)襄理军务纪略》,沈云龙主编:《近代中国史料丛刊续编》(第95辑),文海出版社1969年版,第182页。

足恃也"。①

经过数次国内外战争的历练,张锦文俨然已经成为津城士绅的领袖。咸丰八年(1858)春,士绅们得知英法联军要北犯天津的消息。当时张锦文人在文安县,驻天津城的大小官员派遣家丁持联名信函请张锦文回津办理团防事宜。②咸丰八年至咸丰十年间,英法联军的兵舰三次抵达大沽海口,大沽防线"前有直隶总督谭廷襄督军防备,后有亲王僧统兵堵御"③。为保障前线供应,确保天津城的安全,张锦文积极"置造军械,修筑台垒,以及接济兵食衣服等件,均系自行筹办。勤劳王事,不遑暇处"④。多年的交道,使得僧格林沁与张锦文的私人关系不错,据传他为了感谢张锦文的帮助,曾赠其宝刀一把。⑤

虽然张锦文积极备战,但他深知,"英法联军非发逆可比,发逆可剿除尽净,该国等岂能绝其根株。若骤加以兵,窃恐边衅一开,百年贻患"⑥。在英法联军的坚船利炮面前,谭督军的炮台和僧王的铁骑都不堪一击,顷刻间"灰飞烟灭",僧格林沁带着少数残兵败将撤回京城周边,天津城又一次成为无兵可守的空城,门户大开。这时,"不逞之徒乘势攘夺",张锦文再次担起了保境安民的责任,"练勇二千四百人,复遍召市商募勇自卫,凡设局八十,有勇四千,棋布城

---

① (清)吴惠元总修,蒋玉虹、俞樾编辑:《(同治)续天津县志》,卷六《海防兵制》。
② 丁运枢、陈世勋编:《张公(锦文)襄理军务纪略》,沈云龙主编:《近代中国史料丛刊续编》(第95辑),文海出版社1969年版,第182页。
③④ 李士钤署签:《张公建祠志》,天津社会科学院图书馆藏书。
⑤ 魏国璋:《韩慕侠生平简介》,天津市西青区政协文史资料研究委员会编:《西青文史》第8辑,1997年版,第79页。
⑥ 丁运枢、陈世勋编:《张公(锦文)襄理军务纪略》,沈云龙主编:《近代中国史料丛刊续编》(第95辑),文海出版社1969年版,第201页。

厢,相与昼夜巡缉",捉到趁火打劫的人就送到官府正法,"奸民于以敛迹"。①天津士绅捐练的团练铺勇只是清政府正规军事力量的补充,他们的任务是缉拿宵小,保境安民,并不擅长"御敌于国门之外"的战斗。天津县曾专门出过告示颁发各局,"宪谕,团练铺勇原为保护城池,设局稽查守御,不得调赴他处,如有人阻挠言语亵慢,首事立即禀明,定按奸细究办"②。

不久,英法兵舰驶入内河,逆流而上。张锦文看到城内"既乏精兵又无利器,人民城郭所系非轻,不若前往迎船,向其理论"③。张锦文与天津知县尹佩玱商议,决定先向英法使臣问明其来意,"若欲打仗,即传集民勇背城一战,否则迅速安民"。知县尹佩玱在咸水沽一带登上英法军舰与使臣沟通,得知其"此来原欲理论,并非扰害地方"④。仓促之间,张锦文设立了支应局,"所有外国人需用物件,皆由局中筹资代办,以示羁縻,而免伤残"⑤,同时要求英法士兵"不得上岸骚扰百姓"⑥。偶有英法士兵"入市攫财物或示威侮人者",张锦文"据理力争,敌亦屈服,各国就抚"⑦。在支应局运行期间,张锦文贴补了大量金钱,"未科敛一人"。事后,"论保卫乡闾功,以锦文为最",但是他"坚辞爵赏","以所捐三万数千金请永加本籍文武学

---

① 高凌雯纂:《(民国)天津县新志》,卷二十一之三《人物(三)·张锦文传》。
② 丁运枢、陈世勋编:《张公(锦文)襄理军务纪略》,沈云龙主编:《近代中国史料丛刊续编》(第95辑),文海出版社1969年版,第194页。
③ 同上,第216页。
④ 同上,第217—218页。
⑤ 李士钰署签:《张公建祠志》,天津社会科学院图书馆藏书。
⑥ 丁运枢、陈世勋编:《张公(锦文)襄理军务纪略》,沈云龙主编:《近代中国史料丛刊续编》(第95辑),文海出版社1969年版,第223页。
⑦ 高凌雯纂:《(民国)天津县新志》,卷二十一之三《人物(三)·张锦文传》。

额各三名,加广一次文武学额各四名"。①咸丰九年(1859),"海上再警,锦文设局募勇一依旧法"。咸丰十年(1860),大沽再失,英法联军"联翩北上",驻军遍布城东南,营垒相望,"拘知府于海光寺中营,挟怨恣睢,视昔加甚"。恭亲王在得知张锦文的才干后,召其进京参与议和事宜。张锦文"体短气昂,吐词质直,虽在王公前不加雕饰,意所不可辄伸拳顿足抗声争辩,当事者亦知其忠谅不以为罪"②。事后,奉旨赏给张锦文一品封典,其子汝霖加盐运使衔,孙鸿寿钦赐举人,一体会试,奉旨赏给"尚义可风"匾额。③当时,张锦文处于非常为难的境地,朝廷屡发严旨备战,违则抗朝命,从则启敌疑。张锦文以士绅的身份斡旋中外,"俾官府有所卸肩,士民得免兵祸,维持之力亦视昔为难"。事后,绅商乡民感戴其功德,赠送的匾额不可胜数。④也许张锦文的斡旋能力确实太好,据说英国女王为了表示感谢,赠送给张锦文一顶帽子和一柄手杖。⑤为此,在修建英租界的时候,英国当局特许将张锦文坟茔保留不动,为旧英租界内仅有的一座坟茔。⑥

3. 致力地方善举

作为一名"生于斯长于斯"的盐商,除了保家卫国之外,张锦文

---

①高凌雯纂:《(民国)天津县新志》,卷二十一之三,《人物(三)·张锦文传》。
②同上。
③李士钤署签:《张公建祠志》,第10页,天津社会科学院图书馆藏书。
④同上。
⑤金大扬、刘旭东:《"海张五"发家始末》,中国人民政治协商会议天津市委员会、南开区委员会文史资料委员会编:《天津文史资料选辑》(第76辑),天津人民出版社1997年版,第447页。
⑥中国人民政治协商会议天津市委员会编:《天津文史资料选辑》第116辑,天津人民出版社2012年版,第198页。

的善行也不少。宗族亲邻中有孤儿孤女无人照顾者,张锦文必抚养成人,读书遣嫁,"体恤备至","遇守节之妇尤格外矜全,务使各得其所"。天津城内有很多道路损坏、桥梁坍塌的地方以及北门外石路凹陷,多年失修,往来阻滞。凡是被张锦文发现的,一律修整如新,"行人称便"。并且张锦文每年都要亲自察验,雇工修补,这些都是他捐资进行的,"所费无算"。为感谢他的善举,乡里公送他"履坦思劳"匾额。另外,张锦文每年都雇人"分巡四野荒丘",发现坟墓塌陷、骸骨曝露的情况,即行培筑掩埋。"施棺木以救丧,舍棉衣以御寒,煮粥以待饥渴,舍药以疗(疾)"①。

(二)驰骋政、商两界的"李善人"家族

清末民初时期,是中国传统社会大变革时期,也是传统盐务大变革的时期。两淮盐务改革是清政府为了解决悬岸日久、国课流失的问题不得不进行的自上而下的改革。伴随着新的生产方式出现,以满足人口食盐需求为目标设计的引岸专商制度已经远远不能满足社会化大生产的需要。在天津,久大精盐公司的成立对传统盐商造成的影响比任何圣谕都要直接。这一时期,一边缴纳巨额国课,一边借着巨额帑账,一边维持着花天酒地生活的盐商已经开始"运转不灵"。清政府的落幕使得缠绕在长芦盐商脖颈上的帑账和帑息化为乌有,但从另外一个角度看,也加速了传统盐商财务体系的崩溃。进入民国,帑银没了,国课还要继续交。已无"东墙"可拆,"西墙"依然要补,资金链断裂的盐商开始向外国银行借款。但是外国银行却不会像清朝的内务府一样,银子滚来滚去,滚成了一笔糊涂

---

① 李士钰署签:《张公建祠志》,天津社会科学院图书馆藏书,第10页。

账,滚得一天星散。一批盐商到期无法还款,引出了长芦"十大累商"案。在社会大转型时期,一批长芦盐商开始了由"士"而"商"、由传统商人向现代企业家的的转型,如李氏家族。

李氏家族源于江南,世居江苏苏州府昆山县礼贤村,时人以"花门李"称之。李京琦(字周麟)年少时受业于叶峭初、叶讱庵两先生,深为两先生器重。他生平寡言笑,慎交游,体弱多病,"家最贫,数奇不偶",多次参加科举考试未能考中,赍志以殁。京琦"为文直逼古大家",著有《延古斋诗文稿》。《津门诗钞》卷二十九有李京琦的小传,收录其诗十五首。①李京琦教授生徒,"桃李盈门,发科者众至"。李京琦育有二子,长子大经,次子大纶。康熙中叶,李大纶"北来访友,至天津未遇",适逢长芦李姓盐商为子延师授课,遂迁天津②。李大纶为"李善人"家族在天津的始迁祖。

1. "诗书立家"的李善人

"'李善人'名传天津城厢内外,贯穿于祖孙三代,显赫于100年间。'李善人'不只是天津人对他熟知,就连外县、外省也十分闻名。"③天津李氏家族业盐始于六世祖李文照,家族乐善好施的记载也始于此时。李文照,字星阶,"慷慨尚义,好施予"④。李文照早先在别人的盐店中当店员,由于为人精明勤快,很快积累起了业盐的经验和资财。道光初年,李文照开设了自己的盐店,名为"瑞昌店",主

---

① (清)梅成栋纂:《津门诗钞(下)》(天津风土丛书),天津古籍出版社1986年版,第973页。
② 李宝晋:《序》,李宝晋纂修:《延古堂李氏族谱》,宣统元年(1909)版,天津社会科学院图书馆藏书。
③ 金大扬:《天津"李善人"》,中国人民政治协商会议天津市委员会、南开区委员会文史资料委员会编:《天津文史资料选辑》(第76辑),天津人民出版社1997年版,第422页。
④ 高凌雯纂:《(民国)天津县新志》,卷二十一之四《人物(四)·李春城传》。

要销售津武口岸的官盐,自此家道日渐丰裕。李氏家族最早是以"诗书立家"的,李文照拥有国学生和候选布政使司经历的头衔,他"工棋善画",有《棋谱编集》《太上感应篇图说》(八卷)刊行于世。① 基于家族的传统,为了弥补"称心惟有功名缺"的遗憾,李文照开始精心培养自己的儿子。李文照生三子,长子李浚城(原名玉城),曾经选授云南昭通府通判等,"工绘画、善围棋"②。次子李锦城,三十岁早逝。李文照的三子李春城是李氏家族的"中流砥柱"。李春城,字筑香,"诸生,举优行"③,"同治元年壬戌恩科考取孝廉方正"④,(一说咸丰元年举孝廉方正,见《天津县新志》"李春城传")。在李春城的主持下,咸丰年间,李氏家族的盐务生意迅速扩展,接办了河南滑县、许州、临颖三县及河北涞水县的引岸,除瑞昌号外,在城里增开了福昌号盐店。后又接办了河北省鸡泽、永年、曲周等县引岸及津武口岸的一部分,并与其他盐商合办,包揽了十几处销盐口岸,李家成为盐务首富之户,号称"千万李"。李春城曾连任芦纲公所纲总多年。⑤

咸丰三年(1853),太平军北伐天津,李春城的仕途出现转机。当时,乡人练勇编成"民勇局",一共设立了二十八所,李春城"躬自巡缉,历七昼夜不辍"。太平军对天津的威胁解除后,李春城因军功

---

① 李宝晋纂修:《延古堂李氏族谱》,宣统元年(1909)版,天津社会科学院图书馆藏书,第66页。
② 同上,第76页。
③ 高凌雯纂:《(民国)天津县新志》,卷二十一之四《人物(四)·李春城传》。
④ 李宝晋纂修:《延古堂李氏族谱》,宣统元年(1909)版,天津社会科学院图书馆藏书,第79页。
⑤ 杨大辛:《天津"八大家"》,中国人民政治协商会议天津市委员会、南开区委员会文史资料委员会编:《天津文史资料选辑》(第76辑),天津人民出版社1977年版,第419页。

被保举为州同,不久叙通判知州。①咸丰十年(1860),英法联军北上大沽口,天津城"复办团练"。当时,张锦文之子张汝霖专率铺团,李春城专率民团。②亲王僧格林沁非常器重他,保举其为员外郎,且"不论双单月,遇缺前尽先补用"③,"以外官升京秩,破格之典,人以为荣"④。鉴于他的功劳,清政府给予其二品封典,并赏戴孔雀花翎。同治元年(1862),"签掣刑部四川清吏司"⑤,任职刑曹时亦能够加意恤囚⑥。

告归乡里后,李春城继承父亲的遗志,力行善事。他设立了寄生所,每年冬天收养穷民六七百人,施以米粥、医药等物,死亡后则棺敛以葬,直到来年春天。设立保贞社,每月给守节妇女以钱米。设立御寒社,严冬施棉衣给贫民。除夕之夜派人携带钱物暗中施舍穷人。同治十年(1871),天津发大水,李春城筹赈恤灾,亲察户口,遇有饥饿不能待者,先济以己财,后以前设寄生所专收男子,又设保生所收养孤贫无所养的妇女,规模制度一如寄生所。李春城"生平见义必为,有时家资不给,虽称贷多至万金不顾也"。他还出资设立五座义塾,每塾收贫寒子弟二三十人,为了使学有所成者接受更好的教育,另外设有大义塾。李春城卒于同治十一年(1872),时年四

---

① 高凌雯纂:《(民国)天津县新志》,卷二十一之四《人物(四)·李春城传》。
② (清)沈家本、荣铨修,徐宗亮、蔡启盛纂:《(光绪)重修天津府志》,卷四十三《人物(三)·李春城传》。
③ 李宝晋纂修:《延古堂李氏族谱》,宣统元年(1909)版,天津社会科学院图书馆藏书,第80页。
④ 高凌雯纂:《(民国)天津县新志》,卷二十一之四《人物(四)·李春城传》。
⑤ 李宝晋纂修:《延古堂李氏族谱》,宣统元年(1909)版,天津社会科学院图书馆藏书,第80页。
⑥ (清)沈家本、荣铨修,徐宗亮、蔡启盛纂:《(光绪)重修天津府志》,卷四十三《人物(三)·李春城传》。

十七岁,著有《过庭述闻》一卷。①

2. 向近代商人的成功转型

传统盐业经营采取的是引岸专商制,盐商获得政府的特许,在传统盐业体系中处于垄断地位。一个家族负责一个或几个县的盐业经营权,除非盐商因违法行为被政府查办,没收引地,一般情况下盐商的引地会世代相传下去,不会轻易改变。盐商赚取的利润不能用来扩大经营,这也是盐商多豪奢的一个重要原因。传统盐商的经营方式是家族式的、非竞争的彻底的垄断形式。而近代商人的经营方式多采取公司制、股份制、董事制,市场也存在一定的竞争。另外,近代商人在思想上、观念上对契约观念、法律观念的认可和接受程度更高也是与传统商人的重要区别。

1901年1月,清廷在西安颁布上谕,推行"新政"。"新政"时期的天津无论在经济、政治还是在教育、文化等方面都有较大的发展。1902年8月,直隶总督袁世凯从八国联军都统衙门手中接管天津政权后,开始推行"新政",除了兴办学堂、设立巡警、创办商会、推行立宪之外,还有一项主要内容就是兴办实业,史称"北洋新政"。历史上将这一时期创办的工矿企业称之为"北洋实业"。在李春城的四个儿子持家时期,李氏家族未分家析产。早期,四兄弟分工明确,大哥李士铭主持家务,士鉁、士钰、士锜将主要精力放在仕进上。新政以后,清廷风雨飘摇,四兄弟开始通力协作,均将主要精力转移到发展工商业上。虽然李氏家族在新式企业的经营方面没有什么经验,但是对各项新创办的工矿企业来说,李氏家族所掌握的巨额财富无异于"及时雨"。所谓"北洋实业",离不开盐商家族的

---

① 高凌雯纂:《(民国)天津县新志》,卷二十一之四《人物(四)·李春城传》。

财力支持,他们携巨资进入各新式企业。

李士铭在滦州矿务公司、滦州矿地公司、启新洋灰公司、怡立矿务公司、华新纺织公司都有大量的投资,并担任过启新洋灰公司董事。李士鉁曾参与创办天津殖业银行与斋堂煤矿,还担任过滦州矿务公司、耀华玻璃厂董事。李士钰长期连任芦纲公所纲总,为四大纲总之一。1908年遵照清廷谕令盐斤加价,筹款筑路。1911年,长芦盐商为

李士铭影像

便利资金周转和专款专用,集股筹建殖业银行,多由其主持或经理其事。1907年,周学熙等人筹办滦州矿务公司时,李士钰利用纲总职权便利,筹足巨款,认股投资,获得丰厚利润。他和家庭其他主要成员筹划和经营瑞源、瑞牲、瑞牲源、万通等银号银行,裕华仓库、万昌珠宝店与斋堂煤矿,置办了多处房地产,拥有启新洋灰等公司大量股票。①

"李善人"家族第四代以"宝"字行,共有男丁10人。李士铭生五子,长子宝诚,次子宝诜,三子宝沂,四子宝询,五子宝谅(早殇);李士鉁子宝训(李士钰三子,出继李士鉁);李士钰生子三,长子宝诒,次子宝谦,三子宝训;李士锜生三子,长子宝诠,次子宝诗,三子

---

① 中国人民政治协商会议天津市委员会文史资料研究委员会:《天津近代人物录》(天津史志丛刊),天津市地方史志编修委员会总编辑室1987年版,第150页。

李颂臣影像

宝详。这一代最重要的人物当属李宝诚。宝诚字颂臣,又字益三,国学生出身,曾经做过晚清法部审录司主事。作为天津"李善人"家族的长房长孙,李宝诚承担起主持家族事务的主要责任,继续将家族资产投入到更多现代企业中去,他曾担任启新洋灰公司、殖业银行、滦州矿务公司、滦州矿地公司、怡立矿务公司、中原百货公司、华新纺织公司、寿丰面粉公司等公司的董事。①

启新洋灰厂是袁世凯在北洋新政期间重点建设的工矿企业之一。它的前身是光绪十五年(1889)建立的唐山细绵土厂。因工艺落后,成本高昂,所出洋灰质量低劣,产品无人问津。光绪二十六年(1900),周学熙呈请清政府重办唐山细绵土厂,委任李士鉴为总理,昆德为技师。启新洋灰厂早先被英国人吞并,1906年袁世凯任北洋大臣时,经再三交涉,由周学熙收回自办。该厂依靠北洋淮军银钱所和天津官银号的官款垫资生产,盈利后才召集股本,最初股本为100万元,在该公司前三名股东中,李氏家族占了两名,其中李宝诚7290股,李士鉴4860股(每股认缴现洋50元)。②

---

① 李宝晋纂修:《延古堂李氏族谱》,宣统元年(1909)版,天津社会科学院图书馆藏书,第158页。
② 南开大学经济研究所:《启新洋灰公司史料》,生活·读书·新知三联书店1963年版,第17—18页。

李宝诚为启新洋灰公司第二大股东,第三大股东李士鉴(字希明),是"李善人"家族的近支,同属延古堂李氏后裔。李士鉴的祖父李文灿是李宝诚的曾祖父李文照的三弟,论辈分李士鉴是李宝诚的叔父。李士鉴毕业于新式学堂,曾充任开平煤矿、建平、永平金矿、承平银矿的帮矿师,南京路矿学堂总教员,唐山洋灰公司总理员,他帮助周学熙收回唐山洋灰公司,改组并扩充启新洋灰公司,创办滦矿抵制开平局,充任启新洋灰公司董事兼经理、滦州官矿公司矿师兼协理,两次游学欧洲考察实业。民国后,充任启新洋灰公司董事兼工厂经理,开滦总局议董,华新纺织公司唐厂董事,直隶矿地公司主任和垦殖公司主任,永平铁矿公司董事,斋堂煤矿公司总经理。①李宝诗(字赞臣)也是启新洋灰公司的大股东,后来李宝谦(字益臣)也在该公司注入了大量资本。李氏家族已经成功由盐商转型为近代资本家。

在推动家族经营转型的同时,李宝诚没有忘记"力行善事"的祖训。"庚子之乱"后,天津疫病流行,传染迅速,中外人士陷入恐惧之中,李宝诚与严范孙、孙仲英等人筹款十余万元办理防疫事宜。光绪二十七年(1901),李宝诚与洪翰香、徐静澜等人成立天津防疫会及临时防疫会,李宝诚三任董事,负责会务,布置周妥,"疫气于焉潜消"。八国联军在天津设立都统衙门后,李宝诚与杨以德、王竹林、李子赫等人自筹公费组织绅董办公处,周旋于中外之间,作生民之保障。为防止民间争讼于都统衙门,李宝诚延聘承审专员清理历年积累的讼案,日夜躬亲,"主权国体均赖保全"。《辛丑条约》规

---

①南开大学经济研究所:《启新洋灰公司史料》,生活·读书·新知三联书店1963年版,第43页。

定,天津地面不得驻军,因为地方辽阔,警察难以周全,李宝诚与杨以德诸官绅商议,设立"天津体育社",招生习武,成效昭然。光绪三十四年(1908)修建津浦铁路时,风气未开,阻挠四起,修筑方与地方士绅相持六月有余,在他的争取下,铁路线路绕过了沧州境内的回教墓地,避免了矛盾激化,保障了铁路的正常建设。李宝诚被委任为津浦铁路直境巡视员代表,巡视铁路沿线。他自备办公费用,由天津至德州所有路政纠纷、积压悬案,无不开诚布公,廓清理楚,他对铁路沿线住户、家族晓以大义、据理力争。李宝诚认为我国路政未尽完善,为免大权旁落,驻路中国委员应与外国工程师权限相等、职务持平、优加薪俸、提高阶级,以免外人轻视。为了解决津城乞丐过多的问题,他在天津育黎堂旧址创设天津教养院安置贫民,使流离失所者学习谋生之术,收容入院者有两千余人。

  1911年辛亥革命爆发,李宝诚与天津士绅筹设保卫局,维持地方。①1916年5月,中国、交通两银行停止兑现,导致民情汹涌,工商业陷入危机之中。李宝诚联合商界同仁,集资设立天津金融维持会,任副会长,努力调剂,不数日筹集现金一百五十余万元,建章立制,设立兑现场所,"潜消祸变"。1917年,天津南运河堤岸决口,洪水横流,灾民遍野,李宝诚联合津城绅商设立急赈会,募集钱粮发放给灾民,"得免饿莩"。洪灾中,芥园、小稍直口、校军厂、八里台及南市等处虽屡经堵塞,仍无济于事,他出资堆筑围城土埝,土埝以外已成一片泽国,城内"幸免殃及"。当时,受灾乡民多以低价出售耕牛,暂图生活,李宝诚认为这会影响农事耕作和乡民生计,于是

---

① 中国人民政治协商会议天津市委员会文史资料研究委员会编:《天津近代人物录》(天津史志丛刊),天津市地方史志编修委员会总编辑室1987年版,第168页。

出资五万元在自己的荣园别墅设立育牛所,帮助灾民蓄养耕牛,"人称善政"。洪水退后,李宝诚认为治本之策须加筑旧有围墙,于是向水利委员会争回修筑之权,以百日为约,与宁星圃、杜克臣、郭芸夫等人筹集二十余万元,仅仅七十余日就将长三十余里、宽数丈、高两丈余的围墙修竣。天津三岔河口下游水道弯曲,政府欲与外国订立协议,对河道下游进行裁弯取直,以利排泄。李宝诚以为"主权所在,万无放弃之理",设立浚河事务所,被推举为董事,对海河进行裁弯取直,在一定程度上减轻了海河水患,也维护了国家主权。

1920年直皖战争爆发,京津一带成为战场,大军云集,军饷空虚,李宝诚参赞军事,所有策划皆中机宜,筹集军饷、招待客军、维持秩序,军民得以相安无事。战后,李宝诚发起战后灾民救济会,捐助、募集巨资,在烈日炎炎之下亲赴各县各乡调查受灾情况,慰问灾民,派人分区散放救灾款项与物资。当年夏秋之交又逢干旱,灾民益发增多,李宝诚捐助巨资以济危急,并倡立直隶义赈会,自行认购救灾债券数十万元,共募集善款二百余万元。李宝诚担心不敷发放,不远千里亲自赴江、浙等省为民募捐,募得赈银十余万、赈衣若干,"冬赈春抚",并设立粥厂。督办赈务处推举李宝诚为直隶灾区代表赴北京商议防灾计划,他提出了很多建议,尤其是《分配振(同"赈")务附加税银》的提案倍受关注,直隶省获得赈银三十余万。1921年,东南各省遭受飓风冰雹灾害,千万百姓同遭浩劫。李宝诚提议设立了皖鲁鄂苏湘黔赈灾协会,募集款项十余万汇至灾区。1922年,第一次直奉大战爆发,京津一带各县半数沦为战场,天津首当其冲。李宝诚联合各界尽力维持,宵小不生,地方安堵。战事过后,李宝诚重组京直兵灾善后救济会,从内务部拨赈灾公债五十余万,自己首先认购二万元作为表率,经其辗转劝售,销数大增。他制定赈灾章程,凡青苗遭受损失者补偿之,屋宇被毁者帮助其修葺,伤亡者对其进行优恤,京直一带二十余县的灾民均编氓在册。1923年日本大地震,李宝诚本着"救灾恤邻、古有明训"的原则,于9月份协同地方官绅组织"直隶省日灾救济会",劝募款项,汇至日本。①

  无意仕进的李宝诚在家乡专心办理公益慈善事业,拥有顺直省议会议员、天津城议事会议员、天津总商会会董等职务。后担任直隶省日灾救济会会办、顺直助赈局坐办、自治研究会副会长、天津临时防疫会董事、华洋华北义赈会干事、浚河事务所董事、中国慈善会董事、天津教养院董事长、天津急赈会董事、天津红十字分会董事、贫民医院董事、直隶义赈会董事、直隶临时兵灾救济会董事、河东中学校董、典华国民小学校和南开私立小学校补遗、女子小学校董事、天津市救济事业联合委员会常务委员、明德慈济会名誉会长、天津市慈善事业联合会董事等等职位或头衔。为表彰他对慈善事业做出的贡献,清政府曾经对其钦加四品衔,赏戴花翎,御赐"兰锜承庥"匾额。民国后,累晋二等大绶宝光嘉禾章、三等文虎章、记名副都统,获国民政府传令嘉奖两次,曾任国务院顾问,财政部高等顾问,内务部顾问,盐务署顾问,苏沪警察厅高等顾问,市政厅筹备处顾问,直隶省长公署顾问,直隶督军公署谘议,赈务处谘议等职务。②李宝诚是直隶绅商的领袖,也是直系军阀、财团的重要成员,其六十大寿时,直系要员纷纷以各种形式为

---

① 刘嘉琛署签:《天津李颂臣都护六十寿言录》,天津社会科学院图书馆藏书,第2—14页。
② 李宝晋纂修:《延古堂李氏族谱》,宣统元年(1909)版,天津社会科学院图书馆藏书,第156—158页。

其祝寿,曹锟赠其"花甲延洪"匾额,徐世昌赠其"积善所钟宜备福,令名有继是传人"对联。①

种种头衔并未给李氏家族带来安全,民国以后,军阀混战,天津城在各派军阀的争斗中几次易手,特别是1924年第二次直奉战争之后,李氏家族的姻亲和靠山曹锟下野。闻名天下的"李善人"家族成为各派军阀眼中的"鱼肉",先后遭到李景林、褚玉璞等军阀的绑架勒索,南京国民政府也曾借"津浦盐斤加价"问题,扣押长芦五纲总(包括李宝诗在内),敲了李家一笔竹杠。在天津城四代行善的"李善人"家族不得已搬入租界居住,不再迁回。②既是为了适应时代的发展,也有降低"关注度"的考虑,1926年,李家兄弟10人分家析产,在天津历史舞台上活跃了一百余年的家族从此瓦解,归于平静。③

(三)投身现代教育的严氏家族

清末,传统的以科举为核心的教育体系开始向近代教育体系转型。天津的近代教育在当时走在了全国的前列,其中严氏家族功不可没。严氏家族原籍浙江慈溪,代表人物是严克宽、严修父子。严氏家族自严克宽的六世祖严应翘举家迁至天津,落户在汉沟镇。严克宽,字仁波,国子监生,官候选员外郎。④严克宽兼祧两房,嗣父严道尊,生父严道亨(原名严家瑞,字宇香)。

---

① 刘嘉琛署签:《天津李颂臣都护六十寿言录》,天津社会科学院图书馆藏书。
② 金大扬:《天津"李善人"》,中国人民政治协商会议天津市委员会、南开区委员会文史资料委员会编:《天津文史资料选辑》(第76辑),天津人民出版社1997年版,第427页。
③ 同上,第420页。
④ 高凌雯纂:《(民国)天津县新志》,卷二十一之四《人物(四)·严克宽传》。

泥人张彩塑严克宽坐像

严氏家族业盐始于严家瑞。严家瑞自小帮助别人经营盐务,以义声闻名于安平、祁州、博野、肃宁等县,晚年自置盐产,行盐于顺天府三河县。严克宽少年跟随查果葊先生学习,两次参加童子试未中。看到父亲年老体弱,疲于家事和盐业,二十三岁的严克宽绝意仕进,开始帮助父亲打理盐业生意。严氏独立业盐始于咸丰壬子年(1852)。严克宽每年都要往来天津和三河县引地数次,与宾友共劳苦。每逢村镇集市之日,严克宽怀揣干粮,驱车运盐前往,露立终日,习以为常。①严克宽业盐成功后,在士绅中的威望也在不断提高。此时,数任盐运使欲委以重任,严克宽坚辞不就。祝垲担任长芦盐运使后,"以道义敦迫,始勉就职"。同治庚午、辛未(1870—1871)年间,严克宽接替屡次乞退的杨春浓,被盐运使任命为芦纲总商。严克宽在担任总商的十年间,处事公正,对同行不偏不倚,对上司推心置腹,热心公益事业,"遇事不避劳怨",各级官员知道他的秉性,地方上每有重要事务都乐于与其商议。②

同治九年(1870),天津教案爆发。教案祸起天主教会创办的仁慈堂育婴院,距津城士绅自办的天津育婴堂仅一里多地,严克宽时任育婴堂堂董。教案发生与收养孤儿有关,育婴堂的乳妇害怕受到波及,准备四处逃散。严克宽早晨发现"戈矛载途,全城大恐,居民

---

① 严修纂修:《严氏两世事略》,1915年石印本,天津社会科学院图书馆藏书,第1页。
② 同上,第2页。

家家谋自卫",立即起身赶赴育婴堂。家人请求探明消息后再动身,"弗许"。育婴堂的人发现严堂董不顾个人安危赶到育婴堂后,才安顿下来。①同治十二年(1873)夏秋之交,津城霪雨连绵,受灾地区很广,育婴堂中收养婴孩日益增多,经费捉襟见肘,严克宽当即助钱一千六百吊②。光绪初年(1875—1876),"晋豫大饥",波及京津地区,津南大批饥民来津乞讨。天津各级官员筹款设立了数处粥厂,其中一处设在城西芥园,委任专人负责其事,严克宽协助处理事务。每天天不亮,严克宽便赴粥厂料理事务,夜深了才回家,事必躬亲,不假手他人。因为灾民众多,错落聚集,不易防火,严克宽建议分棚以防火灾。负责人虽颇不以为然,但最终听从了严克宽的建议。不久,城南厉坛寺粥厂发生火灾,一两千饥民遇难。芥园粥厂自成立至解散,"无寸刻之危险",众人开始叹服严克宽的见识。③随后连年饥馑,严克宽捐资筹赈"靡役不从","既广延戚友以集事,复厚集廪饩藉以赡其身家",而费用皆自出。④

从光绪二年(1876)起,严克宽开始主持牛痘局。牛痘局设在城内鼓楼东南,每年春开冬闭。开局时,天不亮,严克宽"即往督视"。施种牛痘者多是心灵手巧的青年。牛痘局大厅中设有两行长案,施种者"依次序立",接种者抱小儿依次排列。每名儿童左右臂各施三颗。施种者将接种儿童姓名一一记之。三日后,家长抱儿童来局还浆,查验出痘颗数,用量化考核的办法确定施种者分数的

---

①严修纂修:《严氏两世事略》,1915年石印本,天津社会科学院图书馆藏书,第4页。
②王守恂纂修:《天津政俗沿革记》,卷十二《善举》。
③严修纂修:《严氏两世事略》,1915年石印本,天津社会科学院图书馆藏书,第3页。
④高凌雯纂:《(民国)天津县新志》,卷二十一之四《人物(四)·严克宽传》。

多少。月末列榜统计,以比较成绩之优劣。因此施种青年人人加意练习,互相比赛,施种技艺越练越精,几乎万无一失,榜上全分者占大半,使得牛痘局名声在外,盛极一时。①光绪五年(1879),津郡士绅李世珍捐银五千两,严克宽、杨俊元、黄世熙、杨云章、李士铭等人各捐银一千两,成立备济社。本准备平时买谷存储,以备津城荒年之用,后来大家发现,天津若遇荒年,买粮较易,不如将银发商生息,岁岁增益。经筹赈局筹议,凡本省、外省华商海船贩粮来津的,每清斛一石收取捐银五厘,如装他货,亦照装粮数目抽取,在各船所捐无几,而公中积少成多,一并归李世珍等捐银生息,以备荒歉。备济社由李世珍、严克宽等负责其事,其绅捐、船捐、息款每届冬令时节提出三成,用以救济贫穷无告之民;其余七成留为荒年助赈之用。②

严克宽每遇地方善举,捐资数额总要多于他人,有人笑他不自量力,但他不予理会,连续四五年承办赈灾事务。严氏亲友闲居在家者,都被严克宽招来帮助赈灾,"供其餐宿,厚其廪饩",数十人的花费全由他自己出资,不支用公帑,每年的花费都在津钱万缗以上。③亲友去四乡清查户口,有时候要盘桓数天才能回来。严克宽鼓励儿子严振、严修一同前往,"使知贫民苦况"。严修在十六七岁的时候便数次到天津城西北各村,哪怕要耽误数十日的塾课,严克宽也"不以为嫌"。④作为长芦总商,严克宽每年都有为书院值年的"义务"。每当值课日,严克宽在书院中"终日守视",有犯

---

① 严修纂修:《严氏两世事略》,1915年石印本,天津社会科学院图书馆藏书,第3页。
② 王守恂纂修:《天津政俗沿革记》,卷十二《善举》。
③ 严修纂修:《严氏两世事略》,1915年石印本,天津社会科学院图书馆藏书,第5页。
④ 同上,第4页。

规者,照章执行,即使对至亲也是如此。光绪五年(1879)冬,严克宽已经卧病在床,地方官员仍然以赈务相委托。严克宽在病床上安排亲友分头去各乡镇查看、放赈。一日,某人回城后,告知严克宽,因为某地与严氏相邻,所以放赈时多给了一些。他听罢,勃然大怒,告知"以公款示私惠,吾不为也",令其改减其数,而以己资补足之。①天津善举如育婴堂、施馍厂、牛痘局等等,凡经费来源于芦纲者,向来以长芦总商具体负其责,严克宽事必躬亲,不辞劳怨,成效昭然,凡是官绅兴办的善举,政府动辄嘱托其相助,严克宽视为义所当然,从不推诿,备济、恤嫠、施材、惜字等慈善机构如雨后春笋般设立起来。②

严克宽虽然"弃举经商",但文化功底十分扎实,"李善人"家族的李士铭(子香)和李士鉁(嗣香)两兄弟,都曾师从严克宽,一人中举,一人联捷成进士。严克宽每日晨起必朗诵经书或宋五子书两小时,中年以后,每天坚持写日记,记自己身过、口过、心过,用以自省。四十五岁失偶后,不再娶亦不置媵妾,教子严而有法。严克宽卒年五十一岁,著有《论学书》一卷,《事余小草》一卷。③《论学书》的主要内容是严克宽与人论学的言论,其大旨在"内明心性、外见事功",非空谈名理者可比。严克宽生平以寡过为期,而好义行仁终身不倦,可以称得上"不负所学者也"④。杨光仪为《事余小草》作序曰,"克宽一生身心交瘁,皆期实济于世,初无意于为诗,偶有讴吟不过抒写性情之作,故集中存诗无几,皆三十以前旧稿,不忍弃

---

①严修纂修:《严氏两世事略》,1915年石印本,天津社会科学院图书馆藏书,第5页。
②③高凌雯纂:《(民国)天津县新志》,卷二十一之四《人物(四)·严克宽传》。
④高凌雯纂:《(民国)天津县新志》,卷二十三之一《艺文(一)》。

置者也"①。严克宽勇于任事,以身作则,不仅为津城士绅楷模,言传身教,更为严氏子孙做出了表率。严克宽的长子严振,字香孙,附贡出身,官刑部郎中。次子严修,字范孙,进士出身,历任翰林院编修、贵州学政、五品卿衔候补三品京堂、学部右侍郎转左侍郎。②进入民国后,与张伯苓先生共同创办南开大学,被尊称为南开"校父",成为中国近代教育的先行者。

---

① 高凌雯纂:《(民国)天津县新志》,卷二十三之一《艺文(一)》。
② 高凌雯纂:《(民国)天津县新志》,卷二十之二《荐绅(二)》。

第四章 长芦盐商对南北文化交流及天津科举的推动

盐商家族的兴起，为这片"海滨僻壤""斥卤之地"积聚了丰厚的物质财富，他们修筑园林、别墅，款接文士，使天津的景观和风气为之一变。清代康雍乾时期，全国范围内发生了几次规模比较大的"文人北上"高潮。在建设天津城市物质基础的同时，长芦盐商家族利用手中的财富延揽各地文士，大江南北之俊才鸿集津门，极尽一时之盛，一部分江南文人最终选择留在了天津，使得江南文化在天津扎根、生长，从根本上改观了天津的文化生态，变"鱼盐武健之乡"为"文物声明之地"。

一、长芦盐商对江南文人的吸引

　　清初长芦三大盐商家族都有延揽、资助文人的豪举，这同样是文人与他们之间双向选择的结果。传统文人总体上是带有"厌商"倾向的，能够延揽到大江南北俊才的盐商自身必须具备一定的文化素养，能够与文人酬唱应和。遂闲堂张霖、张霆两兄弟本身文学修养就非常高，张霖还曾任政府高官；以查为仁为首的水西庄查氏子弟都接受过正规的传统教育，几乎人人都是"骚坛上将"；虽然安岐的文学素养难以评判，但至少是一位学识渊博的收藏大家。"文学兴趣"的精神共鸣与丰厚的物质基础,共同构成了对江南士子和江南文化的"吸引"。

(一)"延接名流,推解不倦"的张氏遂闲堂

张霖家族在天津文化史上的地位是开创性的,长芦盐商大规模款接南北士子始于张氏遂闲堂时期。

据清代龙顾山人《十朝诗乘》记载:"清时好客者,南有马氏小玲珑山馆,北有查氏水西庄著矣。而其先尚有天津张氏之遂闲堂,堂为鲁庵方伯别业。鲁庵以明经起家,官至闽藩,权滇抚。落职里居,筑一亩园、问津园、思源庄、篆水楼,园林声伎,盛极一时,而遂闲堂尤播人口。家素封,延接名流,推解不倦,西溟、莲洋、竹垞、初白、秋谷、石公、百川、灵皋、字绿,皆尝主其家。同邑则有梁崇此、李大拙、龙东溟、黄六吉、查汉客,文宴无虚日,人以比玉山草堂。"①

另据方志记载:张霖"缘事落职,遂构问津园,为偃息地,招名流觞咏其中,如梅定九、朱竹垞、姜西溟、查夏重、赵秋谷等,咸主其家,时人拟之月泉吟社。著有《遂闲堂稿》。加意桑梓人文,于邑之学宫旁创义塾十余间,多所成就"②。

做客遂闲堂的文士大都在当时的文坛有一定地位,这个群体主要是江南人士,尤以江、浙、皖省人士最多,亦有一些北方人士。遂闲堂的主要宾客有下列人物:

---

① (清)龙顾山人纂,卞孝萱、姚松点校:《十朝诗乘》,卷七《张鲁庵遂闲堂》,福建人民出版社 2000 年版,第 263 页。
② (清)高锡畴等纂,高凌霨等重修:《临榆县志》,卷十九《事实编·乡型》,成文出版社印行 1968 年版,第 907 页。

梅文鼎,字定九,号勿庵,宣城(今属安徽)人。清初著名的天文、数学家,为清代"历算第一名家"和"开山之祖"。著作有《明史历志拟稿》《历学疑问》《古今历法通考》《勿庵历算书目》等。梁启超曾说:"我国科学最昌明者,惟天文算法。至清而尤盛,凡治经者多兼通之,其开山之祖,则宣城梅文鼎也。"①

朱彝尊,字锡鬯,号竹垞、驱芳,晚号小长芦钓鱼师,又号金风亭长,秀水(今浙江嘉兴市)人。康熙十八年(1679)举博学鸿词科,除检讨。二十二年(1683)入直南书房。曾参加纂修《明史》。他博通经史,诗与王士禛称南北两大宗。作词风格清丽,为浙西词派的创始者,与陈维崧并称朱陈。朱彝尊精于金石文史,购藏古籍图书不遗余力,为清初著名藏书家之一。

姜宸英,明末清初书法家、史学家,与朱彝尊、严绳孙并称"江南三布衣"。姜宸英字西溟,号湛园,又号苇间,浙江慈溪人,康熙十九年(1680)以布衣荐入明史馆任纂修官,分撰《刑法志》,记述明三百年间诏狱、廷杖、立枷、东西厂卫之害。后跟随徐乾学在洞庭山修《大清一统志》。因得罪大学士明珠而受冷遇。康熙三十六年(1697),姜宸英70岁时始成进士,以殿试第三名授翰林院编修。两年后任顺天乡试副考官,因主考官舞弊,姜宸英被连累下狱而死。著有《湛园集》《苇间集》《海防总论》。

查慎行,清代诗人。海宁袁花(今属浙江)人。他是长芦盐商查日乾的远房族人,属"南查"一支。查慎行初名嗣琏,字夏重,号查田,后改名慎行,字悔余,号他山,赐号烟波钓徒。查慎行晚年居于初白庵,所以又称查初白。康熙四十二年(1703),查慎行成进士,授

---

① 梁启超著:《清代学术概论》,中华书局2010年版,第35页。

翰林院编修,入直内廷。五十二年(1713),他乞休归里,家居十余年。雍正四年(1726),因其弟查嗣庭讪谤案,查慎行以家长失教获罪,被逮入京,次年放归,不久去世。查慎行诗学东坡、放翁,自朱彝尊去世后,为东南诗坛领袖,著有《他山诗钞》。

赵执信,清代诗人、诗论家、书法家。赵执信字伸符,号秋谷,晚号饴山老人、知如老人,山东淄博博山人。他十四岁中秀才,十七岁中举人,十八岁中进士,后任右春坊右赞善兼翰林院检讨。二十八岁时,因在佟皇后丧葬期间观看洪昇所作《长生殿》戏剧,被劾革职。此后五十年间,终身不仕。赵执信与王士禛为甥婿关系,但是他的诗歌风格与王士禛迥然异趣,强调"文意为主,言语为役"。所作诗文深沉峭拔,亦不乏反映民生疾苦的篇目。

吴雯,清代诗人,与傅山有"北傅南吴"或"二征君"之说。字天章,号莲洋,原籍奉天辽阳,后居山西蒲州,诸生。康熙十八年(1679)试博学鸿词,不第。从此游食南北,足迹几遍天下。其诗清挺生新,自露天真,为王士禛、赵执信所欣赏,著有《莲洋集》。

徐兰,字芬若,号芝仙,江苏常熟人。少时从王士禛学诗,诗体近李贺,擅画花卉及白描人物,线条生动,名盛一时。

方苞,字灵皋,亦字凤九,晚年号望溪,亦号南山牧叟,安徽桐城人,清代散文家。方苞曾经是江南乡试第一名,康熙四十五年(1706)中进士,以母病归家未出仕。康熙五十年(1711)因戴名世《南山集》案被牵连入狱。赦出后隶汉军旗籍,入直南书房。康熙六十一年(1722),充任武英殿修书总裁。雍正时,方苞被免去旗籍,仍归汉籍,累官翰林院侍讲学士、内阁学士兼礼部侍郎。乾隆时,再入南书房,任礼部右侍郎、经史馆总裁等职。

朱书,清初学者、文学家,倡导皖江文化的第一人,一名世文,字字绿,号杜溪,安徽宿松人。与"桐城派"开创代表戴名世、方苞结为文字之交,时人称之为"清初三才子"。

石涛,清代画家、中国画一代宗师。石涛本姓朱,名若极,字石涛,法名原济,一作元济,又号苦瓜和尚、大涤子、清湘陈人等,广西全州人,晚年定居扬州。石涛本是明靖江王后裔,幼年遭变后出家为僧,半世云游,以卖画为业,他还工书法,能诗文。存世作品有《搜尽奇峰打草稿图》《山水清音图》《竹石图》等,著有《苦瓜和尚画语录》。

邵长蘅,一名衡,字子湘,号青门山人,江苏武进人,诸生,终生以布衣行世。他早年诗学唐人,后改学宋人,前后诗风迥异。其诗内容多为写景、吊古,常借以寄托怀念明室之意。其诗具有浑脱苍凉、流畅自然的特点。文宗唐宋,继承唐顺之、归有光为文传统,与侯方域、魏禧齐名。客游京师时,与施闰章、汪琬、陈维崧、朱彝尊等时相过从,著有《青门全集》。

沈一揆,奉天宁远州人,康熙丙辰进士,官刑部员外部,擢御史通政司参议,诗歌造诣非常深厚,是有名的"进士诗人"。①

在遂闲堂鼎盛时期,赵执信"落拓来依",住张霖家最久,每次出游回到遂闲堂时,赵执信都对人说:"吾将归家矣!"人们觉得奇怪,赵执信说:"吾以所居停者为家,谓归遂闲堂耳。"张霖的儿子张坦"从之学书"②。在这些人中,张霖与吴雯的"契分"最深。吴雯曾偶然提及:"吾家中条山下,环以玉溪之水,若能买田圃构草堂十余间,贮书其中,有楼有亭,种竹艺梅,面雷首,肘太华,相羊终老足

---

①注:遂闲堂文人的相关资料根据《天津县新志》及《津门诗钞》等材料整理而成。
②高凌雯纂:《(民国)天津县新志》,卷二十一之一《人物(一)·张霖传(附张坦传)》。

矣!"说者无心,听者有意。数年后,吴雯辞别张霖,回到家后,发现"庐舍顿改,霖已为之营构一如所言"①。张霖的遂闲堂开启了清初款接文士来津的先河,为这片"斥卤之地"注入了大量的高雅文化基因。

(二)"庇人孔北海,置驿郑南阳"——查氏水西庄宾客之盛

查氏家族曾两次经历"牢狱之灾"。有人认为,宛平查氏"喜交结士大夫以为干进之阶,故屡为言官弹劾,致兴狱讼,不及祝氏(京师米商)退藏于密也"。这种说法不无道理。但是宛平查氏并未就此衰败,正所谓"祸兮福之所倚",接连而至的"牢狱之灾"对处于鼎盛时期的家族起到了警醒作用,继续推动了查氏家族的转变与兴盛。查日乾曾两次修缮于斯堂,第一次时,"自土木以及粉绘俱亲监其事,既备美观又极完固"。出狱后,查日乾"草草复筑一堂,仍名于斯,志不忘也"。该堂"因陋就简,不足以饰美观、延佳客,逊于前之堂也远甚"。儿子们"以简陋诮之",查日乾却用"吾见高门大第不旋踵而化为废井颓垣,其后人之有无并不可问矣"的兴衰更替来告诫子孙。②对于富可敌国的盐商来说,能够兼具谦恭与内敛的美德,意味着有更多的人乐意与其交往,既有名士与才俊,也有科场不得志的落魄士子。继张霖的遂闲堂之后,查氏水西庄掀起了天津文化发展的又一个高潮,它的规模要超过前者,如果说张氏遂闲堂在天津文化史上所起的作用是开创性的,那么将其发扬光大的就是查氏

---

① 高凌雯纂:《(民国)天津县新志》,卷二十一之一《人物(一)·张霖传(附张坦传)》。
② (清)查日乾:《重筑于斯堂记》,查禄百纂修:《宛平查氏支谱》,卷六,1941年铅印本,第8页。

水西庄。查氏水西庄始建于清雍正元年（1723）[1]，"以在卫河之西，名曰水西庄"[2]。

"查氏园林、宾客，沽上著闻，风雅绵历数十年，实自日乾启之。"[3]查日乾之子查为仁，因为"少婴世网，息机最早"，绝意于科场和仕进，"托意在山水禅悦友朋书卷之间，通脱雄鸷，涤烦释滞"，"居水西庄，缥缈锦轴，法物图书，金石彝鼎，藏贮甚多，款接名流，如吴廷华、汪沆、刘文煊、万光泰、厉鹗、杭世骏、朱岷，俱主其家"，"大江南北才俊轻舠诣阙，络绎不绝，凡道出津沽者，一刺之投无不延揽，故其时水西庄宾客亦视前后为最盛"。[4]

当时，水西庄的人文之胜在全国亦占有一席之地。"升平日久，海内殷富，商人士大夫慕古人顾阿瑛、徐良夫之风，蓄积书史，广开坛坫。扬州有马氏秋玉（曰琯），天津有查氏心谷（为仁）之水西庄，杭州有赵氏公千（昱）之小山堂、吴氏尺凫（焯）之瓶花斋，名流宴咏，殆无虚日。许佩璜刺史赠查云'庇人孙（孔）北海，置驿郑南阳'，其豪可想。"[5]陈元龙认为，三国时孔融坐上客常满，杯中酒不空，郑南阳设置驿馆款接南北宾客，古今传为美谈，但这两人都是官府中人，"人自趋之"，查氏处庙堂之远，身在江湖，无可凭籍，"而高情旷达，使闻风者罔不爱慕，且有园亭池馆之胜，良辰美景，诗酒留连，歌咏太平，传为韵事"，查氏对文人墨客的吸引力比孔北海和郑南

---

[1]刘尚恒著，张文琴整理：《天津查氏水西庄研究文录》，天津社会科学院出版社2008年版，第2页。
[2]（清）查为仁著：《抱瓮集·水西庄诗并序》，收入（清）查为仁著：《蔗塘未定稿》。
[3]高凌雯纂：《(民国)天津县新志》，卷二十一之一《人物（一）·查日乾传》。
[4]同上，《查为仁传》。
[5]（清）袁枚著：《随园诗话》上，卷三，江苏广陵古籍出版社1998年版，第50页。

阳有过之而无不及①。鉴于水西庄宾客过多,笔者列表于下,不再一一介绍。

水西庄的主要宾客

序号	姓名	字号	籍贯	主要事迹
1	陈元龙	字广陵,号乾斋	海宁人	康熙进士,官至文渊阁大学士、兼礼部尚书。查日乾至交,有《水西庄记》
2	吴廷华	字中林,号东壁	仁和人	康熙举人,与汪沆同纂天津府、县志
3	汪沆	字西颢,号槐塘	钱塘人	雍正十一年来津居水西庄,乾隆元年举博学鸿词,与吴廷华同纂天津府、县志
4	刘文煊	字紫仙,号雪柯	山阴人	乾隆元年举博学鸿词,与查为仁最契,赠答之作最多
5	万光泰	字循初,号柘坡	秀水人	乾隆元年举博学鸿词,居水西庄小旸谷
6	厉鹗	字太鸿,号樊榭	钱塘人	与查为仁同撰《绝妙好词笺》
7	杭世骏	字大宗,号堇浦	仁和人	乾隆元年举博学鸿词,授翰林院编修,为查为仁作《游盘日记序》《莲坡诗话序》,为查日乾撰墓志铭
8	朱岷	字导江,号仑仲	武进人	为查礼作《秋庄夜雨读书图》
9	陈皋	字江皋,号对鸥	钱塘人	居水西庄,与查氏兄弟相唱和
10	胡睿烈	字文锡,号炅斋	山阴人	占籍天津,与查氏兄弟相唱和
11	袁枚	字子才,号简斋	钱塘人	过天津,经杭世骏介绍,识查氏昆仲
12	余尚炳	字犀若,号月樵	绍兴人	与水西庄宾主唱和,后家天津
13	余峥	字元平,号高妙	山阴人	乾隆元年举博学鸿词,著《清风草堂诗抄》,查礼为之序,集中有《雨后水西庄看荷》《寒菊和蔗塘》
14	余懋櫹	字荆帆,号枫溪	诸暨人	久客天津,与查为仁兄弟为倪阮之游
15	徐兰	字若芬,号芝仙	绍兴人	与京师名家数十人合绘《芝仙书屋图》赠查为仁
16	田同之	字彦威,一字在田	德州人	居水西庄,与宾主在香雨楼酬唱赠答
17	鲁之裕	字亮侪	麻城人	官直隶清河道,绘《山水册》赠查为仁
18	商盘	字宝意,号苍雨	会稽人	雍正十三年入都,过天津,查为仁出歌者演剧,商盘吹箫以和,临别留诗以赠

---

① (清)陈元龙:《水西庄记》,(清)张志奇、朱奎扬总裁,吴廷华、汪沆修:《(乾隆)天津县志》,卷七《附园林》。

续表

序号	姓名	字号	籍贯	主要事迹
19	葛信天	字正笏,号播书	长洲人	客陈弘谋观察署中,查礼以水西庄自种红菱饷之
20	钱陈群	字主敬,号香树	嘉兴人	官至刑部左侍郎,与查为仁交好
21	符曾	字幼鲁,号药林	钱塘人	居水西庄,为查为仁作《抱瓮集序》。乾隆二年南归,查为仁撰诗送行
22	沈德潜	字确士,号归愚	长洲人	官至礼部侍郎。乾隆十二年(1747)自吴门诣都,过津停舟造访,查礼留饮屋南小筑并撰诗纪其事
23	陆宗蔡	号染香子	吴县人	从查为仁学诗,又与查为仁同游盘山
24	释成衡	字湘南,俗姓钱	嘉兴人	海光寺住持,诗书画有"郑虔三绝"之称,雍正二年(1724)归天童寺,查为仁撰诗相送
25	宋晶	字冰鉴	河南人	天津知州,以倨强罢官,与查为仁晨夕过从,酬唱赠答
26	胡捷	字象三	大兴人	幼与查为仁同学,为仁在北寺,捷时载酒相从,及事解来居沽上,日与酬唱往还,交情益挚
27	谈汝龙	不详	不详	查为仁患难之友,死狱中
28	魏尚宾	不详	不详	水西庄宾客,一时名流莫不互相延纳
29	赵虹	字饮谷	苏州人	与查氏兄弟酬唱应和
30	张坦	字逸峰	天津人	张霖二子,与查氏兄弟酬唱应和
31	申甫	字及甫	江都人	与查氏兄弟酬唱应和
32	高镔	字季冶	辽阳人	与查氏兄弟酬唱应和
33	潘世仁	字廷简	钱塘人	与查氏兄弟酬唱应和
34	符之恒	字圣几	钱塘人	符曾侄,与查氏兄弟酬唱应和
35	恽潇源	字哲长,号铁萧	不详	与查氏兄弟酬唱应和
36	高凤翰	字西园	胶州人	与查氏兄弟酬唱应和
37	胡峻	不详	扬州人	与查氏兄弟酬唱应和
38	徐云	字稼若	苏州人	与查氏兄弟酬唱应和
39	杜甲	字禹门	江都人	与查氏兄弟酬唱应和
40	张凤孙	字少仪	苏州人	与查氏兄弟酬唱应和
41	施世纶	字济清	晋江人	施琅六子,与查氏兄弟酬唱应和
42	赵贤	字端人	钱塘人	与查氏兄弟酬唱应和
43	文思	字钦明	居京师	其先高丽人,与查氏兄弟酬唱应和

续表

序号	姓名	字号	籍贯	主要事迹
44	张璨	号湘门	湘潭人	与查氏兄弟酬唱应和
45	周焯	字月东	天津人	与查氏兄弟酬唱应和
46	查奕楠	字贡木	海宁人	与查氏兄弟酬唱应和
47	英廉	姓冯氏	汉军镶黄旗人	与查氏兄弟酬唱应和

根据《莲坡诗话》《天津县新志》《天津查氏水西庄研究文录》整理而成

如果采取更为宽泛的收录标准,查氏水西庄的宾客更多。据天津地方志专家郭凤岐参考《宛平查氏支谱》、乾隆《天津县志》、同治《续天津县志》、民国《天津县新志》、梅成栋《津门诗钞》、查为仁和厉鹗《绝妙好词笺》、查为仁《莲坡诗话》《花影庵杂记》《花影庵集》、蒋良骐《东华录》、郑方坤《本朝名家诗钞小传》、华鼎元《梓里联珠集》、杨光仪《碧琅玕馆诗钞》等书,考证出与查氏水西庄有关的代表性宾客上至乾隆皇帝,下至官吏、文人墨客和僧道,共计127人之多。①查氏家族对南北俊彦的款接规模、交流和唱酬应和频率均达到了天津文化史上的顶峰。

(三)从卫安门到安家巷——安岐对南北文化交流的贡献

"卫安两字焕城西,画栋雕梁落燕泥。过客瞻仰心敬肃,名标万古重宸章"②,雍正皇帝亲自为天津城西门题名"卫安"门,以表彰安氏父子的善举,也表示放过了安岐。"卫安"作为安岐留给天津的"礼物",永远留在了方志中。胆战心惊的安岐离开了生活三十多年

---

①郭凤岐编:《水西庄人物》,天津问津书院编:《问津丛书》2013年第11期。
②(清)华鼎元:《津门征迹诗》,(清)华鼎元辑录:《梓里联珠集》(天津风土丛书),天津古籍出版社1986年版,第170页。

的天津，到扬州定居，成为扬州总商。一般认为，"沽上文坛风雅之事，一盛于国初张鲁庵方伯之遂闲堂，再盛于查莲坡居士之水西庄"，"又颉颃于张、查间者，有子昇金氏、麓村安氏，宏奖风流，争树坛坫，人皆慕仿"。①安岐能够名列津门文坛风云榜，一则因为其在收藏界是权威，二是因为他在南北文化交流方面做出的贡献。安岐一生六十余年，前半生主要生活在天津，后半生主要生活在扬州，安岐奔波于两地之间，他对南北文化交流的促进作用主要体现在以下方面。

　　一是资助江南士子南北往来。与张氏、查氏相比，安氏家族结交的宾客并不太多。这或许与安岐不喜"唱酬应和"，喜欢收藏有关，但这不妨碍他慷慨解囊，资助文人墨客南北往来。康熙丙寅年（1686），查慎行做客于明珠相国京师家中的怡园，明珠之子揆叙兄弟皆从查慎行读书，当时安岐在明珠家中为奴，与查慎行相识。康熙丁亥年（1707），查慎行偕其弟查浦同舟返浙，途经扬州，当时安岐已经为明珠鬻盐于两淮。得知查慎行到来，安岐谒见于舟中，执礼甚恭。查慎行嘱咐其小心贸易，不要为主人生事。事后，安岐赠给查慎行和查浦赆仪若干。②另据钱陈群回忆："余自乙未下第后，侨寓津水，……麓村慷慨，乐周人急，见予旅贫，思出箧中金，听予取利，入供菽水（对父母的供养）。予固辞曰：'若尔，非予愿见意矣。惟岁时致酒醴，勿拒焉。'"③另据《扬州画舫录》记载，朱彝尊"归过扬

---

① （清）梅成栋撰：《津门诗钞弁词》，（清）梅成栋纂：《津门诗钞（上）》《天津风土丛书》，天津古籍出版社1986年版，第1页。
② （清）凌廷堪著，王文锦点校：《校礼堂文集》，卷二十三《与阮伯元阁学论书舫录书》，中华书局1998年版，第210页。
③ （清）钱陈群：《麓村五十寿序》，（清）钱陈群：《香树斋文集》，卷十三序三，四库未收书辑刊。

州,安麓村赠以万金"①。安岐的慷慨资助,为南北文化交流做出了一定贡献。

二是蓄养戏班,烧制陶瓷制品。蓄养戏班在扬州为一时之盛,对于盐商来说,这也是身份的标志,"两淮盐务例蓄花、雅两部以备大戏"②。作为扬州总商的安岐当然不甘人后,据记载,他的家中就蓄养着一支安家班。③盐商们花重金蓄养家班,对于京剧的形成产生了很大的推动作用。史上并无安家班进京的记录,但是安岐常年往返于扬州和天津之间,"五十初度"时还曾"津水旧游"④,也许安家班随安岐到过天津。关于安岐烧制瓷器的记载在史料中并不多见,仅在奏折中存之一二,联系安岐的收藏爱好,喜欢陶瓷艺术品亦属理所当然。当时许多盐商有烧制民窑、定制瓷器的爱好,如查有圻(小山)等。安岐在扬州行盐时,从康熙五十九年(1720)起,派家人马自弘、杨宗、俞登朝三人,每年用银九千两,在景德镇置买材料,雇工烧瓷。烧造的瓷器全部运到扬州再转送进京⑤。对比当时官窑的情况,"至雍正十三年(1735),每年烧造钱粮,皆系淮关监督年希尧自淮关陆续运解来厂。计烧造所费,岁不过八千余两"⑥。安岐制瓷所耗已经超过官窑。

在扬州,安岐也是以业盐为生,还做了总商。据史料笔记记

---

① (清)李斗撰:《扬州画舫录》,卷十《新城北录下》,中华书局1960年版,第242页。
② 同上,第107页。亦见(清)钱泳:《履园丛话》,卷十二《演戏》。
③ 高福民、周秦主编:《中国昆曲论坛2005》,苏州大学出版社2006年版,第58页。
④ (清)钱陈群:《麓村五十寿序》,(清)钱陈群:《香树斋文集》,卷十三序三,四库未收书辑刊。
⑤ (清)德寿:《查讯安尚义烧造瓷器折》,熊寥、熊微编注:《中国陶瓷古籍集成(注释本)》,江西科学技术出版社2000年版,第203页。
⑥ 同上,第102页。

载,安岐在扬州过着"豪奢"的生活。或许由于"天高皇帝远"的缘故,其个性也较天津时期"张扬"了许多,留下许多"佳话"。"是时,盐务商总以安绿村为最"①。当时来自天津的盐商安氏与来自山西的盐商亢氏,并称"北安西亢"②,"扬州盐务,竟尚奢丽。一昏嫁丧葬,堂室饮食,衣服舆马,动辄费数十万。……其先以安绿村为最盛。"③实力雄厚的安岐在天津留下了卫安门,在扬州则留下了安家巷。据徐珂《清稗类钞·农商类》记载,"广陵新城内安家巷安公店,其故宅也","安家巷,以安麓村而名"④。据说,当时的安家巷有七十二条之多。⑤

二、津郡文化中的江南"基因"与文人北上的内在需求

毫无疑问,作为一座移民城市,天津文化基因、文化特征的形成,在很大程度上要取决于"移民"的文化背景和"移出地"的风俗文化。传统观点认为,天津文化属于"卫文化""码头文化""移民文化"等等,凸显其"通俗""草根"的文化基因。这些观点是正确的,但是天津文化基因不仅仅是这些,还有长芦盐商为我们带来的"风雅相继"的江南基因。准确的讲,此时的江南文化与天津文化还谈不上互相"交流"的问题,更像是南方"声明文物"向天津流淌的过程。天津的文化寻根、寻源工作要两条腿走路,既照顾到民俗渊源,还

---

① (清)李斗撰:《扬州画舫录》,卷九《小秦淮录》,中华书局1960年版,第214页。
② 同上,第203页。
③ 同上,第150页。
④ 董玉书撰:《芜城怀旧录》,卷二,广陵书社2003年版。
⑤ 韦明铧:《遥想安家当年》,韦明铧著:《二十四桥明月夜——扬州》,上海古籍出版社2000年版,第140—144页。

要考虑到"士林雅事"。事实上,天津文化中的江南基因比比皆是,津门小令中"沽上人家千万户,繁华风景小扬州"[1]的描述,张船山夫子《津门纪游》云:"二分烟月小扬州"。不久之前还是"海滨僻壤""斥卤之地",此时之所以能以小扬州自居,盐商起到了重要的作用。扬州是江南财富和文化的中心,自觉不自觉地与扬州比较,有两层含义,一是天津的物质财富不断积累,逐渐从"斥卤之地"发展成为北方经济中心;二是长芦盐商们用财富、园林和志趣,不断吸引江南文士北上,天津的文化氛围不断改善,"风雅相继"。统计、分析清初长芦盐商三大家族资助、款接的文人墨客,不难发现,这些人绝大多数为"江南士子"。长芦盐商们大兴土木修建园林、花重金资助才子们南北交流,与他们"酬唱应和",盐商家族自身的文化素质在这个过程中不断提升,对江南士子产生了很大的吸引力。但是,凡此种种还只是外因,大批士子北上的背后有其深刻的内在需求。

(一)江南问题与文人的力量

大约从南宋时期开始,江南地区就成为全国的政治、经济和文化中心。江南"与其说是一个有着明确界限的地理区域,不如说是一种经济生产消费模式和一种文化特性"[2]。特别是作为"文化"中心,江南在很大程度上已经成为汉族精神和文化的一面旗帜、一个象征。对于许多外来政权尤其是被汉族视为"蛮夷"的少数民族政

---

[1] (清)樊彬:《津门小令》,(清)华鼎元辑录:《梓里联珠集》(天津风土丛书),天津古籍出版社1986年版,第136页。
[2] [美]高彦颐(Dorothy Ko)著,李志生译:《闺塾师:明末清初江南的才女文化》(海外中国研究丛书),江苏人民出版社2004年版,第22页。

权来说,没有征服江南,就没有最终征服"中国"。

满族统治者对江南的情感是复杂的。他们的祖先女真族从金王朝时期开始,就一直梦想征服富庶的、由汉族政权控制的江南地区。先后定都北京的女真、蒙古和汉族统治者都采取从南方各省漕运粮食的办法,维系中央政府庞大的粮食需求,满族统治者也不例外。数百年来,北方粮食,"全取给于东南"。明末农民起义大爆发以后,南方的粮食无法运到北方,导致"北地之米价日腾"①。江南苏、松、常、镇、杭、嘉、湖七府的粮食,对于任何一方政权来说都意味着长期稳定与持续的信心。清王朝既然定都北京,江南不平定,始终是心腹大患。顺治二年(1645)五月,定国大将军、和硕豫亲王多铎领衔奏报江南平定,顺治皇帝的喜悦溢于言表。②征服富庶的江南,以满足庞大中央政府的运行需要,是满族统治者首先要考虑的问题。作为外来政权,清王朝最初也试图用"曲示矜全""秋毫无犯"等相对平和的方式取得江南。户科给事中郝杰曾上书建议,立国之本,在结民心,应该通过纪律详严、秋毫无犯换取江南士庶"俛首来归、遐陬争附"③,该建议被清统治者采纳。

但是,清王朝在江南地区遇到的阻力远远高于预期。南明小朝廷的武力反抗此起彼伏,江南文人也在不断推波助澜。最令清王朝头痛的是江南文人的"气节"和结社风气。受中华传统浸淫日久的江南文人身上有一股"大义凛然""舍生取义"的韧劲。明万历三十二年(1604),以顾宪成、高攀龙等人为首创办的东林书院,可以作为明末文人结社的"滥觞"。东林书院讲求"论学以世为本,(顾宪

---

①②《清实录》,顺治朝实录卷十六,顺治二年五月。
③同上,卷十五,顺治二年四月。

成)尝言官辇毂念头不在君父上,官封疆念头不在百姓上,至于水间林下,三三两两,相与讲求性命,切磨德义,念头不在世道上,即有他美,君子不齿也"①。他们用这个标准来评论朝政,衡量公卿,书院中相继出现了反对阉党的杨涟、左光斗等铮铮君子。可见,明末的江南文人并非"两耳不闻窗外事,一心只读圣贤书"的"书呆子",而是身体力行的活动家。

天启末年,太仓人张溥、张采,苏州人杨维斗等创办应社,后来在张溥等人的带领下,应社"共兴复古学,将便异日者,务为有用,因改名复社"②。当时称江西、安徽等地为"上江",苏、松和浙东西等地为"下江",汇合了江南地方的很多社集。③明朝灭亡后,"士人憔悴失职,高蹈而能文者相率结为诗社,以书写其旧国旧君之感,大江以南,无地无之"④。当然还不止如此,"清兵直下江南之时,嘉定的进士黄淳耀和侯峒曾等由于人民的支持,坚守嘉定抗拒清兵,几社领袖陈子龙、夏允彝也起兵松江,明末大儒、复社成员顾炎武和吴其沆等起兵昆山,大江南北起义抗清的领导者,大半出于社集中的人士……浙东抗清的将领如钱肃乐、张煌言与复社和几社有密切的联系"⑤,江南文人的气节最终外化为抵抗"蛮夷"的真刀真枪,清政府凭借"嘉定三屠""扬州十日"才平定了江南。

肉体容易清除,精神的影响却是长远的。江南"是一个特定

---

① (清)黄宗羲:《明儒学案》(卷五十八),《黄宗羲全集》(第八册),浙江古籍出版社 2005 年版,第 731 页。
② (清)陆世仪撰:《复社纪略》,上海古籍出版社 1996 年版。
③ 谢国桢著:《明末清初的学风》,上海书店出版社 2006 年版,第 7 页。
④ (清)杨凤苞:《秋室集》十卷,光绪十一年(1885)刻本,续修四库全书,集部第 1476 册。
⑤ 谢国桢著:《明末清初的学风》,上海书店出版社 2006 年版,第 8 页。

的名字，是一种流行的诗意暗示、想象出的丰富形象、享乐主义和肉欲的美丽"①。美国学者孔飞力认为，既恐惧又不信任，既赞叹不已又满怀妒忌，这便是满人对于江南的真实看法。②如果有什么人能让一个满族人感到自己像粗鲁的外乡人，那就是江南文人。当时，最具华夏民族传统特征的东西均以江南为中心。在得到了江南的粮食和赋税后，如何建立起对于江南倨傲不逊的上层学界的政治控制，是最令北方统治者感到头痛的问题。孔飞力将这个问题命名为"江南问题"，可谓眼光独到。③江南平定之际，满族统治者着手做了两件事。一是尽快恢复江南到京师的漕运，二是尽快恢复科场诸务。与蒙古统治者不同，满人最终选择向汉族文化靠拢。统治者对"科场诸务"的重视，可以解读出诸多味道，有对江南文化的羡慕，还有对汉族文化和江南士子的示好、妥协和让步。

但是，这种妥协和让步不是单方面和无条件的，汉族文明必须接受满族风俗。顺治二年（1645）六月，平定江南的第二个月，为表彰多铎卓越的战功，顺治皇帝派遣侍卫尼雅达、费扬古等人嘉奖多铎，同时命令"各处文武军民，尽令剃发。傥有不从，以军法从事"④。这是顺治皇帝针对部分汉族知识分子（有些人身为朝廷官员）从"礼乐制度"出发，认为剃发不合伦理的反抗行为下达的口谕。也就是说，清廷在满人风俗的问题上没有退让，我接受你的文

---

① [美]高彦颐（Dorothy Ko）著，李志生译：《闺塾师：明末清初江南的才女文化》（海外中国研究丛书），江苏人民出版社 2004 年版，第 22 页。
②③ [美]孔飞力（Philip A.Kuhn）著，陈兼、刘昶译：《叫魂：1768 年中国妖术大恐慌》，上海生活·读书·新知三联书店 2012 年版，第 90 页。
④《清实录》，顺治朝实录卷十七，顺治二年六月。

化,你必须接受我的风俗,剃发与否已经上升为一个标志,即是否承认满族的权威和领导,也可以看作对中原文化和汉族知识分子文化自信的一种抑制。不难想象,满口"夷夏之辩"的儒生脑后拖着一条象征满族风俗的辫子意味着什么。

(二)对江南士子的持续打压——文字狱、奏销案和科场案

剃发之争使汉文化与满族风俗达成了表面上的妥协和平衡。在武力的高压下,汉族知识分子的不满和敌对情绪最终化作"满腹牢骚",而满族统治者文化不自信的神经更加脆弱和敏感,在歇斯底里地平定了江南的武装反抗后,满族统治者从明王朝手中接过了"文字狱"的接力棒。有清一代,满族统治者制造了大量的文字狱,故宫博物院原文献馆编辑的《清代文字狱档》共收录了65起,《清代文字狱案》一书收录了86起,有学者对档案中的案件进行细致分类,认为"明确著录案发地点的有159宗"[1]。

《清代文字狱档》和《清代文字狱案》记录的案例涉及浙江(14件)、江苏(11件)、湖南(10件)、江西(10件)、安徽(7件)、湖北(7件)、山西(5件)、直隶(4件)、山东(4件)、广东(4件)、广西(3件)、福建(3件)、河南(2件)和陕西(1件)共14个行省。虽然这些是不完全统计,但仍然可以从中清楚的看出文字狱发案的特点。一个地区人文环境愈浓厚,文人愈多,科举愈发达,文字狱的发案率就愈高。浙江、江苏、湖南、江西、安徽等地的文字狱数量高度集中。"凡在满族人眼里最具汉人特征的东西均以江南文化为中心:这里的

---

[1] 朱竑、安宁:《清代顺、康、雍、乾时期文字狱的地域分异研究》,《地理科学》,2011年第1期,第7—14页。

文化最奢侈,最学究气,也最讲究艺术品位,但从满人古板严谨的观点来看,这里的文化也最腐败","如果满人在中国文化面前失去自我的话,那么,正是江南文化对他们造成了最大的损害"。①怀着"既恐惧又不信任,既赞叹不已又满怀妒忌"的复杂心理,满族统治者将关注、警惕的重点放在了江南地区,导致江南地区不仅文字狱发案量大,而且案情复杂、牵涉面广。

在满族统治者眼中,北方各省偶发的文字狱,与江南文字狱有着本质的区别,案件主体和目的均不相同。与江南士子对统治者的"怨恨"相比,其他省份文字狱多由"愚民"挑起,起因和动机要简单的多。以直隶省为例,南宫生员安能敬想拍政府马屁,结果因为文理不通惹上麻烦。②盐山县农民王珣和高邑县郎中智天豹异想天开,投递自己编造的伪书,妄图谋求荣华富贵,结果掉了脑袋。③山东、河南、山西等地的文字狱也多由无知乡民意图向皇上"献诗""献书""献策"引起,结果因为文理不通、不知避讳,多有违碍,有的被"立毙杖下",有的被"发遣乌鲁木齐"。这些文字狱案由于动机简单,多被视为"乡曲愚民"的无知之举。在批驳曾静时,雍正曾问道:"湖南、山西同在戴天履地之中,何以山西之民踊跃急公,忠诚爱戴,实能视朕为后;而湖南之民,乃有猖狂悖逆、肆恶扰乱之徒如曾静等,至于视朕如仇?"④乾隆也曾在谕文中说:"此等笔墨妄议之

---

① [美]孔飞力(Philip A.Kuhn)著,陈兼、刘昶译:《叫魂:1768年中国妖术大恐慌》,上海生活·读书·新知三联书店2012年版,第90—91页。
② 张书才,杜景华主编:《清代文字狱案》,紫禁城出版社1991年版,第148—149页。
③ 同上,第154、216页。
④ (清)雍正帝撰《大义觉迷录》,沈云龙主编:《近代中国史料丛刊》第36辑,文海出版社1966年版。

事,大率江浙两省居多,其江西、闽、粤、湖广,亦或不免。"①在对北方各省文字狱的处理上,"连坐"方式也不多见。可见他们对北方省份一直比较放心,却从未对江南放下戒心。

除了罗织文字狱之外,奏销案和科场案也是主要针对江南士绅展开的。奏销案的起因是拖欠赋税,而拖欠事出有因,"江南赋役,百倍他省,大约旧赋未清,新饷已近,积逋常数十万","民力已竭,而逋欠如故"。②时任巡抚的朱国治认为,这一切都是江南士绅的过错,奏请穷治。部议"不问大僚、不分多寡,在籍绅衿,按名黜革,现在绅衿,概行降调"。结果,乡绅张玉治等二千一百七十一名,生员史顺哲等一万一千三百四十六名,俱在降革之列③,"凡欠数分以上者,无不黜革比追。于是两江士绅得全者几无"④。当时昆山县的叶方蔼,已经考取乙亥科进士第三名,因为欠银一厘而被黜革,时有"探花不值一钱"之谣。吴伟业、徐乾学、徐元文、韩炎、汪琬等江南著名缙绅人物几乎全部罗织在内。"押吏势同狼虎,士子不异俘囚"⑤,"江南英俊,销铄殆尽"⑥。以往,"使功使过,朝廷每多宽宥之仁",其他省的奏销案,只要能够在规定的期限内完纳赋税,官员、士子,朝廷准其"随时开复","而江南官、儒永行禁锢"⑦,使得江南"仕籍、学校为之一空"⑧,"怀才抱璞之士,沦落无光,家弦户诵之

---

① 张书才、杜景华主编:《清代文字狱案》,紫禁城出版社 1991 年版,第 169 页。
② 孟森著:《心史丛刊》,中华书局 2006 年版,第 5 页。
③ (清)叶梦珠撰,来新夏点校:《阅世编》,中华书局 2007 年版,第 155 页。
④ (清)周寿昌撰,李军政标点:《思益堂日札》,岳麓书社 1985 年版,第 76 页。
⑤ (清)叶梦珠撰,来新夏点校:《阅世编》,中华书局 2007 年版,第 155 页。
⑥ 同上,第 30 页。
⑦ 同上,第 160 页。
⑧ 孟森著:《心史丛刊》,中华书局 2006 年版,第 5 页。

风,忽然中辍"①。积弊日久,固然与士绅包揽赋税、不无侵蚀脱不了干系,但主要原因在于赋税太重,自明末以来,每年只能完税六七成,积习相沿所致,清政府的处置确实过于苛厉。以至于清史大家孟森认为:"清廷当日实亦有意荼毒缙绅,专与士大夫为难,斥革之不已,横加鞭扑,其惨如此!"②从这些史料中,我们可以品出清政府对江南士绅的特殊"照顾"。

满族统治者很清楚汉族知识分子的心理需求,他们"始入关则连岁开科,以慰蹭蹬者之心,继而严刑峻法,俾忮求之士称快"③。科场案很快也成为清廷打击江南士子的重要手段。丁酉(1657)科场案蔓延至全国,以顺天、江南两地最为惨烈,次则河南,又次则山东、山西,共五闱。在丁酉科场案中,北闱所株累者也多为南士,而南闱之惨烈又数倍于北闱。统治者在对待南北闱的问题上,标准明显不统一。北闱仅诛两房主考官,并且有司定刑偏重,皇上特旨改轻以示恩。到了南闱,则特旨改重,并且追究有司定刑偏轻的责任,两主考官斩决,十八房考官除已死的卢铸鼎外,皆绞决。两主考、十八房考,妻子家产皆籍没入官。④凡此种种,与满族统治者心目中的"江南情结"不无关系。在清政府持续的"照顾"和"另眼相待"下,江南士子的生存和上升空间不断被挤压,面临的各种政治风险加大,这是导致江南士子北上的主要原因之一。

---

①(清)叶梦珠撰,来新夏点校:《阅世编》,中华书局2007年版,第160页。
②孟森著:《心史丛刊》,中华书局2006年版,第6页。
③同上,第34页。
④同上,第60页。

(三)博学鸿词科对士子的吸引

清统治者对待江南士子的策略是"拉""打"结合,在持续的挤压之余,也不乏"示好"之举,开博学鸿词科就是他们拉拢汉族知识分子的一种手段。在中国历史上,博学鸿词科最早始于唐玄宗开元年间,时称"博学宏词"。宋神宗后,因科考重经义、策论,考生语文水平降低,朝廷起草诏、诰、章、表等应用文书乏人,遂于宋高宗绍兴三年(1133)置此科。可见,博学鸿词科重文笔,与重经义、策论的传统科举考试侧重点不同。历代朝野对博学鸿词科存在不同看法,韩愈认为宏词科考试讲求辞藻,"乃类于俳优者之辞"①。李商隐在《与陶进士书》中则认为:"夫所谓博学宏辞者,岂容易哉?"②

"制科之开,汉、满之融合关纽也"③。清代在康熙朝和乾隆朝曾两次举"博学鸿词科","鸿"本作"宏",因避乾隆皇帝名讳,改为博学鸿词。这是在科举制度之外,笼络知识分子的又一种手段。所试为诗、赋、论、经、史、制、策等,不限制秀才举人资格,不论已仕未仕,凡是督抚推荐的,都可以进京考试。考试后便可以任官。清政府通过此科得人颇多,非常有影响。康熙十七年(1678),三藩之乱平定后,清朝国势基本稳定。康熙帝谕令各地官吏:"自古,一代之兴,必有博学鸿儒,振起文运,阐发经史,润色词章,以备顾问著作之选。……凡有学行兼优、文词卓越之士,不论已仕未仕,令在京三品

---

① (唐)韩愈著:《昌黎先生集》,卷六《答崔立之书》,北京图书馆出版社 2003 年版。
② (唐)李商隐撰:《樊南文集详注》,卷八,四部备要,集部。
③ 孟森著:《明清史论著集刊》,中华书局 2006 年版,第 491 页。

以上,及科道官员,在外督抚布按,各举所知,朕将亲试录用。①"因为当时天气太过寒冷,将考试时间改为隔年三月。康熙十八年(1679)三月初一日,全国被荐举者共143人,齐集太和殿,后赴体仁阁应试,康熙帝在保和殿御试,宣布录取博学鸿儒彭孙遹等50人,其中一等20名、二等30名,合约占应试人数的三分之一,授以侍读、侍讲、编修、检讨等职,并入明史馆纂修《明史》。其中,朱彝尊、李因笃、冯勖、潘耒四人以布衣入选,时称"四大布衣"。当然,也有不少明朝遗老宁愿冒着被杀头的危险,力辞不就,像顾炎武、黄宗羲等。尽管傅山说"博学鸿词"不如"清歌妙舞",康熙帝亦加容忍。无论如何,康熙帝重视和优待汉族知识分子的态度,获得大部分汉族士大夫的好评。黄宗羲称赞:"庶几同学之士,共起讲堂,以赞右文之治。"②雍正十三年(1735)十一月,雍正帝谕令京内大臣及各省督抚保举博学鸿词,不过雍正皇帝不久就驾崩了,博学鸿词科改在乾隆元年(1736)举行。由于这次考试在丙辰年举行,被称为丙辰词科。当年各省推荐一百七十六人,取十五人;次年(1737),又取四人。"两科取人皆以江南人为极盛,尤以己未取二十六人,丙辰取七人。己未王顼龄,丙辰刘纶,入阁,皆江南人也。其次则浙江人最多,己未取十三人,丙辰取八人。"③

博学鸿词科两次开科取士,为江南士子提供了步入仕途的另一条途径,大批士子北上应试。热情好客且自身修养尚可的长芦盐商,美丽的园林亭榭,都吸引着他们来天津"盘桓",有些人再也没

---

① 《清实录》,康熙朝实录卷七十一,康熙十七年正月。
② (清)黄宗羲:《董在中墓志铭》,(清)黄宗羲:《黄宗羲全集》,浙江古籍出版社2005年版。
③ 孟森著:《明清史论著集刊(下)》,中华书局2006年版,第500页。

有离开天津。康熙十八年（1679）取中的朱彝尊，参加考试"不第"的姜宸英、吴雯都曾馆于长芦盐商张霖的遂闲堂。乾隆元年取中的杭世骏、沈德潜、厉鹗、袁枚、刘文煊、汪沆、万光泰、余峥、余懋檀等人，"不第"的符曾等人，都受到了查氏水西庄的"款接"，很多人长期客居水西庄，在天津文化发展过程中留下了印记。清政府开"博学鸿词"科，客观上促进了江南士子北上，也契合了长芦盐商们提升文化素养的迫切需求。

（四）"有利可图"的占籍、寄籍与冒籍

在统治者拉、打结合的"特殊关照"下，许多江南文士选择"北上"谋求出路，这里面当然还有许多其他原因，如政治中心设在北京，产生了极大的人才聚集作用，等等。在当时"南紧北宽"的政治大环境下，士子北上还有一个重要原因，那就是——"有利可图"。经过几百年的发展，北方的声明文物已落后于江南，但入学、取士名额的确定往往依大、中、小县来确定，主要考虑人口基数，较少考虑整体素质水平。文士们在南方除面临着政治风险，还面临着激烈的竞争。同样是考科举，走仕途，北方的机会更多。

士子流动首先要符合政府的户籍管理政策。户籍管理主要同赋税徭役和科举考试相关，在我国有着悠久的历史，西周时期就已经开始了详细的人口登记工作，"司民掌登万民之数，自生齿以上，皆书于版，辨其国中，与其都鄙，及其郊野"[①]。总的来说，在封建社会发展进程中，统治者对户籍的管理越来越严格。严格的制度不仅可以保障赋役的征收和对人口的控制，还有利于健

---

① 《周礼·秋官司寇第五·司民》

全完善科举制度。到了明代,参加科举考试的有官籍、民籍、军籍、盐籍、灶籍、匠籍之分。①清代,官方将户籍分为四大类:"凡民著于籍,其别有四,一曰民籍,诸色人户,非系军、商、灶籍皆为民籍。二曰军籍,军即为军籍,亦有注为卫籍者。三曰商籍,商人子弟②准附于行商省份,是为商籍。四为灶籍,灶户即为灶籍"③。在实际操作中,种类还要更多一些,如官籍在清代是长期存在的,"内而部院九卿,至于翰林院编检庶常,外而督、抚、藩、臬子弟,与试者皆称官籍,别为中额"④。直到清前期,天津卫仅有官、军二籍之分,向无民籍。

严格的户籍管理制度,在方便政府进行社会管理的同时,也产生了一系列负面后果。在科举考试方面的表现是,由于户籍管理制度没有随着全国经济、文化发展变化的情况一并调整,与北方相比,南方士子的科考成本越来越高,南北之间的机会越来越不均等。据统计,在明清进士最多的46座城市中,北方仅有北京(第4名)、开封(第23名)、济南(第27名)、长安(第33名)、洛阳(第42名)和天津(第44名)六座城市,其余四十座城市高度集中在江南地区。⑤并且,北京、天津取士多主要是因为顺天乡试的特殊情况造成的。江南地区文风之盛、竞争之激烈可见一斑。在这种情况下,冒

---

① 何圣生:《檐醉杂记》,卷二,杨寿枏辑:《云在山房丛书三种》,山西古籍出版社1996年版。
② 经学者考证,专指盐商,参见本书第三章第一节。
③ (清)昆冈等修,吴树梅等纂:《(光绪)大清会典》,卷十七《户部》,续修四库,上海古籍出版社,第163页。
④ 何圣生:《檐醉杂记》,卷二,杨寿枏辑:《云在山房丛书三种》,山西古籍出版社1996年版。
⑤ 沈登苗:《明清全国进士与人才的时空分布及其相互关系》,《中国文化研究》,1999年第4期,第59—66页。

籍参加北方考试成为有利可图的"捷径"。在明代,南人冒北籍情况就时有发生,明政府将"冒籍"作为一种违法行为予以禁止。"今南北所取举人名数,已有定数。近年奔竞之徒,利他处学者寡少,往往赴役投充增广生员,诈冒乡贯,隐蔽过恶,一概应试,所在教官侥幸以为己功,其蔽滋甚。今后不许,违者听本职及提调科举官、监试官拿问。"①

进入清代以后,科场冒籍成为一种较为普遍的现象,北方的顺天府和天津府成为南方士子冒籍科考的重灾区。乾隆五年(1740),乾隆皇帝发现了南人冒北籍情况的严重性,"朕闻钱陈群考试通州,多取冒籍。发案之日,新进二十三名,实在通州本地,只有三名。其二十名,俱系江浙各省之人顶冒。以此众论沸然"。②冒籍之多,令人汗颜。顺天府冒籍多的主要原因是,顺治元年(1644),清政府设寓学于京城,远方士子游学者,取保结后,准附入顺天府考试。③所以,钱陈群向乾隆皇帝解释:"大兴、宛平二县,地居辇毂之下,为贤才聚集之所,是以大兴、宛平二县率多外省入籍之人"④。

与南方的人才济济以致雍滞相比,此时天津周边地区仍然"地瘠人贫""人才稀少"。乾隆皇帝本想招募南方人在这里开垦荒地任其所有,考虑到"又许占籍,是夺北人之田,而又塞其功名之路也"⑤。正当乾隆皇帝不忍心阻塞直隶士子功名之路的时候,天津府

---

① 《大明会典》,顺天六年,转引自:王日根、张学立:《清代科场冒籍与土客冲突》,《西北师大学报》(社会科学版),2005年第1期,第69—73页。
② 《清实录》,乾隆朝实录,乾隆七年庚申七月丁亥。
③ (清)索尔纳等:《钦定学政全书》,卷二十九,"寄籍入学",续修四库,第676页。
④ (清)钱陈群撰:《香树斋文集》,卷三,《请改归冒籍生员疏》。
⑤ 《清实录》,乾隆朝实录,乾隆九年五月。

的冒籍现象也已日趋严重。乾隆十八年(1749),御史温如玉奏称:"查顺天府外属及直隶天津一府,冒籍亦所不免。嗣后顺天府属之州、县、卫学,及直隶天津府,请饬校录之四路同知及该府,俱照大宛二县之例,于试前审音,并取具廪结存案。"①也许乾隆皇帝认为,士子冒籍应考虽然影响了不同地区之间的考试公平,但毕竟有利于朝廷选拔更多的真才实学。所以,清政府对户籍管理虽然很严格,试图杜绝冒籍情况,但并没有打算对违犯者进行严厉的处罚,"至冒籍人员等即呈明原籍,不过回避本省。于他省仍可铨授,并不碍其仕进之途"②,同时规定"如实系无籍可归,照例寄籍二十年,准令入籍"③。几乎没有任何处罚措施,导致冒籍天津府的情况越来越多,而且呈现日渐公开的趋势。

天津的许多名人都是由江南冒籍天津而最终定居天津的。天津名士王又朴,"初名易柱,今名又朴,字从先,别号介山。世居江南之京口,有宅在江中之洲,擅芦荻利,人称为'沙洲王氏'者也"。明末战乱纷仍,"沙洲王氏"散徙全国各地,王又朴的曾祖父"冒翟姓来维扬而家焉",王又朴的父亲"依宗人于天津","业贾"为生,"冒翟姓已历三世"④,"介山(王又朴)入籍盖认王三命为同族,同居河东,联兄弟之谊。三命之先,明初由寿光迁来,与介山无涉,后人不知以为真兄弟也。窜名谱中,即以三命之父为介山之父"⑤。王又朴

①《清实录》,乾隆朝实录,卷四百三十九,乾隆十八年五月。
②同上,卷一千三十七,乾隆四十二年七月。
③同上,卷一千八十八,乾隆四十四年八月。
④(清)王又朴撰:《介山自定年谱》,金钺辑:《屏庐丛刻(第三册)》,天津社会科学院图书馆藏书,第1页。
⑤高凌雯辑:《志余随笔》,卷三,天津市地方志编修委员会著:《天津通志·旧志点校卷(下)》,南开大学出版社2001年版,第715页。

与天津人谢谷、孙嘉倰、俞天作、刘卿、于宗瀚等以文章相矜尚,号"五才子"。王又朴以天津籍副榜贡生举于康熙五十九年(1720)乡试,雍正元年(1723)成进士①,授编修,出任河东运同,两权盐运司。后因事被劾,调补陕西凤翔府通判。告病归天津。乾隆初年再度为官,所至皆有政声,尤其长于水利。二十年后告归乡里。王又朴在自定年谱中丝毫没有避讳自己冒籍天津的事实。

另外,军功卓著、入选《满汉名臣传》的天津人俞金鳌也属冒籍人士。俞金鳌参加科考时的榜名为金鳌,后改名俞金鳌。据高凌雯考证,"俞金鳌初名金鳌。旧志选举班班可考。当是金氏入籍早,其后浙人来此冒籍者,因以冒其姓名耳"②。天津名士徐金楷也是如此,少时"投亲金氏,因至天津而家焉。盖亦冒金姓而入籍者也"③。到清朝后期,冒籍问题愈演愈烈。据《异辞录》记载:"道光末年,时南人冒北籍者多,得第之后,好为大言,訾北人之无学。某君得高第,辄云:'北人焉能至此,惟吾辈冒籍者为之增光耳。'北人憾之,相约中式之后,不为出结会试。"④

可以说,方志中所载的天津"士人工于应试文字,近年举人会试者计逾百数,实为天下罕见"⑤的记载是有水分的。据《畿辅通志·选举表》的统计,明代天津地区产生的进士和举人都不多,而到了清代,天津籍进士达到 295 名,其中天津县 123 名,天津府举人

---

① 高凌雯纂:《(民国)天津县新志》,卷二十一之一《人物(二)·王又朴传》。
② 高凌雯辑:《志余随笔》,卷三,天津市地方志编修委员会编者:《天津通志·旧志点校卷(下)》,南开大学出版社 2001 年版,第 709 页。
③ 同上,第 731 页。
④ (清)刘体智撰,刘笃龄点校:《异辞录》,《潘鼎新会试不第》,中华书局 1988 年版,第 23 页。
⑤ (清)沈家本、荣铨修,徐宗亮、蔡启盛纂:《(光绪)重修天津府志》,卷二十六。

1400多名,其中天津县730多名,可谓进步神速。不过这主要不是天津土著的功劳,相当多的南方士子通过冒籍在天津参加科举考试,走上仕途。冒籍在短时间内迅速拉升了天津士子的科考水平,造成"科场繁荣"①的假象。但是,天津的耕读传统历来较差,大量士子并不是天津土生土长培养出来的,而是由南方迁移而来,科场繁荣与民间风气相脱节,"天下罕见"的科场繁荣与"举世闻名"的剽悍民风形成强烈对比。

三、长芦盐商对天津科举的推动与带动

盐商们富甲天下,过着衣食无忧的生活,但传统社会中对"成功"的首要评价标准并非"富有"。通过科举走上仕进的道路,才是正途,才算"光宗耀祖"。"士农工商"的阶层排位已经深深烙在了人们的脑海中,外化在现实生活中。明清政府为了照顾奔波各地的盐商家族,专门为他们设立"商籍""灶籍",在各主要盐区建立了培养盐商子弟的"运学"。但是,盐商们对这种"特殊照顾"并不太感兴趣。据笔者目力所及,清初长芦盐商张氏、查氏、安氏三大家族,人才辈出的金氏家族,以及清末民初开始转型的李氏、严氏、华氏家族等等,他们中有官员身份的选择了"官籍"身份,大部分子弟以"民籍"身份参加科举考试,许多人都在想方设法避开"商籍"身份,可见传统出身与科举制度在盐商们心目中的地位。

---

① 有关线索也可参见张森:《东南士子与清代天津科举的昌盛》,《文化学刊》,2010年第3期,第138—142页。

(一)盐商的科举心结

长芦盐商各家族的创始人大都文化层次不高,或者属于屡次参加科举考试而不中者。这种现象是正常的,传统社会中,能够在科举和仕途道路上一番风顺的人,很少会去经商。但是,让家族子弟接受良好的教育,通过科举走上正途,始终是这些家族创始人心底的追求。

1. 遂闲堂张氏的科举教育

遂闲堂张氏家族的创始人张希稳、张希思没有参加过科举考试的记录,完成家族的资本积累后,他们对家族子弟的教育还是比较重视的。张霖天资聪慧,张希稳便将其送入县学学习,但是最终结果差强人意。张霖"弱冠游庠",很早就考中了秀才,但此后科场一直不得意,方志中对其出身记载为"康熙二十年例贡"[1]。依清制,官员由进士、举人出身者称为科甲,另外,恩贡、拔贡、副贡、岁贡、优贡生及恩优监生、荫生出身皆为正途,其他由捐纳或议叙得官职者都被称为异途出身。例贡属于秀才通过捐纳钱粟取得贡生身份的人,不算是正途。张霖从弟张霔"年十二能临钟、王法书,十六擅诗名,以廪贡生官内阁中书,累试京兆不第,绝意仕进"[2]。由廪生通过捐纳方式取得贡生资格者称为廪贡,可以参加乡试、做官,但也并非正途出身。

张氏家族在科举道路上的努力没有从张霖、张霔兄弟二人身上看到明显的效果,正如通过捐纳取得贡生身份和做官资格一

---

[1] (清)高锡畴等纂,高凌霨等重修:《临榆县志》,卷十九《事实编·乡型》,成文出版社印行1968年版,第907页,亦见天津府、县志。
[2] 高凌雯纂:《(民国)天津县新志》,卷二十一之一《人物(一)·张霔传》。

样,他们一直在想办法用金钱为张氏子弟创造更好的科举环境。张霖构筑"遂闲堂",延纳四方名俊,从中选取优秀人才做家族子弟的老师。清代著名诗人赵执信,当时被称为"长安中盛称齐鲁文空前绝后,海内诸选家翕然推许之"。因在佟皇后"国恤"期间观演《长生殿》传奇,被革职除名的赵执信"落拓来依(张霖)","主其家最久",张霖"相与飞笺刻烛","授餐供张丰腆"。"赵执信既主其家,(张霖的儿子们)遂从之学书"。①张氏子弟的另一位老师是王士祯。王士祯工诗文,时人称之"士祯等以清新俊逸之才,范水模山,披风抹月,倡天下'不著一字,尽得风流'之说,天下遂翕然应之"②。张霖之子先随赵执信学书,后随王士祯学诗,收到了一定的效果。张坦、张垻兄弟二人同时考中康熙三十二年(1693)乡试举人,同时入朝担任内阁中书③,后来因为受张霖盐案的牵连,张氏家族中落,兄弟二人的科举和仕途道路走到了尽头。不过,张霖的"遂闲堂"仍然为家族留下了强大的文化基因。对于张氏后人来说,读书进学已经取代盐业经营的地位。张氏家族在张霖的曾孙张映斗、张映辰时得以"门祚复兴",张映斗的儿子张虎拜,中乾隆三十三年(1768)举人,第二年联捷成进士。至此,张氏家族由一个盐商家庭转型为士族家庭。据《津门诗钞》统计,"计张氏一门,得诗人十一,而成进士者二"④。

---

① 高凌雯纂:《(民国)天津县新志》,卷二十一之一《人物(一)·张霖传》。
② (清)纪昀总纂:《四库全书总目提要》,河北人民出版社 2000 年版。
③ 高凌雯纂:《(民国)天津县新志》,卷二十一之一《人物(一)·张霖传附张坦、张垻传》。
④ (清)梅成栋撰:《津门诗钞弁词》,(清)梅成栋纂:《津门诗钞(上)》(天津风土丛书),天津古籍出版社 1986 年版,第 2 页。

2. "水西庄"查氏的"科场弊案"

水西庄的创始人查日乾三岁丧父,早年生活贫苦,无力接受正规教育。但他业盐致富之后,一如张霖,构筑水西庄,结交南北俊才。好风雅的查日乾对科考仕进同样关心,"光大门楣"的重任落在了查日乾的儿子们肩上。迫切的期望有时候会起反作用,查日乾和长子查为仁陷入了"科场案"之中。

关于查为仁"科场"案,本身并没有什么悬念,正史中记载的非常清楚。但是方志出于"为贤者讳"的目的,将整件事情复杂化了,过于美化查为仁。据方志记载,查为仁是官场斗争的"牺牲品"。他"年十八举康熙五十年乡试第一,是科主事者为尚书赵申乔。申乔尝以革铜商事与当时权贵龃龉,铜商金、王两姓必欲甘心焉。及是,谓榜首乃富人子,且年少名不出里闬,遂钩致以兴大狱"[①]。如果这次科场案是由革铜商事引起的,那么很有可能涉及长芦盐商的内讧问题。康熙年间,经政府同意,很多长芦盐商同时做着铜商的生意,从日本进口铜。[②]但在光绪《顺天府志》中并没有提到铜商的事情,而是指出与赵申乔相龃龉的权贵是当时的执金吾陶和气(即九门提督托合齐),并告发科场舞弊案。

其实,查为仁"科场"案是由主考官赵申乔主动查出来的,并非出自他人告发。查为仁是顺天府宛平籍人,考试结束后,顺天府府尹屠沂和内场监试阿尔赛发现查为仁卷内所署的籍贯为顺天府大兴县,与档案中的记载不一致。按规定,出现这种情况后,参加考试

[①] 高凌雯纂:《(民国)天津县新志》,卷二十一之一《人物(一)·查为仁传》。
[②] 注:日本学者山胁悌二郎在《清代盐商对长崎贸易的垄断》一文(《天津历史资料》第15期)中专门考证了长芦盐商与长崎贸易尤其是铜贸易的关系。

的士子可以在发榜十日后赴顺天府说明情况,但是查为仁并没有这样做,赵申乔感到难以断定,遂据实题明,请求查清实情。①经过一年多的调查,最终查清:

> 顺天乡试中式第一名查为仁之父查日昌(乾),倩人为伊子代笔,贿买书办传递文章。事发后,又脱逃被获。应斩监候。查为仁中式情弊虽由伊父主使,而通同作弊,又相随脱逃,希图漏网。其书役龚大业,收受贿赂、传递文章。俱应绞监候。代查为仁作文之举人邵坡,应革去举人,杖徒。失察之监察御史常泰、李弘文,应罚俸一年。②

这就是案件的最终结论,此案在《东华录》中也有记载。问题的关键在于,查为仁到底是"学富五车"的才子还是"不学无术"的富家子弟?

方志中对查为仁的记载可谓神乎其神:

> 为仁固才士,长系请室,既颠蹶无生理,乃就白云司葺板屋数间,读书其中,榜曰"花影庵",七略四库,恣意搜讨,结撰日工,篇章斯富。初时传闻,有谓为仁目不识丁者,至是人始知其为慧业文人,才藻横飞若是也。③

参与修志的高凌雯觉得这种说法不值一哂,他认为:

> 世传莲坡发解时,本不知书,在狱中延师课读,历八九年之久,既出狱遂成通品。高明之士多津津喜道其事,以为文人凤业,艺苑美谈,而不知于当日情事,全无一是。当康熙辛卯科场事发,查氏父子远避浙江。翌年壬辰就逮。初入图圄,铁

---

① 《清实录》,康熙朝实录卷二百四十七,康熙五十年九月。
② 同上,卷二百五十三,康熙五十二年二月。
③ 高凌雯纂:《(民国)天津县新志》,卷二十一之一《人物(一)·查为仁传》。

锁郎当，势不能朝对簿而夕把卷也。必待其爱书既具，长系请室，身暇心闲乃可与言文事。案莲坡定罪在癸巳二月，而《花影庵诗集》与人倡和之作，实始于甲午正月。果如人言，则是莲坡方能读书识字如塾之童蒙，即已拈韵挥毫，作骚坛之上将，有是理乎？①

高凌雯可谓"洞若观火"，身犯科场大罪的查为仁是被判绞监候的重犯，怎会容他"茸板屋数间""七略四库"，不知生死的他又怎会有闲情逸致在狱中建个"花影庵"。

但是，有关记载对查为仁才华的描述也并非完全捕风捉影，否则他不能与大江南北的名流"酬唱应和"，并且查为仁本身著述颇丰，著有《蔗塘未定稿》九卷，包括《花影庵集》二卷、《无题诗》二卷、《是梦集》一卷、《抱瓮集》一卷、《竹村花坞集》一卷、《山游集》一卷、《莲坡诗话》等等。如此才华横溢之人，为何要请枪手顶替考试呢？笔者不吝揣测，查为仁和张埙、张坦的情况差不多，作为盐商子弟，因为父辈款接名流，他们从小浸淫其中，可以说在诗词歌赋方面的造诣都达到了一定的高度，在天津也算得上"少年名士"。但是在明清时期，整个社会流行的理念是："当今天子重文章，足下何须讲汉唐"②，"若是八股文章欠讲究，任你做出甚么来，都是野狐禅、邪魔外道！"③诗词歌赋在当时被视为"杂览""杂学"。而查为仁最擅长的就是作诗。大概他也对自己的八股文章没有多少信心，所以动了请枪手的主意，最终因为枪手的疏忽，将籍贯填错，惹出科场大案。至

---

①高凌雯辑：《志余随笔》，卷三，天津市地方志编修委员会编著：《天津通志·旧志点校卷（下）》，南开大学出版社2001年版，第712页。
②（清）吴敬梓著，任少东校注：《儒林外史》，天津古籍出版社1997年版，第24页。
③同上，第90页。

于查日乾,"其谳词谓'舞弊悉出天行一人',盖以重其罪,使其子稍从末减也"①。他与查为仁"相随脱逃"的举动似乎证明,他对此次科场舞弊案并非毫不知情。查日乾的妻子马氏捐银二万两为夫赎罪,查日乾出狱较查为仁为早,后来查为仁也"蒙恩矜释"②。这么一场惊天大案,最终竟然以主考和主犯的"善终"结束。对比雍正皇帝处理他们的远亲查嗣庭(海宁查氏)所犯科考案的力度,宛平查氏应该庆幸该案发生于康熙年间。查氏父子对于"科场得意"看得太重,才做出这种"拔苗助长"的事情。

  查日乾的二子查为义,字履方,号集堂,据说"八岁能文",但并未通过科考取得功名,转而投笔从戎,因军功授安徽太平府通判,后擢为淮南仪所通判,代理淮北分司运判,后因丁母忧去官。③查日乾三子查礼,字恂叔,一字鲁存,号俭堂,自幼在水西庄读书,遍交海内名宿,以诗文鸣于时,但科场不顺,连应乡举不中,不得已通过捐资得主事职,实际也属于投笔从戎,靠积军功累升至湖南巡抚,卒于任上。④水西庄第二代子弟的科场遭遇可谓"蹭蹬",但转机很快就来临了。查为仁一支率先实现突破,查为仁之子查善长,字树初,号铁云,中乾隆十八年(1753)举人,联捷成进士,曾官刑部员外郎、礼部郎中,由监察御史转任给事中,奉命巡视天津瓜仪漕务,轰动乡里。⑤查善和之子查诚,字伟中,一字静岩,号海沤,中乾隆四十

---

① 高凌雯辑:《志余随笔》,卷三,天津市地方志编修委员会编著:《天津通志·旧志点校卷(下)》,南开大学出版社 2001 年版,第 712 页。
② 同上,《刑部康熙辛卯科场案残篇》,第 712 页。
③ 高凌雯纂:《(民国)天津县新志》,卷二十一之一《人物(一)·查为义传》。
④ 同上,《人物(一)·查礼传》。
⑤ 同上,《人物(一)·查为义传附查善长传》。

二年(1777)举人,官员外郎。①查为义之孙查彬,原名曾印,字伯野,号憩亭,中乾隆四十八年(1783)举人,第二年联捷成进士。短短三十年内,"水西庄"查氏后人中,叔侄二人相继联捷成进士,可谓天津科场的一段佳话。据《津门诗钞》统计,"查氏一门,得诗人九,而成进士者二"②。

张、查二氏之外,金氏家族是清前期天津科场的另外一只生力军。金氏家族的始迁祖金平本人的文化层次非常高,留下了很多诗作,并为自己的家族制定了《金氏家训》。"金氏一门得诗人八,而成进士者二"③,中举的人更多。清前期长芦盐商三大家族在立家之后,都将科举作为家族子弟进步的正途,这些家族或在第二代,或在第三代就出现了正途出身的举人、进士或贡生,并且数量日渐增多。

(二)科甲鼎盛的盐商家族

张霖、查日乾等家族为长芦盐商子弟打造了良好的文化环境,树立了科举仕进成功的榜样。乾隆朝以后,亦儒亦商的盐商家族越来越多,他们在科举方面取得的成就越来越大,在天津文化史上留下许多佳话。

1. 科第不绝的寿岂堂徐金楷家族

徐金楷年纪轻轻便得中秀才与贡生,可惜年寿不永,英年早逝,撰有《步青堂余草》。金楷无嗣,立徐汝槐之子徐辉为嗣。徐辉原

---

① 高凌雯纂:《(民国)天津县新志》,卷二十一之一《查为义传附查诚传》。
②③(清)梅成栋撰:《津门诗钞弁词》,(清)梅成栋纂:《津门诗钞(上)》(天津风土丛书),天津古籍出版社1986年版,第2页。

名炎,字敦复,仕进后改名辉,字午园。徐辉中乾隆三十九年(1774)甲午科举人,任景山官学教习,乾隆五十二年(1787)丁未会试大挑一等,历任江西进贤、宜黄、高安、新昌、庐陵、山东宁阳等县知县,曾任江西乡试同考官。①徐辉官江西各地均有政声,任山东宁阳知县时,山东二十余州县罹患水灾,宁阳县亦属灾区,徐辉遍历灾区,筹赈议抚,积劳成疾,卒于任上。②

徐辉生三子,徐基、徐城和徐圻。徐基,字立山,国学生出身③,长于诗,著有《立山诗草》一卷,沈峻谓"其诗中有精意,非堆垛以求工者,不尽唐音,却殊宋派,其品故高"④。徐城,字印川,国学生,因治水有功,叙劳补荥泽县县丞,保升知县,先后署理新安、荥泽、武陟、汲县、商城、汤阴、武安等县知县,升补光山县知县,后任候补同知、直隶州知州,在治水、安民、护商、营建、供张、剿匪等方面皆有政声,卒于知州任。

徐城子徐廉锷,字方颖,号新庵,廪膳生,道光十二年(1832)壬辰恩科举人,中道光十六年(1836)丙申恩科进士,签分湖南即用知县,署理晃州直隶州厅通判,道光十七年(1837)早殁。徐廉锷子徐寿彝,字汉卿,邑庠生,道光癸卯科(1843)优贡生,历任直隶州州判、河南候补知县、署理郏县、长葛、登封等县知县,钦加知州衔。⑤寿彝子嘉禾,字性臣,号心耕,光绪元年(1875)乙亥恩科举人,因军功选授湖北利川县知县,后调补钟祥县知县,历任候补同知、直隶

---

①徐士銮纂:《续修天津徐氏家谱》中册,《天津徐氏世系表》,第6页。
②高凌雯纂:《(民国)天津县新志》,卷二十一之三《人物(三)·徐辉传》。
③徐士銮纂:《续修天津徐氏家谱》中册,《天津徐氏世系表》,第6页。
④高凌雯纂:《(民国)天津县新志》,卷二十三之二《艺文(二)》。
⑤徐士銮纂:《续修天津徐氏家谱》中册,《天津徐氏世系表》,第16—17页。

州候选知府,历署大冶、江夏县知县、荆门直隶州知州,兼署施南安陆府同知,兼护安陆府知府,选授江西临江府知府,历署抚州、南昌府知府,调补南昌府知府署江西全省盐法道,钦加三品衔,赏戴花翎,曾任光绪癸巳恩科(1893)湖北乡试同考官①,徐嘉禾在治狱、文教、新政以及处理教案等方面政绩突出②。嘉禾弟嘉霖,字叔雨,国学生,自幼出继给徐思穆胞弟徐思九为嗣③,光绪二十年(1894)以知县分发江西,历任署理都昌知县、代理德安、余干县知县,在治狱、平乱、改善民风方面有所作为④。

徐廉锷子徐思穆,字质夫,号笔珊,国学生,任河南开封府中河通判,历署下南、下北河同知、商虞中河通判、代理黄沁同知、候补直隶州知州以知府用,钦加盐运同衔⑤,治河、理政均有政绩。徐思穆子徐嘉贤,字少珊,国学生,候选主簿,处变不惊,有勇谋,事父母以孝,年二十五早殇⑥,著有《治藕书屋诗草》。嘉贤弟嘉猷,字翼亭,号斅孟,国学生,援例得府经历,候补河南代理孟津县知县⑦,以办理山东河工有功升知县,署理宁陵县知县升用直隶州知州。徐嘉猷长于断狱,积劳成疾,卒于宁陵县知县任上。⑧

徐嘉贤生二子,一为徐世昌,一为徐世光。徐世昌,字卜五,号菊人,又号弢斋,光绪壬午科(1882)举人,丙戌科(1886)进士,先后

---

①徐士銮纂:《续修天津徐氏家谱》中册,《天津徐氏世系表》,第17—18页。
②高凌雯纂:《(民国)天津县新志》,卷二十一之三《人物(三)·徐城传》。
③徐士銮纂:《续修天津徐氏家谱》中册,《天津徐氏世系表》,第22页。
④高凌雯纂:《(民国)天津县新志》,卷二十一之三《人物(三)·徐城传》。
⑤徐士銮纂:《续修天津徐氏家谱》中册,《天津徐氏世系表》,第18页。
⑥高凌雯纂:《(民国)天津县新志》,卷二十一之三《人物(三)·徐城传》。
⑦徐士銮纂:《续修天津徐氏家谱》中册,《天津徐氏世系表》,第19页。
⑧高凌雯纂:《(民国)天津县新志》,卷二十一之三《人物(三)·徐城传》。

任职翰林院、国史馆、国子监,历任商部左丞、政务处总办、财政处提调、候补内阁学士等职,累升至署理兵部左侍郎、巡警部尚书、民政部尚书、署理满汉兵部尚书、邮传部尚书、军机大臣、钦差大臣、东三省总督监管三省将军事务,民国后,曾一度任大总统之职。徐世光字普生,一字更生,号友梅,与徐世昌同科中举,拣选知县,历任山东候补同知、候补知府、青州府知府、济南府知府、山东候补道、署兖沂曹济道、署济东泰武临道、山东督粮道、登莱青胶道、东海关监督等职。①寿岂堂徐氏的科举仕进之路在徐世昌、徐世光兄弟时期达到顶峰。

2."两世进士"的姚氏家族

姚逢年,"榜名永年,字华山,号蔗田"②。姚家世代业盐,姚逢年"幼具夙慧,四岁读《孝经》及《滕王阁序》诸古文,背诵如流"③,"举乾隆四十四年(1779)乡试,四十六年(1781)成进士"④。姚逢年常年在外任职,有政声,尤其擅长治狱。政事之余,姚逢年非常重视对子女的教育,"在任太平知府时,曾聘其好友、著名古文学家和书法家、以提倡'经世致用'而闻名于时的包世臣(安徽泾县人,泾县古属安吴,故人称'包安吴')为西席,教他的儿子"⑤。姚逢年的儿子中,姚承谦,字季光,是包世臣的学生,但其英年早逝,志趣未伸。姚承恩,字桐云,号朗山,府学生,道光二年(1822)中乡试,道光十三

---

① 徐士銮纂:《续修天津徐氏家谱》中册,《天津徐氏世系表》,第31页。
② (清)梅成栋纂:《津门诗钞(上)》(《天津风土丛书》,天津古籍出版社1986年版,第455页。
③ (清)吴惠元总修,蒋玉虹、俞樾编辑:《(同治)续天津县志》,卷十三《人物》。
④ 高凌雯纂:《(民国)天津县新志》,卷二十一之一《人物(三)·姚逢年传》。
⑤ 罗澍伟编著:《天津的名门世家》,天津古籍出版社2004年版,第62页。

年(1833)成进士。①姚承恩以清正廉洁闻名官场,身后得以名列北京"畿辅先哲祠"。②姚承丰,字玉农,道光十二年(1832)中乡试举人,家居授徒。当时的长芦盐运使杨霈以姚承丰有品学,延其课子读书,在相处五年的时间里,姚承丰始终没有向杨霈提出一点私人请求,杨霈于是益重其人③。

姚家是盐商,同时又是世家大族,但少了些许金粉习气,不以豪奢为荣,一直教育子孙清白自守。姚逢年之次女嫁与高阳李氏,生子李鸿藻(晚清重臣,同光朝两任军机大臣);姚承丰娶咸丰顾命八大臣之一焦佑瀛堂妹为妻。而承丰之孙女彤宜,又嫁给李鸿藻之子李石曾;另一孙女则嫁给了天津秀才李文熙(李叔同之兄)。姚家后人与天津梅氏、严翰林(范孙)、长源杨家多结姻亲。④同县人陶云升、高阳县人李鸿藻,皆承丰戚,同出其门,同年举进士,士林艳称之。⑤

3. 科甲连第的李善人家族

李春城以军功博得功名,始终还是觉得有些遗憾,他的儿子们科甲连第,连绵不断,成为津邑美谈,百姓们认为这是李氏家族不断积德行善的福报。李春城长子李士铭,字伯新,优贡生,士铭与二弟士钤少时同从邑人严克宽游学⑥,同科中举,士铭曾任户部

---

①高凌雯纂:《(民国)天津县新志》,卷二十一之一《人物(三)·姚逢年传附姚承恩传》。
②罗澍伟编著:《天津的名门世家》,天津古籍出版社2004年版,第62页。
③高凌雯纂:《(民国)天津县新志》,卷二十一之一《人物(三)·姚逢年传附姚承丰传》。
④张仲著:《天津卫掌故》,天津人民出版社1999年版,第211页。
⑤高凌雯纂:《(民国)天津县新志》,卷二十一之一《人物(三)·姚逢年传附姚承丰传》。
⑥李宝晋纂修:《延古堂李氏族谱》,宣统元年(1909)版,天津社会科学院图书馆藏书,第18页。

云南司郎中,钦加三品衔,赏戴花翎①。李士铭虽然有举人的功名,但他不求仕进,专心经营家族盐业生意,侍奉父亲李春城。作为家族长子,李士铭热心地方公益事业,继承了"力行善事"的家族传统和"李善人"的衣钵。他秉承先志,扩充寄生所,创办保生社、御寒社、保贞社,重修清修院,自办恤嫠会、救生会、蒙养义塾、施种牛痘施医局、育牛所、权济局、慈祥社等慈善机构,出资收买鱼鸟放生,捐建学宫、文昌祠、千福寺,捐办备济社、延生社,筹设济良所、戒烟所、藏书室、小学校、惜字社,组织了保商公司、保卫局,带头请免瓜菜等六项杂捐。遇到水旱灾害,动辄捐巨资助赈。光绪十九年(1893),山西大旱,李士铭向朝廷建议,在李家经办的引岸附加盐税,用以赈灾,清廷照准,共加税四百万两。②

李士铭的大手笔比祖先有过之而无不及。光绪皇帝给予其一品封典,宣统元年(1909)传旨嘉奖,御赐"祜依吉人、嘉承天和、长春福应"匾额,并赏赐其青花瓷瓶、彩花瓷盘。直隶总督李鸿章题奏赏给其"乐善好施"匾额。清末民初时期,李士铭已经成为天津士绅群体的领袖之一,他先后做过顺直谘议局议员、天津议事会议长、宪政协议会会长,还襄办乡甲局,创办直隶国民捐。1909年,直、鲁、苏、皖四省士绅反对清廷以路权作押向英、德借款筑路,发起筹款赎路,李士铭倡议组织四省公所作为保管这笔款项的机构,并推荐其弟李士钤为经理。③1919年,李士铭七十大寿时,黎元

---

① 李宝晋纂修:《延古堂李氏族谱》,宣统元年(1909)版,天津社会科学院图书馆藏书,第106页。
② 杨大辛:《天津"八大家"》,中国人民政治协商会议天津市委员会、南开区委员会文史资料委员会编:《天津文史资料选辑》(第76辑),天津人民出版社1997年版,第420页。
③ 中国人民政治协商会议天津市委员会文史资料研究委员会:《天津近代人物录》(天津史志丛刊),天津市地方史志编修委员会总编辑室1987年版,第150页。

洪赠匾"清名长德",徐世昌赠匾"仁寿征祥",北洋要人冯国璋、王士珍、段祺瑞都为其题写了寿联。李士铭的姻侄、时任四省经略使、直隶督军的曹锟领衔撰写寿文。① 李士铭喜读诸子百家书,平时家居置一编,用来记载自己终日言行,好岐黄之术,积医书千余种,著有《国朝名儒学案》《历代名医列传》。

  李士钫是李春城的次子,字仲儒,优贡生出身。光绪二年(1876)丙子科与兄长李士铭同科中举,光绪三年(1877)丁丑科联捷成进士,为津邑科坛盛事。钦点翰林院庶吉士,光绪十二年(1886)散馆授职编修。李士钫一直在内廷任职,先是任国史馆协修官、武英殿协修官、国史馆纂修官,光绪十九年(1893)二月因办理晋边赈务有功,经山西巡抚保奏,奉旨交部从优议叙,以道府用,补武英殿纂修官。后历任赞善、武英殿总纂官、詹事府右赞善、左赞善、文渊阁校理、右中允、侍讲、起居注官、武英殿提调官、侍读等职务,曾充任湖南乡试正考官②。因为李士钫用心办事,朝廷赏赐给他福字、寿字、青花瓷瓶、彩花瓷盘、荷包、银锞、粥米、佛豆、大小卷江宁䌷袍料等一应物品,并钦赐"岳峙渊渟、和神当春、嘉承天和"匾额③。宣统元年(1909),由其兄李士铭推荐,担任为筹款赎路而设的直鲁苏皖四省公所经理。李士钫的仕途一直在循着文官的上升轨迹前进,直到清帝退位。民国后他绝意仕进,在津管理家务及经营盐业。李士钫对佛经、周易颇有研

---

① 李颂臣等辑:《李子香先生七十寿言录》,天津社会科学院图书馆藏书。
② 秦国经主编:《中国第一历史档案馆藏清代官员履历档案全编》,华东师范大学出版社1997年版,第351页。
③ 李宝晋纂修:《延古堂李氏族谱》,宣统元年(1909)版,天津社会科学院图书馆藏书,第108页。

究，每日在家中诵读经文，至老不辍。著作甚丰，著有《金刚经解义》二卷、《楞严经解义》二十卷、《维摩诘经解义》四卷、《三昧录》八卷、《御览集》四卷、《课艺集》四卷、《字训》四卷、《易经解义》四卷、《历代古文钞》三十卷、《古今感应录》若干卷、《延古斋藏书提要》等①。

李士钰是李春城三子，国学生出身，光绪壬午、乙酉、戊子三科挑取眷录②，签分刑部河南清吏司郎中。光绪十九年（1893）曾办理山西赈务，后在天津经营盐业，长期连任芦纲公所纲总，为四大纲总之一。光绪三十四年（1908）遵照清廷谕令盐斤加价，筹款筑路。宣统三年（1911）钦选资政院纳税多额议员，钦加三品衔，赏戴花翎。李士钰的女儿嫁与袁世凯之子袁克安，李袁成为儿女亲家。李士锜为春城四子，邑庠生，翰林院待诏，钦加四品衔。兄弟四人在社会交往中，都以字行，因为父亲字筑香，四个儿子就按子、嗣、幼、稚四字排行，分别称为子香、嗣香、幼香、稚香。他们对外这样称呼，也见于各种文书。③在清末，李春城家族科甲连第，可谓一时盛事。

4. 一门仕进的官宦世家——华氏家族

华氏家族本来为无锡望族，"北华"的华金科甲出身，为官日久。"南华"始迁祖华文炳"以读书为本，性耽书史，以书法名于世"，

---

① 李宝晋纂修：《延古堂李氏族谱》，宣统元年（1909）版，天津社会科学院图书馆藏书，第108页。

② 注：据《清史稿》志八十三选举三，"下第者，于正榜外挑取眷录，北闱数百名或百数十名。会试额定四十名，备各馆缮写，积资得邀议叙。此则旁搜博采，俾寒畯多获进身之阶也"。

③ 金大扬：《天津"李善人"》，中国人民政治协商会议天津市委员会、南开区委员会文史资料委员会编：《天津文史资料选辑》（第76辑），天津人民出版社1997年版，第423页。

官候选同知,授奉政大夫①。二人之后,华氏家族可以说是科甲连第、世代为官,"不坠门风"。由于华氏家族仕进人物较多,兹就主要人物进行论述。

"北华"一支——华金寿

"北华""发科自华典始"②。由于笔者一直未见到"北华"一支的族谱资料,仅就方志所及的"北华"一支在科举上有所成就的族人筛选出来进行简要论述,不做世代上的分析和阐述。

华典,字慎五,嘉庆二十一年(1816)丙子科举人,官山西赵城等县知县和忻州知州,署蒲州府知府。③

华玉墀,字浚泉,道光元年(1821)辛巳恩科举人,官山东昌邑等县知县。④

华理,字智溪,道光五年(1825)拔贡,官望都县教谕、浙江桐乡知县,署诸暨县知县。

华铼,字振初,道光二十三年(1843)癸卯科举人,咸丰二年(1852)壬子恩科进士,官工部主事。

华钧,字慕琴,咸丰元年(1851)辛亥恩科举人,官山东曲阜等县知县。

华光藻,字兰舟,咸丰元年(1851)天津副贡,官户部主事。

华椿,字荣萱,咸丰五年(1855)乙卯科天津副贡,官福建海澄等县知县,著有《警睡编》二辑。

---

① 华长卿纂修:《华氏晴云派天津支宗谱》,宣统元年(1909)己酉续辑,第11页。
② 高凌雯辑:《志余随笔》卷三,天津市地方志编修委员会编:《天津通志·旧志点校卷(下)》,南开大学出版社2001年版,第709页。
③④(清)沈家本、荣铨修,徐宗亮、蔡启盛纂:《(光绪)重修天津府志》,卷十八《选举(三)》;亦见《(民国)天津县新志》。

华俊篪,字琴舫,咸丰九年(1859)己未恩科举人,官刑部主事。华镇、华铸,天津人,二人同科中同治六年(1867)丁卯科举人。①华铸(华玉墀之子)后改名华金寿,中同治十三年(1874)甲戌科进士,为二甲第一名,称"传胪"。②

"北华"一支的仕进之路在华金寿这一代达到了顶峰。华金寿,字铜士,一字祝萱,号竹轩,成进士后,改庶吉士。光绪二年(1876)散馆授编修,历充湖南乡试正考官、提督河南学政、提督山东学政、翰林院侍讲学士、翰林院侍读学士、詹事府少詹事、詹事、内阁学士兼礼部侍郎衔、工部右侍郎、户部右侍郎、署工部左侍郎。任福建乡试正考官时,正逢诏停全国乡试,华金寿回京途中卒于无锡。华金寿一生品行端谨,未显达时束身潜修,不预外事,但是遇到乡里后进,每每奖励提携唯恐不尽。进入翰林院后,他屡掌文衡,"凡所拔擢以雅正为宗,力黜奇异"③,为"直隶京官领袖"④。华金寿与宁河王氏家族(王锡朋家族,定海抗英殉国三总兵之一)有姻亲关系,是王锡朋曾孙辈王燮、王照(字小航)的舅父。但由于华金寿过于"端谨"甚至有些"迂腐"的性格,使得王照与他结怨⑤,

---

① (清)沈家本、荣铨修,徐宗亮、蔡启盛纂:《(光绪)重修天津府志》,卷十八《选举(三)》;亦见《(民国)天津县新志》。
② 同上。
③ 高凌雯纂:《(民国)天津县新志》,卷二十一之四,《人物(四)·华金寿传》。
④ 王照:《德宗遗事(其五)》,王树楠撰,龙顾山人辑:《陶庐老人随年录》,中华书局 2007 年版,第 170 页。
⑤ 注:王照之兄王燮,字湘岑,以世爵供职京营,任左营游击,管辖东便门及朝阳门一带,为提督载澜的部将。光绪二十六年(1900),拳乱波及京城,载澜奉拳,二闸分坛义和团师兄召王燮拜坛。王燮不信拳,认为载澜是奉拳召乱,拟告病退职。华金寿劝说王燮学习曾祖王锡朋,"国仇家仇,一齐报复",不久王燮即被义和团戕害,而华金寿却因奉命主考福建,躲过一劫。

在《德宗遗事》和《方家园杂咏纪事》①中对其极尽揶揄。清末有一出时事新戏，名为"华金寿怒打李鸿章"，据说李鸿章签订丧权辱国的《马关条约》后，时任钦差大臣的华金寿怒不可遏，在宴会上举手打了李鸿章。②

华金寿以后，"北华"的仕进道路还延续了一段时间。

华俊声，字少兰，光绪十六年（1890）庚寅恩科进士，历官内阁候补中书、翰林院编修、光绪甲午科会试同考官、丁酉科河南乡试副考官、侍讲衔翰林院秘书郎③。

华学祺，字卫瞻，光绪八年（1882）壬午科举人，历官国子监修道堂、正义堂学正④。

华学澜、华凤章二人同科中光绪十一年（1885）乙酉科举人，同科联捷光绪十二年丙戌科进士，为津门科场一大盛事。⑤华学澜，字瑞安，历官翰林院编修、撰文和乡试、会试考官；华凤章字诏衔，历官知县、知州和大同府知府。家族中两位士子联捷成进士，为"北华"在传统社会中的仕进之途画上圆满的句号。

"南华"一支——华世奎

南华一支族谱、资料相对完备，该支中，首位通过科举登上仕版的是华兰。华兰，字省香，号春圃，邑庠生，乾隆丁酉科（1777）乡试挑取誊录，庚子科举人，充四库全书馆誊录、武英殿校对，历任安

---

① 王照：《方家园杂咏纪事（附记）》，岑春煊著：《乐斋漫笔》，中华书局2007年版，第89页。
② 中国戏曲志编辑委员会编：《中国戏曲志·天津卷》，文化艺术出版社1990年版，第113页。
③④（清）沈家本、荣铨修，徐宗亮、蔡启盛纂：《（光绪）重修天津府志》，卷十八《选举（三）》；亦可见《（民国）天津县新志》。
⑤（清）羊城旧客撰：《津门纪略》（天津风土丛书），天津古籍出版社1986年版，第21页。

徽全椒县、含山、当涂、五河等县知县,安庆府江防同知。华兰"博通经史,酷好左氏传,工诗善画,旁及篆隶","所交多海内知名士,诗坛文宴,树帜一时"。①华兰与徐朗斋、齐秋帆、沈东岩、张啸崖等人,同时唱和,著有《皖城集》。《津门诗钞》中收录其诗十二首。②

华兰的族孙(兄华芝之孙)华长震,字竹斋,嘉庆十二年(1807)丁卯科举人,丙戌科会试大挑二等,历官署临武县知县、桂阳直隶州知州。

华兰的嫡孙华长卿,字枚宗,一字镏菴,号梅庄,晚号米斋老人,道光十一年(1831)辛卯恩科举人,甲辰科大挑二等,试用训导,署房山县教谕,选授奉天开原县训导。③华少卿年少时从舅氏沈兆沄受学,中举后,屡试不第,随沈兆沄赴江(安)宁粮道任,游历大江南北十数年。署房山教谕时,因南游不及赴任,咸丰三年(1853)选授开原训导。开原僻处边隅,民风朴塞,"长卿训课诸生使知读书为文之法,请加学额以广其进身之路,于是向学者日众;文庙殿庑神位凌躐失序,前学官罔识其非,长卿莅位时为文告诸神,厘其位次而正其方向,一如太学"。光绪五年,长卿以耳疾乞休,开原诸生书"久道化成"匾额悬挂其官署。华长卿居乡里时,与宝坻高继珩、任丘边浴礼相善,人称"畿南三子"。到京师后,华长卿结识汉阴温予巽、曲阜孔宪彝、仁和钱步文、山阳丁晏子等名士,经常在一起做文酒之会。居金陵十余年间,结交了当涂马寿龄、山阴杨淞、日照许㮴、江宁汪士铎、端木埰、邵阳魏源、怀宁方朔等海内名士,"相与扬

---

① 华长卿纂修:《华氏晴云派天津支宗谱》,宣统元年(1909)己酉续辑,第27—28页。
② (清)梅成栋纂:《津门诗钞(中)》(天津风土丛书),天津古籍出版社1986年版,第499页。
③ 华长卿纂修:《华氏晴云派天津支宗谱》,宣统元年(1909)己酉续辑,第27—28页。

权古今"。华长卿"于经则讲训诂,于史则重表、志,生平纂述考据为长,有补遗订正之功,无向壁虚造之弊"。终其一生,著述颇丰,著有《古本周易集注》《尚书补阙》《毛诗识小录》《仪礼图说》《春秋三传经文考异》《论语类编》《说雅》等数十种。华长卿长子华光鼐,字少梅,号伯铭,诸生,著有《津门文钞》《脞录》《东观室遗稿》。次子华鼎元,字问三,号文珊,增贡生,官刑部司务,以同知分江苏,署苏州府海防同知。因海运保奖,以知府升用,钦加盐运使衔。著有《缄斋〈尔雅〉注》《国史儒林传旁证》《津门征献诗》《津门通典》《梓里联珠集》《缄斋诗存》等。①

华兰的族孙(兄华振之孙)华长忠,字葵生,道光二十年(1840)庚子恩科举人,咸丰癸丑科会试大挑二等,选授三河县教谕。华长忠著有《四瓶斋文钞》二卷、《诗钞》六卷、《倦鹤龛律赋》四卷。

华长卿的族侄华世铭,字允卿,光绪八年(1882)壬午科举人,光绪十六年(1890)中庚寅恩科进士,钦点主事,签分户部浙江司兼广西司行走,补授湖广司主事。

光绪十一年(1885),华承勋(父长治,祖岑)与侄子华世奎(父承彦,祖长治)同一年出贡。华承勋字秋吟,县学生,曾任河南候补直隶州州判。

光绪十九年(1893),华世奎与族弟华世镛(父承弼,祖长震)同中癸巳恩科举人。华世镛字少辅,号东序,天津府学庠生。②

华世奎身处清末民初特殊时期,"南华"一支在华世奎身上达到了传统社会仕进的顶峰,随之而来的便是落幕。华世奎,字璧臣,

---

① 高凌雯纂:《(民国)天津县新志》,卷二十一之四《人物(四)·华长卿传》。
② 华长卿纂修:《华氏晴云派天津支宗谱》,宣统元年(1909)己酉续辑,第47—63页。

天津县学庠生,光绪乙酉科(1885)优贡生,用教职考取八旗官学教习、内阁中书,癸巳恩科中举后,历任本衙门撰文、万寿庆典撰文、管理诰敕房事务、文渊阁检阅、军机章京、起居注主事、方略馆帮提调、户部江南司员外郎兼湖广司、方略馆提调等职。新政时期,继续在清廷任职,曾任政务处总办、考察政治馆行走、军机领班三品章京、宪政编查馆行走、政治官报局局长等。

宣统年间,军机处改组,内阁设阁丞一缺,内阁总理大臣、庆亲王奕劻属意满领班三品章京英秀,那桐、徐世昌举荐官报局局长华世奎,摄政王载沣以华世奎的资历比英秀深,而才干更是过于英秀,准那、徐所请,奕劻大怒。不久,华士奎用才干赢得了奕劻的赏识,"华既就任,奉令惟谨,深得奕劻欢,尝曰'壁臣(华字)远过华卿(英字)也'"①。宣统三年(1911),清政府为挽残局,不得不请袁世凯出山。袁世凯入主内阁,任内阁总理大臣,内阁所属各部工作听命于阁丞。此时华世奎出任阁丞,被升为军机处章京,实授正三品,同时兼任政治官报局局长。华世奎的地位达到顶峰,等于内阁副相,只听命于袁世凯一人。②辛亥革命后,清帝退位诏书是华世奎作为臣子为清廷书写的最后一件重要文件。诏书由华世奎写成,装裱成一幅横匾,从太和殿抬到天安门诏告天下。清帝退位后,华世奎婉拒了袁世凯的挽留,离开北京回到了天津。③

清中期以后,"吾津文风最盛,科甲不可胜纪"。最鼎盛时期,曾经两次出现一榜五进士的盛况。道光三年(1823)癸未科,天津士子

---

①陈灜一著:《睇向斋秘录》,《奕劻轶事》,中华书局2007年版,第26页。
②华泽咸:《天津华世奎其人其事》,中国人民政治协商会议天津市委员会文史资料委员会编:《天津文史资料选辑》(第60辑),天津人民出版社1994年版,第57页。
③同上,第59页。

郝善、刘镐、王用宾、张映辉、梁宝常五人同榜中进士；光绪九年（1883），天津士子严修、徐谦、齐学瀛、李铨、曹隽瀛五人同榜中进士，为津门盛事。①

---

① (清) 戴愚庵著：《沽水旧闻》，《二次同榜五进士》，天津古籍出版社1986年版，第35页。

第五章 长芦盐商对天津高雅文化的推动

早期长芦盐商家族创始人的文化素养普遍不高。张氏家族的张希稳、张希思，查氏家族的查日乾以及安图等等，他们虽然并非"白丁"，但将主要精力放在了打理家族盐业事务上。家族事业发展、巩固以后，在结交大江南北文人墨客的同时，盐商家族自身的文化素养得到很大提升，这是一个长期的过程。盐商与文人墨客的文化互动，有力推动了天津高雅文化的发展，诗、词、书、画等文化形式在天津逐渐繁荣起来，形成天津传统文化之重要一极。

一、诗词书画——长芦盐商家族文化素养的提升

正如文化的定义并不容易界定清楚，对高雅文化的界定并非易事。按照不同的标准，文化可以有多种分类，从审美的角度，文化有高雅文化和通俗文化之分。一般认为，高雅文化是由文化修养较高的人士创造出来的，适合有较高文化素质和审美趣味的人群欣赏，能够显示较高文化品位，具有严肃、纯正、典雅等特点的文化；而通俗文化是产生和流传于民间，为广大人民大众喜闻乐见，带有原生态、日常化、生活化的特点，但有时不免流于粗放和低俗。[1]长

---

[1] 姚文放主编：《审美文化学导论》，社会科学文献出版社 2011 年版，第 64 页。

芦盐商在诗、词、书、画等高雅文化方面取得了很多成就,成为推动天津高雅文化发展和繁荣的主力军。

(一)"首倡诗文"的遂闲堂张氏家族

军卫时期的天津,文化土壤并不肥沃,作为在整体文化氛围较差的情况下出现的代有传承的诗书世家,张氏家族在天津文化史上的历史地位是开创性的。

1. 变"鱼盐武健之乡"为"文物声明之地"

金钺在《屏庐丛刻》序言中提到:"夫吾邑在明季时人文犹无所表著者,自康雍以后迄今二百年间,硕彦之辈起,纂述之渊懿,蔚然灿然,足称大观。考之海内通都名邑,人文偾兴之速,实罕匹伦。呜呼盛哉!"①天津声明文物的"偾兴"就是始于张霖的遂闲堂时期,在这个转变过程中,以张霖为首的张氏家族起到了有力的杠杆作用,以"志趣"加"财富"推动了天津高雅文化的发展繁荣。清代中期天津学者、诗人梅成栋指出,"沽上文坛风雅之事,一盛于国初张鲁庵方伯之遂闲堂,再盛于查莲坡居士之水西庄"②。道光年间天津学者郭师泰在《津门古文所见录》中评价:"若人文之盛,又有张氏遂闲堂、查氏于斯堂。大江南北知名之士聚集于斯者,踵相接。津沽文名,遂甲一郡,是鱼盐武健之乡,而为文物声明之地。"③这些记载,真实反映了张氏家族在天津文坛的地位和作用。

---

①金钺辑:《屏庐丛刻(第一册)》,《屏庐丛刻总目》,天津社会科学院图书馆藏书,第2页。
②(清)梅成栋撰:《序》,(清)王崇绶辑:《沽上梅花诗社存稿》二十卷,1943年版,天津市图书馆藏书。
③(清)郭师泰撰:《序》,(清)郭师泰辑:《津门古文所见录》四卷,清光绪十八年(1892)版,天津社会科学院图书馆藏书。

2. 首倡诗文,雅集文人墨客

《津门诗钞》中提到:"大抵津门诗学者,推遂闲堂张氏为首;继之者,则于斯堂查氏也。"①当然,即便城市形成的时间较短,"前辈风流"多少也会有所留存,津邑诗人与诗文载诸方志的,亦有不少。但是,在首倡诗学之风,营造诗学"氛围"和"环境"方面,以张霖为首的张氏家族确属首功。张霖本身爱好诗词,在这方面有一定的造诣,他"天才不羁,尤嗜学,为诗、古文、词,卓然成一家言"。他利用手中的财富很好的满足了自己的爱好,也为天津创造了适合高雅文化生存发展的文化氛围,"筑遂闲堂、一亩园、问津园、思源庄、篆水楼,园亭甲一郡,法书名画充溢栋宇"。并且"广延大江南北名宿,……供张丰备,馆舍精妍,文酒之宴无虚日,时人拟之月泉吟社、玉山草堂"。所以,徐世昌在《大清畿辅先哲传》中提出,"天津诗学,实自霖倡之"②。

除了遂闲堂外,张氏家族酬唱应和、雅集文人的另一个大本营在张霖堂弟张霔的"帆斋"。张霔,字念艺,号帆史,一号笨仙,又号笨山,别号秋水道人。③张霔的父亲字闻予,与张霖的父亲明宇(张希稳)一同在天津业盐,张霔随之定居天津。④与张霖的"张扬"相比,张霔更为"淡泊","张氏门业鼎盛,霔独萧然无与,尝科头鞁履行街衢间,为车马客所辟易,或闲走郊坰,访友于道院僧寮,即事阄题啸歌以为快"。对于"阿阁曲廊,金碧辉映,霔视之不

---

① (清)梅成栋撰:《津门诗钞弁词》,(清)梅成栋纂:《津门诗钞(上)》(天津风土丛书),天津古籍出版社 1986 年版,第 1 页。
② 徐世昌撰:《大清畿辅先哲传》(下册),北京古籍出版社 1993 年版,第 630 页。
③ 高凌雯纂:《(民国)天津县新志》,卷二十一之一《人物(一)·张霔传》。
④ 高凌雯辑:《志余随笔》卷三,天津市地方志编修委员会编著:《天津通志·旧志点校卷(下)》,南开大学出版社 2001 年版,第 709 页。

为美"①,以"潇散澹泊如山中人"②自居。张霆的性格特点使得张氏家族对文人墨客的聚集作用发挥得更为全面,一些不喜"热闹"的本土文人聚集在张霆的周围。《津门杂事诗》有云:"吾爱诗人张笨山,帆斋高卧屋三间。阿兄枉自称豪举,垂老何曾得清闲"③,体现了张霆与其兄张霖截然不同的性格和文风。张霆的挚友首推龙震。龙震,天津人,字文雷,号东溟山人,亦是盐商出身,但他"豪脱闲放,不好治生"。在用一次成功的商业运作证明了自己的经商才华之后,"偃卧一室,不与人交",颇有古希腊哲学家泰勒斯的风采。龙震与张霆"既相见若有神契,日以诗酒相娱乐"④。此外,张霆的妻弟梁洪、大悲院僧世高、香林院道衲王聪、黄谦等人,同为帆斋契友,互相唱和,稿帙累累。⑤

3. 著述颇丰

张霖和张霆出身盐商,但都"工诗书",尤其张霆,"十二能临钟、王法书,十六擅诗名"。他们的志趣,加上结交南北名宿,为子弟延揽名师,使得张氏家族的文化素质和诗歌造诣普遍较高。⑥张氏著述颇丰,为津门留下了丰富的文化遗产,现择其要列之。

张霖的主要著作为《遂闲堂稿》,可惜该集自张霖家被籍没时已经散佚,其元孙张虎士编辑家集时,仅录其诗一首,梅成栋后在

---

① 高凌雯纂:《(民国)天津县新志》,卷二十一之一《人物(一)·张霆传》。
② 同上,《龙震传》。
③ (清)汪沆:《津门杂事诗》,(清)华鼎元辑录:《梓里联珠集》(天津风土丛书),天津古籍出版社1986年版,第50页。
④ 高凌雯纂:《(民国)天津县新志》,卷二十一之一《人物(一)·龙震传》。
⑤ 同上,《张霆传》。
⑥ (清)梅成栋撰:《津门诗钞弁词》,(清)梅成栋纂:《津门诗钞(上)》(天津风土丛书),天津古籍出版社1986年版,第1页。

《弋虫轩诗集》中得其诗两首,一同录入《津门诗钞》。

张霔的著作较多,主要有:《绿艳亭诗文稿》八卷,为张霔在康熙甲子年至辛未八年间之作,分年编录;《弋虫轩诗》一卷,为张霔在康熙甲子年之前所做,杨光仪曾经在栾氏家中见过,后不知所终;《读〈汉书〉绝句》,张霔以读书太易,往往过而辄忘,故每读一传必纪以歌咏,殁后散佚;《读〈晋书〉绝句》二卷,张霔读《晋书》后,得绝句三百八十余首,汇为一集;《欸乃书屋集》二卷,该集起于甲戌年,分年编录;《秦游诗》一卷,张霔赴陕西省兄时,得诗一卷,亦散佚,部分诗歌见于张氏家集中;《帆斋逸稿》,该集屡见记载,但书已散佚。

张坦著有《唤鱼亭诗文集》,晚年诗文皆散佚,部分诗歌存于家集中。另《履阁诗集》为张坦年少时所作,今已不存。张埙著有《秦游诗》一卷,张霖任陕西驿传道时,张埙曾前往省亲时所作,今原稿已散佚,部分诗文存家集中。张坦、张埙同著有《二张子合稿文集》。张虎拜著有《妙香阁诗集》。张桐著有《秋园小诗》四卷。

(二)米家书画陶家宾——安氏家族对天津收藏文化的贡献

因为安氏家族与明珠的特殊关系,在安岐之前,安氏家族始终未能摆脱政治斗争的漩涡,他们一直在想办法讨雍正皇帝的欢心。在长芦盐商家族中,安氏家族虽然累世家仆,身份较低,但家族整体的文化修养并不低,在推动天津文化发展过程中做出了独特的贡献。

礼亲王昭梿对安图极尽蔑视,目其为"豪仆",但也有许多人认为,"士大夫与之交接,有楚滨萼山之风"[①]。有"楚滨萼山之风"意味

[①] 邓之诚著:《骨董琐记全编》(上),卷四《安岐》,中华书局2008年版,第146页。

着文化修养不会太差,安氏对落难文人也是尽力帮助。"安氏之交结士大夫,殆亦有使之者。纳兰容若与徐健庵之三十万金,或亦安图盐余之款。安图之子如安岐者,因之结纳名流,收藏书画,则更在意中矣"①。从目前掌握的材料看,在安氏家族中,安岐取得的文化成就比较多。有些材料中提到安岐"工诗","麓村安氏,善古诗"②,但未见其诗作流传,优劣不好评判。安岐最擅长的应该是收藏。用他自己的话来说,就是"余性本迂疏,志居澹泊。自髫年以来,凡人生所爱好者,如声色之玩、琴弈之技,皆无所取,唯嗜古今书画名迹以自娱"③。因为在长芦业盐,安岐在天津居住三十余年,他在天津建有沽水草堂,为更好地收藏书画,还专门修筑了"古香斋",兼作"焚香吟诵地"④。

安岐在中国收藏界有自己独特的地位,属于清初收藏书画"三家村"(安麓村安岐、梁棠村梁清标和高江村高士奇)之一。⑤安岐的书画鉴赏能力首先来源于他的真心爱好,"每至把玩,如逢至契,日终不倦、几忘餐饮。自亦知其玩物之非,而性之所好,情不能已"⑥。其次,还得益于他雄厚的财力,有实力大量收购珍品。"唐孙过庭《书谱》墨迹,以三千金购得之,重摩上石,神气不失累黍。陈香泉太守为书《释文》一卷,附偊其后。"《津门杂事诗》云之:"宋元墨妙贮

---

① 叶恭绰著,姜纬堂选编:《遐庵小品》,《矩园余墨·序跋》,北京出版社1998年版,第321页。
②(清)梅成栋纂:《津门诗钞(上)》(天津风土丛书),天津古籍出版社1986年版,第17页。
③(清)安岐:《墨缘汇观录》(粤雅堂丛书)。
④(清)钱陈群:《香树斋文集》,卷十三序三《麓村五十寿序》,四库未收书辑刊。
⑤李烈初:《清初收藏书画"三家村"》(下),《收藏界》,2005年第12期。
⑥(清)安岐:《墨缘汇观录》(粤雅堂丛书)。

千帧,溢目古香散客襟。沽水草堂风日好,自摊书谱硬黄临"①。久而久之,其收藏鉴赏能力得到很大提升,"迨后目力日进,南北同志人士往往谬以余能鉴别,有以法书、名绘就政于余者,鬻古者间有持旧家之物求售予余者,以致名迹多寓目焉"②。由于安岐财力雄厚,也有不少人企图"浑水摸鱼",出售给他各种赝品。安岐在天津居住的时候,"吴中人多仿古名迹,双沟装潢,犀象瑰异,居奇,走其门,日不下数辈,至则废然返"③。此时的安岐,已经"凡名人翰墨,见辄别其真赝,不爽丝黍"④。钱陈群赞其云:"高丽流寓抗浪人,姿颜自足多精神。平生然诺重意气,米家书画陶家宾。三人相视成莫逆,关市曾规子云宅。一朝别去走京师,射策东堂便通籍"⑤。沽水草堂的当年繁华,成为津城一段佳话,如今我们只能在只言片语中窥其一斑。"垂虹榭(在张氏一亩园)里题诗客,沽水堂中赏鉴家。张氏吟笺安氏帖,留传艺苑尽堪夸","书谱曾将真迹藏,桥亭卜卦砚留芳。释文僾后名镌背,好古都同沽水堂。"⑥

大约在雍正十年(1732)天津城墙修好之后,安岐就离开了天津,沽水草堂不久也倾废了。若干年后,查茶坨过津门留下《过沽水草堂》诗一首,"当时选胜尽名流,过眼风花感旧游"。但是,物质财富可以消逝,精神财富却可以永远流传,安岐为我们留下了一笔珍

---

① (清)汪沆:《津门杂事诗》,(清)华鼎元辑录:《梓里联珠集》(天津风土丛书),天津古籍出版社1986年版,第55页。
② (清)安岐:《墨缘汇观录》(粤雅堂丛书)。
③④ (清)钱陈群:《香树斋文集》,卷十三序三《麓村五十寿序》,四库未收书辑刊。
⑤ (清)梅成栋纂:《津门诗钞(上)》(天津风土丛书),天津古籍出版社1986年版,第17页。
⑥ (清)蒋诗:《沽河杂咏》,(清)华鼎元辑录:《梓里联珠集》(天津风土丛书),天津古籍出版社1986年版,第85—86页。

贵的文化财产——《墨缘汇观》。安岐有感于"适目之事情,如云烟一过",决定"凡遇古人手迹得有心赏者,必随笔录其数语,存贮笈笥,以备粗为观览"。在安岐六十岁左右的时候,他"回忆四十年所睹,恍然一梦,感今追昔,不无怅然","余虽不悔,却惜岁月无多,暇日遂将平昔所记,择其尤者,复为编次,汇成卷帙。虽未敢拟诸米家《书画史》《清河书画舫》诸书,偶一展阅,得历朝墨妙,纷然在目,亦足以志余之所好云。因名其录为《墨缘汇观》"①。

《墨缘汇观》包括《法书》上下卷,《名画》上下卷,各有续录,共六卷。内容上至魏晋,下至明清,为安岐家藏或者过目的历代精品,该书"记述所见作品的作者、纸绢、尺寸、装潢、墨色、题跋、落款、印章与流传经过,并对前人品题加以评析"②,是古今收藏界必读的精品书目。

(三)"风雅相继"的集大成者——查氏家族

查氏家族是继张氏遂闲堂之后天津文化发展史上的又一座高峰。"查氏一门,得诗人九,而成进士者三"③,为天津留下了丰富的文化遗产。家族创始人查日乾著有《左传臆说》四卷、《史腴》若干卷。

查氏家族中著述最多、影响最大的当属"大难不死"的查为仁。查为仁的诗集总名《蔗塘未定稿》,包括《花影庵集》二卷,记录查为仁系狱九年间的赠答之诗;《无题诗》二卷,为查为仁在狱中游戏之作,"南查"查慎行为此书作序;《是梦集》一卷,为查为仁出狱后所

---

①(清)安岐:《墨缘汇观录》(粤雅堂丛书)。
②韦明铧著:《广陵绝唱》,《关于安麓村》,百花文艺出版社2003年版,第57—66页。
③(清)梅成栋撰:《津门诗钞弁词》,(清)梅成栋纂:《津门诗钞(上)》(天津风土丛书),天津古籍出版社1986年版,第1页。

作之诗;《抱瓮集》一卷,为查为仁与二三同好歌啸水西庄之作;《竹村花坞集》一卷,与杭人念及旧游,眷怀胜地之作;《山游集》一卷,游田盘及西山诸胜所作。《蔗塘未定稿》后附《押帘词》一卷,"为仁在西曹花影庵中,

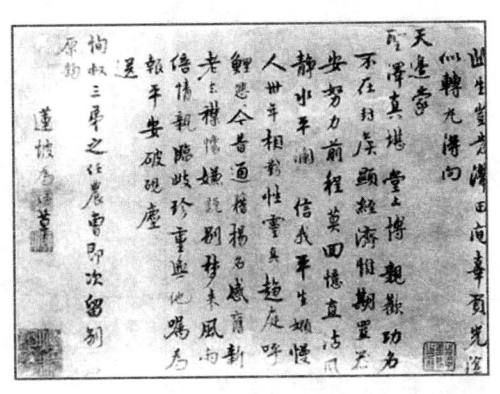

查为仁行书七律诗

时与高云填词倡和,然不多作,迨放归沽上,同人结消寒社,掐韵斗奇,遂赓续得若干阕,合以旧制共成斯集"。①

　　查为仁另有《蔗塘外集》一部,包括:《游盘日记》一卷,乾隆庚申二月,为仁与朱岷、陈皋、陆宗蔡同游田盘,三宿山上,记往返九日之事,同游诸人诗句附载其间;《赏菊倡和诗》一卷,为仁狱中时,偶得咏菊七律二首,一时和者甚众,遂录为一集;《花影庵杂记》二卷,记为仁与僧元宏往返函牍,而以倡和诗章为多;《莲坡诗话》三卷,记清初至乾隆初年间骚人墨客掌故,凡以诗学名家者莫不甄录及之,查为仁自序得于闻者二三,得于见者七八;《拟乐府补题》一卷,唱酬者为仁与厉鹗、陆培等。查为仁与厉鹗同撰《绝妙好词笺》,宋代周密编南宋歌词一百三十二家,最为完善,查为仁通过采摭诸书为这些词家作笺,详述其里居出处。恰好厉鹗当时也在注释此集,厉鹗游历天津时,看到查为仁所作的笺,遂将自己所作尽付于查为仁,删复补漏,合为一书。

---

①高凌雯纂:《(民国)天津县新志》,卷二十三《艺文》。

查氏家族其他成员也留下了许多诗词著作,并且查氏族中能画之人颇多。查为义著有《集堂诗草》,梅成栋称之谓:"为义虽席丰履厚,有山人林下之致,故诗情闲旷可爱"。查礼著有《铜鼓书堂遗稿》三十二卷,该集涉及的文学体裁非常广泛,有诗二十四卷,词三卷,杂文四卷,词话一卷,还有相当数量的画作传世。查礼喜好收藏印章,著有《铜鼓书堂藏印》四卷,录有各种秦汉铜印,其书法、画作和诗歌自成一家。

查善长著有《铁云诗稿》,查善和著有《东轩诗草》。查彬在诗、词、古文等方面均达到了一定的造诣,所著的

查为仁《莲坡诗话》序

查为义画作

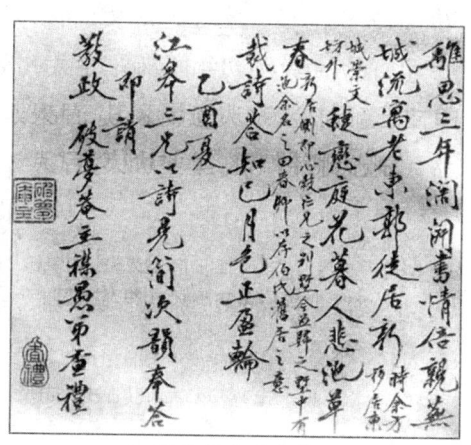

查礼行书五言诗

《湘乡漫录》,包括《周易经史汇参》四卷,《周易集说》一卷,该书以人事言天道。《采芳随笔》为其词作,词采雅澹。《小息舫诗草》为其诗作,"其诗颇近开、宝大家,各体皆工,而尤长于乐府,其遇与境无不穷,而诗无不工"①。

(四)传承有序——有"郑虔三绝"之称的金氏家族

在天津文化史上,有开创之功的张氏家族和"继之"的查氏家族都留下了浓重的一笔,地位显赫。在天津文化传承的链条上,还有一个家族的贡献不容磨灭,那就是金氏家族。金氏家族就像一条纽带,将盐商文化贯通传统与近代。

作为大盐商,金氏家族同样被牵涉进了康熙四十八年(1709)的"借帑案"中,当时金大中借帑银十二万两,大概因为缴还及时,金大中没有受到像张霖、查日乾一样的严厉惩罚。与张、查二家族的煊赫相比,金氏家族"安静"了许多,或许这就是金氏家族对天津文化的影响能够一直"绵延"到民国的主要原因。金氏家族"业盐起家,小筑园林,延接名俊。与遂闲堂张氏、于斯堂查氏风雅相继,著有诗集藏于家。②"据《津门诗钞》记载,当时"颉颃于张、查间者,有子昇金氏、麓村安氏,宏奖风流,争树坛坫,人皆慕仿。故英华所萃,效亦随之"③。

1. 性情诗人——金平

金氏家族北上的始迁祖金平是一位诗人,留下诗作甚多,他的

---

① 高凌雯纂:《(民国)天津县新志》,卷二十三《艺文》。
② 高凌雯纂:《(民国)天津县新志》,卷二十一之一《人物(一)·金玉冈传》。
③ (清)梅成栋撰:《津门诗钞弁词》,(清)梅成栋纂:《津门诗钞(上)》(《天津风土丛书》),天津古籍出版社1986年版,第1页。

诗歌风格被归为抒发"性情"一类,所谓"诗言志"。据金平的姻亲章天相所言,他"无心于制举,亦不慕为名高,直通体一诗人也,且通体一性情于诗之人也"①。金平的后人金钺将这种风格归纳为"尚风雅,不慕荣显"②。金平的诗歌风格与他的经历有很大关系。金氏家族由南方迁居天津更多是出于无奈,"吾越地狭民稠,无以自给,率多劳人奔走天涯"③。金平的人生经历直接影响到他的创作因由和灵感。家族迁津之初,因为祖茔在会稽,金平不免两地之间千里奔波,"尝携先人旅榇返葬家山,长途濡滞,累月始达"。抵达祖籍之后,金平"叙离别之情,修任恤之谊,与夫山居况味,一一形诸咏歌"④。乡人王揆把金平比喻为"雁",认为"天壤间物之最劳苦者无过于雁"。作为四处迁徙的"雁","惺园金先生其亦久思客归而不得者耶。故其平生吟咏,幽忧哀怨,时形痦寐"⑤。所以,在金平的诗集《致远堂集》中,"南游之诗多而居津所作者转少"。金平描写天津景物、抒发澹泊心境的诗歌只有一首,题为《次葛沽》,收录在《津门诗钞》中。

十年怀此地,百里未能游。一夕随潮至,千门向水流。
桥横村树静,蝉响稻粳秋。何日期沮溺,耕烟卧垄头?⑥

---

① (清)章天相:《序》,金平著,金钺编校:《致远堂集三卷》(金氏家集丛书),天津社会科学院图书馆藏书。
② 同上,金钺:《跋》。
③ 同上,(清)王揆:《序》。
④ 高凌雯纂:《(民国)天津县新志》,卷二十三之二《艺文(二)》。
⑤ (清)王揆:《序》,(清)金平著,金钺编校:《致远堂集三卷》(金氏家集丛书),天津社会科学院图书馆藏书。
⑥ (清)梅成栋纂:《津门诗钞(上)》(天津风土丛书),天津古籍出版社1986年版,第275页。

2. 游历诗人——金玉冈

游历祖国大好河山的金玉冈堪称津门的"徐霞客"。不同的是，徐霞客留下诸多游记，金玉冈则工诗善书画，有"郑虔三绝"①之称。金玉冈"诗喜放翁。画仿云林，书法得钟、王遗意"②，"书、画、诗，时人称为三绝"③，"诗中画，画中诗，先生兼之。尺幅片纸，人争宝之。故遨游时，橐笔砚，一老仆，负补被，萧然运行，不持资斧，到处鬻画为眺览资"④。"其所为画，峰峦天成，大半得诸实历，潇洒澹逸"⑤，同时也是他个人心境的写照。"余读芥舟先生画，具得意山水，幅中必画一人。盖自况也，写真景也，所谓以目中之丘壑为心中之丘壑，而发为腕下之丘壑。诗中有画，画中有诗，先生可谓诗画中皆有我也"⑥。梅成栋称其为"津门之高士，亦熙朝之遗老也"⑦。

天津县人郑熊佳与金玉冈结契最深，"唱和甚多，有《山舟草》一卷，谓蓬山（郑熊佳）、芥舟合集也"⑧。《津门诗钞》收录有郑熊佳《和金芥舟先生东郊踏青元韵》一首，"山郭云村绕白沙，欲从郊外问烟霞。炎荒尽有无名树，残腊偏开别种花。一笑颠狂缨屡绝，七言

---

① 徐世昌撰：《大清畿辅先哲传》（下册）卷二十七，北京古籍出版社1993年版，第917页。
② （清）郑熊佳：《哭芥舟先生》，（清）梅成栋纂：《津门诗钞（上）》（天津风土丛书），天津古籍出版社1986年版。
③ （清）华鼎元纂：《津门征献诗》卷六《缄斋杂识》，天津社会科学院图书馆藏书。
④ （清）华鼎元纂：《津门征献诗》卷六《缄斋杂识》；亦见于《大清畿辅先哲传》（下册）第918页。
⑤ 高凌雯纂：《（民国）天津县新志》，卷二十一之一《人物（一）·金玉冈传》。
⑥ （清）郭师泰辑：《津门古文所见录》四卷之卷三，清光绪十八年（1892）版，天津社会科学院图书馆藏书。
⑦ （清）金玉冈著：《黄竹山房诗钞》，金钺编校：《金氏家集》，天津社会科学院图书馆藏书。
⑧ （清）梅成栋纂：《津门诗钞（中）》（天津风土丛书），天津古籍出版社1986年版，第394页。

险仄手频叉。归来灯火沿溪上,望见城南卖酒家"①。郑熊佳字南翔,号蓬山,乾隆二十一年(1756)举人,二十五年(1760)进士。郑官广东惠来知县时,携金玉冈同往,"思作罗浮之游,未果",后金玉冈随郑熊佳赴广东电白知县任上。他在广东客居五年,一直住在郑熊佳的官廨中,熊佳对其供张备甚,"以诗酒相娱乐,壶榼之需未尝有乏,出则资其游览"。金玉冈嗜饮,居处必备美酒。玉冈临卒前,作《自挽诗》一首:"旅样荒庵寄此身,阿谁肯送出城闉?……万里终归乡井梦,梦中儿女唤难应。……浮生修短总堪哀,今古茫茫去复来。……青芜自掩无归客,白骨今为过去仙。"②来去了了,似有前知。乾隆三十八年(1773),金玉冈卒于郑熊佳知县任上,时年六十三岁。郑熊佳尽心为金玉冈经营身后事,一棺值数百金,人皆称其交友有古谊。金玉冈卒后,郑熊佳作《哭金芥舟先生》长诗一首,表达了追思和惋惜之情。

  草草轻装五岳游,无端赍志在罗浮。(先生游罗浮,终未果)诗情似有江山助,画笔能传林壑幽。身后远抛孙若子,生前不解怨兼仇。与君风义兼师友,不禁天涯泪迸流。

  无可如何酹一觞,回思杖履更神伤。七年诗酒同官舍,六十形骸委异乡。从此莺花无好兴,早知琴鹤付斜阳。八千里外吟魂渺,长使凭棺痛断肠。

  一病何期老态增,玉楼归去月华清。千岩万壑山阴道,红树苍松蓟北城。行处寻常多酒债,醉余放旷足诗情。竹林老辈

---

① (清)梅成栋纂:《津门诗钞(中)》(天津风土丛书),天津古籍出版社1986年版,第394页。
② 同上,第320页。

全消歇,仰企芳型百感生。

忘年昔日早论交,疏冷相亲等漆胶。竹笠长安陪酒肆,梅花小舫泊江皋。宾朋半去君犹在,色相全空影并抛。惆怅空斋秋柳外,不堪夜雨滴林梢。①

金玉冈的文学成就来自于"读万卷书"与"行万里路"的有机结合。好友高姜田(名纲)在为金玉冈《天台雁荡纪游》作的序中评价,"读书才智,吾人之体也;阅历观览,吾人之用也。有其体而无其用,未免局于方隅;有其用而无其体,何以发其灵异?昔张燕文到岳阳而思得江山之助,苏文忠渡琼海而笔橅风涛之势。古来名人资于阅历观览而益肆其诗书才智者,指不胜屈也"②,在高姜田眼中,金玉冈就是这样的诗人。游历之余,金玉冈筑园津门,因一株老杞长在园中,故名曰"杞园",园中有亭曰"苍筤",他为自己的居所取名"黄竹山房"。

金玉冈与张竹房、徐文山、金金门、高姜田等人在此结社联吟。金玉冈是一位多产的诗人,一生作诗"二千余首,曰纪游诗、浮槎集、岭南草,梅成栋搜其遗稿订为二册,曰黄竹山房诗抄,不过全诗之二三而已"③。另有《天台雁荡纪游》

金玉冈《黄竹山房诗抄》扉页

---

①(清)梅成栋纂:《津门诗钞(上)》(天津风土丛书),天津古籍出版社1986年版,第396—397页。
②(清)金玉冈著:《天台雁荡游记》,金钺辑:《屏庐丛刻》(第六册),天津社会科学院图书馆藏书。
③徐世昌撰:《大清畿辅先哲传》(下册)卷二十七,北京古籍出版社1993年版,第918页。

《田盘纪游》《粤游草》等著作。《津门诗钞》收录了金玉冈诗作九十七首,《金氏家集》(金恭寿版)收录其诗作一百八十五首。《津门诗钞》给予其高度评价,"尝论沽上诗人,前有张舍人笨山,后有黄竹老人,遥遥相接。天然清气,独来独往。为宇宙不可没之人,为国朝垂必不朽之作者,二公有焉"①。

3. 保存桑梓文献 传承津沽文脉的金钺

金钺的父亲金汝琪,字润圃,生平笃宗族之谊,曾经南至浙江原籍拜谒祠墓,续修家谱。光绪十六年(1890),山东水灾,金汝琪出资施赈,躬任其劳,凡恤嫠济生诸义举,莫不资助。②金钺,字浚宣,号屏庐,监生出身,清末曾任民政部员外郎。金钺有《屏庐文稿》《戊午吟草》等书留世,并善于作画、书法,有《屏庐题画》,为自画题辞之作。③1921年完成的《辛酉杂纂》是最能反映金钺思想的作品,包括《漫简》二卷,《屏庐臆说》一卷,《偶语百联》一卷。金钺的诗、书、画造诣,明显继承了金氏家族"郑虔三绝"的"遗风"。天津金氏一门,笃志力学,文人辈出,著述颇丰。从始迁祖金平开始到金钺止,金氏后人的著述不胜枚举。编刻家族先贤诗文集是传承家族文化传统的有效手段,金氏家族中从事这项工作的"代不乏人"。据统计,现存《金氏家集》共有五种,其中两种由金钺编刻。《金氏家集四种》十四卷为金钺编刻,包括金氏先贤著作六种,计有:《致远堂集》三卷,金子昇(金平)著;《黄竹山房诗钞》六卷补一卷,附《田盘记

---

① (清)梅成栋纂:《津门诗钞(上)》(天津风土丛书),天津古籍出版社1986年版,第276页。
② 高凌雯纂:《(民国)天津县新志》,卷二十一之四《人物·金汝琪传》。
③ 中国人民政治协商会议天津市委员会文史资料研究委员会:《天津近代人物录》(天津史志丛刊),天津市地方史志编修委员会总编辑室,1987年版,第247页。

游》一卷,金玉冈(芥舟)著;《善吾庐诗存》附录一卷,金铨(野田)著;《芸书阁剩稿》一卷,金至元(含英)著。另外,金钺曾于1918年编刻两册版本的《金氏家集》,即天津致远堂镌本,原版系由清咸丰八年(1858)金召棠(墨樵)编。清同治九年(1871),金恭寿亦曾编刻过一个版本,该集共辑录津门金氏九代(六世—十四世)共计49人诗词601首,其中序言分别由金际泰(熙堂)、金达澜(鹤山)、金召棠(墨樵)撰写。

另外,在编刻家族文献之余,金钺不断搜集桑梓文献,是天津非常有名的收藏家。他出资,编刻了许多津门先贤的著作,使得这些珍贵的传统文化成果能够传承下来。高凌雯在《志余随笔》中曾提出:"天津有藏书之家,无刻书之人。近惟浚宣(金钺)喜为此。网罗旧籍,日事铅椠,十余年未尝有闲。由其先人撰述推及乡人著作"①。金钺编刻的书有《金氏家集》《屏庐丛刻》《天津诗人小集》《许学四种》《江苏艺文志》等,还校订了《天津文钞》。《屏庐丛刻》一书,两函12册,收录了大量的乡人著述,其中有王又朴的《诗礼堂杂纂》、查为仁的《莲坡诗话》、查礼的《铜鼓书堂词话》、梅成栋的《吟斋笔存》、杨光仪的《耄学斋晬语》、徐士銮的《古泉丛考》等。中华人民共和国成立后,金钺将自己毕生珍藏的皇甫驎碑一块、齐乞伏君墓言志二块、木刻书板四十八箱,以及天津人士著作八十五册,捐献给政府,得到了"化私为公,殊堪嘉尚"的褒奖。②

---

① 高凌雯辑:《志余随笔》,卷五,天津市地方志编修委员会编著:《天津通志·旧志点校卷(下)》,南开大学出版社2001年版,第729页。
② 金彭育:《热心编刻乡里文献的金钺》,中国人民政治协商会议天津市河西区委员会文史资料委员会:《河西文史资料选辑》(第5辑),中国文史出版社2004年版,第272页。

金钺生于清光绪十八年（1892），卒于 1972 年，身历清朝、民国和共和国三个重大历史时期。在清初长芦盐商的几大家族中，金氏家族能够文脉相承，从清初绵延至近现代，首先得益于家族文化昌明，人才辈出，家风流传有序。其次，金氏家族与长芦盐商查氏家族以及清中叶注重搜集、保存乡邦文献的梅成栋家族等文化世家都有姻亲关系，使得金氏家族能够接触到更多的先贤著述，再加上金钺等人的用心留存、编刻，才使得我们能够接触到这些珍贵的文化遗产。

4. 群英荟萃的金氏族人

以金平为始迁祖的天津金氏家族，在金玉冈之后，仍然是"代有人才出"，在天津文苑中争相绽放。与金玉冈同一辈分的金氏族人中，有许多人的文学造诣达到了相当高的程度。金平共有五子，其长子驭东公支系金大中膝下仅有独女金至元一人，嫁给同样出身盐商家族的查为仁，时人称为"双璧"。金平四子金大受（字揆一）支系人丁稀少，文化成就见于材料的不多，本书对于这两支不再单列，重点梳理金平次子、三子和五子后裔的文化成就。

介藩公支系

金氏家族介藩公支系为始迁祖金平次子一支，该支系虽然少有像金玉冈这样的代表人物，但也"群英荟萃"，几乎达到了无人不诗的地步。

金玉渊（介藩公独子），字起潜，为金玉冈从弟，与金玉冈的感情非常深厚，经常陪伴金玉冈南下祭扫祖茔、游历大江南北。其诗作中不乏《同芥舟七兄南旋扫墓途中即景》《夏日过西园归与草堂赏葵芥舟七兄留饮联句》《醉后忆江南与芥舟兄联句》等即景、酬唱之作，《金氏家集》中收录有金玉渊所作诗歌十首。

金玉渊长子金勇,字果亭,副榜生出身,少时放旷不羁,托于诗酒。而天资超迈,机趣旁流。金勇曾任钜鹿县训导,他的诗歌大多已经流散,《津门诗钞》存其诗三首。金勇之子金骧,字野航,"直朴率真,不羁世味,以诗酒自娱,世其家风"①。《津门诗钞》收录其诗歌三首。金骧长子金漳,字炳文,《家集》中收录其诗歌三首;金骧次子金鸿,字渐逵,《家集》中也收录其诗歌三首,金骧之孙金宝森,字荫珊,《家集》中也收有其诗作。

金玉渊次子金胜,字岭云,官甘肃古浪县尉。金胜善画山水,得金氏家传。金胜与侄婿梅成栋虽有翁婿之分,但"相得似朋友,每过从,话至夜分,犹不放行"。当时梅成栋遭逢家难,避居金胜家中,两人"无夕不谈,无谈不畅",梅成栋不能饮,金胜为其设一空酒杯,曰:"寄意焉而已"。金胜故后,梅成栋哭以长句四章。金胜著有《田盘记》一卷、《陇头小草》一卷,《津门诗钞》收录其诗作五首,《金氏家集》(金恭寿版)收录其诗作二十一首。金胜之子金德莹,字榕门,诸生,著有《蔗村馆诗》一卷,《家集》载其诗三首。金德莹长子金达澜,字鹤山,著有《梦余吟》《睫巢吟》《踽涘小草》《蓼叶菴》《了梦菴》等集,《家集》收录其诗二十六首。金德莹次子金达清,字龙节,号墨禅,"递传家学,体貌稍变,然能别开生面,不入四王窠臼"②。时人评价他的画,"龙翁掇笔为高松,笔力夭矫真如龙。稜稜鳞甲森牙爪,铁锋颖锐苍髯同。大松生动欲飞舞,小松耸峭霜华浓。重峦绝巘叠苍翠,嘘云漠漠凝长空……生气勃然通造化,如此绝技称龙公。但

---

① 金彭育:《热心编刻乡里文献的金钺》,中国人民政治协商会议天津市河西区委员会文史资料委员会:《河西文史资料选辑》(第5辑),中国文史出版社2004年版,第326页。
② 高凌雯纂:《(民国)天津县新志》,卷二十一之四《人物·金达清传》。

愁夜半破壁去,飞空霹雳风云从"①。《家集》收录其诗十五首。

金玉渊三子次侯公的文化活动和成就暂未见于相关资料。但是次侯公的独女金沅与其前辈金至元一样,在文化成就上"巾帼不让须眉"。金沅嫁同县孝廉梅成栋,封孺人,著有《问梅草》一卷,《金氏家集》(金恭寿版)中载其诗十二首。

蛟门公支系

蛟门公(金平三子)及其子苍期公的文化成就暂未见于相关史料。苍期公长子为亮周公。苍期公次子金思义,字晓岩,为金玉冈的子侄辈②,年少时即以时文负重名,乾隆三十三年(1768)中举人,四十六年(1781)中进士,官陕西宜川知县等,后引疾归里,"以课读为事,从游甚众"③。金思义长子金麒,字春衢,《家集》中收其诗一首。金麒之子金凤池,字掌纶,举人,曾官知州,著有《涔藻》《滏藻》等集,《家集》中收录其诗二首。金凤池之子金召棠,字墨樵。清咸丰八年(1858),金召棠曾编刻《金氏家集》六卷,这是对天津金氏家族文化成就的一次总结,是研究金氏家族的一手资料。

金瓯(亮周公长子),字静葊,诸生,嘉庆元年(1796)丙辰恩科进士,历官山东蓬莱、莱芜县知县,正定府教授。④(天津金氏后代中有两位金瓯,此为蛟门公支系中之金瓯,还有一"世系待考"之金瓯。)《金氏家集》(金恭寿版)收录其诗四首,其中《客中有怀津门兼寄梅树君妹倩》一首,记津门景物。

乡梦绕津门,阳和景物暄。人烟多近水,杨柳自成村。薄宦

---

① (清)李庆辰:《醉茶吟草》,《题金龙节画松》。
②③ 高凌雯纂:《(民国)天津县新志》,卷二十一之四《人物·金思义传》。
④ (清)吴惠元总修,蒋玉虹、俞樾编辑:《(同治)续天津县志》,卷十三《人物》。

增诗卷,闲情对酒罇。相思念同志,极目碧云屯。①

愚若公支系

愚若公支系为金平五子愚若公的后代,该支系中最具代表性的人物是前面已经详细介绍过的金玉冈。

金玉冈之弟金玉琁,字芳舟,性高雅,最痴于琴,自述"人各有癖,余之癖在琴。琴品高而我俗,琴韵清而我浊,琴德最精而我最粗鄙。於戏!天下不可与言琴者孰有过于我乎?然我虽俗不自安于俗,我虽浊且鄙不自甘于浊且鄙。情之所钟,琴"②。时人赞其云:"流水高山写素心,伯牙应叹得知音。而今兀坐长松下,膝上犹横太古琴"③。金玉琁长子金方,字勉之,善诗,《家集》中收其诗作三十三首,《津门秋眺》一诗专写津门景物。

> 漫天碪杵起沙鸥,景物遥瞻水国秋。帆影千重环海岸,涛声九派入津流。道人已化辽东鹤,佟氏空悲艳雪楼。回首当年意不尽,萧萧落叶满溪头。

> 疏柳参差映板桥,数桥野水碧迢迢。但闻菊酒开新瓮,不见鲈鱼上暮潮。鸭嘴远浮秋涨阔,雁行斜度海门遥。不知多少关中妇,刀尺殷勤耐此宵。④

金方长子金佩,字芥孙,馆名"佛眉精舍",为金玉冈侄孙辈,颇能继承玉冈衣钵。"玉冈画取径云林,天然超逸,佩肆力模仿,能衍

---

① (清)金恭寿撰:《金氏家集》,卷三,致远堂镌,哥伦比亚大学图书馆藏书,第15页。
② (清)金玉琁:《谱琴小照》,(清)金恭寿撰:《金氏家集》,卷三,致远堂镌,哥伦比亚大学图书馆藏书。
③ (清)徐士銮辑,张守谦点校:《敬乡笔述》(天津风土丛书),卷五,《金芳舟图照题句》,天津古籍出版社1986年版,第99页。
④ (清)金方:《津门秋眺》,(清)金恭寿撰:《金氏家集》,卷三,致远堂镌,哥伦比亚大学图书馆藏书。

其传"①,"其专意之作,俨然芥舟气韵"②。《家集》中收其诗六首,多为诗画合作,如《题山水画幅》《画山水扇面自题》《题二松图》《题画》二首等。

金玉冈次子金昶(一说为永,族谱中为"昶",《津门诗钞》中作"永"),字永和,号莲塘。金昶"敦孺慕,急家难,不避艰险。芥舟老人卒于粤东,只身往返万余里,奉柩旋葬,历尽颠危。画得芥舟遗意,能写溪山小景,有逸态"③。著有《归与草堂集》。《家集》收其诗作两首。

金氏家族的其他人物

据金氏家谱记载,金氏天津始迁祖金平有两位兄长,一字竹阴,一字子宧。在金平的带动和影响下,这两支的后代也有许多人迁居天津,涌现出一大批文人墨客。

竹阴公的后代中,最有名望的当属金铨。金铨,字钧衡,号野田,金玉冈之族曾孙,本浙人,幼时随父亲集三公来天津入籍,补诸生。金铨"天怀高淡,不慕荣进,身居委巷,人迹罕通"④。长芦盐运使阿林保闻名造访,金铨"避而弗见,逮屏驺从来诣,始与定交"。天津知县李符清也经常徒步造访,"清谈竟夕"。《赠句》云:"六书褚登善,五字韦苏州。有道贫何病?无田菊是秋"。金铨的文化造诣很高,"工诗善篆刻,尤精书法"⑤。金铨与康达夫、郝石臞、

---

①高凌雯纂:《(民国)天津县新志》,卷二十一之四《人物·金佩传》。
②陆辛农遗著:《天津书画家小记》,天津市文史研究馆:《天津文史丛刊》第10期,1989年版,第205页。
③(清)梅成栋纂:《津门诗钞(上)》(天津风土丛书),天津古籍出版社1986年版,第321页。
④⑤高凌雯纂:《(民国)天津县新志》,卷二十一之四《人物·金铨传》。

查次斋、周大迁结社联吟,人多慕之。①金铨对诗作的要求非常高,"每吟成,辄弃去,曰:'不足传,亦不欲传也'"②,所以留下的诗歌并不太多。著有《野田存草》,梅成栋辑《津门诗钞》时,该集已散佚,仅存诗七首。金铨的族人金钺曾将其诗作辑录成《善吾庐诗存》,收录进《金氏家集》。金铨的书法造诣深得时人推崇,"书法钟王,诗宗陶阮"③,"沽上自朱导江先生、徐文山诸公后,善书者推金(铨)、乔(耿甫)……,金专摹颜、柳"④,"断章尺幅人争惜之"⑤。书法之外,金铨还精于篆刻,其"寄情篆刻,一以秦汉为宗。其刀法苍莽秀劲,绝类何雪溪、樵啸民,与李放亭定业、高青畴秉,为时并重"⑥。留有《善吾庐印谱》。金铨的叔父金观智,字若水,金玉冈之族孙。观智为人寒而有骨,居沽上三十年,与查次斋、周大迁及野田(金铨)等人同为竹林之游。他的倡和诗多散佚,撰有《沽上羁游草》一卷,为其孙金淳所藏。金淳字朴亭,文学造诣颇深,著有《古砚山房诗》二卷、《江乡偶话不分卷》,《家集》中收有其诗三十三首。子宓公一支中,《家集》收录了金溁诗一首。金溁字杏林,为金玉冈之族曾孙。

---

① (清)梅成栋纂:《津门诗钞(上)》(天津风土丛书),天津古籍出版社 1986 年版,第 327 页。
② (清)黄掌纶等撰,刘洪升点校:《(嘉庆)长芦盐法志》,卷十七《人物·文学》,科学出版社 2009 年版,第 338 页。
③ (清)梅成栋纂:《津门诗钞(上)》(天津风土丛书),天津古籍出版社 1986 年版,第 326 页。
④ (清)梅成栋纂:《津门诗钞(中)》(天津风土丛书),天津古籍出版社 1986 年版,第 528 页。
⑤ (清)黄掌纶等撰,刘洪升点校:《(嘉庆)长芦盐法志》,卷十七《人物·文学》,科学出版社 2009 年版,第 338 页。
⑥ (清)华鼎元纂:《津门征献诗》,卷六《续印人传》,天津社会科学院图书馆藏书。

根据《金氏世系表》记载,还有一部分金氏家族的后代,因为种种原因被归入"谱系待考者"和"世系代考者"。其中有些人的文学造诣亦相当高。"谱系待考者"如金玉冈陪其共赴谪戍地的金文淳。金文淳,字质夫,号金门,为会稽金氏第八世,与金玉冈同一辈分,为族兄弟,乾隆乙未年(1775)成进士。他做天津知府的时候因事罢官谴戍,后主讲天津问津书院。著有《垤进斋诗草》。金文淳在天津留下很多惠政,他崇尚文士,"课生童如子弟,奖励激劝,殷殷造就,所刮目者,无勿腾达"①。金文淳曾作诗表达自己的爱才之心,"才离畚锸息劳肩,复理琴书愿假年。蜀日照人嗤下士,春风入座愧前贤。英才教育吾何敢,旧学商量尔共传。待得冰寒青又谢,老夫相对更欣然"②。金文淳与金玉冈情同手足,其被谴戍时,金玉冈随之出关,作长白鸭绿之游。

金氏家族第十世中的金坤,字一宧,号霁岩(金氏家集)(一说字霁岩,见《天津县新志》,一说字一宁(宁当为宧字之误)。金坤天资隽朗,少负重名。宛平张晴溪先生主讲问津书院时,"一时人才萃集,风雅丕振"。金坤与周光裕、佟大有、徐澜、金思义、张党民、俊民、治民兄弟、李玉溪、查奕俊、冯际盛、王启科、吴凤仪、包豫观、牛遵祖、吴廷玫、杨廷瑛等人,"争相琢磨,互建旗鼓"③。金坤性孤介刚方,廉隅甚峻,方志中提到他是金思义的族人,乾隆四十四年(1779)副榜贡生,长于举业,每角艺文场辄冠侪辈,好奖掖后学,情

---

①(清)梅成栋纂:《津门诗钞(下)》(天津风土丛书),天津古籍出版社1986年版,第950页。

②(清)金文淳:《乾隆乙亥五月初七日五十初度诗呈津门诸公教和》,(清)吴惠元总修,蒋玉虹、俞樾编辑:《(同治)续天津县志》,卷十九《艺文四》。

③(清)梅成栋纂:《津门诗钞(中)》(天津风土丛书),天津古籍出版社1986年版,第475页。

词深厚,唯恐不及。①《诗钞》收其诗六首,《家集》收其诗十一首。金坤之子金开第,字湘门,中嘉庆二十二年(1817)丁丑科进士,历官湖北潜江、江夏县知县,郧阳府同知,湖南督粮道。②《家集》收其诗四首。

　　天津金氏家族有两位金瓯,其中一位世系待考。据《金氏家集》,金相与金世熊被列入"世系待考者"之列,金瓯作为他们的长辈也世系不清。据方志记载,金瓯"端方质朴,平生惜字,外无他嗜。见路遗字纸,虽污秽中,必亲检焚化,数十年如一日"③。关于这位金瓯的记载并不多,只知道其"有笃行"。金瓯之子金相,字琢章,号勉斋。金相十六岁时补诸生,二十一岁时举雍正四年(1726)乡试第一名,第二年成进士,改庶吉士,授编修。"金庶子相入都秋试,途次有鲤跃入舟中,是年发解第一",留下了"一枝仙桂重攀掇,赤鲤兰舟泼剌跳"的佳话。④金相早达,端品励学,雅负时望。雍正十三年(1735)任福建乡试副考官,累迁至翰林院侍读学士,因事降补,复升内阁侍读学士。⑤他端正廉谨,学品兼重,为一乡之望。与周莲峰先生并居京职,同有清正之称。历掌文衡,时推得士。⑥可惜其文稿俱轶失,《诗钞》与《家集》仅收录其诗二首。金相之子金世熊,字康侯,号力农,晚号竹坡,乾隆十五年(1750)举人。官河

---

① 高凌雯纂:《(民国)天津县新志》,卷二十一之四《人物·金坤传》。
② (清)吴惠元总修,蒋玉虹、俞樾编辑:《(同治)续天津县志》,卷十二《选举》。
③ 同上,卷十三《人物》。
④ (清)汪沆:《津门杂事诗》,(清)华鼎元辑录:《梓里联珠集》(天津风土丛书),天津古籍出版社1986年版,第39页。
⑤ 高凌雯纂:《(民国)天津县新志》,卷二十一之二《人物·金相传》。
⑥ (清)沈家本、荣铨修、徐宗亮、蔡启盛纂:《(光绪)重修天津府志》,卷四十三《人物(三)》。

南襄城县知县时,平反冤狱活三十余人。因得罪上官,改蓟州学正。①金世熊"学无所不窥,尤工草书,名重一时。笔珊珊如玉骨,不著人间烟火。当时津门善书者,如乔公耿甫、金公铨,皆名显一时,而不及公之超逸"②。著有《竹坡存稿》,《家集》与《诗钞》收其诗四首。

另外,还有金镕一支在金氏谱系中的位置也不甚清楚。金镕,"举人,历官江苏知县,有惠政,丹阳人立祠以祀"③,"流寓天津,号子陶。善写意人物、走兽,尤长于山水"④。金镕之子金光箴,字念直,号濂石,光箴援例授通判之职,为官有吏声。道光二十八年(1848)改任知县,二十九年(1849)补建平县知县,咸丰元年(1851)调补定远县知县,金光箴上任伊始即擒杀炉桥土豪陈小唤子,土豪党羽立散。⑤咸丰二年(1852)升任寿州知州,咸丰三年(1853)太平军攻陷安庆,金光箴在寿州召集团练,修战守之具,遂改任武职。他在与太平军、捻军周旋作战的过程中屡立战功。咸丰七年(1857),因统帅胜保坐视不理,金光箴战殁,"自光箴没,淮上失大将"。其子金厚增,字砥堂。监生,袭骑都尉,援例以直隶州知州发江苏。咸丰十四年(1864),太平军破苏州,金厚增也遇害。⑥嗣子金颐增,字养素。金光箴战殁后,其家屡遭灾难,金光箴当时的表章文字散失殆尽,金颐增长大后,大力搜集,得碑铭传志哀诔诗

---

① 高凌雯纂:《(民国)天津县新志》,卷二十一之二《人物·金世熊传》。
② (清)梅成栋纂:《津门诗钞(上)》(天津风土丛书),天津古籍出版社1986年版,第114页。
③ 高凌雯纂:《(民国)天津县新志》,卷二十一之四《人物·金光箴传》。
④ 陆辛农遗著:《天津书画家小记》,天津市文史研究馆:《天津文史丛刊》第10期,1989年版,第207页。
⑤⑥ 高凌雯纂:《(民国)天津县新志》,卷二十一之四《人物·金光箴传》。

词若干首,汇而录之,金光籏及其子金厚增一门战绩,才可以得其大略。①

二、结社雅集——盐商家族对天津高雅文化的推动

诗社是地方文化生态好转之后,文人墨客不断聚集,志同道合者组织起来共同"唱酬应和"的文化组织。明嘉靖朝以前,天津文学诗词的创作主体是在天津有过仕宦经历的官吏和流寓、客居天津的文人,如陶安、宋讷、丘浚、李贤、陈循、柯潜、瞿佑、倪敬、李东阳、汪必东、程敏政、娄芳、何景明、杨巍、胡文璧等人。②尽管这些人在天津留下了许多诗作,如文渊阁大学士宋讷的《直沽舟》、张以宁的《直沽》、陶安的《舟过长芦》、大学士李东阳的《天津八景》等等③。但你来我往,他们都是这片土地上的匆匆过客,天津本土当时还未形成良好的文化生态环境。明嘉靖朝至清前期,天津本土文人开始崭露头角,出现了张愚、刘焘、张海、倪光荐、李友太、徐兆庆等本土作家,但整体数量还不多,流传下来的诗歌文章也很少,尚不具备结社"吟咏"的条件。天津诗学和诗社之兴始于天津的盐业和盐商发达之时,这些家资巨万的盐商构筑园林,款接名流,一时间,大江南北俊才摩肩接踵,咸集天津,产生了结社吟唱与交流的客观条件和需要。自清中叶至近现代以来,天津本土涌现出一大批诗社,有代表性的有以下几家。

---

①高凌雯纂:《(民国)天津县新志》,卷二十三之一《艺文》。
②王之望、闫立飞主编:《天津文学史》(古代、近代卷),天津人民出版社2011年版,第35页。
③见《天津卫志·艺文志》。

(一)以张霖为首的遂闲堂诗人群体

张霖作为清中叶以前天津地区最有实力的盐商之一,被参劾落职后,在天津构筑园林,延请名士,结社吟唱。时人认为其昌盛程度可以与历史上有名的"月泉吟社""玉山草堂"相比拟。天津的文化氛围为之一变,开始由"鱼盐武健之乡"变为"文物声明之地"。

张霖"缘事落职,遂构问津园,为偃息地,招名流觞咏其中,如梅定九、朱竹垞、姜西溟、查夏重、赵秋谷等,咸主其家,时人拟之月泉吟社"①。"供张丰备,馆舍精妍,文酒之宴无虚日,时人拟之月泉吟社、玉山草堂"②。"西溟、莲洋、竹垞、初白、秋谷、石公、百川、灵皋、字绿,皆尝主其家。同邑则有梁崇此、李大拙、龙东溟、黄六吉、查汉客,文宴无虚日,人以比玉山草堂。"③就现有资料来看,以遂闲堂诗人群体为主形成的诗社应该是天津地区成立较早的诗社。

(二)张霔之"草堂诗社"和"近古社"

因为志趣不同,还有一批文人围绕在张霖的从弟张霔的周围,形成了一个相对宁静和澹泊的文人团体。张霔不以"阿阁曲廊"为美,另筑"陋若村舍"的"帆斋",与妻弟梁洪、龙震、黄谦、大悲院僧世高、香林院道士王聪,同为帆斋契友,互相唱和。④张霔与释世高、梁洪、佟蔗村、龙震、黄谦等人共结"草堂诗社"。当时有诗云:"宋分

---

① (清)高锡畴等纂,高凌霨等重修:《临榆县志》,卷十九《事实编·乡型》,成文出版社印行1968年版,第907页。
② 徐世昌撰:《大清畿辅先哲传》(下册),卷三十七,北京古籍出版社1993年版,第630页。
③ (清)龙顾山人纂,卞孝萱、姚松点校:《十朝诗乘》,卷七《张鲁庵遂闲堂》,福建人民出版社2000年版,第263页。
④ 高凌雯纂:《(民国)天津县新志》,卷二十一之一《人物(一)·张霔传》。

北秀与南能,不见瀛壖传一灯。除却草堂开白社,缁庐半是哑羊僧"①。张霔的志趣可见一斑。另外,张霔还曾经与其他同好结社吟唱,可惜诗社名称已不可知。"康熙间天津有诗人刘文彬、施虎文、李莪仲,与张笨山结社联吟,皆不知其名维(为)何。倡和之诗,名《近古社集》,今亦不传"②,或许名为"近古社"吧。

(三)"砚庐诗社""梅花诗社"与"续梅花诗社"

"漫拟兰亭册二贤,风流梅社续前缘。清才岂借科名重,盛会偏因制举联"。梅社即指"梅花诗社",二贤为梅成栋与崔旭,"二君生同郡,长同游,及其举于乡也,同出张船山(问陶)太史门下"③。张船山先生有"一日得二诗人之庆",二人并称"燕南二俊"。梅成栋,字树君,号吟斋。年少时从舅氏朱光觐受学,弱冠补诸生,嘉庆五年(1800)举于乡。后因科场蹭蹬,专攻诗艺与搜集乡邦文献。"树君之诗,雄古超迈,力绝恒蹊,而真挚之性,时流露于楮墨间。"④

梅成栋是盐商金氏家族的女婿,夫人金沅是金玉冈、金至元(嫁给查氏家族查为仁)的侄孙女。梅成栋对水西庄文化的盛况耳濡目染、推崇备至。道光乙酉年(1825),梅成栋与山阴人余廷霖(号竹泉)相交,当时余廷霖"佐幕津门"。梅成栋与会稽人陈光绪(号石生)、庆云人崔旭(号念堂)、钱塘人陆凤钧(号秋生)、宝坻高继珩

---

① (清)梅成栋纂:《津门诗钞(下)》(天津风土丛书),天津古籍出版社1986年版,第871页。
② 高凌雯辑:《志余随笔》卷三,天津市地方志编修委员会编著:《天津通志·旧志点校卷(下)》,南开大学出版社2001年版,第709页。
③ (清)华鼎元纂:《津门征献诗》,卷七《燕南二俊集序》,天津社会科学院图书馆藏书,第21页。
④ 高凌雯纂:《(民国)天津县新志》,卷二十一之三《人物(三)·梅成栋传》。

(号寄泉)结社于余廷霖之"砚庐",因名"砚庐诗社"。道光丙戌年(1826)冬,山阴人张世光(号杏史)、新建人翁绍海(号寄塘)侨居津门,此时崔旭已经离开。诸人"遂大集名流,结社于问津书院之双槐书屋","众推先生(梅成栋)为盟主。值梅花盛开,故号梅花诗社"。①

梅花诗社的活动多在城西的芥园,即水西庄遗址。道光初年,水西庄还是天津的著名园林,文人们"每届花时,觞咏于此,水榭云廊,簪裾满座,飞笺斗盏,歌版棋奁,濡墨挥毫。吟赏于花竹苔石之间,流连数日","数年来社中诸友鸾翔高举,登贤书,捷南宫,游词馆而宰名区者,指不胜屈。文运之兴,江北为最"。②道光中期,天津人王崇绶(字春甫,号紫若)将梅花诗社的诗作辑为《沽上梅花诗社存稿》三册,共二十集附一卷。收录了天津及南北文人六七十人唱和之作。除诗社发起人之外,还收录有天津姚承丰、姚承恩、金淳、沈兆瀛、梅宝璐、解道显、樊彬等人的诗作。盐商家族出身的士子参与其中,发挥了重要作用。如上述姚承丰、姚承恩兄弟二人出身于"家世业盐"的天津姚氏家族,金淳(字朴亭)是盐商金氏家族后裔。道光八年(1828),盐商金氏家族的另一位后裔金瀁(字杏林)的族伯金文波捐二千金重修水西庄,金瀁为其赋诗一首,名为《观察族伯文波重修水西庄落成》。③当然,在诗社中建树和贡献最大的还属梅成栋,"其笃于风雅也,于梅花诗社二十一集之文见之

---

① (清)华鼎元纂:《津门征献诗》,卷六《缄斋杂识》,天津社会科学院图书馆藏书;亦见《沽上梅花诗社——水西余韵之一》,《天津查氏水西庄研究文集》第157页。
② 刘尚恒著,张文琴整理:《天津查氏水西庄研究文录》,《天津查氏水西庄考》,天津社会科学院出版社2008年,第157页。
③ 同上,第65页。

矣。主持坛坫,扬风挖雅,挽一时之风气,传三津之美谈,与水西庄后先辉映"①。梅花诗社活动长达九年,先后加入诗社者有40余人,一时觞咏甚盛。②梅成栋殁后,其子梅小璐"与二三好友阐明诗教,不坠宗风",续起梅花诗社,因资料较少,具体事迹尚有待考证。

(四)天津"消寒诗社"与"九老会"

"消寒""消夏"等词,在清代被许多文人名士拿来做诗社名称,最有名的当属嘉庆道光年间以翰林院官员为主的文人在北京进行的文学性结社活动。天津最有名的"消寒诗社"为名士杨光仪所创。杨光仪,字香吟,晚号庸叟。杨光仪先世自浙江义乌迁至静海县,在曾祖杨世安时迁到天津,开始业盐致富,遂世代为盐商。杨世安的善行非常多,纪晓岚曾经为其做传。杨光仪自幼随父读书,但是科场一直不如意,鸦片战争爆发以后,杨光仪有感于"海上多故,时局变迁","遂绝意仕进,专致力于诗"。据方志记载,"乡人以诗得盛名者,前有梅成栋,光仪实为继起,而与成栋子宝璐、于士祜、孟继坤辈联吟结社,追步前尘,然人谓光仪诗格独高,近百年来无出其右者。南北名流及当代显宦,往往闻名先施,造门请谒,相与讲道论艺,欢若平生,至风节所关,从未因人稍贬"③,他被人们看作"津门诗坛领袖"。光绪十八年(1892),杨光仪与门生同学结"消寒诗社",入社者前后达二三十人,他们"分题选韵,各赋篇章"。王守恂、赵元礼两先生曾经搜集该诗社成员作品,编辑成

---

① (清)华鼎元纂:《津门征献诗》,卷七《欲起间楼文集跋》,天津社会科学院图书馆藏书。
② 孙玉蓉著:《天津文学的历史足迹》,大众文艺出版社2007年版,第12页。
③ 高凌雯纂:《(民国)天津县新志》,卷二十一之四《人物(四)·杨光仪传》。

帙,名曰《消寒集》。①

杨光仪晚年与乡中耆旧结"九老会","诗歌酬酓,极林泉之乐"②。九位老人"诗兴之豪,谈宴之畅,精神之清且健,人咸目为神仙中人"。杨光仪专门做了一首《九老诗》,并为九老拍照留念。诗云:"人老恒与老人伍,洛社香山各千古。一时觞泳集名流,碌碌吾侪岂是数。个中娄子(元孚)兴偏豪,人集以大倾醇醪。不必直、谅、多闻获三益,但见日艾日耆日老皆二毛。……吁嗟乎古之嘉会今已藐,今亦未始不与同其老。岁时欢聚娱暮年,聊以悠游视寿考"。九老中最小的一老为盐商"南华"后裔华承彦(字屏周,华世奎的父亲)。③

(五)城南诗社

近代以来,天津环境变迁,社会变革,那些曾经闻名天下的盐商园林大都已凋零殆尽,繁盛一时的水西庄也已荡然无存,但盐商家族结社吟唱之风却一直延续了下来。1921年春,津门名宿、盐商严氏家族的当家人严修与王守恂等人发起成立了城南诗社。据记载:"范孙严公,……抱迹熄诗亡之忧,作政举人存之想。而藏斋、仁安两先生者,秉三苏之手笔,文苑鹰扬;承二王之家风,艺林鹗视。聿赓同调,狎主齐盟。爰乃启坛坫于城南,建鼓旗于津上。结班荆之契,联今雨旧雨之欢"④。"诗社之始,起于三数人文酒之宴,严

---

①③杨绍澍、陈东生撰:《津城爱国诗人杨香吟》,中国人民政治协商会议天津市委员会、南开区委员会文史资料委员会编:《天津文史资料选辑》第76辑,天津人民出版社1997年版,第378页。
②高凌雯纂:《(民国)天津县新志》,卷二十一之四,《人物(四)·杨光仪传》。
④吴寿贤:《序》,严修署签:《城南诗社集》,天津社会科学院图书馆藏书1924年版,第1页。

范孙先生实倡之。嗣以迭为宾主,不胜其烦,乃改为醵饮之举,期以两星期一集。柬则遍延,到否悉任其便。然每聚,多则二十余人,少亦十余人","城南二字,固昉乎浴沂风咏之例,而尤以吾等集合地址界乎昔日天津城基之南"。①

城南诗社的参与人先后有吴寿贤、王纬斋、李琴湘、冯俊甫、谢履庄、卢子修、杨意箴、胡浩如、步其诰、顾祖彭、管凤和、徐世光、孟广慧、王仁安、陈宝泉、陈中岳、吴侣伊、高彤阶、林墨青、赵幼梅等人,他们声应气求,志同

《城南诗社集》扉页

道合。后来陆续加入者达百余人,中间有息影遗老、在野名流、在职京官县令,也有地方缙绅,而以严修为"祭酒"②。1924 年,城南诗社成立三年之际,王守恂辑《城南诗社集》一卷。该集"仿题襟之意,专选城南社诸同人社作及唱酬之作,故名城南诗社集","本集起辛酉暮春,讫癸亥岁杪,历时三载","编次以年岁长幼为序,同年者则以生日先后为序"③,共收录了 63 名社员的 182 首诗作。1928 年,李国瑜著有《城南诗钟》五卷,主要记述有关城南诗社活动,介绍社员诗作及诗评等。1930 年正月十一日,城南诗社聚会联吟,汇成《城

---

① 王武禄:《序》,严修署签:《城南诗社集》,天津社会科学院图书馆藏书,1924 年版,序第 1 页。
② 中国人民政治协商会议天津市委员会文史资料研究委员会编:《天津文史资料选辑》第 25 辑,天津人民出版社 1983 年版,第 38 页。
③ 严修署签:《城南诗社集》,《例言》,天津社会科学院图书馆藏书,1924 年版,第 1 页。

南诗社集》(外两种)二册,对城南诗社的活动情况有所介绍。"吟社适城南,诗人聚一屋。屋中列书画,悦目逾丝竹。或赋招隐辞,或歌采芝曲。四坐杂谐谈,盈尊酌醽醁(酒名)。时直云开节,小园气方淑。写照呼西工,尺幅众景蓄。图与人俱留,人与春日乐。不羡阁凌烟,聊当醉金谷。岁首纪胜游,余欢期再续"。1933年重阳节,诗社成员到水西庄故址酬唱,王守恂辑《癸酉展重阳水西庄酬唱集》一卷。1935年,李金藻辑《乙亥重阳雅集诗录》一卷。1939年,赵元礼辑《戊寅重九分韵诗存》一册。[①]1941年,城南诗社曾聚会并题名留照。

1941年城南诗社雅集照

[①] 刘尚恒著,张文琴整理:《天津查氏水西庄研究文录》,天津社会科学院出版社2008年版,第163—168页。

以上所列诗社当然不是清中叶以来长芦盐商参与发起的全部诗社,只是几家有代表性的、影响比较大的诗社。很多家族延接名流、唱酬应和的规模并不小,不过现有资料未见其以"诗社"名之,笔者不便径自列入。如,长芦盐商李承鸿家族,本浙江山阴人,因业盐来津,遂家天津。李承鸿在津城城东筑有"寓游园",有半月坊、听月楼、枣香书屋诸胜,"日与郝仁、金铨、吴人骥辈结社联吟"。"迨查氏衰落,承鸿接趁前轨,虽具体稍微,而流风赖以不坠"。李承鸿之孙李云楣亦是天津名士。① 又如,金氏家族后裔金铨,"与康达夫、郝石臞、查次斋、周大迁结社联吟,人多慕之"②。还有一些诗社,因笔者掌握的资料过少,无法单独列出,如,"光绪年间,华世奎、孟广慧、孟继坤、高凌雯、华世铭、华学淇、华承勋等组织诗星阁,编印过《诗星阁同人试律抄》二卷"③。盐商家族"北华"和"南华"都参与其中。

不难看出,盐商家族在天津诗坛占有至关重要的地位,几乎所有的诗社都是由盐商或者有盐商背景的人士牵头创建的,长芦盐商家族在天津文化史上的开创和传承之功,无人能够撼动。王守恂曾为赵元礼所撰《神佑集》作序,其中有一段话,清晰表述了盐商在津郡高雅文化发展过程中发挥的重要作用。"吾乡提倡风雅,有张氏遂闲堂,查氏水西庄。……道咸时有梅花诗社及续梅花诗社,为梅树君(梅成栋及嗣子梅小树)先生先后主持。嗣杨香吟先生倡立

---

① 高凌雯纂:《(民国)天津县新志》,卷二十一之二《人物(二)·李承鸿传》。
② (清)梅成栋纂:《津门诗钞(下)》(《天津风土丛书》,天津古籍出版社1986年版,第327页。
③ 刘尚恒著,张文琴整理:《天津查氏水西庄研究文录》,天津社会科学院出版社2008年版,第164页。

消寒诗社。自是而后科举盛行,乡人多从事帖括,风雅几至中绝。近年严范孙、赵幼梅同立城南诗社。范孙故后,幼梅继起,直至今日,人材之多,著述之盛,有加无已"①。长芦盐商在天津高雅文化发展的重要节点上,均发挥了提纲挈领、承上启下的作用。

---

①王守恂:《序》,赵元礼撰:《神佑集》。

第六章 长芦盐商对天津教育的贡献

关于教育与文化的同一性及其密切关系,历来有许多经典论述,"文化乃属于人生观或世界观,即是一种观念形态(Ideology),而教育是一种活动、一种行动。不过两者之关系是极密切。文化是借教育而进步发展,教育则以文化为基础"[1],"教育水平往往成为文化水平的同义语"[2]。教育与文化相互依存,相互促进也相互制约,教育属于大文化的范畴。另外,教育是文化传播和传承的关键环节和重要手段,也是改造、提升地方文化氛围、文化水平的基础性工作。将盐商对天津教育的贡献单列一章,也是基于这个考虑。长芦盐商与江南士子的互动、交流,引领了地方文化发展的方向,使得天津文化生态大为改观,但他们之间的酬唱更偏重于上层的互动。盐商在地方教育上的投入和付出,对天津地区文化的传播、积淀和繁荣,地区文化氛围、文化水平的提升起到了更为广泛和深远的作用。

一、长芦盐商的"重教兴学"传统

"重教兴学"既是盐商热心地方公益事业的重要体现,也是盐

---

[1] 雷通群著:《西洋教育通史》,岳麓书社2010年版,第412页。
[2] 陈元晖著:《中国教育学史遗稿》,北京师范大学出版社2001年版,第2页。

商家族文化素质和修养自然而然的外化。在天津,系统的地方教育成型较晚,长芦盐商们成为办学、兴学的主力军。明万历二十年(1592),明政府根据长芦巡盐御史黄卷的奏请,设立了长芦运学,"长芦运学由盐业发家的周达仁掌管。长芦运学是专为盐商灶籍子弟就学而设的"[1]。雍正三年(1725),天津改卫为州,开始建立地方政府,此后,正规的地方教育形式——州学才开始出现。雍正九年(1731),天津州升为天津府,附郭设立天津县,由府学、县学构成的系统的天津地方教育架构正式形成。在天津地方教育体系逐步构建的过程中,长芦盐商"重教兴学",捐资助学、捐修学校、义学和学宫,发挥了重要作用。

(一)加学额

"重教兴学"传统的一个重要表现是通过捐输增加本地学额。天津府学,原有文学额二十一名,武学额二十五名。天津县学原有文学额十八名,武学额十五名。清代中叶以后,国库逐渐空虚,长芦盐商的捐输和报效越来越多。一般,清政府会给予踊跃报效的商人一些奖赏,或封典或御制物品。在有些情况下,盐商们会"移私作公",请求朝廷增加本地学额作为奖励。在学额固定的传统社会中,这意味着为本地士子谋求到了更多的"仕进"机会,实属善莫大焉。咸丰三年(1853),因为长芦盐商办理的团练守城有功,清政府特别增加天津府学文、武学额各五名,增加天津县学文、武学额各三名,从咸丰六年(1856)岁试开始实行。咸丰八年(1858),长芦盐商张锦文协助办理军务、交涉等事务有功,以捐输增加天津县学文、武永

---

[1] 张绍祖:《长芦盐商对天津教育之贡献》,《盐业史研究》,2012年第3期,第55—73页。

远学额各三名,并加广文、武学额一次,各四名。此后经续捐,又增加县学文、武永远学额各一名,均自咸丰九年(1859)岁试开始。同治五年(1866),长芦盐商通过捐输,增加文、武永远学额各六名,又增加灶籍文、武学额各一名,自同治六年(1867)岁试开始。①通过捐输增加地方的学额,本身就意味着盐商对地方教育和科举事业的重视和认同,对于地方来说,这种善行也足以彪炳史册。

(二)修书院、建学校

三取书院在天津三岔河口南岸。康熙五十八年(1719),天津商民修筑瞿黄口堤岸,堤尾正处于此处,遂决定在此建造书院,作为士子课文之所。②"地方商绅发起集资,将赵公祠旧有三间废室重新修建,并购地加筑院墙和大门,再次创立'郁文学社',作为士子预备科考的场所。该学社规定每月初二、十六两日为课期,经费由长芦盐商捐付。该学社后来一度衰落,学舍倒塌。"③乾隆二十年(1755),时任庐州府同知的天津人王又朴呈请清理修理,与商民共同捐修学舍十二间④,每年的束脩膏火等费用都从长芦盐商捐资项内支给⑤。嘉庆六年(1801)重修后,所有项目统归长芦运库供给。⑥

---

①(清)吴惠元总修,蒋玉虹、俞樾编辑:《(同治)续天津县志》,卷四《学校》。
②(清)黄掌纶等撰,刘洪升点校:《(嘉庆)长芦盐法志》,卷十九《营建·学校》,科学出版社 2009 年版,第 408 页。
③张绍祖:《长芦盐商对天津教育之贡献》,《盐业史研究》,2012 年第 3 期,第 55—73 页。
④(清)黄掌纶等撰,刘洪升点校:《(嘉庆)长芦盐法志》,卷十九《营建·学校》,科学出版社 2009 年版,第 408—409 页。
⑤⑥(清)张焘著:《津门杂记》卷上,沈云龙主编:《近代中国史料丛刊》第 57 辑,文海出版社 1966 年版,第 30 页。

问津书院在天津城内鼓楼南。乾隆十六年(1751),长芦盐商查为义将自己的旧宅地捐出,长芦盐运使卢见曾建造房屋五十九间,延师选士,作为讲学之所,名曰"问津书院"。尚书钱陈群题其堂曰"学海堂"。每年掌教的束脩馈金与诸生的膏火奖赏饭食以及供役舆夫的工食都由长芦运库的闲款生息项内供给。①

　　除三取、问津两书院外,光绪元年(1875),长芦盐商严克宽、杨光仪等人倡建会文书院,得到盐运使祝垲、知县马绳武、县人娄举信、道员丁寿昌等人的支持,经直隶总督李鸿章批准建立。会文书院的经费,主要由长芦运库每年拨付京蚨二千吊,此外还有津门官绅的捐赠。②另外,辅仁书院的经费也有赖于当时长芦盐运使金洙借拨长芦运库款,发质库生息,每年利息的半数作为书院经费。③长芦运库是长芦盐商所缴各项正杂课税的总汇处,长芦征收的各种课税名目众多,种类繁杂。其中盐商缴纳的硝卤税和津武口岸报效是专门用作各学堂经费和育婴堂的公益费用,这部分银钱取之于盐商,用之于公益。④

　　在天津四大书院之外,长芦盐商还出资捐建了大量的义学。义学是对旧时贫困家庭子弟的一种免费启蒙式教育,它有别于科举教育。"各塾半多中下之资,又皆苦贫,不过略求识字,开笔行文者甚属寥寥"。义学的教育理念为"弗多诵诗书,务求讲明义理,粗习

---

① (清)黄掌纶等撰,刘洪升点校:《(嘉庆)长芦盐法志》,卷十九《营建·学校》,科学出版社2009年版,第408页。
② 张焘著:《津门杂记》卷上,沈云龙主编:《近代中国史料丛刊》第57辑,文海出版社1966年版,第31页。
③ 张绍祖:《长芦盐商对天津教育之贡献》,《盐业史研究》,2012年第3期,第55—73页。
④ 申玉山:《长芦盐税研究(1912—1928)》,河北师范大学博士学位论文,2011年,第30页。

书算",设置的主要课程有识字、读书、习字、论文、反身、治事等,非常注重学习的实用性。①

乾隆五十七年(1792),根据天津绅商的申请,经长芦盐运使嵇承志详定设立天津义学,凡属天津附近贫民子弟无力延师者,俱准其附入义学读书,义学每年束脩、房租等项费用均从长芦盐商捐款项内领取。长芦行京引的盐商还捐修了京师义学,每年于公费内捐膏火银一百二十两,按季度呈缴大兴县,

《长芦义塾课程》书影

由顺天府发给课读士子。②在长芦盐商的资助下,乾隆五十七年(1792)设立天津城东门内蒙童义学,乾隆六十年(1795)设立北门内蒙童义学,嘉庆二年(1797)设立东门内成童课文义学,嘉庆八年(1803)设立城西南蒙童义学和北关外成童课文义学。③清同治、光绪年间,义学更名为义塾,分为"总塾"和"分塾"。天津有总塾五处,分塾二十余处,其中盐运使署设立的义学有十处。城内共五处,集益义学设在节孝祠,博文义学设在牛痘局,广业义学设在萧曹祠,还有务本义学和约礼义学。城东三处,养蒙义学设在河东瞿黄口桑蚕局,兴仁义学设在盐坨义地看守房,还有一处名为正谊义学。城

---

①《长芦义塾课程》,光绪十二年(1886),天津社会科学院图书馆藏书。
②③(清)黄掌纶等撰,刘洪升点校:《(嘉庆)长芦盐法志》,卷十九《营建·学校》,科学出版社2009年版,第409页。

西两处,尚志义学设在南阁,修道义学设在双忠祠。总塾名为会文,设在会文书院。①天津府设立的兴让总塾在贡院,为知府马绳武根据贡生娄举信、芦纲总商严克宽的请求所设。②

光绪三十一年(1905),陆嘉谷任长芦盐运使时,用芦纲存款创办了长芦中学,专门招收盐商及灶户子弟,由盐运副使汪开祉任监督,校址在鼓楼北新盐运使署内西偏院,后迁往黄纬路工业专门学校对过。当时天津的中学校,除南开中学和铃铛阁中学之外,长芦中学居第三位。1910年该校甲班毕业后,将芦纲存款转拨给南开中学充为经费,长芦中学停办,也可以说是并入了南开中学。③

直到清末,汉沽地区的教育还是以私塾和塾馆教学为主。光绪三十二年(1906),寨上灶户筹资建立了"寨上庄小学堂",是该地区的第一所小学堂,开灶户办学之先河。后来这座学堂改称长芦寨上初级小学和长芦寨上女子小学。日本投降后,这两所盐业小学合并为"宁河县寨上中心国民小学校"。1946年6月,汉沽滩业公会筹资建立了汉沽区第一所中学——私立长芦初级中学校。该校校址在寨上秦家台58号,校舍面积4660平方米,每年由滩业公会给学校拨付45000斤小米。该校董事长李右绅曾任汉沽滩业公会主任;副董事长张宿波为寨上盐商;常务董事长王静修为汉沽滩业公会秘书、麻袋厂经理;董事李雨耕曾任滩业公会会长;董事刘乐之,是县党部书记刘会文之兄。校名拟定为"私立长芦中学",并请国大代表

---

① (清)沈家本、荣铨修,徐宗亮、蔡启盛纂:《(光绪)重修天津府志》,卷三十五《经政(九)·学校》。
② 张绍祖:《长芦盐商对天津教育之贡献》,《盐业史研究》,2012年第3期,第55—73页。
③ 李鹏图等:《长芦盐务五十年回顾》,载《近代长芦盐务》,中国文史出版社2001年版,第65页。

唐紫园在南京备案，国民党中常委陈立夫题写了"私立长芦中学"的匾额。①

长芦盐商对于捐助的书院、义学和义塾并非放任自流，他们都有为书院"值课"的义务，每当值课日，要在书院中"终日守视"，有犯规者，照章执行，履行对书院的监督和管理职责。

（三）修学宫

天津由州升府后，设立了天津府学。雍正十二年（1734），在天津府学西侧设立天津县学。天津官办的地方学校正式形成府学和县学两级格局，建立了相应的学宫。雍正十一年（1733），长芦巡盐御史鄂礼、天津府知府李梅宾、天津县知县徐而发等人组织重修天津府学学宫。乾隆八年（1743）和乾隆十六年（1751），时任长芦盐运使的倪象恺和卢见曾亦分别重修过府学学宫。同治二年（1863），长芦盐商杨成钰、张凤墀、华树、黄昭融、徐墀、王敬熙、姚承丰等人再次捐资重建天津府、县学宫，后因经费不敷②，诸生求助于盐商张锦文，张"慨然任之"，独力捐修，最终保证工程顺利完工。③

二、"闺阁之秀　咸工文翰"——盐商家族的女子教育

"女子无才便是德"是封建社会长期以来对女子群体的一种整

---

① 《盐业资本对教育的影响》，载政协天津市汉沽区委员会编：《汉沽文史资料》第7辑《汉沽——中国海盐文化摇篮》，2008年版，第160页。
② （清）吴惠元总修，蒋玉虹、俞樾编辑：《（同治）续天津县志》，卷四《学校》。
③ （清）吴惠元撰：《重修郡邑学宫碑记》，（清）吴惠元总修，蒋玉虹、俞樾编辑：《（同治）续天津县志》，卷十七《艺文（二）》。

体要求,这里的才,主要指的是"文才",即诗词歌赋。大意是,女子通文识字,能深明大义,固然好,但是这种人毕竟是少数。大部分情况下,女子喜看曲本小说,容易被挑动邪心,甚至舞文弄墨,做出丑事,反不如不识字来的安分守己(明人陈继儒语)。当然,这是一种极端的评价,它总在男权主义者、女权主义者需要它的时候出现。高彦颐在他的著作《闺塾师:明末清初江南的才女文化》一书中提出了一个疑问,"封建社会尽是祥林嫂吗?"①在很多时候,站在很多立场上,这个答案是肯定的。从晚清到五四新文化时期,"受害女性成了中华民族本身的象征,……对作为整体的中华民族的政治解放也对中国进入现代世界来说,女性启蒙成了一个先决条件。总之,受父权压迫的女性,成为旧中国落后的一个缩影,成了当时遭受屈辱的根源。受压迫的封建女性形象,被赋予了如此强烈的民族主义情绪,以至最终变成了一种无可置疑的历史真理"②。站在不同的角度会得出不一样的结论,有学者将女学书籍的出现,归结为"男性对女性的压迫业已渗入意识形态中"③,但从另一个角度,也可以把它看作社会对妇女作用的重视。数据是最有说服力的。明清时代是"存天理、灭人欲"的理学精神的鼎盛时期。就在当时,"世界上没有一个国家比中国明清时代产生过更多的女诗人,仅仅在三百年间,就有两千多位出版过专集的女诗人"④,事实有些出乎我们

---

① [美]高彦颐(Dorothy Ko)著,李志生译:《闺塾师:明末清初江南的才女文化》(海外中国研究丛书),江苏人民出版社2004年版,第1页。
② 同上,第2页。
③ 陈建武:《论古代"女学"》,《江汉论坛》,2002年第6期,第53—55页。
④ [美]孙康宜:《明清文人的经典论和女性观》,《江西社会科学》,2004年第2期,第206—211页。

的意料。对于中国庞大的人口基数来说,这些女诗人或许只是"少数"和"另类",但就某些家族或家庭而言,她们的数目却不算少,如盐商家族。

(一)传统才德观视域下的女子教育(或曰"女学")

在女子对家庭、家族、宗族和国家的重要性这个问题上,古人的认识并不比今人肤浅,对女子的教育是一项至关重要的工作。早在周代,便出现了"妇学"的概念和定义,《周礼·天官》记载:"九嫔掌妇学之法,以教九御。妇德、妇言、妇容、妇功。"郑玄注曰:"妇德谓贞顺,妇言谓辞令,妇容谓婉娩,妇功谓丝枲。"可见,当时女子教育的内容是比较全面的,对女子素质的要求也是比较高的。

1. 女学内容

女学的内容与当时社会的才德观是分不开的。据清代国学大师章学诚考证,早期的女学不仅仅要求"妇德",还要求一定的"女才"。"盖自家庭内,以至天子诸侯卿大夫士,莫不习于礼容。至于朝聘丧祭,后妃夫人内子命妇,皆有职事。平日讲求不预,临事何以成文。""至于妇言主于辞命,古者内言不出于阃。所谓辞命亦必礼文之所须也。"①他在考证上古妇学时就说:"古之贤女,贵有才也","如女史、女祝、女巫,各以职业为学,略如男子之专艺而守官矣。至于通方之学,要于德言容功。……至其学之近于文者,言容之事,为最重也"。②可见,上古时期的女子教育是要求"德才兼备"的。

两汉时期,是中国传统思想的定型时期,儒家思想取得了主导

---

① (清)章学诚纂:《妇学》,中华书局1991年版,第174页。
② 转引自:刘丽娟:《清末女性才德观研究——以上海为中心》,复旦大学博士学位论文,2009年,第18页。

地位。社会上出现了专门的女学书籍,如西汉刘向的《列女传》和东汉班昭的《女诫》等。儒家思想"重德"的传统,开始影响到两汉时期的女子教育。不过,"重德"并不意味着"轻才"。《列女传》中列出了七类妇女,其中"贞顺传"与"节义传"重点宣传"女德","辨通传"重点介绍"女才","母仪传""贤明传"和"仁智传"则"德才兼有","孽嬖传"则是"女德"的反面教材。整体上,《列女传》并未表现出明显的"重德轻才"倾向。①《女诫》专讲"女德",可是班昭本人就是一位"才女"。

后世的女子教育和女学书籍的内容确实表现出了"以德为主"的倾向。如唐代宋若华、宋若昭撰《女论语》、陈邈妻撰《女孝经》、武则天撰《列女传》《孝女传》《古今内范》《内范要略》等女学书籍;宋司马光撰《家范》、袁采撰《世范》;明代明成祖徐皇后撰《内训》、吕坤撰《闺范图说》、温氏撰《母训》、黄尚文等撰《女范编》等;清代陆圻撰《新妇谱》、陈宏谋撰《教女遗规》、贺瑞麟撰《女儿经》等等。我们应该认识到,这些带有"家规"性质的书籍重视"德化"的现象在整个封建社会是带有普遍性的,不独针对女性。"大凡男女五六岁时,知觉渐开,聪明日启,便当养育良知良能。男则令其就塾,教以《小学》《曲礼》《少仪》《内则》《弟子职》诸篇古人孝亲、悌长、敬身、明伦等行;女则令其不出闺门,亦教以《小学》《列女传》《内则》诸篇古人孝姑、敬夫、教子、贞烈、纺绩等事。务要使其朝夕讲诵,薰陶渐染,以成其德性,敦复古道,感动奋发,而见义勇为。"①男子所学的文本内容也是以"德化为先",家规更是如此。究其根本,儒家思想作为中国传统社会的指导思想,一直坚持"道德本位"。很多学者对

---

① (汉)刘向:《列女传》,张涛:《列女传译注》,山东大学出版社1990年版,第1—2页。
① (明)于镇僖撰:《于氏家训》,于树滋纂修:《于氏十修家谱》卷二,清光绪十四年(1888)刻本。

此进行过经典论述。香港学者金观涛、刘青峰将其表述为"伦理中心主义",就是"指把伦理道德看作高于知识价值之心态。中国自孔子开始,一直主张伦理道德的价值优先,知识系统也是适应儒家伦理的"①。台湾学者韦政通称其为"泛道德主义","就是将道德意识越位扩张,侵犯到其他文化领域(如文学、政治、经济),去做它们的主人,而强迫其他文化领域的本性,降于次要又次要的地位;最终极的目的是要把各种文化的表现,统变为服役于道德,和表达道德的工具"②。所以说,女子教育"以德为主"的内容是符合当时儒家思想的总体安排的,而非特别要求"妇德"。实际上,传统女子教育为历朝历代培养出很多"才女",社会整体上对这些"才女"是持欣赏、尊重与包容态度的。南朝徐陵编撰的《玉台新咏》,是一部东周至南朝梁代的诗歌总集,内容"全涉女性"③,收录了班婕妤、鲍令晖、刘令娴等一批女作家的作品。清代康熙年间编纂的《全唐诗》690卷,专门为女诗人立有专卷13卷,上从后妃、公主,下至名媛、歌姬、尼姑道士,均有作品入选。今人王延梯辑的《中国古代女作家集》收录了上至先秦,下迄清末的一千四百余位女作家的作品。④

2. 女学的局限性与江南"才女"文化传统

在令人惊喜的数据和成就背后,我们必须看到女子教育的局限性。首先是受众面小。受众面小的阐释是立足社会整体情况而言的,"任何女性史和社会性别史研究,都应是分阶层、分地点和

---

① 金观涛、刘青峰著:《开放中的变迁——再论中国社会超稳定结构》,中文大学出版社1993年版,第214页。
② 韦政通著:《儒家与现代化》,水牛图书出版事业有限公司1978年版,第85页。
③ (清)纪昀总纂:《四库全书总目提要》,河北人民出版社2000年版。
④ 王延梯辑:《中国古代女作家集》,山东大学出版社1999年版,第1328页。

分年龄的"①。艾伯特·奥哈拉建议将中国女性分为四个阶层:奴隶和劳动女性,农民和商人之妻,学者和官员之妻,贵族和统治者之妻。在每个阶层内,女性的责任和特权是不同的。②"妇学古实有之,惟行于卿士大夫,而非齐民妇女皆知学也。"③应该说这一论断是准确的,在传统中国中,并不是每个阶层的女子都有学习的权利与条件。换句话说,中国古代社会的女作家仅就某一群体、某一阶层来说为数不少。纵观中国古代女作家,几乎无人出身于平民百姓家。不同阶层对女子受教育的需求不一样,普通百姓没有雄厚的物质条件支持女子读书,更重要的是,女子教育需要在家庭内完成,如果家族中缺少文人,没有文化氛围,普通家庭便会缺乏教育女子的能力和意愿。清末民初的顾廷龙认为,"盖往昔妇女,井臼操劳,无才为德,相习安置;天才高隽者,或略经指示,便斐然成章;或观摩父兄,沾溉余艺,于针黹刀尺之间,为雪月风花之吟;至考订经史,及讲究经世之文,则犹凤毛麟角,此数千年来相承之风气也"④。顾廷龙的论述为我们展现出不同阶层需要的不同女子,占社会大多数人的农民阶层需要的是"井臼操劳,无才为德"的女子;能够得父兄指点、"沾溉余艺"的多是卿士大夫或书香世家的闺秀。

受众面小与女子教育的局限性也有关系,传统社会中的女子

---

① [美]高彦颐(Dorothy Ko)著,李志生译:《闺塾师:明末清初江南的才女文化》(海外中国研究丛书),江苏人民出版社2004年版,第9页。
② 同上,第8页.
③ 顾廷龙著:《顾廷龙文集》,《历代名媛文苑简编序》,上海科学技术文献出版社2002年版,第332页。
④ 胡文楷、张宏生合著:《历代妇女著作考》(增订本),上海古籍出版社2008年版,第928页。

教育具有典型的的非社会性。与男子可以进入私塾以及府、县、州学学习不同,女子不能走出家庭参加社会教育。女子受教育主要采取以下几种方式。一是"幼承庭训",这是传统女子教育最基本的形式。"庭训"可以是父母的亲自指导,也可以是祖父母、外祖父母的指点,还可以是家族中兄姊的帮助,这一类的例子很多。①二是一些家庭延揽塾师到家坐馆,对自家女子进行单独教育,时称"闺塾",老师称"闺塾师"。一般百姓家庭谈不上"幼承庭训",也无延揽塾师的想法和能力。我国古代的"才女"多出于书香门第和富贵家庭。按照"门第相当"的观念,这些"才女"也多会嫁入书香门第和富贵家庭,出于更好地为家族教育子女这一考虑,她们进入夫家后一般仍可以继续接受教育。遇到开明丈夫,还可以相与研习诗词歌赋,"琴瑟和鸣"。也有一些女子是进入夫家后才被培养成为"才女"的,如长芦盐商金氏家族的金沅嫁给津门书香门第梅成栋梅家后,才开始随夫学诗,后成名。

女子教育的地域特色明显。胡文楷《历代妇女著作考》得自汉魏以迄近代女作家"四千余家",明清两朝即有 3750 余人,尤以清代为多,有近 3000 人。这其中,绝大多数"才女"集中在以苏、杭为中心的江南地区,人称"江南才女"。据统计,这些"才女"中,事迹存于浙江各地方志中的就有近 600 家,她们主要集中在以钱塘江为中心的杭州湾沿岸。②这种现象与江南地区文化中心的地位不无关系,在文化风气浓厚和读书人多的地区,女子教育和"才女"

---

① 参见:郭英德:《明清女子文学启蒙教育述论》,《北京师范大学学报(社会科学版)》,2007 年第 4 期,第 40—46 页。
② 徐鹏:《典范女性的重构:明清浙江地方志中的才女书写》,《江苏地方志》,2013 年第 2 期,第 63—71 页。

文化更容易被接受和尊重。在男子读书都困难的地区,谈不上养成"才女"风气。另外,"才女"风气的形成还得益于江南地区雄厚的经济基础。明清时期,江南地区是全国的经济中心,世家大族和富商大贾众多,相对重视女性在家族文化传承中的作用。"明末清初江南才女文化的发展,是随着这一地区因城市化和商品化而增殖的财富,相辅相成的。妇女受教育、读书、出版和旅行机会的不断增加,都是这一才女文化增长的必要条件。"所谓"大家闺秀",言之不虚。"在帝国的其他地区,如著名的北京大都市地区和广东,……才女文化也曾出现,但只有在江南,它才达到了这样的高度。"①

(二)江南才女文化的"余波"——长芦盐商的女子教育

天津是一座移民城市,长芦盐商的到来,给城市带来了财富,吸引了大江南北的文人墨客,也将"女学"风气带到了天津。最重要的是,在他们的带动下,津门欣赏、尊重和鼓励"才女"的氛围慢慢养成。以盐商家族为主,士大夫家族为辅的津门"闺秀"文化大放异彩,并形成一种传统,最终对天津近代女子教育的兴起、转型起到了很大的推动作用。

1. 长芦盐商对津门"才女"的欣赏

津门的"闺秀"多出身于具有江南基因的盐商家族或者士大夫家族,还有一部分虽非祖籍江南,但嫁入这些家族后,得到了家族的支持,使她们的才华得以绽放和流传,津门"闺秀"文化可以看作

---

① [美]高彦颐(Dorothy Ko)著,李志生译:《闺塾师:明末清初江南的才女文化》(海外中国研究丛书),江苏人民出版社 2004 年版,第 21、23 页。

江南才女文化的"余波"或者"分支"。

因为天津建城与文化氛围形成的时间均较晚，清代以前未见津门闺秀的相关记载。《津门诗钞》中记载的天津第一位女诗人程德辉，祖籍浙江绍兴。德辉父亲程钥，字北坚，晚年更字果庵，年十六来天津，遂定居天津。程钥"长而博极群籍"，撰有《斑管录》七十余种、《豹隐斋诗文集》若干卷。程德辉"幼沉敏，书一二过，辄成诵。尝取残烛藏之，以佐夜读。既长，明丽绝伦，而幽闲贞静，出自性生"①。德辉虽工于词翰，但秘不示人。德辉随父亲客居怀庆的时候，遇到故人子孙洪，也是天津人，"见其文秀翩翩，遂妻之"。新婚的时候，程德辉梦吟"梨花空自落"诗句，以为不祥。后来，孙洪长期在外奔波，一年只能返家一两次。夫妻"相庄一室，往复古今，严师友不翅也"。不久孙洪病殁，无子。孙洪未殇时，两人依程父居怀庆。孙洪病殁后，程"以舅（孙父）在津，宜奉养，遂返津门。朝夕进甘旨，无不先意承志。纲纪家政，咸有礼法，舅若忘无子也者"②。在为孙洪立下嗣子之后，德辉"遂阖户雉经，时年三十有三也"③。德辉生平诗作甚多，在她为夫殉节前一日，绝大部分被焚毁，"后人将其焚后余稿辑成《焚余小草》"④。《津门诗钞》录其诗两首，一为《雨霁》，一为《幽兰》，诗中充满了诗人哀怨的思绪。

盐商家族对女子习诗词歌赋普遍抱有欣赏和宽容的态度，加上他们雄厚的实力，使得他们成为推动女学繁荣的一股主要力

---

① ②（清）梅成栋纂：《津门诗钞（中）》（天津风土丛书），天津古籍出版社1986年版，第606页。
③ 同上，第607页。
④ 董淑瑞：《记清代津门的女诗人》，天津市文史研究馆：《天津文史丛刊》第7期，1987年版，第159页。

量。张霖家族的重要人物张霆,著有《和小青诗》十首,因被火焚毁,仅余其中两首。张霆有云:"听弹词千万语,说古事元元本本。非不破除人闷,然不如佳人一曲,使人情移。绝句一体,盖不可不时时学作,以造至唐人声调之妙"①。小青姓甚名谁已不可考。能与"津人诗三家"之首的帆斋先生相唱和并为其所推崇,文化素养应该不低。或许张霆与小青只是神交,或许小青英年早夭。张霆在得知某夫人家中藏有小青遗照的时候,兴高采烈,"求一见不得,虽真伪莫凭",仍然"情深一往矣"。并为此赋诗一首,"怪煞夫人不姓杨,元元遗照苦珍藏。风流岂在图真伪?想象偏教意渺茫。桃影一龛魂有待,梨花半枕梦无香。情痴更比情仇甚,未许王嫱画里彰"②。一片痴情跃然笔端。实际上,张氏家族内部的酬唱应和向来不排除女眷,"父子兄弟逮于闺秀率解讴吟,时有倡和,故家遗韵,盖犹有存焉"③。

张霆之后,查氏家族的查为仁对"才女"文化更是推崇备至。据查为仁《莲坡诗话》中的记载,查为仁有别业在曲周。庭前海棠忽然于十月雪中盛开。曲周知县张若岩赋七律一首,甚佳。当时和者甚多,但查为仁认为,众多和诗中以"津门闺秀许雪棠为最"。许雪棠过时不嫁,工诗文,秘不示人,存世的的唯此首《雪中海棠和韵》一诗而已。

移从香国种无双,几见凌寒意不降。日映轻红娇带泪,风扶弱质笑迎窗。朱门旧许宜春睡,冷院新看伴玉缸。却恨杜公

---

① (清)梅成栋纂:《津门诗钞(上)》(天津风土丛书),天津古籍出版社1986年版,第184页。
② 同上,第178页。
③ 高凌雯纂:《(民国)天津县新志》,卷二十三之二《艺文(二)》。

无好句,空教十月渡寒江。①

汪西颢的《津门杂事诗》有云:"不栉书生不画眉,传来艳绝海棠诗。若教玉秤称才子,压倒楼头旧婉儿"。蒋诗的《沽河杂咏》也有云:"若无十月诗传播,闺秀谁知许海棠"。一百多年后,梅成栋在编撰《津门诗钞》的时候,题曰:"才而不嫁,与学而不仕者何异?雪棠非具过人之识,乌能协不字之贞如是!若雪棠者,谓巾帼中之子陵也可",将许雪棠比作东汉高士严光,既钦佩其才华,更赞赏其气节。②

查为仁与津门闺秀之间的唱和多次见诸资料,有些还带有相当浓重的"传奇"色彩。查为仁辑有《赏菊倡和诗》一卷,为《蔗塘外集》之一。查为仁系狱西曹九年之久,期间"二三朋好时时慰问,或投以吟筒互相倡和"③。一次,查为仁偶得咏菊七律二首,一时和者甚众。一日查为仁仆人从外归来,拾得一扇,上面写有闺秀赵琼英所和的咏菊诗。④赵琼英,不知何许人也,其《和莲坡赏菊诗》云:

> 宴赏诗传帝里秋,江流如线怅悠悠。海棠开后从凝望,篱菊逢时更惹愁。锦缆牵霞辞我去,金鞍踏月向谁留?浣花笺纸书频写,数尽飞鸿复一酬。
>
> 吴云燕树尽疑猜,耽入诗坛不省来。佳句空萦千里梦,仙

---

① (清)梅成栋纂:《津门诗钞(中)》《天津风土丛书》,天津古籍出版社1986年版,第608页。
② 注:北宋政治家范仲淹重修桐庐富春江畔严先生祠,并撰写《严先生祠堂记》,内有"云山苍苍,江水泱泱。先生之风,山高水长"的赞语。
③ (清)查为仁撰:《莲坡诗话》卷上,金钺辑:《屏庐丛刻》,天津社会科学院图书馆藏书,第18页。
④ 高凌雯纂:《(民国)天津县新志》,卷二十三之二《艺文(二)》。

葩谁徙树上栽。鹦哥帘底将伊唤,杜宇枝头向客催。莫负维扬好明月,琼花一朵未全开。①

可见,查为仁虽身陷囹圄,但"解元"和"骚坛上将"的身份仍然赢得了津门闺秀的钦佩和欣赏。康熙丙申年(1716)重九,查为仁作赏菊诗二律,与众人和韵。天坛道士董守素(白)善扶鸾术,有水仙杜丽春降卜和二律而去。诗云:

瞬息春风瞬息秋,尘寰犹认岁悠悠。无知花草自开落,底事心情易喜愁?红粉已消肌玉冷,青春难挽鬓丝留。何如早觅还丹诀,逝水年华尚可酬。

说与诗人莫费猜,闲中亲见转轮来。薜华逞艳才堪种,槿树旋枯不复栽。有限精神休浪掷,无情乌兔递相催。春兰秋菊寻常物,须看蟠桃池上开。②

又有降坛诗一首,云:

风凄月苦夜泠泠,几点霜华上鹤翎。犹有茶烟飘飏处,何人窗下读黄庭。

康熙丁酉年(1717)七月,江西杜道周邀请董守素一起到盘山张青城道士(光璧)之"栩栩亭",杜丽春复降,详细书写了她的家世始末,且录《海天词》十首。据载,杜丽春为明代江西吉水县人,(一说为庐陵人,据《津门杂事诗》),父亲为世袭指挥,明万历年间携女儿路过天津,船舶失事后,杜丽春谒见碧霞元君,受职琅苑,摄天津水府事。③杜丽春工诗,生前曾于卧阁前,手植稚松两株。既殁,母亲思女心切,呼松为"丽春"。《津门杂事诗》有云:"千年鱼腹恨难消,

---

①②③(清)梅成栋纂:《津门诗钞(中)》(天津风土丛书),天津古籍出版社1986年版,第619页。

想像金支踏暮潮。回首丽春松两树,夜深风雨撼灵涛"。据说有人看到过她出水时的样子"华裾纤褂,如世所画洛神状"①。查为仁在其《莲坡诗话》中录有其《海天词》一首,"每因封事到瑶池,池上桃花开几枝。俯瞰江河流影细,何人劈下两茎丝"。赵琼英与杜丽春两事过于"传奇",但俱载于查为仁相关著作和方志中,虽"迹近荒谬",但仍能从中看到作为盐商子弟、科场"解元"的查为仁,对"才女"和"女学"的欣赏与尊重,而这种态度会直接影响到盐商家族的女子教育。

2. "不教谢女擅风流"的金至元、赵氏及艳雪

在长芦盐商家族中,虽然张霖家族一直有"父子兄弟逮于闺秀率解讴吟"的传统,但张氏女眷所作的诗作未见留存。据现存资料,对"才女"的研究只能从查氏家族开始。查氏家族女眷最早为天下人所知是因为她们的"德行"。明崇祯甲申年(1644)三月,京师被李自成攻破前两日,查氏一族女眷死节者七人。"死生之际,虽与人家国者,往往不克;引决求之素封,家妇女尤难。查氏一门,处可以无死之地,而适值不得不死之时,藉使少缓须臾,必至祈死不得,少长从容,不再计决,凛凛然与须眉丈夫争烈矣。"②

查氏家族出现的第一位"才女"是金至元。确切的讲,金至元是查氏家族和金氏家族共同的"才女"。在康熙四十八年(1709)的"借帑案"中,大盐商查日乾和金大中两人都受到牵连,查日乾还因此被投入了监狱,两人可以说是"生死之交",且"门当户对"。金至元,

---

① (清)汪沆:《津门杂事诗》,(清)华鼎元辑录:《梓里联珠集》(天津风土丛书),天津古籍出版社1986年版,第51页。
② 查禄百纂修:《宛平查氏支谱》,卷六《查氏七烈祠堂碑记》。

字载振,又字含英,是金大中的独女。①她"幼读书,通大义,颖慧绝人。女红之外,书算琴管,无不精妙如神。尤工于诗"②。金至元的才华离不开金氏家族的教育与熏陶,她"幼颖悟嗜学,闺秀中秉家传,已能诗"③。金至元的祖父金平(字子昇)、父亲金大中(字驭东)、家族中的兄弟金玉冈(字芥舟)、金玉渊(字起潜)、金玉斑(字芳舟)等人都是天津文化史上著名的诗人,金至元可谓"幼承庭训"。"查金两姓交最厚,因申以婚姻之好"④,金至元在幼年便被许配给了查为仁,由于科场舞弊案发,查为仁系于诏狱,九年后二人"始成婚礼"。金至元"夙娴内则,不苟訾笑。性至孝,事父母及舅姑皆得欢心"⑤。嫁入查家后,金至元与查为仁"琴瑟綦谐",唱和成帙,号《松陵集》,人称"双璧"。但是好景不长,金至元嫁入查家后"仅十月而卒"。金至元诗作甚多,平时秘不示人,《津门诗钞》收其诗九首,《金氏家集》收其诗二十四首。她的诗作中有描写津门景物之作,如《重过水西园》。

  一番雨过酿轻寒,七月南塘水半竿。最是重来好风景,秋光如染隔林看。

  亦不乏开导、安慰查为仁之作,如《夜话和莲坡主人韵》。

  人生大抵游仙枕,已出邯郸君莫疑。世事浮沉无定著,流光劫活漫寻思。试香午院宜煎茗,斗墨晴窗好赋诗。终卧牛衣

---

① (清)金恭寿撰:《金氏家集》,《金氏世系表》,致远堂镌,哥伦比亚大学图书馆藏书。
② (清)梅成栋纂:《津门诗钞(中)》(天津风土丛书),天津古籍出版社1986年版,第613页。
③ 同上,第614页。
④⑤ (清)金至元著:《芸书阁剩稿》,《王时鸿序》,金钺编校:《金氏家集》,天津社会科学院图书馆藏书,第613页。

吾不悔,只凭清课惬心期。①

金至元的诗"清拔孤秀,不染粉黛习气","无绿窗绮靡诸病"②。金至元殁后,查为仁不忍听任其诗作湮灭无传,搜集其诗稿若干首,托赵执信作序③,刊刻成书,世争诵之。

当时,尚有佟锳遗孀赵氏,依夫兄佟铉客居津门,"平生作诗最富,不轻示人,而绝无脂粉之态","所居曰残梦楼,因号残梦主人"。时人称赞金至元与赵氏"幽兰夕萎芸书阁,缺月秋寒残梦楼。留得玉台诗本在,不教谢女擅风流"④。当时,佟铉(字蔗村)家有姬妾名艳雪,"亦能诗,蔗村筑楼居之,名曰艳雪"⑤。金至元殁后,"艳雪挽句云:'美人自古如名将,不许人间见白头',为士林所艳称,梓入《莲坡诗话》并《随园诗话》"⑥。

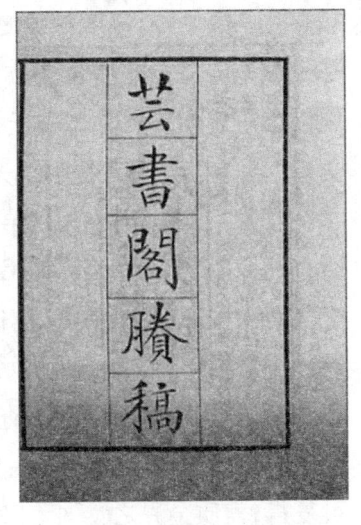

金至元《芸书阁剩稿》书影

---

①(清)梅成栋纂:《津门诗钞(中)》(《天津风土丛书》),天津古籍出版社1986年版,第616页。
②(清)金至元著:《芸书阁剩稿》,《金孺人小传》,金钺编校:《金氏家集》,天津社会科学院图书馆藏书。
③同上,《赵执信序》。
④(清)汪沆:《津门杂事诗》,(清)华鼎元辑录:《梓里联珠集》(《天津风土丛书》),天津古籍出版社1986年版,第46页。
⑤(清)查为仁撰:《莲坡诗话》卷上,金钺辑:《屏庐丛刻》,天津社会科学院图书馆藏书,第22页。
⑥(清)梅成栋纂:《津门诗钞(中)》(《天津风土丛书》),天津古籍出版社1986年版,第616页。

3. 兰房嗣响，率多咏絮之风的"查氏群英"

金至元开启了查氏家族"才女"文化的先例，同时也为金氏家族做出了表率。"于斯堂查氏，一门风雅，累业缥缃。闺阁之秀，咸工文翰。自含英金夫人提倡于先，以后兰房嗣响，率多咏絮之风，他族罕有及者"①。李钦，查为仁弟查礼妻，字安媛，奉天人。十六岁时嫁给查礼，好文学，《孝经》《尚书》《毛诗》俱能成诵。查礼素来好士，所交多江南俊彦，住处取名"清机小舍"。李钦深明大义，经常对查礼说："子之昆弟交，其母即我姑行，妇则我娣姒行也"，即使千里之外也要馈送礼物，四时不断。查礼一时财绌无以应对，准备将家中的数十箧藏书变卖，李钦劝说："三冬尚远，衫襦犹可典，异书一去不可复得，盍质金界之？"李钦对诗歌声韵之学颇有见解，查礼每有作品动辄与其商榷，"一字之易虽精于诗者弗及也"。②

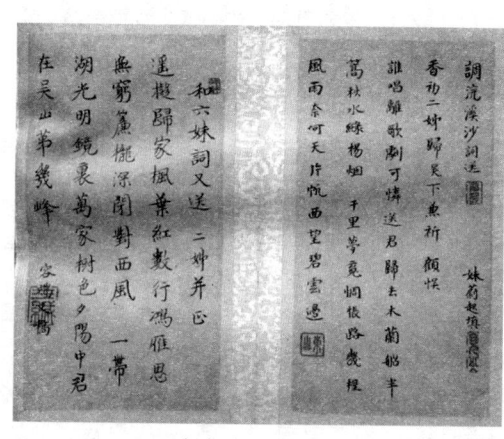

查容端手书词作

查氏水西庄落成之日，查为仁携家眷前去游玩，命以此为题相倡和，女眷们巾帼不让须眉，为我们留下了一批诗作，得以窥当时盛况。查调凤，字鸣祥，查为仁次女，作有《水西山庄落成，家严慈游赏，命赋敬步原韵》二

---

① （清）梅成栋纂：《津门诗钞（中）》（天津风土丛书），天津古籍出版社1986年版，第616页。
② 高凌雯纂：《（民国）天津县新志》，卷二十二之一《列女（一）》。

首;查容端,字淑正,查为仁三女,作《水西庄落成,敬步家大人原韵》诗二首;查绮文,字丽言,查为仁第五女,作《水西庄落成,敬步家大人原韵》诗二首;严月瑶,字阆娟,查为仁长子查善长之妻,作《水西庄落成,应堂上命题,敬步原韵》诗两首;宋贞娘,字草亭,查为仁侍女,也作有《奉主人命吟小水西庄》诗两首。①

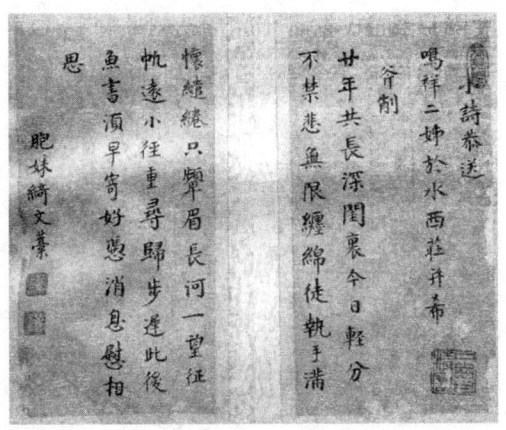

查绮文手书诗稿

查氏家族的女眷们几乎都有所著述,查调凤撰有《鸣祥诗钞》、查容端撰有《晓镜阁稿》、查绮文撰有《丽言诗草》、严月瑶撰有《阆娟诗草》、侍女宋贞娘撰有《草亭诗草》。

4. "丈夫风格女儿身"的金沅

金沅,字芷汀,号问梅女史,为金玉冈、金至元的侄孙女。金沅深得家庭熏陶,"性婉顺,通礼则,奉尊嫜以孝,得先姒朱太君欢"②,"幼爱文史,在家尝诵《四子书》《孝经》《朱子小学》及唐宋人诗。嫁与同县孝廉梅成栋后,益读书,学为文,遂工吟咏,著《问梅小草》一卷"③。梅成栋梅家世为天津名门,明初时梅氏远祖梅殷尚公主,官驸马都

---

① (清)梅成栋纂:《津门诗钞(中)》(《天津风土丛书》,天津古籍出版社1986年版,第616—619页。
② 同上,第629页。
③ 高凌雯纂:《(民国)天津县新志》,卷二十二之一《列女(一)·金沅传》。

尉。其族有名梅满儿者,官天津右卫指挥使,遂入卫籍。但是,梅家虽有门望,却属寒族。"梅氏、解氏,俱有门望,累世清芬,但无贵显,故天津旧有'寒梅瘦解'之称"①。梅成栋与庆云崔旭同出张问陶(船山)之门,他的同门先后腾达,但梅成栋科场蹭蹬,始终不得意。他曾作《寄船山诗》云:"桃李门墙开遍了,东风何日到梅花?"船山答云:"莫向东风羡桃李,梅花已作杏花看",亦是一段佳话。②金沅有"问梅女史"之号,曾作《梅花》诗四首,明己志之外,亦含有对丈夫梅成栋的理解与慰藉之意。

流水空山梦渺茫,玉楼十二舞霓裳。飞来白雪魂原冷,堕向红尘姓亦香。有笔难描空外影,几人肯爱古时妆?纷纷桃李休相妒,不借春风只自芳。

瘦影萧疏剧可怜,一枝写出妙明天。开能为我何妨淡,修到如君定是仙。道意自含云水外,春心独抱雪霜前。纸窗几夜相思苦,撩拨诗情未得眠。

竹篱茅舍好风姿,嫁与寒家品更奇。清瘦自来惟本色,孤高原不解逢时。画中甚少同心侣,世外难求称意诗。寂寞久甘空谷隐,芬芳何必有人知。

悟彻前因与后因,淡云明月此花身。品缘太洁应消福,色不能娇为远尘。暖日忽逢三径雪,寒山偶吐一枝春。最怜浊世无真赏,或把飞仙当美人。③

---

① 高凌雯辑:《志余随笔》卷四,天津市地方志编修委员会编著:《天津通志·旧志点校卷(下)》,南开大学出版社2001年版,第717页。
② (清)华鼎元纂:《津门征献诗》卷六《缄斋杂识》,天津社会科学院图书馆藏书。
③ (清)梅成栋纂:《津门诗钞(中)》(天津风土丛书),天津古籍出版社1986年版,第630—631页。

科场失意,梅成栋着意于诗,"尝就城西水西庄起梅花诗社,集诸名士觞咏其中。生平熟于乡邦掌故,所为诗文大率阐发幽光,表彰懿德,又非徒尚风雅已也"①。梅成栋著有《四书讲义》《管见编》《吟斋笔存》《欲起竹间楼诗文集》《津门诗钞》,与崔旭合刻《燕南二俊诗钞》。梅成栋辑的《津门诗钞》三十卷,"采集有明以来文人学士逮于闺秀,凡有诗可传者二百十六人,人各系以小传。其有轶事遗闻,或残篇断句,俱载诗后,搜辑之富,遂为大观"②。《诗钞》中专列"闺秀"一卷,上起程德辉,下迄金沅,共收录了十八位津门闺秀的诗作,我辈得睹"斯时芳华",梅成栋功不可没。梅成栋能够成为天津文化史上承上启下、至关重要之一人,这些都与金沅的理解、鼓励和影响分不开。金沅殁后,梅成栋悼之曰:"良友交情知己泪,丈夫风格女儿身",发自肺腑也。

(三)才女文化向近代女子教育的转型

传统社会的女子教育不是普及教育、全民教育、平等教育和标准教育,它是一种"才女"教育,可有可无,可深可浅。传统社会中的女子能否得到良好的教育主要取决于是否出生在文化氛围和经济基础稍好一些的阶层,是否能够得到父家与夫家的支持与理解。许多长芦盐商家族具备上述条件,女子教育基础较好。盐商的女子教育传统在查氏、金氏时期发展到顶峰,进入近代以后,严氏家族接过了继承和发扬女子教育传统的接力棒,实现了女子教育由传统向近代的转型。

①②高凌雯纂:《(民国)天津县新志》,卷二十一之三《人物(三)·梅成栋传》。

1. "幼承庭训"是传统"才女"接受教育的主要形式

我们在看到封建社会不尽是祥林嫂的同时,也要认识到女子教育与男子教育存在着截然不同的差别。在"德化"的共同基础上,男子受教育的目的是为了"扬名科场""修身齐家治国平天下""光宗耀祖"。女子受教育的目的相对简单,"相夫教子"之外,陶冶一下情操。在教育方式方面,"男女授受不亲"之大防同样不可以突破,"闺阁"是她们的主要活动范围。无论在江南还是在天津,"才女"形成的首要条件是个人兴趣,然后是家庭的文化氛围,如果幸运的话,嫁入知书达理的书香门第后,她们爱好"诗词歌赋"的习惯仍然可以继续下去。在讲究"门当户对"的传统婚姻中,这种"幸运"在一些阶层中亦不少见。

就现有资料来看,造就"才女"的阶层比较固定,无论江南还是天津的"才女",她们或出身于诗书世家或出身于亦商亦儒的盐商家族。程德辉的父亲程钥,写作"援笔立就,辞采甚伟",是典型的江南文人。许雪棠是出身于世家的"津门闺秀"。金至元和金沅出身于文化素养极高的大盐商家族,金至元"幼读书、通大义",嫁入了"门当户对"的查氏家族;金沅"幼爱文史",嫁入了非常有门望的梅氏家族。大盐商查为仁的女儿、儿媳们"咸工文翰",侍女亦可以吟诗作对。《津门诗钞》中记载的一些姓氏和家世都无考的"才女",也并非出自诗书家庭之外。"滴滴青衫湿泪痕,不堪回首旧朱门"的丐妇显然遭遇了"门楣之变"。①"独负寒香过灞桥"的佛女出身于"津邑望族,以诗书世其家。父善画,笔墨为生"。②"幼承

---

①②(清)梅成栋纂:《津门诗钞(中)》(天津风土丛书),天津古籍出版社1986年版,第625页。

庭训"是"才女"们接受教育的主要形式,家族(包括夫家家族)文化风气的浸淫、文化氛围的宽松是造就"才女"的必要条件。

传统男子通过接受教育,参加科举考试,可以实现跨阶层向上流动,出身农家的男子通过读书可以进入士子阶层,如果科场得意,家族可以转变为官宦之家。由于女子教育少了这种功利性,"才女"出身的阶层几乎是固化的,能够接受"才女"的家族也是有限的。"才女"通过嫁人实现的流动主要是在本阶层内部的"平层流动",农人、工匠家庭的女子很少有机会成为"才女"。

2. 北方现代女子教育的雏形——严氏"女塾"

"才女"不具有社会普遍性,在一个家族中也不具有普遍性。亦商亦儒的盐商家族对"才女"相对包容,但一般也不会主动培养"才女","才女"的形成离不开女子自身"好吟咏""极闺房唱和之雅"的爱好和学习的主观能动性。从现有资料来看,除"幼承庭训"外,尚未发现长芦盐商家族通过聘请"闺塾师"对女性进行教育的文字记载。这种在明清时期,广泛流行于江南地区的女子教育形式,是通过聘请塾师(女塾师或年老男塾师)到家坐馆,对富贵家庭女子进行单独的文学启蒙教学。近代以来,普及女子教育的理念逐渐被人们所接受。长芦盐商大家族——严氏家族在这个过程中走在了时代的前列,成为北方近代女学的"始作俑者"。

中国传统"女学"(即女子教育),是中国妇女文化中的一项重要内容。"这种教育,除个别开明的家庭外,往往以礼教为重要内容,俗称'女学'。"[1]传统"女学"一般围绕女性的三种角色(即父之女、夫之妻、子之母)展开,主要内容为"妇德、妇言、妇容、妇

---

[1] 陈建武:《论古代"女学"》,《江汉论坛》,2002年第6期,第50—52页。

功"①。教材也相对固定,如《女论语》《女孝经》《古今内范》等等。在礼教的基础上,士绅、儒商阶层会对女子的"文学素养"更注重一些。虽然士绅、儒商阶层女子的"幼承庭训"和聘请"闺塾师"还都属于传统女子教育的范畴,但是我们有理由相信,推动近代女子教育出现的必要条件之一就是他们心底里"女子应该具有同样的受教育权"的潜意识。亦儒亦商的严氏家族继承了长芦盐商家族重视女子教育的基因,加上严修对近代教育的开放态度,使得近代女子教育的萌芽首先在严氏家族中萌发。

光绪二十八年七月初七日(1902年8月10日),严修偕长子智崇、次子智怡赴日本考察。②智崇、智怡"乃预为留学计也",严修此行的主要目的是考察日本的教育。在考察过程中,严修特别留心了日本的女子教育。9月2日,严修在神户先是参观了泛爱幼稚园,看到儿童"唱歌环步、步伐整齐",颇感兴趣;后在大野铃子的陪同下到爱珠幼稚园参观,有感于幼稚园课程设置齐全,"课之难易各视其年之长幼"。③9月3日,严修在藤川、清水的陪同下先是往育英高等女学校参观了体操、图画、读书、唱歌各室。④随后在神户清水谷女学校,仔细参观了学校的文、理、图画、裁缝各教室。⑤9月16日,严修到访东京富士见小学校,与校长山崎彦八进行了交流。山崎彦八言:"日本之初改良也,先立小学校,渐增女学生,次立幼稚园,次立女学校。又云,小学校必须私立乃

---

① 《周礼·天官·九嫔》。
② 严修自订,高凌雯补,严仁曾增编:《严修年谱》,齐鲁书社1990年版,第132页。
③ 严修撰,武安隆、刘玉敏点注:《严修东游日记》,天津人民出版社1995年版,第47页。
④ 同上,第48页。
⑤ 严修自订,高凌雯补,严仁曾增编:《严修年谱》,齐鲁书社1990年版,第136页。

广,政府之力万不能遍。东京小学校三百余,官立者才八十余耳"。①
9月19日,"赴女子高等师范学校参观,内设国语、英语、家政、裁缝、史地等科"②。9月30日,"参观华族女学校,内分小学、中学两级,并附设幼稚园。因系贵族学校,故设备特精,而每一学生所用桌椅,均以该生身材为准,高度斜度,均适宜其发育,此乃校之特点"③。10月8日,严修等人参观常盘小学校,该学校男女学生各半,共千人。④

　　日本之行,令严修深受触动,日本近代女子教育取得的成就也使他的女子教育实践计划更加具体。严修从日本考察回国后,在自己的家中办起了女塾,时称"严氏女塾"。严修"聘来日本人川本教日语、音乐,山口教手工艺,野崎教织布,从纺纱到织斜纹、直纹布,也织毛巾。还设有算术、缝纫各课"⑤。女塾学生有严修女儿、侄女、儿媳、侄媳及其四姓近亲好友之女,年龄从十岁到二十几岁。严修亲自教授作文课,并编写了《放足歌》,教女塾学生演唱,宣传放足。⑥严氏女塾虽然是一所家塾,但它的创办在天津乃至中国近代教育发展史上具有重要意义。它是天津第一所近代女子学堂,也是我国近代创办最早的女子学堂之一。在天

---

① 严修自订,高凌雯补,严仁曾增编:《严修年谱》,齐鲁书社1990年版,第139页。
② 同上,第140页。
③ 同上,第141页。
④ 严修撰,武安隆、刘玉敏点注:《严修东游日记》,天津人民出版社1995年版,第107页。
⑤ 齐植璐:《天津著名教育家严修》中国人民政治协商会议天津市委员会文史资料研究委员会编:《天津文史资料选辑》第25辑,天津人民出版社1983年版,第18页。
⑥ 严仁清:《祖父严修在天津创办幼儿教育的回忆》,中国人民政治协商会议天津市委员会文史资料研究委员会编:《天津文史资料选辑》第25辑,天津人民出版社1983年版,第52页。

津，它是第一所开始分科教学的学堂。女塾由严修的次子严智怡任主任兼国文课，三子严智钟教授英文课，日本教员教授日文、唱歌和手工。①

3. 由女塾到女学——由封闭到开放

虽然教育范围已较家庭教育有所拓展，但严氏女塾从根本上还是一个半封闭的办学体系，教育对象仍以严氏以及"四姓"亲朋好友家的女眷为主，不属于社会性的学校。这种教育规模和方式，显然不能令严修满意。1904年4月，严修偕张伯苓等人再次赴日本考察，这次考察的目的是了解各学科教学内容、教学方法和教育行政管理情况，女子教育仍然是严修此次考察的重点之一。6月13日，严修一行再次赴富士见小学校详细参观幼稚园，发出"幼儿之教'真可法也'"②的感慨。6月21日，严修等人赴东京的共立女子职业学校参观，该校分术科和学科，术科包括裁缝、编物、刺绣、造花、图画、补习和割烹科，学科有修身、国语、算术、家事、理科五科。③6月23日，严修在参观完早稻田大学之后，专门造访大隈伯的宅邸，与大隈重信"谈教育事及维新前日本女学之大略"④。6月25日，携张伯苓一行赴女子大学参观，听取校长成濑仁藏的介绍，参观家政、文学、教育、体育、美术、音乐、理科七部，以及附设的高等女子学校，听取大久保介寿讲学校管理法，论赏罚之宜。⑤6月

---

①赵宝琪、张凤民主编：《天津教育史》上，天津人民出版社2002年版，第173页。
②严修撰，武安隆、刘玉敏点注：《严修东游日记》，天津人民出版社1995年版，第167页。
③严修自订，高凌雯补，严仁曾增编：《严修年谱》，齐鲁书社1990年版，第156页。
④严修撰，武安隆、刘玉敏点注：《严修东游日记》，天津人民出版社1995年版，第178页。
⑤同上，第180页。

29日,在高师附属小学观摩教学,观看到高年级女生的舞蹈表演,"往来变换节之音乐,真运动之妙法。旷生大感动至泣下,盖为吾国女子悲也"①。7月16日,严修等人赴实践女学校,参观我国留学生毕业式,"卒业生只二人,一钱一陈,钱为念劬先生之子妇,陈则章仲和(宗祥)之妻君也"。严修在日记中写下了回津后需要着手办理的十九件事,第二件为"商立女学,七岁至十二岁"②,第四件为"视察吕碧城所立女学"③。当年,严修倡导开设学堂多处,其中便有天津公立女学堂,这在当时,堪称创举。1904年清政府颁定的"癸卯学制"还将女子教育排斥于教育制度外,在《奏定蒙养院章程及家庭教育法章程》中规定"以家庭教育包括女学","中国此情形,若设女学,其间流弊甚多,断不相宜","少年断不宜令其结队入学,游行街市,且不宜多读西方,误学西方",而"只可于家庭教之,或受保姆之教"。④严修开设的女学堂,已经不是传统意义上只注重"德育"与"文采"的女学,而是真正具有现代意义的、分科教学的女学堂。

  1905年,严修改严氏女塾为严氏女学,设高小、初小两级,逐步设置国文、英文、日文、数学、理化、史地、音乐、图画各课,为天津近代女学之发轫。⑤严修之妹严淑琳任学监。在校任教的教师有华海门、郑趾周、戴有三、张星六等津门文化界名流。⑥8月,严修在家中

---

① 严修撰,武安隆、刘玉敏点注:《严修东游日记》,天津人民出版社1995年版,第187页。
② 严修自订,高凌雯补,严仁曾增编:《严修年谱》,齐鲁书社1990年版,第166页。
③ 同上,第167页。
④ 《奏定蒙养院章程及家庭教育法章程》,《奏定学堂章程》,转引自:赵宝琪、张凤民主编:《天津教育史》上,天津人民出版社2002年版,第143页。
⑤ 严修自订,高凌雯补,严仁曾增编:《严修年谱》,齐鲁书社1990年版,第179页。
⑥ 赵宝琪、张凤民主编:《天津教育史》上,天津人民出版社2002年版,第173页。

严氏女学唯一一届中学毕业生合影
（1923年，左边坐着的妇人为严淑琳）

设立保姆讲习所，聘请日本人大野铃子（女）为教员，张伯苓、胡玉孙及严智崇、严智惺（侄子）也在其中任课。课程有保育法、音乐、体育、游戏等，又设国文、英文、算术、生理、化学等科。学生二十余人，多属严、韩、林、华各姓女子。另设蒙养园，为保姆实习之所。在这一年，严修还在河北西窑洼建立高等女学堂及官立女子小学堂。

自严修创办女学以后，天津的女子近代教育从无到有，从小到大，取得了巨大的发展。截至1911年，天津公立、私立女学堂已达20余所，成为当时全国女学最发达的地区之一。1905年冬，清廷设立学部，命荣庆为尚书，熙瑛、严修为侍郎。荣、熙二人是旗人，学部事务事实上大都由严修任之。[1]藉此，严修得到了在全国舞台上施展自己才华的机会。在这个位子上，他推动了中国第一个女学章程的制订与公布，各项学校章程的初步修补完备，推动

---

[1] 齐植璐：《天津著名教育家严修》，中国人民政治协商会议天津市委员会文史资料研究委员会编：《天津文史资料选辑》第25辑，天津人民出版社1983年版，第18页。

设立了京师女子师范学堂。①长芦盐商绵延二百余年的重视"女学"基因在严修这里修成正果,推动我国传统女学向近代女学的转型。

天津女子学堂概括简表(截至1911年)②

校名	地址	职员数	教员数	学生数	经费(两)
北洋女师范学堂	河北督署西	12	12	48	26862
北洋高等女学堂	河北西窑洼	10	12	95	11847
长芦女医学堂	窑洼	5	8		
天津女子公学	河北西窑洼	4	8	56	6812
天津私立保姆讲习所	文昌宫西严宅	2	7	12	1752
中西女学堂	法租界	1	7	72	
天津县普育女学堂	鼓楼西板桥胡同	5	12	106	2401
公立补遗女学堂	鼓楼东杠张胡同	5	15	20	203
天津县私立女子小学堂	附保姆讲习所内		3	41	
天津县官立第一女子小学堂	河北毗卢室旁		2	60	852
天津县官立第二女子小学堂	东门内弥勒庵	1	2	120	1199
天津县官立第三女子小学堂	西门内准提庵	2	4	136	1959
天津县官立第四女子小学堂	水梯子白衣庵	1	2	70	346
天津县官立第五女子小学堂	太平街白寺	1	2	77	805
天津县官立第六女子小学堂	西北隅皇姑庵	1	2	74	769
天津县官立第七女子小学堂	城北堤头村	1	1	40	800
天津县官立第八女子小学堂	城北狮子林	1	2	48	714
天津县官立第九女子小学堂	河北窑洼	1	1	34	800
天津县官立第十女子小学堂	城内户部街	1	2	56	1000
天津县官立第十一女子小学堂	西头驴市口谢公祠				
天津县温氏私立第二女学堂	宜兴埠	2	3	15	294
天津县民立第三女子小学堂	西大药王庙西	2	1	20	160
天津县民立第四女子小学堂	南马路	1	2	16	224
天津县民立第五女子小学堂	杨柳青镇	5	2	36	225

---

① 齐植璐:《天津著名教育家严修》,中国人民政治协商会议天津市委员会文史资料研究委员会编:《天津文史资料选辑》第25辑,天津人民出版社1983年版,第21页。
② 郭凤岐总主编,李福生分卷主编,天津市地方志编修委员会编著:《天津通志·基础教育志》,天津社会科学院出版社2000年版,第156页。

三、严修对天津近代教育的推动

　　严氏家族祖籍浙江慈溪东乡,后入籍天津,在严家瑞(字宇香)这一代开始业盐,严家瑞之子严克宽"弃儒继盐业,为总商",可谓"亦商亦儒"。严克宽之子严修虽然还经营着祖上留下的盐产,但他身上基本已脱去了"商"的印记。严修出身的盐商家庭对他日后教育思想的形成起到了很重要的作用。首先,家庭中具有"重教兴学"的传统,父亲严克宽虽然"弃举业盐",但他的文化功底非常扎实,教出的学生中既有举人也有进士。其次,严修接受的教育并非"两耳不闻窗外事,一心只读圣贤书"式的教育。严克宽一直教育严修要关心民间疾苦,要学以致用。在严修很小的时候,严克宽便派他跟随亲友前往四乡清查户口,办理赈灾事务,有时候要待几天才能回来。哪怕因此辍数十日之塾课,严克宽也认为是值得的。①严修十四岁补郡庠生,二十三岁中举人,二十四岁成进士,选庶吉士;二十七岁庶常散馆,改编修,补国史馆协修;年三十五岁就任贵州学政,督学黔中。

　　严修对待近代教育的态度是比较开明的,在贵州期间,他"因材

严修肖像

---

①严修纂修:《严氏两世事略》,1915年石印本,天津社会科学院图书馆藏书,第4页。

施教,中西学并举"。光绪二十三年(1897)10月19日,严修因感于甲午海战失败的惨痛教训,奏请清廷仿照康熙、乾隆年间两次举博学鸿词科的先例,开设"经济特科"①,旨在选拔洞达中外时务、算学、译学、格致、制造、测绘等有专长之人才。这是对一千多年来来科举取士科目的一大创新,被梁启超称为戊戌维新"变化之原点"②。

(一)开明的学政

光绪二十年(1894),甲午中日战争爆发。当年八月初一日严修被任命为贵州学政,赴贵州督学。③严修本身对待教育持有较为开明的态度,自身"学以致用"的思想加上甲午战争中国战败的刺激,在严修贵州学政任上有都所体现。年底,严修到达贵州省城后,发出《观风告示》,提出"更定题式",出了四道策论题测试生员。在辨志、明师、评文等传统题型外,增加了有关"匡时"的策论题,并要求,"读书将以致用也,方今时事,急须才矣,诸生有熟于经世之学者,军国富强之策,民物利病之源,各举所知,以相讨论"④。忧国忧民之情,溢于言表。这些观点在位置偏僻、学风不振的贵州不啻于开风气之先,须知此时举世瞩目的"公车上书"尚未发生。

严修出京时,考虑到贵州地理偏远,"诸生好学者苦不得书",

---

①中国人民政治协商会议天津市委员会文史资料委员会编:《近代天津十二大教育家》,天津人民出版社1999年版,第4页。
②梁启超著:《戊戌政变记》,中华书局1954年版。
③严修自订,高凌雯补,严仁曾增编:《严修年谱》,齐鲁书社1990年版,第38页。
④同上,第47页。

轻车简从,"惟携书共十四大箱"。光绪二十一年九月二十七日(1895年11月13日),正在贵州各地考试士子的严修看到了《公车上书记》。①他认为,"至设书局,创书院,立学会,人材为异日所必需,即目前急务;树木十稔,收效犹迟,求艾三年,后时便悔"②。这里所说的"人材"并非熟读圣贤书的人才,而是能够"致用"的人才。为了培养出更加全面的人才,光绪二十二年(1896)正月,严修写信向远在湖北的湖广总督张之洞求助,请其帮助物色"通微积者",来贵州担任数学老师。③为解决贵州"好学能文之士所在多有,惟见闻太陋,志趣不广"的问题,严修筹设了官书局,从内地向贵州运送书籍。任贵州学政期间,严修兼重中西学,他认为"士生今日,不通中学则体不立,不兼西学则用不周,中学之本在经,西学之本在算"④。黔中人士向来不擅"算学",严修在每月的初一日,创设算课,拿出自己的养廉银重奖用心士子,以开风气,在他的带动鼓励下,"黔士通代数微积者,至今遂彬彬焉"。⑤光绪二十二年(1896)秋,严修主导变通书院,捐资购置中西学书籍,"创立科条,学兼中西,调四十人肄其中,无间风雨寒暑,日亲督课,十越月如一日焉。黔士于中学西学,遂有日进之机"⑥。从严修的日记中可以看出,严修对于数学教育特别关心,他亲自拟算题,课童生算学知识,"晚与福田(算学教习)演算。因诸生课卷多误会,嘱福田逐题推演"⑦。严修不是现代教育的旁观者,而是亲身示范的参与者。光

---

① 严修自订,高凌雯补,严仁曾增编:《严修年谱》,齐鲁书社1990年版,第47页。
② 同上,第69页。
③ 同上,第70页。
④⑤⑥同上,第107页。
⑦ 严修自订,高凌雯补,严仁曾增编:《严修年谱》,齐鲁书社1990年版,第95页。

绪二十三年(1897)年四月初七到初十日,严修连续几晚抄录《微积须知》,改《算说》,抄录《算草》,开始学习《代数积拾级》。四月十五日,在贵州学政任上的严修开始学习英文,聘请英文教师每天到学政衙门中教授其英文,并"兼译算书"①。严修学习英文的习惯一直延续到他的老年时代,"年逾六十矣,犹延师于家,以英文为日课"②。

在偏远的贵州为官,很少遇到让人头疼的通商交涉事件,可以暂图一日之安,所以有些地方人士"大以洋务为讳"。严修却不这么认为,"待此间风气渐开,恐世事已不可问矣"。据记载,"贵州学政严修将南书院改办京师学堂(按:盖为经世学堂之误)于贵阳,聘贵阳名儒雷廷珍为堂长,调各县优秀生员四十人肄业,讲授以经史算学为主,还教授时务,政要,首开贵州新学风气"③。严修在贵州督学期间,为贵州学界带来了一股开明、开放的风气,黔人认为贵州"二百年无此文宗"。严修离开贵州之时,士子将德政碑和去思碑改为"誓学碑",以符严修兴学育才之意,表达对严修的爱戴与怀念。④

(二)严修的近代教育思想及其实践

严修开"经济特科"的奏折切中传统教育的时弊,深得光绪皇帝嘉许,在当时掀起了科举考试制度改革的高潮。光绪二十四年(1898)正月,上谕举行经济特科之外,又举行经济常试,考试时务

---

①严修自订,高凌雯补,严仁曾增编:《严修年谱》,齐鲁书社1990年版,第95页。
②同上,第96页。
③据黄炎培著:《清季各省兴学史》,《人文月刊》第1卷,第8期,第109页。
④熊宗仁著:《严修视学贵州》,贵州人民出版社1986年版,第132页。

策论及政治、法律、财政、外交、物理各项内容,实为非常之举,以开民智而救助八股愚民之害①,"公奏开经济特科,实戊戌变政先声"②。光绪二十四年(1898),严修贵州任满回都,因上书开"经济特科"事得罪了翰林院掌院学士徐桐,被免去翰林院差事。这时,严修的兄长严振病故,家务无人主管,他便辞职返回天津。没多久,刚刚开设的"经济特科"考试也被慈禧太后下谕停罢。③正所谓"福祸相倚",严修因此躲过了维新派的嫌疑,未被牵连进去。回到天津后,严修一方面照顾家族的盐业生意,一方面开始践行自己的近代教育理念。

1. 重视现代教育,注意从传统文化中汲取营养

严修首先在家宅中开始了近代教育实验。光绪二十四年十月十五日(1898年11月28日),严修在家宅中设立学馆,延请张伯苓教育严氏子侄五人:智崇、智怡、智庸、智钟、智惺及陶履恭(至友陶仲明之子)。学馆学生半日读经书,半日读洋书,有英文、数学、理化等科目。④"特别引人注目的是跳高、跳远、足球等运动也进入了这小小的课堂",这"是天津最早出现的近代教育的雏形"。⑤

1900年,亲眼目睹了义和团运动和八国联军入侵对京津一带造成的巨大破坏,严修更加确定了近代教育的重要性。为使子女接受更多、更好的近代教育,光绪二十七年(1901)五月,严修送长子智崇、次子智怡随日本人赴日留学,准备先学习日语,再选择学校。

---

①梁启超著:《戊戌政变记》,《上谕恭跋》,中华书局1954年版,第113页。
②严修自订,高凌雯补,严仁曾增编:《严修年谱》,齐鲁社1990年版,第104页。
③④同上,第126页。
⑤赵宝琪、张凤民主编:《天津教育史》上,天津人民出版社2002年版,第172页。

光绪二十八年(1902)七月,严修携智崇、智怡赴日本,主要目的为考察日本的近代教育成就。八月初一、初二日,严修在神户参观了泛爱幼稚园、爱珠幼稚园和清水谷女学校。八月十八日,严修在考察淇澳小学时,正值暑期,他亲手"录其壁间所揭课程"。八月初八日在东京参观同文书院。八月十五日访富士见小学校,与校长山崎彦八交流日本近代教育情况。八月十八日考察了高等师范学校和女子高等师范学校。八月十九日赴东京府师范学校考察,校长泷泽菊太郎导引参观。八月二十一日,赴东京美术学校,校长正木直彦带领参观绘画、雕刻、漆工各室,同日赴东京高等工业学校,校长手岛精一带领参观了染、漂、织、漆及瓷器等工作室。八月二十二日赴第一高等学校参观,该校藏书丰富,"物理、化学各室,仪器亦颇丰富";同日参观帝国大学工科,有电气、建筑、造船、土木、机械及应用化学等部。八月二十四日,参观帝国大学理科之地质标本、物理实验等室,人类学仓库,各国考古室及地震学教室等;同日,参观医科大学,有解剖室、眼科、产科及病院等设备。八月二十五日,参观农科大学,书记武部直松带领参观,学校分农、林及兽医等科。八月二十八日,赴体育会,参观体操学校卒业式并各种运动表演;同日,参观学习院各教室及图书馆。八月二十九日,参观华族女学校。八月三十日,赴聋哑学校,哑者有裁缝、图画等科,盲者有音乐等科。九月初一日,参观音乐学校,音乐堂可容千人,科目大体分国乐和外国音乐两种。九月初二日,参观弘文书院。九月初五日,参观早稻田大学,与大学创始人大隈重信交流德育、智育、体育话题。九月初七日,参观高等商业学校。九月初九日,参观以商科闻名的庆应义塾。[①]严

[①] 严修自订,高凌雯补,严仁曾增编:《严修年谱》,齐鲁书社1990年版,第136—142页。

修这次赴日参观,仅大、中、小学就参观了20多所,不仅与学校管理者、创办者进行了深入的交流,还广泛地接触学校教师和教育官员①,严修在日本参观考察了包括幼稚园、义塾、聋哑学校、专科学校和大学在内的各个办学层次的学校,对他日后创建完整的南开学校体系提供了经验和素材。

　　光绪二十九年(1903)五月十六日,清政府试经济特科于保和殿,此时距严修上奏开经济特科已经过去了六年,经济特科"始以政变搁置,中以联军入京,两宫西狩,痛定思痛,旧事重提"②。严修把救国的希望寄托在发展新教育上。在家塾实验的基础上,他开始探索社会教育。他认为现代学校教育的目的为"造就多数国民",要使"全国之人,无人不学"。③1902年,严修与林墨青、王竹林、李子赫等人将所办的几处学塾集中于会文书院旧址,创建了天津民立第一小学。严修在这所学校上面倾注了大量的心血,经常亲自至学校监督教学和学习情况,据其九月二十七日的日记记载,"至第一小学堂考验学生(原注:小学头班)文题一、算题二,作毕又各读经二三段,十一时止。张恒久、魏有前迟到,不准与考"④。严修专门为民立第一小学堂延请了七位日籍教师,并为学校制定了科学严谨的课程表(见下表)。"这所小学不仅是天津最早的一所私立小学,也是当时直隶省办得最早最好的新式小学堂。"⑤

---

① 中国人民政治协商会议天津市委员会文史资料委员会编:《近代天津十二大教育家》,天津人民出版社1999年版,第5页。
② 严修自订,高凌雯补,严仁曾增编:《严修年谱》,齐鲁书社1990年版,第145页。
③ 严修:《奏请颁布教育宗旨折》,同上,第173页。
④ 同上,第147页。
⑤ 赵宝琪、张凤民主编:《天津教育史》上,天津人民出版社2002年版,第173页。

第一小学课程表：

	月(周一)	火(周二)	水(周三)	木(周四)	金(周五)	土(周六)
第一时 (8-9)	历史 (里木)	地理 (迁)	日语	教育制度	教育学	日语
第二时 (9-10)	历史 (里木)	地理 (迁)	日语	教育制度	教育学	日语
第三时 (10-11)	日语 (松本)		地理	日语		日语
第四时 (11-12)	日语 (松本)	体操 (今村)	地理	日语	体操	体操
第五时 (1-2)	日语 (松本)	教育学 (波多野)	理科 (三泽)	历史	日语	
第六时 (2-3)	教育制度 (大久保)	教育学 (波多野)	理科 (三泽)	历史	日语	
第七时 (3-4)	教育制度 (大久保)					

　　为了办好现代教育，除日本外，严修还远赴欧、美国家进行考察。1913年7月，严修取道西伯利亚，经俄、德、比到英国，又游法、瑞(士)、荷、意、奥，1914年6月经莫斯科回国。在英国，他看到英国一个居民不过一万六千人的小城市就拥有男女小学校四十四处，而且规制谨严，办得很好。除羡慕之外，他认为这"并非高远不可及"，"即以吾津论，虽去普及之日尚远，然学生人数亦累数千矣。果教授得法，收效亦甚可观"。①通过此次考察，严修认为地方教育是市政的重要部分，市政不举导致学务的退步，"欲行市政，当自天津始"。②1918年4月，严修取道朝鲜、日本赴美洲，考察了加拿大及美

---

①严范孙先生手札。
②齐植璐:《天津著名教育家严修》，中国人民政治协商会议天津市委员会文史资料研究委员会编:《天津文史资料选辑》第25辑，天津人民出版社1983年版，第29页。

国的西雅图、纽约、华盛顿、芝加哥、旧金山,11月经日本回国。严修此次北美之行,在张伯苓的陪同下,主要为创办南开大学作准备,着重参观学校和访问教育界知名人士。他们参观访问了加拿大温哥华大学,美国的西雅图大学,芝加哥的高等学校、大学,纽约的林肯学校、工业学校、孟禄师范科、哥伦比亚大学和几所中小学,勃提摩的复式小学、中学,华盛顿的参议院、教育局等。在纽约期间,张伯苓专门进入入哥伦比亚大学师范学院内研究教育,他每日往学校听讲两次,晚上回来后再为严修讲述。

值得强调的是,在引进西方教育制度和方式的同时,严修并未全盘否定传统教育的作用,他比较注意从传统文化中汲取营养。任贵州学政期间,严修中西学并重。在家塾中,他亦要求子女"半日读经书,半日读洋书"。光绪二十九年十月初五日(1903年11月23日),严修冒雪赴官立小学堂督学,代替因故未到校的老师为学生上修身课一小时,讲"司马光不妄语"一条。①严修对传统文化的认识经历了"否定之否定"的过程。作为深受传统教育影响的士大夫,他认为"仁义礼智信"儒家经典是士子们"修身齐家治国平天下"的根本。在清末民初的大更替、大变革时期,严修有感于积贫积弱的国家和国民,逐渐减少了学校中国学课程的比重,在他设立的天津第一民立小学的课程表中已经没有了经学课程的身影。民元以后,尤其是袁世凯病逝以后,国家四分五裂,毕业于新式学校的各派军阀用现代武器装备起来不断征伐,民不聊生。1927年8月,严修与华世奎、林墨青、刘嘉琛、徐世光、王仁安等人发起创立了崇化学

---

① 齐植璐:《天津著名教育家严修》,中国人民政治协商会议天津市委员会文史资料研究委员会编:《天津文史资料选辑》第25辑,天津人民出版社1983年版,第148页。

会。学会取汉代"崇乡党之化,以厉贤才"之意,是一个研究国学的团体。崇化学会的宗旨是"延国学之坠绪,衍固有之文化""为童年储师资,为学子谋深造"以及"讲求国学,补学校之不及"。学会无专门的讲堂,借用严修私宅上课。学会聘请流寓天津的苏州宿儒章钰(式之)主持讲席,每周三、六两日下午讲课。学员必读书目有《论语》《史记》《汉书》《说文》等,这与严修在贵州学政任上手订的《劝学谕旨》所开列的书目几乎完全一致。有些观点认为,创立"崇化学会"是"严修晚年思想发生反复和倒退的表现"①。其实,几十年后,严修再次将国学放到一个较高的位置,是"痛定思痛"和"深思熟虑"的结果。如果说清末民初时期,严修大力推行"西学"是为了改变国家和国民"愚昧落后""技不如人"的现状,那么此时他重拾国学的衣钵,则是为了挽救道德与信仰的沦丧。

2. 重视普及教育,力图"造就多数之国民"

严修认为,"中国之大病曰私,曰弱,曰虚。必因其病之所在而拔其根株,作其新机"。针对这些弊端,严修认为通过普及教育可以进行矫正。他在《奏请宣示教育宗旨折》中提出,"今中国振兴学务,固宜注重普通之学"。"普通云者,不在造就少数之人才,而在造就多数之国民",要达到"全国之人,无人不学"。他认为,"中国民智之所最缺而亟宜箴砭以图振起者有三:曰尚公、曰尚武、曰尚实"。他认为,这三种素质都可以通过普及教育来提高。所谓尚公,就是"人人皆能视人犹己,爱国如家"。所谓尚武,就是"凡中小学堂各种教科书必寓军国民主义"。所谓尚实,就是"凡中小学堂所用之教科

---

① 齐植璐:《天津著名教育家严修》,中国人民政治协商会议天津市委员会文史资料研究委员会编:《天津文史资料选辑》第 25 辑,天津人民出版社 1983 年版,第 39—40 页。

书,宜取浅近之理,与切实可行之事以训谕生徒。修身、国文、算术等科,皆举其易知易从者,勖之以实行;其他格致、图画、手工,皆当视为重要科目,以期发达实科学派"。①这些思想,均在民国后蔡元培先生的教育宗旨中得以保留,改称"道德主义""军国民主义""实利主义"②。

为了开展普及教育,严修非常注意推行语体文和拼音文字。他认为"文言不可喻俗,俗不遍喻,则教育不能普及"③。他曾给宋则久《白话珠算讲义》④作的序中提出:"教育之种类,除体育智育而外,实际教育为必要",处"商战之世,非学此不足以制胜"。据吴敬恒《三十五年之音符运动》所讲:"第一位实行宣传这官话字母的,是天津严修,他家里人人都练习得很熟"。1916年4月,严修在答赵颂南函中说:"当先使国人知拼音之利,可为汉字之辅助……中等以下之社会,得此足以通信札、阅书报。"1907年,他与王幼章合办《醒俗画报》,为天津最早的通俗画报。⑤

为了使大家认识到普及教育的重要性,严修在全国首创劝学所,在直隶各县遍设劝学所。据《清史稿》卷一〇七:"劝学所之设,创始于直隶学务处。时严修任学务处督办,提倡小学教育,设劝学所,为厅州县行政机关。仿警察分区办法,采日本地方教育行政及

---

① 舒新城编:《中国近代教育史资料》(上),人民教育出版社1981年版。
② 齐植璐:《天津著名教育家严修》,中国人民政治协商会议天津市委员会文史资料研究委员会编:《天津文史资料选辑》第25辑,天津人民出版社1983年版,第18—19页。
③ 英敛之著:《敝帚千金》,《序》。
④ 宋则久于1910年结合多年实践,编写了《白话珠算讲义》一书,该书藏于天津图书馆。
⑤ 齐植璐:《天津著名教育家严修》,中国人民政治协商会议天津市委员会文史资料研究委员会编:《天津文史资料选辑》第25辑,天津人民出版社1983年版,第38页。

行政管理法,订定章程,颇著成效。(光绪)三十三年,学部奏定劝学所章程通行全国,即修呈订原章也"①。为了使劝学工作取得较好的效果,严修专门主持编写了名为《劝学白话》的小册子,该书言简意赅,通篇用白话写就,分别就国家设立学堂的缘故、人民子弟应当上学堂的缘故、女子应当上学的缘故、学堂的种类和用途等当时社会上关注的九个问题进行回答。《劝学白话》指出:"学堂是地方官绅士庶应当设立的。无论官绅士庶,人人都有子弟,所有子弟都应当上学堂。""这篇白话按句一念,即可以明白的,所以光念不讲,亦无不可。""凡有庙会市集人多的地方,讲说最好。或者是庙前树下寻常讲说的所在。就是亲朋谈话的机会,拿这篇白话说说亦好"。②平易近人的语言,深入浅出的道理,使这部小册子在劝学方面发挥了重要作用。据统计,自1898年创建严氏家塾开始,严修在天津亲自建立及联合他人共同创办的学校共计:民立、公立中小学堂36所;女子学堂16所;师范学堂及师范讲习所7所;半日半夜学堂10余所。

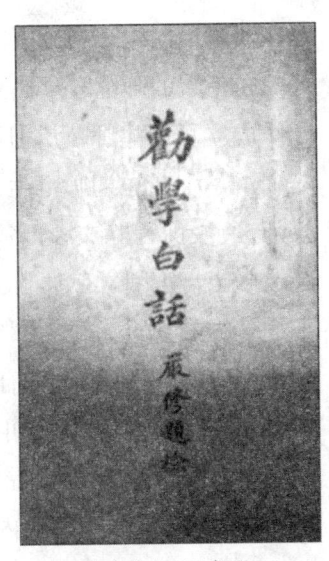

《劝学白话》书影

3. 重视授业与传道并重的师范教育

具备现代教育知识的师资力量是近代教育的中坚和灵魂。严

---

① 赵尔巽等撰:《清史稿》,卷一〇七志八十二,中华书局1977年版,第3144页。
② 严修题:《劝学白话》,天津社会科学院图书馆藏书。

修在天津推动建立各个层次的师范培训机构。

  在正式的师范学堂建立之前,为尽快提高教师素质,1903年,严修成立了天津师范讲习所(又名普通学社),利用各校傍晚时间,培训留学生或短期师范生,聘陈宝泉、刘芸生、陶硕甫、李琴湘等为教师,所授课程除文、理各科外,尚有法学、商学等科,所用教材均由严修亲自审阅。有时他还邀请一些名人前来讲习所讲演,以开拓小学教师的视野。转年,严修任直隶学务司督办,在直隶全省推广师范讲习所并强调"于每府开速成师范讲习所,即以此卒业生为讲师,不过二、三年,教员不可胜用矣"①。陈宝泉在《天津社学之发起》一文中谈及师范讲习所"是为北直造就师资之发端"。

  1905年,严修于家宅内创办了严氏保姆讲习所,这是天津最早的幼儿师范学校。学校专门聘请日本女教师大野玲子主持教学工作,并担任保育法、音乐、弹琴、体操、游戏、手工等课程的讲授,讲习所的其他课程,如国文、英文、算数、生理、化学等,由张伯苓、胡玉苏、严智崇等担任,该所学生20余人,其中比较著名的有:张祝春、刘清扬、韩咏华、韩升华等人。为方便学员教学实习,严修又设蒙养院一处供学员实习。讲习所的学生半天在课堂听课、半天在严氏蒙养院实习。通过三年的学习与实践,学生在毕业时经考试合格取得毕业文凭。同年,胡玉称、严修筹办天河师范学堂(后改名为河北省立天津师范学校),设有完全科、本科、简易科三种,专为天津及河间两府培养小学师资,胡玉称任堂长,该校是天津最早的师范学校。②严修还与袁世凯共同创办北洋师范学堂,招收直隶、山

---

①严修撰,武安隆、刘玉敏点注:《严修东游日记》,天津人民出版社1995年版,第234页。
②张绍祖:《津门校史百汇》,天津人民出版社1994年版,第45页。

东、河南、山西及东北各省学生，主要培养中学堂及初级师范学堂的教师，同时也担负培养小学教师的任务。其科目主要包括：培养中学教师的优级完全科（预科、本科各三年），培养初级教师的专修科（预科半年、本科三年）和培养小学教师的初级简易科（一年）。①此外，改革天津校士馆为天津师范初级学堂。②任直隶学务处督办期间，严修还仿照日本师范建立保定师范学校，聘请日本教员来华任教。

1906年、1907年随着天津县劝学所和教育会的先后成立，师范讲习所逐步发展成为天津师范传习所，设置在天津两级师范学堂内，集中当时不具备资格的教员，于夜间学习小学教员所必须的学科，以提高和补充小学师资之不足。师范传习所是天津最早的教师进修学校。同年，设立研究所，作为教师切磋、交流教学经验、提升教学能力的场所。研究所附设于师范学堂之内，每周末聚集天津各小学教师，研究改进课程及教学方法等问题，教育研究所的教材大部分是严修自国内外所搜集课本，他本人也经常"赴教育研究所，听诸君研究教授法"③，并参与改进课程和教学的讨论。有时候研究所还组织到小学观摩研究，严修每次必到。

在业务技能之外，严修还特别注重教师的"师德"培养，他认为"掌社会教育者，一定一动，人将是则是傚"。在1914年致友人的函中，他提到："小学教员之责任，其重可知矣！吾津小学教员肯研究者少，且染于习俗，以赌博、冶游为乐者，亦时有所闻。道德堕落，何

---

① 张绍祖：《津门校史百汇》，天津人民出版社1994年版，第45页。
② 严修自订，高凌雯补，严仁曾增编：《严修年谱》，齐鲁书社1990年版，第178页。
③ 同上，第148页。

以表率生徒？精神疲敝,何以勤思职务？为学务委员者,固不应持放任主义,而凡我津人,曾在学界有一日之关系者,均不可不筹挽救之属也"。他建议筹建教员俱乐部,内设小型博物馆、图书馆与各种音、体娱乐之具,使教员能"一面陶冶性情,以替其般乐佚游之习,一面补充学识,以裕其教授训练之资"。他还拟订了一份小学教员应读书目,供他们采择使用。①

在严修领导下,直隶省的学校成倍增长,被清政府树立为全国的典范。到1911年,直隶成为学校制度推行最广泛的省份之一,仅天津一处就有从幼稚园到大学在内的各类学校156所。据清政府学部1907年统计;直隶(包括天津)办有:专门学堂12所,实业学堂20所,优级师范学堂3所,初级师范学堂90所,师范传习所5所,中学堂30所,小学堂达7391所,女子学堂121所,蒙养院2所,总计8723所,学生16万4千余人,位居全国第二,而直隶学务资产达480万两,列各省之冠。直到民国初年,直隶的教育在全国仍然保持着领先地位,这与严修打下的基础是分不开的。②

---

① 齐植璐:《天津著名教育家严修》,中国人民政治协商会议天津市委员会文史资料研究委员会编:《天津文史资料选辑》第25辑,天津人民出版社1983年版,第36页。
② 姜锐:《严修教育改革思想与实践研究》,天津师范大学硕士学位论文,2012年3月,第58页。

第七章 长芦盐商对天津通俗文化的影响

通俗文化是指产生于民间、流传于大众之间的文化现象,为广大人民群众喜闻乐见,带有原生态、日常化的特点,清新流丽、活色生香但有时不免流于粗放、低俗。通俗文化可分为"市井文化""乡土文化""江湖文化""民间文化""大众文化"等。[①]不过这种界定只是一种大致的分类。"高雅文化"和"通俗文化"都不是一种严谨的概念,其界限划分并不明确,指称的对象也并非一成不变。高雅文化与通俗文化之间的关系并不是稳定的、一贯的,而是动态变化的。天津作为一座军卫城市、漕运城市和移民城市,通俗文化可谓十分繁荣。天津城内居住的长芦盐商非常众多,不同盐商的知识层次不同,爱好也不相同。高雅文化之外,很多盐商亦热衷于各项通俗文化,在天津通俗文化的发展繁荣方面发挥了很大的推动作用。

一、长芦盐商与天津戏曲艺术发展

盐商在我国戏曲艺术发展过程中曾经起到至关重要的作用。

[①] 姚文放主编:《审美文化学导论》,社会科学文献出版社2011年版,第64页。

盐商家资巨万,盐务官员也向来被视为"肥缺"。蓄养戏班、修改戏剧的"差事"自然而然的落在了两者肩上。"两淮盐务例蓄花雅两部以备大戏。雅部即昆山腔。花部为京腔、秦腔、弋阳腔、梆子腔、罗罗腔、二簧调。统谓之乱弹。"乾隆丁酉年(1777),两淮巡盐御史伊龄阿奉旨在扬州设局修改戏剧。历经图思阿、伊龄阿两任盐政,四年才修改完毕。①蓄养戏班在扬州为一时之盛,对于盐商来说,这是身份的标志,也是斗富的手段。"昆腔之胜,始于商人徐尚志征苏州名优为老徐班。而黄元德、张大安、汪启源、程谦德各有班。"②盐商们花重金蓄养家班的另一个目的是用来"邀宠",客观上亦对京剧的形成起到了推动作用。乾隆五十五年(1790)秋天,扬州盐商江鹤亭为了庆祝乾隆帝八十寿辰,在安庆组织了一个名为"三庆班"的徽戏班,由艺人高朗亭率领进京(一说闽浙总督伍拉纳命浙江盐商带之入都)。③第一次进京的三庆班崭露头角,引人瞩目。接着又有四喜、和春、春台等徽班进京,并逐渐称雄于北京剧坛,人们称之为"四大徽班"。

  天津在京剧形成的过程中曾经起到过相当重要的作用,"先是京师诸伶,多徽人,常以徽音与天津调混合,遂为京调。然津徽诸调,亦均奉二黄音节为圭臬,脚本亦强半相同,故汉津徽调皆可通"④。当时作为长芦盐商、扬州总商的安岐家中就蓄养着一支安家班。⑤在传统社会中,蓄养戏班、爱好戏剧毕竟不是什么太光

---

① (清)李斗撰:《扬州画舫录》卷五《新城北录下》,中华书局1960年版,第107页。
② 同上;亦见(清)钱泳:《履园丛话》,卷十二《演戏》。
③ 邓之诚著:《骨董琐记全编》(上),卷三《四大徽班》,中华书局2008年版,第89页。
④ (清)徐珂编纂:《清稗类钞》第37册《戏剧》(第5版),《文宗(咸丰)提倡二黄》条后记,商务印书馆1928年版。
⑤ 高福民、周秦主编:《中国昆曲论坛2005》,苏州大学出版社2006年版,第58页。

彩的事情,在正史、方志中难觅长芦盐商的相关行迹,北方的史料笔记类材料又远远不如江南地区发达,现有资料中很难寻找到相关线索。近代以来,相关记载才逐渐多了起来。很多盐商为天津戏曲曲艺的繁荣发展做出了贡献。据记载,在1912年天津庆祝民国成立大会上,有两个节目特别引人注目:一是盐商、长芦纲总、天津古典"十番乐"能手李子明的箫独奏;另一个是盐商、"鼓楼东姚家"后人姚彤诰与刘孟扬的对口相声《八扇屏》。①京引姚店的最后一代当家人姚启照(惜云)中华人民共和国成立后回到天津家中,1953年进入天津广播曲艺团工作,1959年转入天津市曲艺团,任音乐设计与编导,复活了天津民间俗曲"天津时调",为曲坛增添了一个新曲种。②

(一)雅韵国风社——盐商票房

"雅韵国风社"京剧票房创办于清光绪中叶,社址最初设在南市清平巷,后移至北门里一个独院,20世纪20年代中期搬至日租界旭街三新公司新旅社。原为爱好京剧的盐商及典当行业中人消遣而设,后来演变成为面向社会开放的票房。此票房人才济济,对戏曲研习精深。主要人物有窦砚峰、王君直、王颂臣、王庚生、李采繁、吴颂平、吕幼才、刘紫璞、刘叔度、刘勇奎(后下海)、李克昌(后下海)、陈寄豪等人。琴师有陈筱鹤、李佩卿、李钟民、张鼐权、郭仲麟等人。陈彦衡及余叔岩均常前往走票。1922年12月,雅韵

---

① 姚惜云:《天津"鼓楼东姚家"》中国人民政治协商会议天津市委员会、南开区委员会文史资料委员会编:《天津文史资料选辑》第76辑,天津人民出版社1997年版,第468页。
② 同上,第477页。

国风社还在景星戏院彩唱。后因三新公司总经理吕幼才病故,王君直以"五纲总案"羁死南京,活动三十多年的雅韵国风社遂告解体。①

雅韵国风社的票友对戏曲研习精深、造诣颇高,这些离不开盐商们雄厚的物质基础和浓厚的个人兴趣,它的主要发起人窦砚峰、王君直和王颂臣都是富甲一方的大盐商。

窦砚峰,原名士彧,原籍陕西扶风,后迁居天津,长芦盐商,曾任代理纲总。窦自幼嗜戏,闲时高歌以为笑乐。初习青衣,因身材高大,嗓音宽宏,故改工老生。其唱法取法孙派,兼收王九龄、谭鑫培之长。②

王君直,名益保,天津人,祖籍山西永济。王君直为大兴、宛平两县京引专岸宸章店王莲品之子。光绪二十年(1894)后,经严修推荐任学部主事。在京任职期间,公事之余,他酷嗜皮黄,曾与琴师陈彦衡等参加"阳春友社"票房,功力甚深。与京剧大师谭鑫培过从甚密,朝夕盘桓,得其真传,每粉墨登场参加义演,唱法做派俱臻上乘。当时菊部名宿如杨小楼、梅兰芳等均曾与之配演,轰动京师。余叔岩为求艺,曾拜其为师。民国初年回天津,继其兄王官保任长芦京引盐商代表。1927年9月,被选为芦纲公所纲总,是年又当选天津商会副会长。在津期间,每逢盛会义演,仍参加演出,盛况不减当年。在当时"票界三王"(君直、颂臣、庚生)中声誉最高。1928年,王君直身陷五纲总案中,与郭少岚、李赞臣、杨丹忱、李少舫五人被国民政府逮捕,押解南京软禁一年余。因郁闷成疾,经保外就医,不久

---

① 中国戏曲志编辑委员会编:《中国戏曲志·天津卷》,文化艺术出版社1990年版,第286页。
② 同上,第397页。

病逝于南京。①著名京剧演员孟小冬1923年离沪北上,在北京得到名琴师陈彦衡指点,学谭(鑫培)派唱腔,也曾经得到王君直的指点。孟小冬的京剧生涯于"雅韵国风社"受益不少。另外,余叔岩、安舒元等均曾向王君直请教。②

王颂臣,江西人,清光绪庚子年前后在天津经营盐业。王酷好京剧,工老生,私下师从京剧老生"新三杰"之一的汪桂芬学艺,与其有许多相似之处。后研习谭鑫培的演唱艺术,造诣颇深。早年加入票房"雅韵国风社",与王君直、王庾生并誉为"天津票界之王"。20世纪30年代初,王颂臣受聘为北平国剧学会组织的国剧传习所生组名誉导师。③

(二)"桐裕成张家"扶持评剧

"桐裕成"是商号名称,创始人张廷惠,为汉沽盐滩灶首。张廷惠在经营过程中与"益照临"张家和瑞昌店李家(即李善人家族)的联系日益紧密。光绪二十一年(1895),汉沽地区发生海啸,盐摊上的盐被冲蚀殆尽。海啸后,其他灶首要求与瑞昌店退约退价,另立新约。张廷惠不但不退约,反而照原价如数交盐,并说:"既已定约,即应遵守,赔赚是我份内之事"。张廷惠恪守信用的性格给瑞昌店李家留下了深刻的印象。在李家的帮助下,张廷惠的生意越做越大,成为长芦盐区首屈一指的大灶首。④

---

①中国人民政治协商会议天津市委员会文史资料研究委员会:《天津近代人物录》(天津史志丛刊),天津市地方史志编修委员会总编辑室1987年版,第27页。
②中国戏曲志编辑委员会编:《中国戏曲志·天津卷》,文化艺术出版社1990年版,第403页。
③同上,第437页。
④张秀珊:《长芦汉沽区滩户同裕成张家发家史》,丁长清编:《近代长芦盐务》,中国文史出版社2001年版,第101页。

生意兴隆后的张廷惠,对戏剧表现出了浓厚的兴趣。"我祖父(张廷惠)在世时,为了个人玩乐,在庚子年间曾养有戏班,1914年又养评戏班。"①冀东"崔佑文戏班"到天津演出时,班主崔佑文因吸食大烟败落家业,戏班日常经营遇到困难。为糊口,成兆才、任连会等一批莲花落艺人重组班社。为了讨观众喜欢,经常表演一些民间情爱成分浓厚的折子小戏,因为"寓情意淫,有伤风化"之罪被禁演、驱逐后,被迫还乡。戏班人员的生活陷入困境,落魄成为沿街乞讨的"丐帮",以打地摊化缘演唱勉强维持生计。一行人流落到汉沽地界表演时,得到了张廷惠的赏识。张廷惠将戏班更名为"京东庆春班"(当时汉沽属京东管辖),增加了表现手段,发展了角色行当,对伴奏乐队、服饰、化妆、表演等加以改造,同时改编、创作和移植新剧目,如《花为媒》等,为评剧的正式形成奠定了基础。1912年至1917年,"庆春班"正式以"京东庆春平腔梆子戏班"之名到天津演出,得到了观众的认可。②

1930年,桐裕成张家的张象言接任滩业灶首之后,把家族宗祠改为共和戏院,"这使得各地评剧名流、艺人多来汉沽献艺,汉沽成了评剧艺人的竞技场、聚散地。久经磨练而日渐成熟的精湛技艺在这里汇集交融,一派繁荣的景象。这不仅让汉沽人领略了他们十足的舞台魅力,更使得评剧艺术得以成熟兴盛。汉沽,对评剧艺术的形成、发展产生了重大影响"③。筱俊亭、毕艳艳、燕灵芝、燕灵君等多位名角常来汉沽演出,先后和"桐裕成张家""三义堂"东家结干

---

① 张秀珊:《长芦汉沽区滩户同裕成张家发家史》,丁长清编:《近代长芦盐务》,中国文史出版社2001年版,第109页。
② 刘长海:《"桐裕成张家"扶持评剧成长》,《渤海早报》2013年7月23日,第20版。
③ 付凤珍:《评剧——汉沽人民的骄傲》,《天津日报》,2009年9月15日,第28版。

亲,产生了很大影响。

(三)严修的戏剧改良

作为天津近代教育的创始人,严修同样雅好戏剧,在他眼中,戏剧亦是教育人民、开启民智、移风易俗的手段。他特别重视戏剧改良工作,曾说"剧本加以改良,其功不下教育",无论是鉴赏、评审、编剧以至指导演出,他总要抽时间参加。1906年,他曾在家中组织儿孙演出新剧,并搭凉棚由张伯苓、韩询华等参加演出《箴膏起废》一剧,据说这是天津最早演出的一部新剧。其后又演过《天作之合》《学非所用》(张伯苓编剧)。[①]他经常与王劭廉、林墨青等讨论戏剧改良事务。辛亥革命前夕,他发起成立"戏剧改良社",以改良戏剧、移风易俗为宗旨。1912年,严修推荐汪笑侬主持该社。次年三月,曾排演《代善侠》(即《闭血针》)。该社对旧剧目进行改良演出,成为天津戏剧改良运动的推动者。该社于1914年3月停办。[②]1912年,严修、林墨青等人还曾主持建立了"艺剧改良社"。该社荟集社会有识之士及戏剧改良社中诸人,定期研究新剧,鉴析旧剧目,着意于教化百姓,移风易俗。1915年,天津县成立社会教育办事处,改良社归属办公处管辖。该社成立以后,联络戏曲专家,自编新戏或修改旧剧本。试演的剧目有《孝友泪》《胡四娘》《大幸福》《因祸得福》《细柳》《拾金不昧》等。并印有《哭祖庙》《弹词》《千金全德》《费宫人刺虎》《长坂坡》《白帝城托孤》《徐母训子》等剧本。该社活动直

[①] 齐植璐:《天津著名教育家严修》,中国人民政治协商会议天津市委员会文史资料研究委员会编:《天津文史资料选辑》第25辑,天津人民出版社1983年版,第37页。
[②] 中国戏曲志编辑委员会编:《中国戏曲志·天津卷》,文化艺术出版社1990年版,第312页。

到 1920 年以后。①

严修对南开中学新剧运动的支持更是不遗余力。他与热心戏剧改良的人士如剧作家韩梯云、天津新剧团的萧湛卿、益智新剧社的江北村、北京广德楼的杨韵普、南开新剧团的伉乃如等人,不断交流意见,并为他们评审剧本。他还组织林墨青、尹橙甫等赴北京观摩志德社、奎德社新剧演出,当时在南开剧团中的周恩来曾经一同前往。1918 年,天津学界俱乐部试演新剧《照妖镜》,严修与范源廉亲自导演,孙子文、李琴湘、邓澄波、马千里等分饰剧中人,一时传为佳话。②

二、盐业崇拜与皇会

中国古代,各行各业都有自己的神祇崇拜,盐业也不例外。不同的是,盐业崇拜的神祇比较繁杂,据李乔《中国行业神崇拜》一书的不完全记载,我国海盐、池盐、井盐之神有夙沙氏(又作宿沙,即"盐宗")、胶鬲、管仲、池神、蚩尤、张道陵、开井娘娘等三十余位神祇。③

(一)长芦盐业神祇

长芦盐区供奉的主要盐神是盐姥(同"母"),另外有詹打鱼(詹

---

① 中国戏曲志编辑委员会编:《中国戏曲志·天津卷》,文化艺术出版社 1990 年版,第 312 页。
② 齐植璐:《天津著名教育家严修》,中国人民政治协商会议天津市委员会文史资料研究委员会编:《天津文史资料选辑》第 25 辑,天津人民出版社 1983 年版,第 37 页。
③ 李乔著:《中国行业神崇拜》,中国华侨出版社 1990 年版。

王)被尊为盐业祖师的传说,供奉在葛沽镇灶离庙内的也是盐业神祇。据有些学者考证,平浪侯庙供奉的神祇也"代表着盐业运销领域的保护神崇拜"①。除此之外,天后娘娘作为保佑风调雨顺的神祇,也受到了盐商的特殊照顾,每逢皇会会期,盐商们出资出力,倍加重视。

1. 盐姥

盐姥是天津地区特有的神祇,盐姥的传说始于五代时期。据记载,"盐姥庙:亦曰圣母庙,又曰宝神祠,在宝坻县芦台场。五代时,南北分据,幽燕之境,盐绝者岁余。忽有老姥语人曰:'此地可煮土成盐',并传其法,遂失所在。人皆神之,因建庙曰盐姥庙。后有人新其像,越日忽报台南十里皎白如雪,约十数顷,厚积寸余,趋视之,则皆盐也。居人竞收之,有《瑞盐歌》"②。芦台场旧属宝坻,雍正年(1730)设置宁河县,芦台场开始隶属宁河县。盐姥庙建成后,历经多次重修,立碑记载的有三次。

元代至元二年(1265),朝廷任命大中大夫、礼部侍郎倪德政为中都转运使,提领税使司,主管盐税事宜。当时,倪德政与同知使事答木丁、宝坻县盐使曹岩臣三人共同经理盐政,咨议石庆详、经历王荣等属吏都尽心公务,他们"动无遗虑"、"尽袪宿弊"③,长芦盐区出现了"曾不三岁,盐课以盈,席袋山积,瓦庐相连,牛马蔽野,熙熙

---

① 吴裕成:《灶离盐姥平浪侯:三庙并存》,《长芦盐业历史文化研讨会论文集》,2012年,第194页。
② 周庆云撰:《盐法通志》,卷九十八《杂记二·祠宇》,鸿宝斋1928年版。
③ (元)高鸣撰:《兴宝圣母庙记》,(清)丁符九修:《(光绪)宁河县志》,《艺文志》,清光绪六年(1880)刻本。

然如在春台和气中"①的繁华景象,"人诵其德不辍"。这些官员认为当时朝廷清明,法度修举,大小官员只不过"行之惟谨",长芦盐区的繁荣与兴盛,应该感谢神明的赐福与庇佑。有感于圣母庙"风日颓圮",他们集合地方上的耆旧,重修圣母庙,不出一年,"殿堂门庑,焕然一新"②。

数十年后,元代大德年间,长芦盐区的盐业生产逐渐衰落。大德九年(1305),平州路廉访使赵铸提领关防盐使司事,此时的芦台场已今非昔比。到达芦台场后,赵铸领着场中遗民五七人"诛茅剪棘,拾瓦砾,平陷穿,屋而居之"。赵铸带人沿水西行,见"有庙巍然,榜曰神母",询问庙之由来,都不知道,只有一老者能说出始末。"昔五代时,南北各据,限以疆界,幽燕之地,盐绝者岁余,百姓病之。忽有姥语人曰,此地可煮土成盐,遂教以煮之之法。不数日俄失所在,居人神之,圣母之号,实自此始。由是公私饶足,祈祠下者皆如所请。"赵铸因而在圣母庙中进行了祈祷,转天黎明,有人来报告,"台南十里,皎白如春雪者,十数顷,其厚寸余,迫而视之,则盐也。尽驱土人,挟箕筥收之,力未竟,复化为水。乃作瑞盐歌,以颂之"。大德十一年(1307),粘合公掌长芦盐政,专程拜谒圣母祠,"仆者起之,阙者补之,颠者扶之,夭龙置之于左,雷师风伯安之于右,庙貌一新焉"③。

明代盐务官员对基层盐场的关注度不高,圣母庙所在的芦台

---

① (元)徐世隆撰:《越支场重立盐场碑记》,李修生主编:《全元文》卷六十六,江苏古籍出版社 1999 年版,第 431 页。

② (元)高鸣撰:《兴宝圣母庙记》,(清)丁符九修:《(光绪)宁河县志》,《艺文志》,清光绪六年(1880)刻本。

③ (元)赵铸撰:《重修芦台兴宝圣母庙记》,(清)丁符九修:《(光绪)宁河县志》,《艺文志》,清光绪六年(1880)刻本。

场,建明二百余年间,"司官罕有至者,政驰而民益以偷,作奸猷法,无所忌惮",这时的圣母庙已经彻底倾废,没有任何建筑了。明万历二十二年(1594),青州分司陈九功来到芦台场,"偶见场西隙地数武,欲辟为行寓,便栖止"。场官告知此为盐公庙旧址,陈九功惊讶于盐公庙的名称,找到元代赵铸刻的石碑才得知"神为圣母,非盐公也"。陈九功将重修圣母庙引为己任,"募僧题簿,捐俸首倡",盐商高廉仙等人"翕然好义,共成厥美",不仅将圣母庙修复一新,还修建了越支分司公馆。工程竣工后,陈九功作文祭拜圣母,当天"雨水骤注,盐池浸没",次日雨晴,池水皆凝结为盐。[1]清代,长芦盐业生产再度兴旺发达。嘉庆十三年(1808),李斗宾等灶户捐资,在寨上三官庙东侧建起第二座盐姥庙,后日渐倾圮,盐场大使金承诏率先捐出养廉银,庄中绅民慷慨助捐,共同将盐姥庙修葺一新。[2]芦台盐场的官员和芦台、汉沽两地灶户,每逢旧历年初,都要把盐姥庙打扫一新,摆供烧香,进行祭祀。祈求盐姥一年内不发大水不闹海啸,许愿来年为盐姥修缮庙宇。盐姥庙的修缮,多由芦台盐场衙署和灶户捐资经办,进入民国后,改由灶户组织滩业公会及商会捐资经办。如果从五代时期算起,长芦盐区对盐姥的崇拜经历了一千余年的时光,盐姥庙在一千余年间兴衰起落,最终扎根在了天津。清代樊彬《津门小令》咏天津盐民供奉晒盐之神圣姥云:"津门好,祀典纪辉煌。万灶盆牢传圣姥,百年俎豆报贤王,风日祭河旁。"[3]

---

[1] (明)陈九功撰:《修复兴宝神祠记》(清)黄掌纶等撰,刘洪升点校:《长芦盐法志》,《附编·援证》,科学出版社2009年版。
[2] (清)金承诏:《重修寨上盐母三官庙记》,(清)丁符九修:《(光绪)宁河县志》,《艺文志》,清光绪六年(1880)刻本。
[3] (清)樊彬:《津门小令》,(清)华鼎元辑录:《梓里联珠集》(天津风土丛书),天津古籍出版社1986年版。

2. 盐公盐母

长芦盐区丰财场的驻地位于现在津南区的葛沽镇,葛沽镇有九桥十八庙之胜。据说,"当年为了运盐开挖河沟三条,称为'驳盐沟',诗意的叫法是'水流三带',其上架九座桥"①,称为九桥。至于十八庙,葛沽镇流传着许多民谣。其中有专供盐公盐母的灶离庙,并且地位还比较高,有"先供盐公盐母,后供五位娘娘"之说,当地还有句俗语:"先有灶离庙,后有葛沽镇"。作为长芦盐区的主产地之一,由丰财场脱胎而来的葛沽镇,对盐公盐母的崇拜非常流行。灶离庙受到盐姥庙的影响很大,但是又有所发展,供奉的神祇由一位变成了两位,盐公和盐母,夫唱妇随,更人性化了一些。关于灶离庙的修建日期有多种说法。有学者考证,"灶离庙始建于南宋建炎三年(1130),倡建者是南灶把头万兆平,以后多次翻建"②。另一种说法是,北宋时在南灶修建的灶离庙,除供奉盐公盐母外,还供奉护海娘娘,即后来的天后。③灶离庙在天津民间信仰中的地位还是颇高的,天津曾有"四庙四鼎"之说,东鼎为葛沽娘娘庙,西鼎为天津天后宫,南鼎灶离庙,北鼎东北沙河子娘娘庙④,可见历史上灶离庙与天后宫的地位不相伯仲。

3. 平浪侯

严格说来,平浪侯并非盐业专有的神祇,也并非天津本地神祇,而是全国性的水神之一。平浪侯崇拜传至天津以后,被本土化

---

①②吴裕成:《灶离盐姥平浪侯:三庙并存》,《长芦盐业历史文化研讨会论文集》,内部资料 2012 年,第 194 页。
③张贺年:《葛沽宝辇会》,中国人民政治协商会议天津市南郊区委员会:《津南文史资料选辑》第 4—6 辑,1992 年,第 207 页。
④隋少甫、王作楫著:《京都香会话春秋》,北京燕山出版社 2004 年版,第 272 页。

成为一位海神。据说,平浪侯姓晏,名戍仔,江西临江府清江镇人。晏公生的浓眉虬髯,面如黑漆,平生嫉恶如仇,为时人所敬惮。元朝初年,晏公以人材应选入官,任文锦局堂长。后因病去职,"登舟即奄然而逝。从人敛具一如礼"。灵柩尚未回乡之前,乡人见其骑着马在旷野中游荡,"衣冠如故,咸称重之"。灵柩抵乡之日,启棺视之,棺内一无所有。父老乡亲知其为神,便开始设庙祭祀。晏公显灵于江河湖海,凡遇风波汹涛,商贾叩投即见,水途安妥,舟航稳载,绳缆坚牢,风恬浪静。明朝洪武初年,诏封其为显应平浪侯。①

又有记载,元末,明太祖朱元璋渡江与张士诚争锋,舟将覆,被晏公所救,遂封其为神霄玉府都督大元帅,又因为其有利海运,遂封其为平浪侯。②平浪侯被移植到天津以后,成为专门的海神。天津建有海神庙和小圣庙供奉平浪侯,至于小圣之称,不知来源于何处。据《天津卫志》记载,"小圣庙,一在城外东南隅,明崇祯五年敕建;一在河东盐坨,有石牌坊"。据《长芦盐法志》记载,"小圣,海神也。旧有庙在天津河西,始封平浪侯,继封护国济运显应平浪侯,顺治六年津人移建于此,康熙二十三年重修,又阜财、丰财二场亦有庙"。其实,小圣庙就是海神庙,小圣庙是其俗称,它还有另外一个名称,"恬佑祠"。③

海神庙在天津兴起大约在清康熙年间,当时作为满族统治者大后方的盛京地区粮食生产难以自给,康熙皇帝忧心忡忡。他在出巡天津时,发现天津大沽海口离盛京只有数百里的距离,海运粮

---

① 阙名撰:《绘图三教源流搜神大全》,卷七,上海古籍出版社1990年版。
② (清)姚福均撰:《铸鼎余闻》,刘氏达经堂,光绪二十五年(1899)刻本。
③ (清)黄掌纶等撰,刘洪升点校:《(嘉庆)长芦盐法志》,卷十九《营建·庙宇》,科学出版社2009年版。

食,实属便利,"厥惟创兴海运,始足拯济群生"。康熙派学士陶岱负责此事,"酌拨仓粟,运以巨艘,出直沽之口,东指辽海"。运粮期间,"波涛不兴,天日清皎。祥飙遄送,帆桨如驰。甫三日,即达盛京。赈给所暨,周遍穷檐"。康熙皇帝认为,"惟尔海神有灵,克相朕以宁兹兆庶也",遂在天津旧海神庙的基础上,命工匠重加修建,以期"国有常祀",并亲笔题写了"静洪波""潮音清梵""涵育"三块牌匾。①雍正皇帝即位以后,有感于"海为百谷王,沐日浴月,出云兴雨,品物遂生,其利益于民甚溥","既崇封号,以答神庥,爰敕有司,载新祠庙,更立丰碑,垂示永远"。②在康熙、雍正两位皇帝的御制碑文中,我们并没有发现盐业因素。

其实,海神崇拜能够在天津兴起,除了庇护漕粮海运之外,还有佑护盐业的重要作用。天津盐业因海而生,海神移植到天津之时,就被赋予了盐业神祇的功能。完成这个移植过程的是康熙朝大学士陈廷敬。陈廷敬在其撰写的《天津河东盐坨平浪元侯庙碑记》中提出,"海岸数百里,卤积成盐,自畿辅、山左、中州之地咸取给焉。实一地也,而今昔异名,时有重轻,故名有隐显耳。然期间汪洋巨浸,与夫逶迤数千里内,不无神以主之",海神的功劳"更其大者,海不扬波。邦家之利,莫重于鹾"。③在长芦巡盐御史余泰来看来,"岁运漕米,江淮、吴楚千万艘咸赖利涉,而煮海榷鹾,凡北地盐政统赖兹土",护佑长芦盐业是海神的两大功劳之一。之所以在顺治

---

① (清)康熙撰:《御制海神庙碑文》,(清)黄掌纶等撰,刘洪升点校:《(嘉庆)长芦盐法志》,卷三《天章一》,科学出版社2009年版,第32页。
② (清)雍正撰:《御制海神庙碑文》,(清)黄掌纶等撰,刘洪升点校:《(嘉庆)长芦盐法志》,卷三《天章一》,科学出版社2009年版,第33页。
③ (清)陈廷敬撰:《天津河东盐坨平浪元侯庙碑记》,(清)黄掌纶等撰,刘洪升点校:《(嘉庆)长芦盐法志》,卷十八《文艺》,科学出版社2009年版,第368页。

年间将海神庙改建在盐坨附近,亦是因为海神"以灵佑榷鹾,为诸商崇报尸祝故也"。海神"岁济漕艘,牙樯万舳。爰祐鹾盐,霜凝雪簇",余泰来认为自己就任长芦巡盐御史以来,"星轺所至,凡直隶、齐、豫,迨于江南之徐、宿,幅员数千里,计课金钱数十万有奇,幸无废坠陨越,以归报天子。是神之相余于冥漠,以有成劳也"。①

站在盐商的角度,崇敬海神有其现实需要。"盐行任重途远,非巨舰弗胜,非神力弗达。苟有慢心,竟日不能移咫尺;一念虔,百余里可俄顷至。故纲人每致敬而有德于神,尤甚于仕宦商旅也"。顺治六年(1649),当时大家商议于河东复建海神庙,众盐商"因由海河载运,存贮盐坨,屡蒙神庥"②,给予了大力支持,"厥日孔臧,厥基孔阳,明宫宏敞,斋庐洁清,前华表而后寝居,以及东西两序斋庖之房,百用具备。其一切工费,悉取给于纲中专祀也"。③

4. 詹打鱼的传说

据相关考证,渤海湾地区还流传着"詹打鱼"的传说。詹打鱼是渤海湾的渔民,一次他看到海滩上落着一只凤凰,想起老人的教诲"凤凰落脚的地方一定有宝藏",遂将凤凰落脚处的泥沙挖回了家中,放在灶台上当做宝贝供奉起来。在灶火的熏烤下,泥沙中的水分流入锅中,结果做出的饭菜味道异常鲜美。他就经常到海边取海水,逐渐掌握了熬制海盐的方法。传说詹打鱼被皇帝封为"盐王"或者"詹王",同时也是厨师界的行业神祇④。詹打鱼的神祇形象只存

---

① (清)余泰来撰:《河东盐坨平浪侯庙碑》,(清)黄掌纶等撰,刘洪升点校:《(嘉庆)长芦盐法志》,第368—369页。
② 同上,卷十九《营建·庙宇》,第409页。
③ (清)陈廷敬撰:《天津河东盐坨平浪元侯庙碑记》,同上,卷十八《文艺》。
④ 李勉民主编:《中国神话与民间传说》,读者文摘远东有限公司,第72页;亦见于李乔著:《中国行业神崇拜》,中国华侨出版社1990年版,第217页。

在于传说中,史料中未见该神祇崇拜的现实存在,也未见有相关庙宇留存。

(二)天后崇拜与皇会

天后又称妈祖、天妃、天上圣母等等。天后是全国性的神祇,是沿海地区历代船工、海员、旅客、商人和渔民共同信奉的神祇,是重要的海神之一。天后的作用和平浪侯差不多,但她是比平浪侯更高层次的神祇。在妈祖传说中,有天后"投法绳晏公归部"的故事,据说天后将晏公收为"部下总管",并叮嘱他"东溟险阻,尔当护民"①。似乎天后的法力较平浪侯更为强大,流传的区域更广,信徒更众。

天后娘娘姓林名默,是宋朝时福建莆田人。她生前经常在海上救人,死时还不到三十岁。当地居民以航海打渔为主业,当时条件简陋,舟船在外,经常遇到惊涛骇浪,人们感念林默的恩德,敬其为神明,传说祈求有灵,能够化险为夷。这种传说在浙、闽、粤一带流传甚广,林默在民间逐渐被刻画成为保护航海的神祇,并得到了官方的确认,屡加晋封。南宋高宗绍兴二十六年(1156),封林默为"灵惠夫人";南宋光宗绍熙元年(1190)晋封其为"灵惠妃";元世祖至元十五年(1278)晋封其为"护国明著灵惠协正普庆显济天妃",在南北各地沿海航运的重要地方,均建有祠宇,称为"天妃宫"②。元泰定三年(1326)八月,作天妃宫于海津镇。明初,"岁取东南之粟以实京师,以天下至险莫过于海,天下至计莫过于食,海运边储,舟航无

---

① 吴裕成:《灶离盐姥平浪侯:三庙并存》,《长芦盐业历史文化研讨会论文集》,内部资料 2012 年,第 198 页。
② 章用秀编著:《天津的园林古迹》,天津古籍出版社 2004 年版,第 28 页。

虞,神之阴□默相者万万也,乃因古庙而扩大之,立人以奉祀"①。终明一代,对天妃宫屡加修葺。清代,"敕赐天后宫,加封天后圣母","凡船舶之遇风险者,祷尤响应"。乾隆四十九年(1784),天津运同孟淯护送巡幸御舟,遇到河流浅阻,无法行进,遂祷于神,"舟行遂利"。事后,孟淯捐俸重修庙宇,撰文树碑。嘉庆六年(1801)六月,永定河决口,天津为众水汇注之区,海不纳流,水势汹涌日增,横溢漂没,天津文武官员与全城士庶赴天后宫祈祷。一昼夜间,各处泛滥之水消落二尺有余,逐步顺流进入正轨。盐臣那苏图据实奏报,奉旨颁发藏香祭祀谢神,众多长芦盐商出资重修殿宇。②

与平浪侯的单一功能相比,天后被赋予了更多的神通,天后崇拜逐步渗透到天津百姓的生活中。除海神的身份外,天后(妈祖)还是"保护女性的神,保佑生育,求子必拜妈祖。妈祖还被认为有驱疫的能力。这样的多功能性是越来越多的天津人崇尚天后之重要因素"③。诗人汪沆《津门杂事诗》有"天后宫前舶贾船,相呼郎罢祷神筵"的诗句;蒋诗《沽河杂咏》有"刘家巷里如云舶,都祷灵慈天后宫"的诗句;孟韫徽《津门杂咏》中有"三月村庄农事忙,忙中一事更难忘。携儿结伴舟车载,好向娘娘庙进香"。可见当时天后崇拜已经从船夫、水手、漕帮等靠海吃饭的行业蔓延到了农民阶层。祭祀天后的日子也成为天津百姓盛大的"节日","每岁三月神诞期,城市

---

① (明)任天祚撰:《重修天妃宫碑记》,高凌雯纂:《(民国)天津县新志》,卷二十四《碑刻》。
② (清)黄掌纶等撰,刘洪升点校:《(嘉庆)长芦盐法志》,卷十九《营建·庙宇》,科学出版社2009年版,第410页。
③ [日]吉泽诚一郎:《近代天津庙会与民间文化》,中国社会科学院近代史研究所社会史研究中心编:《近代中国社会与民间文化——首届中国近代社会史国际学术研讨会论文集》2005年版,第182页。

乡陬皆诣庙迎赛,幡旌节仗,峨舞笙歌,遍街衢,遮道里,以答神庥。老弱欢阗,必诚必敬"①,俗称"皇会"。

"皇会"原名"娘娘会","天后"俗称"老娘娘",每年三月二十三日为天后诞辰。因天津系濒海之区,崇奉天后,较他处更加虔诚。为庆贺天后寿诞,天津人发起办会之举。每年三月十六日为送驾日,十八日为接驾日,二十、二十二日两天,天后娘娘出巡散福,"辇驾出巡,先以杂剧,填街塞巷,连宵达旦,游人如狂,极太平之景象"②,二十三日回宫祝寿。所有参加人众,各秉诚心,或尽财力,或尽人力,或为表演,或为执事,共襄盛举。参加的会名,专司事务的,有扫殿会、净街会、请驾会、护棚会等;参加出会行列、表演各种技艺的,有法鼓、大乐、鹤龄、重阁、狮子、跨鼓、中幡、高跷、五虎杠箱、拾不闲、庆寿八仙……关于仪仗銮驾一类的,有门幡、太狮、广照、宝鼎、接香会、日罩、灯扇、銮驾、宝辇、华辇、护驾……出会之时全是凭着各人的心意前来伺候老娘娘。大会出发,沿途表演,各自炫耀。③乾隆皇帝下江南的时候,途径天津,适逢会期。龙舟停泊在三叉河口,各会从船前过,竭力表演,各显其能。乾隆皇帝颇加赞赏,赏赐"跨鼓"四名鼓手黄马褂各一件,赏赐鹤龄会四名鹤童金项圈各一个,另外赏赐大会龙旗两面。从此以后"娘娘会"更名为"皇会"。④

盐商通过多种形式支持"皇会"。大盐商张锦文养着一支法鼓

---

① (清)黄掌纶等撰,刘洪升点校:《(嘉庆)长芦盐法志》,卷十九《营建·庙宇》,科学出版社 2009 年版,第 410 页。
② (清)吴惠元总修,蒋玉虹、俞樾编辑:《(同治)续天津县志》,卷八《风俗》。
③ 望云居士、津沽闲人撰:《天津皇会考纪》(天津风土丛书),天津古籍出版社 1988 年版,第 16 页。
④ 同上,第 17 页。

会。法鼓会是随驾的一种会,源远流长,在皇会中占有重要的地位。法鼓由僧道作法演奏的音乐演化而来,法鼓的演奏不是为娱乐的,而是为酬神所作。人们因尊重神明而重视法鼓。①法鼓团体很多,如大觉庵的"金音法鼓"、侯家后的"全音法鼓""永音法鼓"、宫前"宫音法鼓""西园法鼓""东园法鼓"、芥园"花音法鼓"、南头窑"同心法鼓"等。会里的人数不等,有的六七十人,有的一百余人。②张锦文"在家门左近组织龙亭公议法鼓会,长年支持会众200余人的生活费用"③。龙亭公议法鼓会也称"龙亭公议井音法鼓会",200余人的规模,已属较大,这与张锦文的支持分不开。他们"练习的牌子有《龙戏球》《双龙出水》《狮子滚绣球》《老河西》《飞钹缠铙》等很多种,就中以《飞钹缠铙》为最拿手,也是最受欢迎。出会的时候,都是穿着一律的袍子、坎肩、手把、靴子,很是整齐壮观"④。除法鼓会外,嘉庆年间,"津中盐商豪富,组织一抬阁会"。抬阁会共有四台,每台以三十二人抬之,抬的是木制之阁,阁底高八尺,底上有三台,每台占据一层,每层有童子数名演剧。抬阁会的行头取法梨园,歌唱与表演的有《钟馗嫁妹》《八仙庆寿》《九老图》《嫦娥奔月》《麻姑献瑞》《天女献花》《白蛇传》等神话剧。⑤

  盐商们出资成立的盐坨六局老净街会在"皇会"中也起着非常

---

① 望云居士、津沽闲人撰:《天津皇会考纪》(天津风土丛书),天津古籍出版社1988年版,第40页。
② 同上,第41页。
③ 中国人民政治协商会议全国委员会文史资料委员会:《文史资料选辑》合订本,第40卷,第116辑,中国文史出版社1989年版,第198页。
④ 望云居士、津沽闲人撰:《天津皇会考纪》(天津风土丛书),天津古籍出版社1988年版,第47—48页。
⑤ (清)戴愚庵著:《沽水旧闻》,《抬阁会晒死西王母》,天津古籍出版社1986年版,第99页。

重要的作用。因为当时没有市政管理的概念,所谓"净街",并不仅仅是简单的洒扫工作。同治十三年(1874),天津发大水,单街子地方被淹,皇会无法通过。盐坨六局便"聚集了大众,把盐船满装着盐坨(就是成包的盐)驶到单街子靠岸,把船砸漏,沉在水中,再在上面垫土。数百人连日工作,才把单街子这条道路修好"。光绪二十四年(1898),天津又发大水,水漫至西头南小道子上,皇会不能通过。"盐坨六局净街会会员千余人,用盐坨排列在南小道子街的两边旁,再由街心往外掏水,日夜不停,一千多人,工作了好几天,才把水掏净。"如此大规模的人力、物力投入,非盐商不可,"盐商也极其有钱,办一点事,经济人力全都不成问题"。①

三、盐商与天津的饮食文化

天津有句俗语叫做"吃尽穿绝天津卫",表达的是天津人对待吃、穿方面的价值观。但是,真正能做到这句话的天津人恐非长芦盐商莫属。"民以食为本",盐商也是如此,即便是崇尚高雅文化的盐商家族也不能"免俗"。正所谓,附庸风雅就要与南北俊才酬唱应和,酬唱应和就要佐以美酒佳肴。除非朝廷大规模的盐政改革或强制收回,长芦盐商的引地世袭罔替,规模也不会轻易改变。盐商的利润无法作为再投资增加规模,只能被消费掉。盐商们"衣服屋宇穷极华奢,饮食器具备求工巧,俳优伎乐恒舞酣歌,宴会戏游殆无虚日,金钱珠贝视为泥沙,甚至悍仆豪奴服食起居,同

---

①望云居士、津沽闲人撰:《天津皇会考纪》(天津风土丛书),天津古籍出版社1988年版,第39—40页。

于仕宦"①,"食"是盐商们消费和炫耀财富的一个重要方面。

各地盐商都是当地饮食文化的推动者。"扬州盐务,竞尚奢丽。一昏(婚)嫁丧葬,堂室饮食,衣服舆马,动辄费数十万。有某者,每食,庖人备席十数类,临食时夫妇并坐堂上。侍者抬席置于前,自荤面素等色,凡不食者摇其颐,侍者审色则更易其他类",这些方面要以原长芦盐商"安绿村(即安岐)为最盛"。②一次,安麓村宴请河道总督赵世显,"十里之外,彩灯如云。至其家,东厢西舍,珍奇古玩,罗列无算。赵顾之,如无有也。直至酒酣席撤,入燕室小坐,美女二人捧双锦盒呈上,号'小玩意'。赵启之,则关东活貂鼠二尾,跃然而出,拱手向赵。赵始哑然一笑,曰:'今日费你心了'"③。据有些学者考证,满汉全席"这种超级宴席始于清帝南巡时,两淮盐商接待之用"④。《扬州画舫录》卷四"新城北录中"录有"满汉全席"菜单,极尽奢华。

长芦盐务的规模虽然比两淮略小,但在饮食方面的排场却并不输扬州。据学者考证,乾隆皇帝四次驻跸的查氏水西庄设有规模庞大的"膳房",大批名厨待命掌灶,制作菜肴的品种和口味四季有别,供奉主人的层次有别,用料非常精细考究,以"鲜""嫩""名""贵"为特点,名菜云集、珍馐全备、规格高超。乾隆皇帝驻跸水西庄时,朝廷官吏及皇亲国戚随"安福舻"号龙船而来者数百人,加上地方官吏与寓居水西庄的南北名流,在水西庄内酬唱应和。水西庄为

---

① 《雍正元年八月初二日上谕》,(清)黄掌纶等撰,刘洪升点校:《(嘉庆)长芦盐法志》,卷一,《谕旨一》,科学出版社2009年版,第6页。
② (清)李斗撰,汪北平、涂雨公点校:《扬州画舫录》卷六,中华书局1960年版,第150页。
③ (清)袁枚著,宋婉琴注:《续子不语》,卷六《张赵斗富》,陕西人民出版社1998年版。
④ 韦明铧著:《两淮盐商》,福建人民出版社1999年版,第104页。

皇帝做出了由128道茶点及菜肴组成的"满汉全席",献尽天津名吃:如河豚海蟹、蚬蛏鹿脯、黄芽春笋、铁雀银鱼、青鲫白虾及藤萝饼、三水香干、炉(卤)煮野鸭等等。水西庄对于陈元龙、钱陈群等高官显贵和朱彝尊、厉鹗、张问陶、赵执信、杭世骏、汪沆等名流学者,都有高规格的礼遇,各备有专馆专室(如汪沆专馆位于水西庄之香雨楼,赵执信专室位于查氏于斯堂)供他们专门居住。除配有男侍女婢外,每日因人设宴配食,使佳宾随时吃到各自家乡的名菜珍馐,也可任意点食各地佳肴,尽得美食之乐趣。①

除查日乾之水西庄外,长芦盐商"南查"一支的查有圻在饮食方面也是非常考究,留下了许多"佳话"。查有圻,人称"查三镖子","为沽上巨富,穷奢极欲,挥金似土","于宫室狗马衣裳之外,最考究食品与婢子"。查有圻广为罗致天下庖人,凡有一技之长者必延至门下,以供口腹之欲,动辄下箸万钱。每次宴请客人,庖丁待招者二百余人,随时按照客人的要求做各式大菜。查府中美婢百余人,能够上得厅堂,为查氏传餐者仅十二人。十二婢明眸皓齿,冰雪聪明,有"三春、三夏、三秋、三冬"之称。仅经营此十二婢,查三镖子便须费金数十万。②有一次,查有圻为丫鬟"冷艳"祝寿,"命其寿筵曰'小宴'。酒数十种,肴百余器,每色以一婢捧之。查与冷艳,坐堂之心。执酒肴者,排阵以进,可则下箸,否则弗视也。如是轮流进退,肴杯汤碗,过时不冷,巧制也"。入夜后,筵席仍然继续,"红烛高烧,粗同儿臂,不需烛奴,以婢擎之。焚奇香,列唐花,香烟花气,氤氲如

---

① 若禹:《漫谈水西庄的饮食与服装》,《天津文史·水西庄研究专辑》1997年第8期,第57页。
② 戴愚庵著:《沽水旧闻》,《查三镖子十二婢》,天津古籍出版社1986年版,第14页。

雾,见着疑是天上神仙,不复觉为人间世也"。①也有专家考证,曹雪芹与查氏有姻亲关系,曾经在水西庄中小住,他将水西庄中的菜品搬进了《红楼梦》中,"无意中宣传了'纳三江两湖,集南北交流'而成的天津饮食文化"②。

四、陋习的制造者与移风易俗的引导者

盐商是有钱人,他们是津城风俗与风气的风向标。他们就像一对矛盾体,既是津城种种陋习的制造者,又是开风气之先,移风易俗的引导者。长芦盐商建书院、兴义学、办育婴堂、开粥厂等等,发挥着"正能量",同时也不断破坏着社会风气。

(一)以斗富为目的的种种陋习

乾隆年间,津城盐商查三镖子(即查有圻)富可敌国。查氏有一个怪癖,当雨后院中积水时,以金叶镌成各种植物形状,放入水中,任人捞之,得者即为物主。天津俗谚中有"阔查"二音,极言场面之阔绰。最初人们不知道"查"音用何字为妥,实际上"查"指的便是查三镖子。据说乾隆对其行状都有所耳闻,亦自叹弗如。③光绪初年,津城黄姓盐商与周姓盐商同时迷恋上一位金姓女子。该女子色艺俱佳,为犯官某侍郎的孙女,不得已流落津门,诗词歌赋样样精通。她平时喜读《红楼》《西厢记》《桃花扇》等书,常使姐妹吹笛,自己高

---

① 戴愚庵著:《沽水旧闻》,《寿雏饕阔查开小宴》,天津古籍出版社 1986 年版,第 15—16 页。
② 许先:《水西菜、红楼菜与津菜的渊源关系》,《食品与健康》,2008 年第 11 期,第 6 页。
③ 戴愚庵著:《沽水旧闻》,《如出一辙之水嬉》,天津古籍出版社 1986 年版,第 27 页。

歌昆曲，闻者莫不击节。黄某独目，周某面麻，除却一身纨绔，并无任何才情。金姓女子在二人间虚与推脱，黄周二人以为对方从中作梗，均欲去之而后快。一日，周某大摆筵宴，花费数千金，讨好金某。黄某当即也大摆筵宴，赏人数万金。因为随身未带如此多银两，黄某要求明晨交付，临行脱下棉衣为质。周某调侃道："无真钱而摆阔，徒取辱耳。"黄某冷笑一下，撕开棉衣。铜扣内藏有精圆巨珠十三颗，价值五万两。棉衣内里所续的也并非棉絮，而是一张张银票，大概有四万余两。周某看到后，匆匆溜走了。①

  因为"炫富"，引来杀身之祸，导致家破人亡的盐商也不在少数。乾隆年间，天津盐商赵冠生，穷奢极欲，家中一切设施用度，完全模仿《红楼梦》中的贾府。因欠官款，赵某被捕入狱，其竟然敢向朝廷犯"浑"，逞性拒不完课。时任直隶总督的方观承，素称名臣，直接将其下狱。接到乾隆的旨意后，方观承便查抄了赵家产业，用来弥补国课。经清点，除房产、商业、首饰、衣服外，查获珍贵古董八百余件，美婢三十六名，妇女睡鞋约三百双。这些鞋以大红贡缎为表，粉色细绢为里，鞋上竟然绣着五色龙凤花样。依清例，龙为帝，凤为后，民间禁用，赵家竟将其绣在妇女睡鞋上。最终，赵冠生吞金自尽，为自己的"玩闹"付出了生命的代价。②光绪年间，津城又有一位赵姓盐商触碰了朝廷的底线。据载，该盐商"家巨富，挥金如土，行止异乎流俗"，人以"疯子"称之，真名反不为人知。光绪初叶，四十余岁的"赵疯子"已经玩遍了津城。一日，"赵疯子"突发奇想，想过一把皇帝瘾。他选了一家房舍最多的乐户作为皇宫，自己装扮成皇

---

① 戴愚庵著：《沽水旧闻》，《黄瞎与周麻赛富》，天津古籍出版社1986年版，第87页。
② 戴愚庵著：《沽水旧闻》，《方观承查抄赵冠生》，天津古籍出版社1986年版，第25页。

帝,在"皇宫"中广征名花,择最美者三,封为三宫,次美者六,封为六院,再次者七十二,封为嫔妃,一夜之间,花去数万金。天津知府李某得知消息后,率队抓捕"赵疯子"。黄粱梦醒后的赵某吓出一身冷汗,只身逃往南方,再未回过天津。①

振德店的黄铁珊喜欢斗蟋蟀,专门雇有喂养蟋蟀的把式数人替他饲养蟋蟀。在一次斗蟋蟀过程中自养的蟋蟀被斗死了,他不惜用黄金打造了一具"金棺材"将蟋蟀敛葬。一次,黄铁珊与自己的亲家吴调卿赌博,一夜之间输光了单街子一条街的铺面房产,输后不动声色。②

盐商们的豪奢不仅仅是笑料,而是真真切切地影响到津城人民的生活,于天津风俗导向有莫大干系。聘闺女讲究"过嫁妆",娶媳妇讲究"亮轿",死人讲究"出大殡",办会讲究"设摆",把家中珍贵文物摆出去,实际上是"摆阔"。③盐商张锦文的孙媳周氏死后,大办丧事,花费了白银十万两。每天早晚念经,把天津的和尚、道士、尼姑全部请来念经,之后又从北京广济寺请和尚、白云观请道士、雍和宫请喇嘛共二百余人,在房顶上搭台子,对台念经。④大盐商李春城出手更为阔绰,他的妻子死后"出大殡",传说他一次花掉了30万两银子。⑤1921年前后,曹锟的女儿嫁给"李善人"李荩

---

①戴愚庵著:《沽水旧闻》,《赵疯子娼门登大宝》,第103页。
②《长芦盐务史话》,天津市政协秘书处编印:《天津文史参考资料》第2辑,内部资料,1976年3月,第19页。
③张仲著:《天津卫掌故》,天津人民出版社1999年版,第198页。
④《长芦盐务史话》,天津市政协秘书处编印:《天津文史参考资料》第2辑,内部资料,1976年3月,第19页。
⑤金大扬:《天津"李善人"》,中国人民政治协商会议天津市委员会、南开区委员会文史资料委员会编:《天津文史资料选辑》第76辑,天津人民出版社1997年版,第420页。

臣家做儿媳妇,一娶一聘,比富摆阔,先是女方送嫁妆,由省政府乐队前导,后随差官八名,接着是40条对盒,里面是四季高贵衣裳,随后是80张彩桌,内摆各式家具、日常器物,或两人一抬,或四人一抬,后面跟随嫁妆的有木匠、铜匠、油漆匠,如有损坏,立即修理,妆奁队伍足有一千米。第二天,男方迎娶,也是极尽豪奢之能事,有过之而无不及。①盐商们逢年过节,逢喜寿事,都要请戏班子在家里唱戏,办堂会,各家互相攀比,抬高包银,争相从北京延请戏班名角。到了旧历正月,各家比着谁家唱的时间长,花钱多,以此来炫耀财富。②

(二)移风易俗的引导者——严修

穷奢极欲当然不是每个盐商家族都赞同的生活理念。天津鼓楼东姚家也是盐商,而且姚丰年、姚承丰父子两世进士,财力不下"八大家",但家风清正,生活简约,不过据说这种家族就算不上"真正的""八大家"。③可见盐商豪奢对津城百姓的价值观产生了多么大的影响。作为近代教育的倡导者,严修非常留心社会风气教化,将教育作为移风易俗的重要手段。他认为"欲强国家,先善社会,实不易之序"。他对社会上的陋俗与恶习深恶痛绝,并以身作则地加以反对与抵制。

1. 尊重妇女,反对冶游、征妓与纳妾

严修出身于传统社会的大盐商家庭,并经过传统儒家思想的

---

①杨绍周:《解放前"吃红白饭"的人》,中国人民政治协商会议天津市委员会、南开区委员会文史资料委员会编:《天津文史资料选辑》第76辑,天津人民出版社1997年版,第561页。
②《长芦盐务史话》,天津市政协秘书处编印:《天津文史参考资料》第2辑,内部资料,1976年3月,第19页。
③张仲著:《天津卫掌故》,天津人民出版社1999年版,第198页。

系统熏陶,他对妇女抱有充分的尊重。他兴女塾、建女学,力图通过平等教育使新时代的女性能够独立、自强。他在《结婚满四十年纪念》诗中说:"新吾持论最公平,世上宁唯女慕贞?"自注:"《呻吟语》卷五:'夫礼也,严于女子之守贞而疏于男子之纵欲,亦圣人之偏也'"。他借明人吕坤(字新吾)的话,表示自己对圣人重男轻女立教的抗议,为妇女鸣不平。他自己"终身耻作狭邪游","平生不履平康里","宴会间遇有征伎侑酒者,即托故辞去"(《蟫香馆别记》)。他对传统社会的纳妾行为极为反对。1916年北京公园内设有社会改良会,于纳妾一事急呼痛诋,因其宗旨与自己相同,严修当即加入该会,并将松继云所著斥纳妾者"不齿于人类"的《臆说》一书推荐给社会改良会刊登。

2. 反对赌博、吸烟等不良习惯

1910年,李石曾著有《吸烟与经济卫生实业之关系及戒烟之法》小册子。严修对李的观点大为赞同,特为之作序云:"吾国近十年间,风俗习染之骤,有至可惊至可惧者三,即麻雀牌、彩票和纸烟","惟纸烟一项使人靡然同风而不以为怪,需要大声疾呼,方能逐渐加以戒除"。他并以自身戒烟经验相告勉:"忍此数日之小不适,而为吾身去无形之害,为吾家吾乡吾国造无量之福,仁人君子诚何惮而不为耶?"[①]他对这类的事肯予破除情面,劝善规过。林墨青与严修都是天津近代教育的发起人,当时正在大办天津社会教育事业,严修认为"掌社会教育者,一定一动,人将是则是傚",乃致函林墨青劝其戒烟赌,并认为:"戏谑亦似恶习之一,愿共戒之"。

[①] 齐植璐:《天津著名教育家严修》,中国人民政治协商会议天津市委员会文史资料研究委员会编:《天津文史资料选辑》第25辑,天津人民出版社1983年版,第33页。

1915年11月,严修致书梁启超劝其戒赌,语重心长地说:"先生即不暇救国,宁不当修己?即不及改革政治,宁不欲变易风俗?即不欲造就国民,宁不肯防闲子弟?""岂有智如先生而不能自察?勇如先生而不能自克之理?""先生志节识量矫然不与彼辈(赌魁)同,宁独于习染恬然不与彼辈异耶?"①

3. 改革各种陈规陋习

辛亥革命前后,严修率先剪辫,提倡女子放足,不扎耳朵眼。遇生辰在家拒不见客,不受礼物;或避往北京。临终前两个月,他婉谢城南诗社同人为他七十寿辰征诗,并作避寿词:"寿言之体,有文无实。言苦者药,言甘者疾。使人谀我,人我两失。便活百年,不做生日。"严修不受寿礼的原则有时也有"例外"。1919年,严修六十大寿。严氏女中的同学们想送点东西表示敬意,因为严老先生从不做寿,也坚不受礼,大家便每人绣了几个字,如"平安百岁""桂林秋月""仁者寿"等祝词,用镜框镶起来,送给了严修。严修接受了这份礼物,并指出其中用的"永怀"二字,应是人死后才能用的。但他并未介意,这面镜子一直挂在他的客厅里。②

婚丧嫁娶是盐商们"争强斗富"的好时机,也是盐商们对近代天津风俗糜烂应负主要责任的地方,"大操大办"与"出大殡"此起彼伏,导致许多家庭破产,直到今天我们偶尔还能在天津看到"出大殡"的场面,可见流毒之深。严修对这些陋俗深恶痛绝。1923年为其子智钟迎娶的时候,"易彩轿为双马车,为津邑之创格"。"又,津

---

① 齐植璐:《天津著名教育家严修》,中国人民政治协商会议天津市委员会文史资料研究委员会编:《天津文史资料选辑》第25辑,天津人民出版社1983年版,第36页。
② 穆祥淑:《严氏女学的星点回忆》,中国人民政治协商会议天津市委员会文史资料研究委员会编:《天津文史资料选辑》第25辑,天津人民出版社1983年版,第54页。

俗多不迎亲,此番新郎迎娶,且乘马,亦创格也,缘是亲友来观礼者甚多"。1927年,严修自觉寿将不永,预作改订丧礼八则:一、人死登报纸告丧,不必致讣;二、孝子不必作哀启,如作哀启,但述病状;三、不啭经,不树幡竿,不糊冥器,不焚纸钱;四、乐但用鼓;五、首七日辰刻发引,即日安葬;六、发引前一日开吊;七、开吊款客不设酒,不茹荤;八、通知亲友,不受一切仪物,如以诗文联语相唁者,可书于素纸。为了使良好的家风传承下去,严修制订《家训》八则,即:一、全家均习早起;二、妇女宜少应酬;三、夜不出门;四、消遣之事宜分损益;五、少年人宜注意礼节;六、少年人宜振刷精神;七、勿妄用钱;八、周恤亲友。①严修去世后,《大公报》给予其极高的评价,"就过去人物言之,严氏之持躬处世,殆不愧为旧世纪一代完人。而在功利主义横行中国之时,若严氏者,实不失为一鲁殿灵光,足以风示末俗",称其为"旧世纪人物之最后模型"②。

---

① 齐植璐:《天津著名教育家严修》,中国人民政治协商会议天津市委员会文史资料研究委员会编:《天津文史资料选辑》第25辑,天津人民出版社1983年版,第35页。
② 天津《大公报》社评,1929年3月16日。

结　语

　　天津因军事建城,因商业繁荣,擅"盐漕之利"。从清康熙年起至民国初年,长芦盐商一直是执天津城各项事务牛耳的一个群体,"津门好,纲总势扬扬"。长期以来,人们对天津文化的研究,多着眼于天津的军卫传统和漕运传统,因而多将天津文化归纳为武卫文化、码头文化、市井文化之类。对长芦盐商于津门文化(尤其是高雅文化)的推动方面着眼不多、重视不够。

　　天津"地古而邑新",农业基础薄弱,不适合大量人群聚居。该地区最早出现的"寨"即是宋辽对峙产生的军事单位。金、元、明各王朝均在此地设有军事单位。清雍正年间,天津由军卫改置为地方行政机构。移民文化是天津文化的根基。但是官军只是移民的一部分,而非全部,不能将卫文化、草根文化作为天津文化的全部。天津的移民中还有一个重要组成部分——盐商。在文化土壤并不肥沃的天津,盐商文化以及在此基础上形成的"高雅文化""士林文化"是天津传统文化的重要组成部分,甚至是更值得骄傲的部分。

长芦盐务中心于康熙十三年(1674)移至天津,长芦盐商家族在天津兴盛起来,来自全国各地的盐商来到天津业盐,很多家族最终入籍天津,成为天津人。与土著的默默无闻相比,这些"移民"在天津文化尤其是高雅文化发展的舞台上发挥了主力军的作用。开"天津风雅之先"的张氏、安氏和查氏家族,背后都有内务府和权臣的背景,这些家族的兴起得益于此,亦多受此牵连。长芦盐商中的金氏家族对天津文化有承上启下之功,其文化贡献贯穿清代、民国直到共和国时期。传奇盐商张锦文家族代表了长芦盐商中"昙花一现"的大部分盐商家族,在文化的积淀方面虽然无法与"累世巨族"相比,但他对传统文化中"经世致用"思想的透彻理解与实践,在近代天津历史上留下了浓重的一笔。清末民初时期,传统的长芦盐务逐步走向了末途,长芦盐商家族开始谋求转型,对功名、科举、仕途的追求伴随着华氏家族直到清帝退位,"诗书立家"的李善人家族实现了向近代商人的成功转型,严氏家族逐步实现了向近代教育家的转型。不同长芦盐商家族之间、长芦盐商家族与士族的联姻并非都带有什么目的,但这种姻亲关系在关键时刻经常被盐商们引为奥援,客观上为盐商家族提供了保护。

清初长芦三大盐商家族都有延揽、资助文人的豪举,这是他们与文人之间双向选择的结果。盐商的款接对江南士子产生了很大的吸引,但这种吸引只是外因,大批士子北上的背后有其深刻的内在需要。明末清初,"江南问题"在清中叶以前始终令统治者侧目,连续动用文字狱、奏销案和科场案,对江南士子持续打击。与此同时,清统治者对江南士子也不乏"拉拢""示好"之举,两次开"博学鸿词"科,吸引了大批江南士子"联翩北上",不少士子因此做客天津遂闲堂和水西庄，就此留在了天津。江南士子北上，还有一个重要原因，天津科举不振，而学额不少，冒籍天津参加科举考试有利可图。这些来自江南的盐商和士子心中有着非常浓重的科举情结，查日乾家族甚至"拔苗助长"，酿成了"科场弊案"。但是通过长芦盐商和江南士子的带动，天津科场为之一变，"文风最盛，科甲不可胜纪"。结交大江南北文人墨客，通过请教、切磋和琢磨，盐商家族的文化素养不断得到提升，成为推动天津高雅文化发展繁荣的主力军。遂闲堂张氏、于斯堂查氏款接南北俊才，变"鱼盐武健之乡"为"文物声明之地"。因其成就，张霖被推为津门诗学的"首倡者"。安氏家族在收藏方面独树一帜，取得了突出的成就。查氏家族是继张氏遂闲堂之后天津文化发展史上的又一座高峰，与张氏家族"风雅相继"。在天津文化传承的链条上，金氏家族绵延二百余年，以郑虔三绝——诗、书、画名于世。随着地方文化生态好转和盐商的大力操持，遂闲堂诗人群体、"草堂诗社"（和"近古社"）、"砚庐诗社""梅花诗社""续梅花诗社""消寒诗社""九老会""城南诗社"先后出现在天津文化舞台上，这些诗社多由盐商或盐商亲族牵头成立，为天津营造了良好的文化氛围，大大推动了天津高雅文化的发展繁荣。

长芦盐商们在天津教育方面也扮演着先行者的角色。长芦盐商一直有"重教兴学"的传统，他们捐资修书院、建义学、修学宫、加学额，在传统教育方面发挥着重要作用。另外，这些盐商把"江南女学"的风气带到了天津，普遍对女子教育持一种肯定、包容和宽松的态度，为天津文坛注入了一股"清新亮丽"的活力，形成了天津的"闺秀"文化。盐商的女子教育传统在查氏、金氏时期发展到顶峰，进入近代以后，严氏家族接过了继承和发扬女子教育传统的接力棒，实现了女子教育由传统向近代的转型。在近代社会转型时期，出身于旧盐商家庭的严修实现了向教育家的转型，推动了天津近代教育的发展，使天津近代教育在很多方面走在了全国的前列。

此外，也有许多盐商热衷通俗文化，投资、投身于通俗文化的发展。盐商与戏曲艺术的关系源远流长，长芦盐商们同样对戏曲表现出了浓厚的兴趣。清光绪中叶，长芦盐商组织雅韵国风社，一起切磋研习戏曲技艺，造诣颇深，引领了京津两地京剧界的风尚。长芦汉沽盐滩灶首"桐裕成张家"祖孙三代不遗余力扶持评剧发展。严修改良旧剧，扶持新剧，用戏剧引导人们移风易俗，改变社会风气。盐业作为百业之一，有自己的神祇崇拜，长芦盐区崇拜的盐神主要有盐姥、盐公盐母、平浪侯，也有詹打鱼的传说。天后娘娘被天津人赋予各种神通，盐商将其作为保护运输的神明加以崇拜，盐商和盐业组织在天津皇会组织过程中起着重要的作用。盐商们消费和炫耀财富的一个重要方面就是饮食，他们的"豪奢"带动了天津饮食文化的发展。长芦盐商作为津城风俗与风气的风向标，就像一对矛盾体，既是津城"斗富""出大殡"等种种陋习的制造者，又是开风气之先，移风易俗的引导者。

津门前辈曾经多次对天津的文化脉络进行梳理。

梅成栋有云："大抵津门诗学，倡其风者，推遂闲堂张氏为首；继之者，则于斯堂查氏也……又颉颃于张、查间者，有子昇金氏、陆村安氏，宏奖风流，争树坛坫。"①

郭师泰有云："若人文之盛，又有张氏遂闲堂、查氏于斯堂。大江南北知名之士聚集于斯者，踵相接。津沽文名，遂甲一郡，是鱼盐

---

① (清)梅成栋撰：《津门诗钞弁词》，(清)梅成栋纂：《津门诗钞(上)》(天津风土丛书)，天津古籍出版社1986年版，第1—2页。

武健之乡,而为文物声明之地。"①

王守恂有云:"吾乡提倡风雅,有张氏遂闲堂,查氏水西庄。张氏宾客如吴天章、赵秋谷;查氏宾客如厉樊榭、杭大宗,此康雍乾嘉时代名人之记载也。道咸时有梅花诗社及续梅花诗社,为梅树君(梅成栋及嗣子梅小树)先生先后主持。嗣杨香吟先生倡立消寒诗社。自是而后科举盛行,乡人多从事帖括,风雅几至中绝。近年严范孙、赵幼梅同立城南诗社。范孙故后,幼梅继起,直至今日,人材之多,著述之盛,有加无已"。②

前辈总结中提到的领导津门"风雅"的遂闲堂张氏(张霖、张霔)、于斯堂查氏(查日乾、查为仁)、子昇金氏(金平、金大中)、麓村安氏(安图、安岐)、杨香吟(杨光仪)、严范孙(严修)等人都是长芦盐商。这不是巧合,自清康熙年至民国初年,长芦盐商在天津文化方面一直起着主导性的作用,我们很少从盐商的角度审视他们在天津文化方面发挥的作用,多将他们作为官宦或者邑贤加以考量。前辈总结以及本书所涉及的长芦盐商和盐商家族只是极具代表性的一部分,还有许多盐商的文化成就同样很多,限于资料、时间和篇幅,笔者未做深入研究,如李承鸿家族、王敬熙家族,等等。

天津文化在本质上是一种移民文化,盐商文化也是其中至关重要的一部分。考察盐商文化在天津文化体系中的作用,需要把握三个关键节点。一是军卫时期。武卫文化和漕运文化以及因其衍生出的种种通俗文化是当时天津文化的主体。二是改州县后到开埠以前。这一时期,天津开始出现高雅文化,高雅与通俗文化两条主

---

① (清)郭师泰撰:《序》,(清)郭师泰辑:《津门古文所见录》四卷,清光绪十八年(1892)版,天津社会科学院图书馆藏书。
② 王守恂:《序》,赵元礼撰:《神佑集》,1934年铅印本,天津图书馆藏书。

线共同发展。长芦盐商和江南士子是推动高雅文化发展繁荣的主力,因军卫和漕运而来的移民成为推动天津通俗文化发展的主力。三是开埠以后。天津开埠以后,出现九国租界,外来因素大举进入天津文化体系。无论是高雅文化还是通俗文化都深受其影响。限于能力和时间,笔者对开埠以后外来因素的研究没有涉及到,这个问题留待以后进行研究。

总之,如果将天津文化比作一个整体,以江南移民为主的长芦盐商就是这个整体中的主线,如果将他们抽出,天津文化尤其是高雅文化就会失去最精彩的部分。

参考文献

(一)档案文献类：

1.《长芦额引册》，天津社会科学院图书馆藏书。

2.中国第一历史档案馆：《道光年间长芦参课及拨补亏欠史料》，《历史档案》，1985年第18期。

3.中国第一历史档案馆：《顺治年间长芦盐政题本(上、下)》，《历史档案》，1988年第1、2期。

4.中国第一历史档案馆：《乾隆年间查办长芦盐商王至德父子亏欠帑银案》，《历史档案》，2001年第2期。

5.中国第一历史档案馆整理：《康熙起居注》，中华书局1984年版。

6.河北师范大学历史学院编：《中国长芦盐务档案精选》全10册，国家图书馆出版社2011年版。

7.天津市档案馆等编：《天津商会档案汇编》，天津人民出版社1989年版。

8. 中国第一历史档案馆、天津市档案馆、天津市长芦盐业总公司编:《清代长芦盐务档案史料选编》,天津人民出版社2014年版。

9. 天津汉沽区档案馆编:《契约资料汇编》(滩契),未公开出版,2009年版。

10. 周利成:《蒋介石扣押长芦五纲总案史料选》,《民国档案》,1997年第3期。

11. 上海书店出版社编:《清代档案史料选编》,上海书店出版社2010年版。

12. 秦国经主编:《清代官员履历档案全编》24,华东师范大学出版社1997年版。

(二)方志、文集类:

1. (清)薛柱斗纂修,高必大协修:《新校(康熙)天津卫志》,成文出版社印行1969年版。

2. (清)李梅宾、程凤文修,吴廷华、汪沆纂:《(乾隆)天津府志》,卷五《风俗物产志》,清乾隆四年(1739)刻本。

3. (清)张志奇、朱奎扬总裁,吴廷华、汪沆修:《(乾隆)天津县志》,清乾隆四年(1739)刻本。

4. (清)吴惠元总修,蒋玉虹、俞樾编辑:《(同治)续天津县志》,清同治九年(1870)刻本。

5. (清)沈家本、荣铨等修,徐宗亮、蔡启盛纂:《(光绪)重修天津府志》。

6. (清)佚名:《津门保甲图说》,道光丙午年(1846)刻本。

7. 上海书店出版社编:《中国地方志集成·天津府县志辑3民国天津县新志》,上海书店出版社2004年版。

8. 高凌雯辑:《志余随笔》,天津市地方志编修委员会编著:《天津通志·旧志点校卷(下)》,南开大学出版社2001年版。

9.(清)张焘著:《津门杂记》,沈云龙主编:《近代中国史料丛刊续编》(第57辑),文海出版社1966年版。

10.宋蕴璞:《天津志略》,成文出版社1969年版。

11.(清)黄掌纶等撰,刘洪升点校:《长芦盐法志》,科学出版社2009年版。

12.(清)郑士蕙重辑:《(同治)静海县志》,清同治十二年(1873)版本。

13.(清)吴翀总理,张纯等协修:《(乾隆)武清县志》,乾隆七年(1742)刻本。

14.(清)丁符九修:《(光绪)宁河县志》,清光绪六年(1880)刻本。

15.(清)佶山等修纂:《(嘉庆)两淮盐法志》,嘉庆十一年(1806)刻本。

16.(清)高锡畴等纂,高凌霨等重修:《临榆县志》,成文出版社印行1968年版。

17.李士珍署签:《张公建祠志》,天津社会科学院图书馆藏书。

18.丁运枢、陈世勋编:《张公(锦文)襄理军务纪略》,沈云龙主编:《近代中国史料丛刊续编》(第95辑),文海出版社1969年版。

19.《清实录》,中华书局1985年版。

20.(清)蒋良骐撰,林树惠、傅贵九校点:《东华录》,中华书局1980年版。

21.河北省地方志办公室整理点校:《(民国)河北通志稿》(1—3),燕山出版社1993年版。

22.赵尔巽等撰:《清史稿》,中华书局1976年版。

23.霍有明、郭海文校注:《钦定学政全书》,武汉大学出版社

2009年版。

24.(清)昆冈等修,吴树梅等纂:《(光绪)大清会典》,续修四库,上海古籍出版社2002年版。

25.(汉)刘向:《列女传》,张涛:《列女传译注》,山东大学出版社1990年版。

26.(明)沈德符撰:《万历野获编》,中华书局1959年版。

27.(明)张瀚撰:《松窗梦语》(元明史料笔记丛刊),中华书局1985年版。

28.(清)李元度著,易孟醇点校:《国朝先正事略》,岳麓书社1991年版。

29.(清)查继佐撰:《罪惟录》,北京图书馆出版社2006年版。

30.(清)查慎行:《敬业堂诗集》《查浦诗钞》(四库未收)。

31.(清)安岐著;郑炳纯等审定校点:《墨缘汇观》,岭南美术出版社1994年版。

32.(清)查为仁:《蔗塘未定稿》(附金至元撰《芸书阁剩稿》),天津图书馆藏书。

33.(清)查为仁、查学礼辑:《沽上题襟集》八卷,天津图书馆藏书。

34.(清)王崇绶辑:《沽上梅花诗社存稿》,天津图书馆藏书。

35.(清)方苞:《方望溪全集》,中国书店出版社1991年版。

36.(清)纪昀:《纪文达公遗集》,续修四库全书。

37.(清)华长卿:《梅庄诗钞》十六卷,续修四库全书。

38.(清)王又朴:《诗礼堂杂纂》,金钺:《屏庐丛刻》,1924年刻本,天津社会科学院图书馆藏书。

39.(清) 王又朴:《介山自定年谱》,金钺:《屏庐丛刻》,1924年刻本,天津社会科学院图书馆藏书。

40.(清)查为仁:《莲坡诗话》,金钺:《屏庐丛刻》,1924年刻本,天津社会科学院图书馆藏书。

41.(清)查礼:《铜鼓书堂词话》,金钺:《屏庐丛刻》,1924年刻本,天津社会科学院图书馆藏书。

42.(清)陈玠:《画梅题记》,金钺:《屏庐丛刻》,1924年刻本,天津社会科学院图书馆藏书。

43.(清)华琳《南宗抉秘》,金钺:《屏庐丛刻》,1924年刻本,天津社会科学院图书馆藏书。

44.(清)金玉冈:《天台雁荡纪游》,金钺:《屏庐丛刻》,1924年刻本,天津社会科学院图书馆藏书。

45.(清)沈兆沄《篷窗附录》,金钺:《屏庐丛刻》,1924年刻本,天津社会科学院图书馆藏书。

46.(清)金颐增辑,金钺重辑:《金刚愍公表忠录》,金钺:《屏庐丛刻》,1924年刻本,天津社会科学院图书馆藏书。

47.(清)梅成栋:《吟斋笔存》,金钺辑:《屏庐丛刻》,1924年刻本,天津社会科学院图书馆藏书。

48.(清)华鼎元辑,张仲点校:《梓里联珠集》(包括汪沆著《津门杂事诗》、蒋诗著《沽河杂咏》、樊彬著《津门小令》、崔旭著《津门百咏》和华鼎元著《津门征迹诗》),天津古籍出版社1986年版。

49.(清)华鼎元:《津门征献诗》,光绪丙戌年(1886)刻本,天津社会科学院图书馆藏书。

50.(清)华光鼐:《天津文钞》,1920年金钺刻本,天津社会科学院图书馆藏书。

51.(清)李庆辰撰,金东校点:《醉茶志略》,齐鲁书社2004年版。

52.(清)梅成栋纂:《津门诗钞》(天津风土丛书),天津古籍出版社1986年版。

53.(清)金平著:《致远堂集》(三卷),金钺编校:《金氏家集》,天津社会科学院图书馆藏书。

54.(清)金玉冈著:《黄竹山房诗钞》(六卷补一卷),金钺编校:《金氏家集》,天津社会科学院图书馆藏书。

55.(清)金玉冈著:《田盘纪游》(一卷),金钺编校:《金氏家集》,天津社会科学院图书馆藏书。

56.(清)金铨著:《善吾庐诗存》(一卷附录一卷),金钺编校:《金氏家集》,天津社会科学院图书馆藏书。

57.(清)金至元著:《芸书阁剩稿》(一卷),金钺编校:《金氏家集》,天津社会科学院图书馆藏书。

58.(清)金平撰:《金氏家训》(一卷),金钺编校:《金氏家集》,天津社会科学院图书馆藏书。

59.(清)崔旭著:《念堂诗草》(五卷),天津社会科学院图书馆藏书。

60.(清)查礼编:《查氏一门烈女编》(一卷),天津社会科学院图书馆藏书。

61.(清)张霆编:《读〈晋书〉绝句》(二卷),天津社会科学院图书馆藏书。

62.(清)李士钫著:《课艺集》(二卷),天津社会科学院图书馆藏书。

63.(清)华荣萱辑:《警睡编》(二集),天津社会科学院图书馆藏书。

64.(清)华世奎著《思闇诗集》(二卷),天津社会科学院图书馆藏书。

65.(清)严克宽撰:《严仁波先生论学书》,天津社会科学院图书馆藏书。

66.(清)严克宽撰:《事余小草》,天津社会科学院图书馆藏书。

67.(清)郭师泰辑:《津门古文所见录》,天津社会科学院图书馆藏书。

68.(清)章学诚纂:《妇学》,中华书局1991年版。

69.王守恂等辑:《城南诗社集》,天津社会科学院图书馆藏书。

70.郭凤岐总主编;李福生分卷主编;天津市地方志编修委员会编著:《天津通志·基础教育志》,天津社会科学院出版社,2000年版。

71.何荣林主编,天津市津南区地方志编修委员会编著:《津南区志》,天津社会科学院出版社1999年版。

72.天津市汉沽区地方志编修委员会:《汉沽区志》,天津社会科学院出版社1995年版。

73.汉沽盐场场志编纂委员会:《长芦汉沽盐场志》,百花文艺出版社1991年版。

(三)族谱、年谱、日记类:

1.查禄百纂修:《宛平查氏族谱》,民国三十年(1941)铅印本。

2.李宝晋纂修:《延古堂李氏族谱》,宣统元年(1909)版,天津社会科学院图书馆藏书。

3.查克敏重编:《海宁查氏族谱》,光绪六年(1880)刻本。

4.华长卿纂修:《华氏晴云派天津支宗谱》,宣统元年(1909)己酉续辑。

5.华泽濡撰:《华氏家族遗事纪闻》,光绪二十八年(1902)版。

6.严修著;《严修日记》编辑委员会编:《严修日记》,南开大学出版社2001年版。

7.严修自订,高凌雯补,严仁曾增编:《严修年谱》,齐鲁书社1990年版。

8.严修撰,武安隆、刘玉敏点注:《严修东游日记》,天津人民出版社1995年版。

9.严修著:《蟫香馆使黔日记》,文海出版社,出版年不详。

10.华学澜撰《辛丑日记不分卷》,影印民国二十五年(1936)商务印书馆铅印本,续修四库全书,第583册,上海古籍出版社2002年版。

11.华世奎著:《先考屏周府君行述》,天津社会科学院图书馆藏书。

12.李颂臣等辑:《李子香先生七十寿言录》,1918年未刊本,天津社会科学院图书馆藏书。

13.《天津李颂臣都护六十寿言录》,1934年未刊本,天津社会科学院图书馆藏书。

14.徐士銮纂:《续修天津徐氏家谱》,1918年寿岂堂刻本。

(四)史料笔记、资料类:

1.(清)王士禛撰:《池北偶谈》,中华书局1982年版。

2.(清)昭梿撰:《啸亭杂录》,中华书局1980年版。

3.(清)钱泳撰:《履园丛话》,中华书局1979年版。

4.(清)欧阳兆熊,(清)金安清撰;谢兴尧点校:《水窗春呓》,中华书局1984年版。

5.(清)李斗撰,汪北平、涂雨公点校:《扬州画舫录》,中华书局1960年版。

6.(清)刘体智撰,刘笃龄点校:《异辞录》,中华书局1988年版。

7.(清)王照:《方家园杂咏纪事》,中华书局2007年版。

8.(清)萧奭撰,朱南铣点校:《永宪录》,中华书局1959年版。

9.邓之诚著:《骨董琐记全编》,中华书局2008年版。

10.孟森著:《心史丛刊》,中华书局2006年版。

11.戴愚庵著:《沽水旧闻》,天津古籍出版社1986年版。

12.徐士銮著,张守谦点校:《敬乡笔述》,天津古籍出版社1986年版。

13.徐肇琼撰,张格点校:《天津皇会考》,天津古籍出版社1988年版。

14.望云居士、津沽闲人撰,张格点校:《天津皇会考纪》,天津古籍出版社1988年版。

15.(清)羊城旧客撰,张守谦点校:《津门纪略》,天津古籍出版社1988年版。

16.佚名:《天津事迹纪实闻见录》,天津古籍出版社1986年版。

17.(清)郝福森撰:《津门闻见录》(六卷),同治十年(1871)版,天津图书馆藏书。

18.不著撰人:《天津夷务实记》,中国史学会主编:《第二次鸦片战争(一)》,上海人民出版社1978年版。

19.(清)周凯撰:《内自讼斋文集》,晋江施氏道光二十年(1840)刻本。

20.(清)薛福成著,丁凤麟、张道贵点校:《庸庵笔记》,江苏人民出版社1983年版。

21.(清)黄宗羲著,沈芝盈点校:《明儒学案》,中华书局1985年版。

22.(清)陆世仪撰:《复社纪略》,上海古籍出版社1996年版。

23.(清)杨凤苞撰:《秋室集》(十卷),光绪十一年(1885)刻本,续修四库全书,第1476册。

24.(清)叶梦珠撰,来新夏点校:《阅世编》,中华书局2007年版。

25.(清)何圣生:《檐醉杂记》;杨寿枏辑:《云在山房丛书三种》,山西古籍出版社1996年版。

26.(清)钱陈群撰:《香树斋文集》,四库未收书辑刊。

27.(清)龙顾山人纂,卞孝萱、姚松点校:《十朝诗乘》,福建人民出版社2000年版。

28.(清)袁枚著:《随园诗话》,江苏广陵古籍刻印社1998年版。

29.(清)凌廷堪著,王文锦点校:《校礼堂文集》,中华书局1998年版。

30.董玉书撰:《芜城怀旧录》,广陵书社2003年版。

31.叶恭绰著,姜纬堂选编:《遐庵小品》,北京出版社1998年版。

32.梁启超著:《戊戌政变记》,广西师范大学出版社2010年版。

33.(清)吴敬梓著,任少东校注:《儒林外史》,天津古籍出版社1997年版。

34.(清)王照《德宗遗事》,王树楠撰;龙顾山人辑:《陶庐老人随年录》,中华书局2007年版。

35.(清)陈灨一著:《睇向斋秘录》,中华书局2007年版。

36.(清)徐珂编纂:《清稗类钞》,商务印书馆1928年版。

37.(清)姚福均撰:《铸鼎余闻》,刘氏达经堂光绪二十五年(1899)刻本。

38.许承尧撰,李明回等校点:《歙事闲谭》(安徽古籍丛书),黄山书社2001版。

39.《长芦义塾课程》,光绪十二年(1886)刻本,天津社会科学院图书馆藏书。

40.严修题:《劝学白话》,天津社会科学院图书馆藏书。

41.徐世昌:《大清畿辅先哲传》,北京古籍出版社1993年版。

42.王守恂辑:《天津崇祀乡贤祠诸先生事略》,天津市社会科学院图书馆藏书。

43.舒新城编:《中国近代教育史资料》,人民教育出版社1981年版。

44.赵宝琪、张凤民主编:《天津教育史》,天津人民出版社2002年版。

45.南开大学经济研究所:《启新洋灰公司史料》,生活·读书·新知三联书店1963年版。

(五)其他专著、论文类:

1.[美]关文斌著,张荣明主译:《文明初曙:近代天津盐商与社会》,天津人民出版社1999年版。

2.张毅著:《明清天津盐业研究1368—1840》,天津古籍出版社2012年版。

3.艾伯亭、刘建、田野等著:《城市文化与城市特色研究——以天津市为例》,中国建筑工业出版社2010年版。

4.来新夏:《天津近代史》,南开大学出版社1987年版。

5.刘尚恒著,张文琴整理:《天津查氏水西庄研究文录》,天津社会科学院出版社2008年版。

6.中国人民政治协商会议天津市委员会文史资料研究委员会、天津市地方史志编修委员会总编辑室:《天津近代人物录》(天津史志丛刊)1987年版。

7. 丁长清编:《近代长芦盐务》,中国文史出版社2001年版。

8. 洪永铿、贾文胜、赖燕波著:《海宁查氏家族文化研究》,浙江大学出版社2006年版。

9. 谢国桢著:《明末清初的学风》,上海书店出版社2006年版。

10. [美]高彦颐(Dorothy Ko)著,李志生译:《闺塾师:明末清初江南的才女文化》(海外中国研究丛书),江苏人民出版社2004年版。

11. [美]孔飞力(Philip A.Kuhn)著,陈兼、刘昶译:《叫魂:1768年中国妖术大恐慌》,上海生活·读书·新知三联书店2012年版。

12. 周宗奇著:《清代文字狱》,人民文学出版社2010年版。

13. 张书才、杜景华主编:《清代文字狱案》,紫禁城出版社1991年版。

14. 孟森著:《明清史论著集刊正续编》,河北教育出版社2000年版。

15. 南炳文、高洪钧、王洪涛:《天津古代人物录》,天津人民出版社1993年版。

16. 李世瑜:《天津的方言俚语》,天津古籍出版社2004年版。

17. 周轩著:《清宫流放人物》,紫禁城出版社1993年版。

18. 熊寥、熊微编注:《中国陶瓷古籍集成》,上海文化出版社2006年版。

19. 罗澍伟编著:《天津的名门世家》,天津古籍出版社2004年版。

20. 高福民、周秦主编:《中国昆曲论坛2005》,苏州大学出版社2006年版。

21. 韦明铧著:《二十四桥明月夜——扬州》,上海古籍出版社2000年版。

22. 王之望、闫立飞主编:《天津文学史》(古代、近代卷),天津人民出版社2011年版。

23. 天津市文史研究馆、中共天津市红桥区委员会、天津市红桥区人民政府编:《天津文史·水西庄研究专辑》,1997年版。

24. 孙玉蓉著:《天津文学的历史足迹》,大众文艺出版社2007年版。

25. 金观涛、刘青峰著:《开放中的变迁:再论中国社会超稳定结构》,中文大学出版社1993年版。

26. 韦政通著:《儒家与现代化》,水牛图书出版事业有限公司1978年版。

27. 王延梯辑:《中国古代女作家集》,山东大学出版社1999年版。

28. 胡文楷、张宏生合著:《历代妇女著作考》(增订本),上海古籍出版社2008年版。

29. 姚文放主编:《审美文化学导论》,社会科学文献出版社2011年版。

30. 张绍祖:《津门校史百汇》,天津人民出版社1994年版。

31. 中国戏曲志编辑委员会编:《中国戏曲志·天津卷》,文化艺术出版社1990年版。

32. 李乔著:《中国行业神崇拜》,中国华侨出版社1990年版。

33. 隋少甫、王作楫著:《京都香会话春秋》,北京燕山出版社2004年版。

34. 阙名撰:《绘图三教源流搜神大全》,上海古籍出版社1990

年版。

35. 李勉民主编:《中国神话与民间传说》,读者文摘远东有限公司 1987 年版。

36. 中国人民政治协商会议天津市委员会文史资料委员会编:《近代天津十二大教育家》,天津人民出版社 1999 年版。

37. 章用秀编著:《天津的园林古迹》,天津古籍出版社 2004 年版。

38. 张仲著:《天津卫掌故》,天津人民出版社 1999 年版。

39. 曹应旺编著:《周恩来经历记述》,广东人民出版社 1998 年版。

40. 黄炎培著:《清季各省兴学史》,《人文月刊》,第 1 卷第 8 期。

41. 陆辛农遗著:《天津书画家小记》,天津市文史研究馆:《天津文史丛刊》第 10 期,1989 年。

42. 罗澍伟等:《漫话天津人口与天津文化——天津历史的一个剖面》,天津社会科学院历史研究所,天津市城市科学研究会编:《城市史研究》第 15—16 辑,天津社会科学院出版社 1998 年。

43. 李永东:《论"租界文化"概念的文学史意义》,《西南大学学报》,2007 年第 5 期。

44. 涂宗涛:《从历史角度看天津文化的特点》,天津社会科学院历史研究所,天津市城市科学研究会编:《城市史研究》第 13—14 辑,天津古籍出版社 1997 年。

45. 许敏:《试论清代前期铺商户籍问题——兼论清代"商籍"》,《中国史研究》,2000 年第 3 期。

46. 王伟凯:《论雍正三年天津修城及其法律意义》,刘海岩主编:《城市史研究》第 23 辑,天津社会科学院出版社 2005 年。

47. 朱竑、安宁:《清代顺、康、雍、乾时期文字狱的地域分异研究》,《地理科学》,2011年第1期。

48. 沈登苗:《明清全国进士与人才的时空分布及其相互关系》,《中国文化研究》,1999年第4期。

49. 王日根、张学立:《清代科场冒籍与土客冲突》,《西北师大学报》(社会科学版),2005年第1期。

50. 李烈初:《清初收藏书画"三家村"》,《收藏界》,2005年第12期。

51. 张绍祖:《长芦盐商对天津教育之贡献》,《盐业史研究》,2012年第3期。

52. 陈建武:《论古代"女学"》,《江汉论坛》,2002年第6期。

53. [美]孙康宜:《明清文人的经典论和女性观》,《江西社会科学》,2004年第2期。

54. 刘丽娟:《清末女性才德观研究——以上海为中心》,复旦大学博士学位论文,2009年。

55. 郭英德:《明清女子文学启蒙教育述论》,《北京师范大学学报》(社会科学版),2007年第4期。

56. 徐鹏:《典范女性的重构:明清浙江地方志中的才女书写》,《江苏地方志》,2013年第2期。

57. 董淑瑞:《记清代津门的女诗人》,天津市文史研究馆:《天津文史丛刊》,第7期。

58. 齐植璐:《天津著名教育家严修》,中国人民政治协商会议天津市委员会文史资料研究委员会编:《天津文史资料选辑》第25辑,天津人民出版社1983年版。

59. 严仁清:《祖父严修在天津创办幼儿教育的回忆》,中国人民政治协商会议天津市委员会文史资料研究委员会编:《天津文史资料选辑》第 25 辑,天津人民出版社 1983 年版。

60. 姜锐:《严修教育改革思想与实践研究》,天津师范大学硕士学位论文,2012 年 3 月。

61. 刘长海:《"桐裕成张家"扶持评剧成长》,《渤海早报》,2013 年 7 月 23 日第 20 版。

62. 付凤珍:《评剧——汉沽人民的骄傲》,《天津日报》,2009 年 9 月 15 日第 28 版。

63. 吴裕成:《灶离盐姥平浪侯:三庙并存》,《长芦盐业历史文化研讨会论文集》,内部资料,2012 年。

64. 郭秀雯:《葛沽十八庙溯源》,中国人民政治协商会议天津市津南区委员会:《津南文史资料选辑》第 9 辑,1995 年。

65. 张贺年:《葛沽宝辇会》,中国人民政治协商会议天津市南郊区委员会:《津南文史资料选辑》(第 4—6 辑),内部资料,1992 年。

66. [日本]吉泽诚一郎:《近代天津庙会与民间文化》,中国社会科学院近代史研究所社会史研究中心编:《近代中国社会与民间文化——首届中国近代社会史国际学术研讨会论文集》,2005 年 8 月。

67. 穆祥淑:《严氏女学的星点回忆》,中国人民政治协商会议天津市委员会文史资料研究委员会编:《天津文史资料选辑》第 25 辑,天津人民出版社 1983 年版。

68. 金大扬:《天津"李善人"》,中国人民政治协商会议天津市委员会、南开区委员会文史资料委员会编:《天津文史资料选辑》第 76 辑,天津人民出版社 1997 年版。

69. 辛成章:《天津"八大家"》,丁长清编:《近代长芦盐务》,中国文史出版社 2001 年版。

　　70. 翟潞:《"新八大家"之一说》,中国人民政治协商会议天津市委员会文史资料研究委员会编:《天津文史资料选辑》第 20 辑,天津人民出版社 1982 年版。

　　71. 金大扬,刘旭东:《"海张五"发家始末》,中国人民政治协商会议天津市委员会、南开区委员会文史资料委员会编:《天津文史资料选辑》(第 76 辑),天津人民出版社 1997 年版。

　　72. 华泽咸:《天津华世奎其人其事》,中国人民政治协商会议天津市委员会文史资料委员会编:《天津文史资料选辑》第 60 辑,天津人民出版社 1994 年版。

后 记

清代之前的天津,主要作为军卫存在,缺少行政、经济、民政等各方面的城市功能,其在全国的文化影响力微乎其微。天津建城与长芦盐业的发展有莫大关系。长芦盐业发展历史悠久。长芦盐区所产海盐细、白、纯,晶莹如雪,因有"玉砂"之称,在很长时期内作为朝廷祭祀郊庙百神、内府饆膳及配给百官有司之用。旧长芦盐务向在沧州,康熙十三年(1674)迁来天津,芦商组织芦纲公所也随之移到天津,以至全国各地的盐商纷纷在此落户。雍正三年(1725),天津改卫为州。雍正九年(1731)改设天津府,附郭天津县,行政、经济、民政意义上的天津城正式建立起来。天津城各方面开始初具规模,经济亦繁荣起来,有"沽上人家千万户,繁华风景小扬州"之称。

笔者在搜集资料过程中发现一个现象,随着盐务中心的转移,在天津府、县建制完备后不久,天津迅速完成了由"鱼盐武健之乡"向"声名文物之地"的转型。明朝末年时,天津"人文犹无所表著,自康雍以后,迄今二百年间,硕彦之辈起,纂述之渊懿蔚然,灿然足称大观。考之海内通都名邑,人文偾兴之速,实罕匹伦"。康熙朝六十一年间，天津共出现进士、举人和贡生三十余人，乾隆朝这一数字则是康熙朝的十倍还多。盐务中心的转移、盐商的聚集、天津城的建立与天津声名文物的"偾兴"依次达成，它们之间不仅仅是时间衔接上的巧合，盐商以及经由他们吸引而来的江南文人在唱酬迎合、重教兴学、科举仕进等方面有力带动了天津文化特别是高雅文化的形成、发展和繁荣。

带着对长芦盐业、盐商与天津文化发展关系之间的好奇心，笔者开始了对这一课题的研究。这部小书希望通过研究长芦盐业机构、长芦盐商的文化行为和活动，探讨近二三百年来长芦盐商的文化贡献及其与天津文化生态的互动，为考察天津文化脉络、梳理天津文化发展路径提供一个新的维度，进而解读和解释天津文化特质的形成原因。

拙作得以付梓，离不开津门师友的帮助。张利民老师对学生非常关心，于书稿提出诸多有益的修改、补充意见，对书稿的形成帮助非常大。还要特别感谢王振良先生给予的无私帮助和指导。振良先生主编的《问津文库》丛书专注于收录地方文史资料、研究成果，于地方文史研究很有裨益。拙作能够收录其中，令我倍受鼓舞。天津古籍出版社唐舰女士，严格把关，精益求精，为书稿增色不少，在此一并致谢。

书稿虽历三载而成，但笔者学识不足，受精力和能力所限，对文献掌握的广度还不够，对问题的分析、解读难免有片面、谬误之处，望专家和读者不吝赐教指正。

高 鹏
2017年3月9日

《问津文库》已出书目

(总计 58+3 种)

◎ 天津记忆

沽帆远影　刘景周著	59.00 元
荏苒芳华：洋楼背后的故事　王振良著	49.00 元
津门书肆记　雷梦辰原著/曹式哲整理	49.00 元
故纸温暖：老天津的广告　由国庆著	28.00 元
沽上文谭　章用秀著	38.00 元
百年留踪：解放桥的前世今生　方博著	39.00 元
南市沧桑　林学奇著	79.00 元
津沽漫记：日本人笔下的天津　万鲁建编译	39.00 元
忆弢盦：来新夏先生纪念文集　焦静宜编	92.00 元
与山河同在：天津抗日杀奸团回忆录　阎伯群编	38.00 元
楮墨留芳：天津文化名人档案　周利成著	30.00 元
布衣大师：允文允武的艺术名家阎道生　阎伯群著	30.00 元

口述津沽：民间语境下的堤头与铃铛阁　张建著　　28.00元
大地史书：地质史上的天津　侯福志著　　29.00元
丹青碎影：严智开与天津市立美术馆　齐珏著　　28.00元
立宪领袖：孙洪伊其人其事　葛培林著　　30.00元
津门开岁：徐天瑞日记解读　王勇则著　　58.00元
水产教育家张元第　张绍祖编著　　36.00元
八年梦魇：抗战时期天津人的生活　郭文杰著　　28.00元
沽文化诠真　尹树鹏著　　48.00元
圈外谈艺录　姜维群著　　38.00元
记忆的碎片：津沽文化研究的杂述与琐思　王振良著　　38.00元
水产教育家张元第集　张绍祖编　　58.00元
应得的荣誉：女医生里昂罗拉·霍华德·金的故事
　　[加]玛格丽特著/胡妍译　　38.00元

◎ 通俗文学研究集刊
望云谈屑　张元卿著　　39.00元
还珠楼主前传　倪斯霆著　　38.00元
品报学丛.第一辑　张元卿、顾臻编　　38.00元
云云编：刘云若研究论丛　张元卿编　　38.00元
品报学丛.第二辑　张元卿、顾臻编　　32.00元
刘云若评传　张元卿著　　32.00元
郑证因小说经眼录　胡立生著　　78.00元

◎ 三津谭往
三津谭往.2013　王振良主编　　39.00元

三津谭往.2014　　万鲁建编　　　　　　　　　39.00 元
　　三津谭往.2015　　孙爱霞编　　　　　　　　　48.00 元

◎ 九河寻真
　　九河寻真.2013　　王振良主编　　　　　　　　59.00 元
　　九河寻真.2014　　万鲁建编　　　　　　　　　59.00 元
　　九河寻真.2015　　万鲁建编　　　　　　　　　88.00 元

◎ 津沽文化研究集刊
　　《雷雨》八十年　耿发起等编　　　　　　　　　55.00 元
　　陈诵洛年谱　张元卿著　　　　　　　　　　　　48.00 元
　　碧血英魂:天津市忠烈祠抗日烈士研究　王勇则著　98.00 元
　　都市镜像:近代日本文学的天津书写　李炜著　　 38.00 元
　　天津楹联述略　李志刚著　　　　　　　　　　　36.00 元
　　口述津沽:民间语境下的西沽　张建著　　　　　 56.00 元
　　口述津沽:民间语境下的西于庄　张建著　　　　108.00 元
　　紫芥掇实:水西庄查氏家族文化研究　叶修成著　 58.00 元
　　芦砂雅韵：长芦盐业与天津文化　高鹏著　　　　58.00 元

◎ 津沽名家诗文丛刊
　　王南村集　王焕原著/宋健整理　　　　　　　　68.00 元
　　严范孙先生古近体诗存稿　严修原著/杨传庆整理　48.00 元
　　星桥诗存　苏之銮原著/曲振明整理　　　　　　58.00 元
　　退思斋诗文存　陈宝泉原著/郑伟整理　　　　　88.00 元
　　待起楼诗稿　刘云若原著/张元卿辑注　　　　　42.00 元

刘大同诗集　刘建封原著/刘自力、曲振明整理　　88.00元
碧琅玕馆诗钞　杨光仪原著/赵键整理　　58.00元

◎ 津沽笔记史料丛刊
严修日记(1876—1894)　严修原著/陈鑫整理　　138.00元
桑梓纪闻　马鸿翱原著/侯福志整理　　42.00元
天津县乡土志辑略　郭登浩编　　98.00元
严修日记(1894—1898)　严修原著/陈鑫整理　　128.00元
周武壮公遗书　周盛传原著/刘景周整理　　128.00元

◎ 随艺生活
方寸芸香:藏书票里的书故事　李云飞编　　98.00元
问津书韵:第十三届全国读书年会文集　杜鱼编　　78.00元
开卷二〇〇期　董宁文、董国和、周建新编　　168.00元